리트 이야기

독일 가곡과 악극,
시와 음악과 삶이 빚어낸 혼연일체의 예술

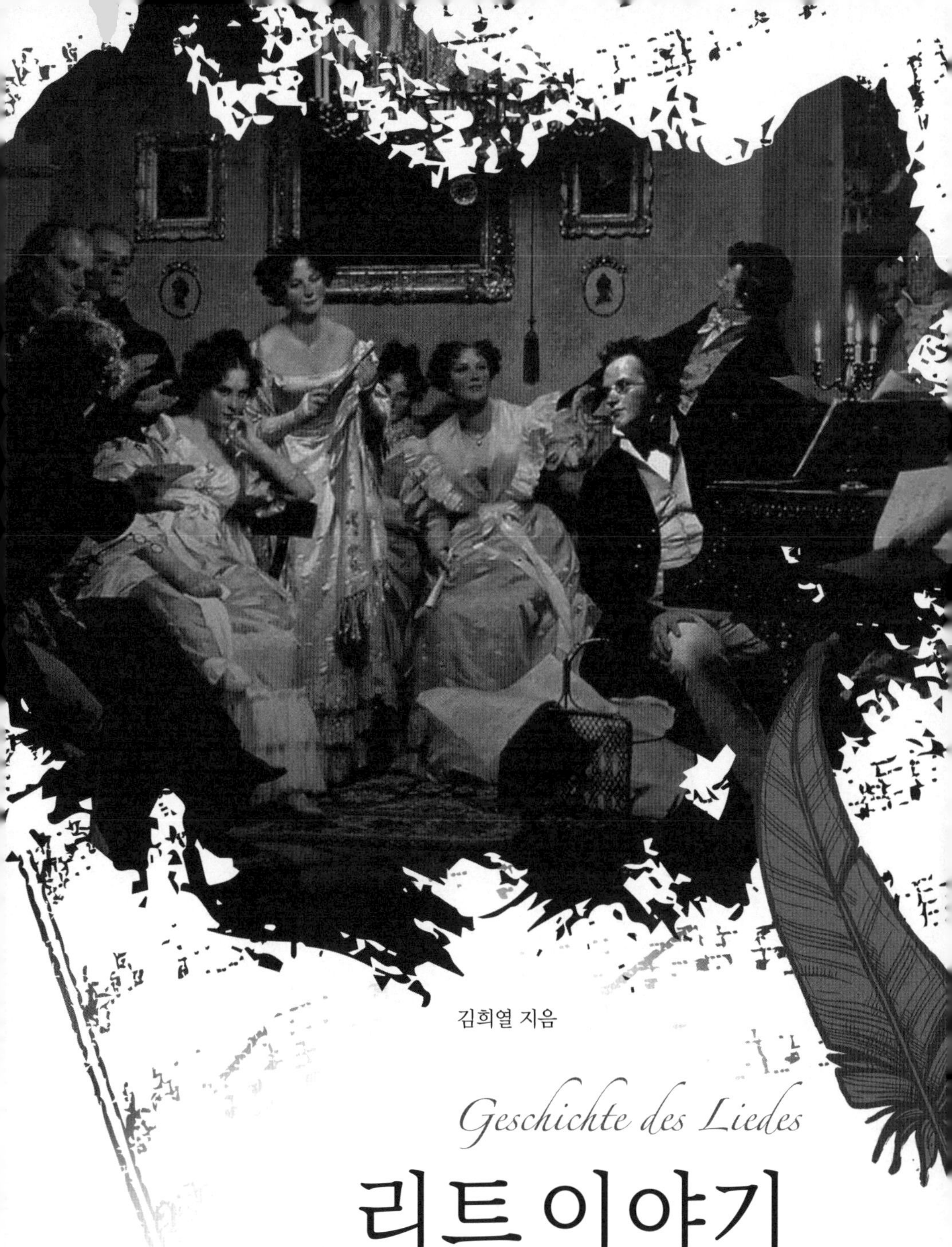

김희열 지음

Geschichte des Liedes

리트 이야기

독일 가곡과 악극, 시와 음악과 삶이 빚어낸 혼연일체의 예술

한울

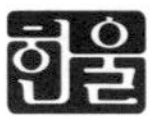

일러두기

- **작품별 기호는 다음과 같다**

  『　』: 연작시, 서사시, 시집, 단행본, 잡지

  「　」: 개별 시

  ≪　≫: 연가곡, 오페라, 교향곡

  〈　〉: 개별 곡
- **시의 연과 행을 표기할 때, 각 연마다 행의 개수가 같은 시는 'ㅇ연 각 ㅇ행시'로 표기했다.**

  예: 하이네의 「로렐라이」, 6연 각 4행시

글쓴이는 독문학을 전공으로 한 지 수십 년이 지난 후에야 비로소 '리트Lied' (독일 가곡과 서사 오페라)에 본격적으로 관심을 가졌다. 그 계기는 가곡과 서사 오페라가 문학의 주요한 수용자이자 해석자라는 점을 이해했기 때문이다. 평론가가 문학 작품을 분석해 언어로 표현하듯, 음악가는 그것을 음으로 표현하고 있음을 깨달으면서, 가곡과 서사 오페라는 문학을 수용하는 또 다른 관점이라는 것을 알게 되었다. 이런 배경에서 이번에 선보이는 『리트 이야기: 독일 가곡과 악극, 시와 음악과 삶이 빚어낸 혼연일체의 예술Geschichte des Liedes』은 리트가 어떻게 생겨났으며, 어떠한 발달 과정을 거쳐서 19세기 서정 예술가곡과 서사 오페라로 찬란하게 유럽에서 꽃피었는가를 이야기하고 있다.

음악과 같은 예술 분야라 하더라도 당대의 시대 배경 없이 홀로 존재할 수는 없는 일이어서, 이 책에서는 이야기를 전개해 나갈 때 리트와 관련된 시대의 문학적, 역사적, 정신·문화사적 배경을 곁들여서 이야기하고 있다. 이 이야기는 크게 서너 갈래로, 즉 역사 및 정신·문화사, 문학, 음악의 흐름으로 나뉘어 전개되고 있으며 서로 깊은 연관성을 가지고 있다. 또 리트가 유럽 가곡이 아니라 독일 가곡인 이유는 리트가 독일어권을 중심으로 발달해 음악사의 한 획을 그었기 때문이다. 게다가 전통적으로 이탈리아어와 프랑스어가 오페라의 언어인 것과 마찬가지로 독일어는 리트의 언어가 됨으로써 세계 음악사에서 가장 중요한 언어 중 하나가 되었다. 이것은 마르틴 루터가 성서를 독일어로 번역함으로써 종교사에서 독일어의 위상을 높인 것에 버금가는 일이라고 할 수 있다.

리트는 서정시에 곡을 붙인 가곡뿐만 아니라 『니벨룽의 노래Nibelungenlied』와 같은 중세 영웅서사시에서 발전한 서사 오페라도 포함하고 있다. 바그너는 여러 중세 영웅서사시를 현대적으로 수용해서 서사 오페라로 발전시켰고, 이것을 '음악적 연극'(악극)이라 불렀다. 그래서 『리트 이야기』는 크게 세 부분, 리트의 발달 과정, 서사 오페라, 서정 가곡으로 나눠 다루고 있다. 리트는 서정 가곡과 서사 오페라를 통해서 19세기에 절정에 달했는데, 서사 오페라는 유일하게 바그너를 통해서 구현되었고, 서정 가곡은 슈베르트에서 슈만, 브람스, 볼프, 말러를 거쳐 슈트라우스에 이르는 낭만주의 독일 예술가곡에서 활짝 꽃을 피웠다.

서정 가곡으로서 독일 가곡의 특징은 성악가와 피아노를 통해서 서정시, 극시 및 담시ballade 들이 노래로 불린다는 점이다. 슈만이 아이헨도르프의 서정시에 곡을 붙인 〈달밤Mondnacht〉에서처럼, 땅과 하늘이 고요히 입맞춤하는 것 같고 시인의 영혼은 날개를 활짝 편 채 집으로 귀향하는 분위기는 피아노 반주와 더불어 아주 낭만적이고 서정적으로 나타난다. 반면 슈베르트가 괴테의 담시에 곡을 붙인 〈마왕Erlkönig〉의 경우에는 아버지가 두려움에 떠는 아들을 안고 말을 타고 급히 가는 모습과 피아노가 표현하는 말발굽 소리를 통해서 실제 말이 달리는 듯 아주 역동적인 분위기를 느낄 수 있다. 또 괴테의 드라마 『파우스트』 1부에 나오는 여주인공 그레첸의 사랑하는 마음을 담은 극시 「물레 잣는 그레첸Gretchen am Spinnrade」에 곡을 붙인, 바그너의 〈내 마음의 고요는 사라졌네Meine Ruh' ist hin〉에서는 연극처럼 극적으로 노래하는 특징을 보여주기도 한다.

리트는 시가 발표된 이후 작곡가들에 의해서 곡이 붙여졌기 때문에 음보다는 글이 먼저다. 시는 작곡가에게 감동을 주고, 작곡가는 그 감동을 음악적으로 해석해서 가곡을 만든 것이다. 그래서 가곡에 시를 제공한 문인들은 오늘날까지 잊히지 않고 있다. 여기서 흥미로운 점은, 때로는 리트에 시를 제공한 시인의 이름은 잘 모르는데 작곡가의 이름만 잘 알려진 경우가 있고, 그 반대의 경우도 있다는 것이다. 「로렐라이」의 경우 하이네가 쓴 시라는 것이 질허라는 작곡가가 쓴 곡이라는 것보다 훨씬 더 많이 알려져 있다. 사실 전래해 오는 로렐라이 이야기는 하이네의 손을 거치면서 훌륭한 시로 자리 잡았으며, 질 허 이외에 리스트와 클라라 슈만도 곡을 붙였다. 하지만 작곡가보다는 하이네라는 시인이 〈로렐라이〉 리트와 관련해 더 널리 알려져 있다. 이와 반대로 우리에게 흔히 ≪겨울 나그네≫로 알려진 슈베르트의 연가곡 ≪겨울 여행≫의 경우는 빌헬름 뮐러라는 시인이 작사자라는 것을 아는 경우가 드물다.

그렇다 하더라도 궁극적으로는 탁월한 음악가의 작품 덕분에 시가 새로운 생명력을 얻을 수 있었고, 그럼으로써 시와 음이 하나가 된 리트라는 독특한 음악 장르가 만들어졌다. 서사 오페라의 경우, 작곡가가 직접 텍스트를 쓰고 곡을 붙였기 때문에 글과 음의 관계가 서정 가곡과는 다르게 적용되고 있으나, 리트의 본질적 특성인 글과 음의 조화 및 일치는 마찬가지로 서사 오페라에서도 유효하다. 이렇게 시와 음의 일치이자 결합인 리트는 서정 가곡과 서사 오페라로 오늘날에도 널리 불림으로써 현재 속에서 되살아나고 있으며, 미래에도 살아 있을 것을 기약함으로써 예술의 항구성과 영원성을 증명하고 있다.

그 밖에 『리트 이야기』에서 독일 가곡 제목에 원문 독일어를 덧붙인 것이 있는데, 관심 있는 독자가 직접 곡을 듣거나 시 텍스트를 찾을 때 도움이 되도록 하기 위함이다. 그렇지만 하이네의 시 「너는 한 송이 꽃과 같구나Du bist wie eine Blume」처럼 리스트, 바그너, 볼프, 브람스, 브루크너, 슈만, 슈베르트, 시벨리우스를 포함해서 무려 300명이 넘는 작곡가가 곡을 붙인 경우도 있기 때문에 누구의 곡을 들을 것인지는 선택해야 한다. 이 곡을 가장 흔하게 들을 수 있는 경우는 슈만의 곡이며, 오페라 가수 제시 노먼Jessye Norman의 목소리로 들을 때면 이 단순한 시가 음을 통해서 아주 감명 깊게 울리는 것을 느낄 수 있다. 슈만의 곡에서는 피아노의 반주가 노랫말과 함께, 때로는 노랫말보다 더 아름답게 들리는 특징을 보여준다. 그래서인지 슈만의 곡이 가장 널리 사랑을 받고 있으며, 성악 가곡의 왕이라 할 수 있는 디트리히 피셔-디스카우 Dietrich Fischer-Dieskau를 포함해서 많은 성악가가 이 곡을 노래했다.

그리고 시를 번역할 때는 원래 시의 행과 연을 그대로 준수해서 옮겼다. 그 이유는 작곡가가 시행이나 연 혹은 단어를 음악적으로 반복하는 부분이 바로 음악가의 시 해석이므로 그것을 그대로 전달하려면 원래의 시행 순서대로 우리말로 옮기는 편이 적합하다고 생각했기 때문이다. 이 경우 장점은 원시와 번역을 함께 보면서 음악을 들을 때 훨씬 이해하기가 쉽다는 것이다. 또 이 『리트 이야기』는 여러 부분에서 2014년과 2015년에 각각 출간된 글쓴이의 저서, 『가곡으로 되살아난 독일 서정시』 1권과 2권에 근거하고 있어서 이번에는 개별 인용 출처 등을 생략하면서 이야기의 흐름이 막히지 않고 자연스럽게 흘러가도록 했다.

마지막으로 이 『리트 이야기』가 출판되는 데 실질적으로 많은 도움을 준 한울엠플러스(주) 임혜정 편집자와 관계자들께 진심으로 감사드리며, 특히 독일 문화를 잘 이해하시는 한울엠플러스(주) 사장님과 사장님의 부인이신 고경심 원장님께도 깊은 감사를 드린다. 또 집필 작업을 할 때 종종 옆에서 참견하면서 관심과 용기를 준 손녀와 가족에게도 진심으로 감사한다. 끝으로 동료였던 베른트 우베 카르스텐Bernd Uwe Karsten 박사께도 그동안 격려해 준 점, 머리 숙여 감사드린다.

차례

여는 글   5

1장 | 리트의 발달 과정

리트의 어원과 의미   15

리트에 내재화된 시와 음의 일치   21

리트의 선행 단계   28
   민네장   28
   마이스터게장   39

리트의 발전 과정에 영향을 끼친 역사적, 정신·문화사적 배경   44
   신성로마제국과 프로이센   44
   정신·문화사적 배경   50
   독일의 내면주의, 비더마이어와 낭만주의   62
   낭만주의자, 애국주의자와 뤼초브 의용군   75
   베를린 가곡 악파   84

낭만주의 독일 예술가곡   91

2장 | 서사 오페라

중세시대의 리트   103

바그너의 중세 서사문학 수용   109

서사 가곡   113
   《파우스트 가곡》   114
      〈군인들의 노래〉 114 | 〈보리수 아래 농부들〉 115 | 〈브란더의 노래〉 117 |
      〈메피스토펠레스의 노래 I〉 120 | 〈메피스토펠레스의 노래 II〉 122 |
      〈내 마음의 고요는 사라졌네〉 122 | 〈그레첸의 멜로드라마〉 125

서사 오페라 127

　≪니벨룽의 반지≫ 127

　　라인의 황금과 반지 133 | 탈신화화 137 | 탈영웅화 144

　≪트리스탄과 이졸데≫ 154

　　바그너: 낭만적 영혼 156 | 바그너의 ≪트리스탄과 이졸데≫ 160 |

　　작품에 얽혀 있는 바그너의 자전적 요소들 163 |

　　바그너 악극과 삶에 나타난 '혼인 파기' 모티브 166

서사 오페라 축제극장 172

3장 | 서정 가곡

슈베르트의 가곡 185

　〈물레 잣는 그레첸〉 194

　〈마왕〉 197

　〈툴레의 왕〉 201

　〈들장미〉 202

　〈담보〉 206

　〈잠수부〉 210

　〈아틀라스〉 218

　〈똑같이 닮은 사람〉 220

　연가곡 ≪아름다운 물방앗간 아가씨≫ 221

　연가곡 ≪겨울 여행≫ 233

슈만의 가곡 245

　≪가련한 페터≫ 253

　〈벨자차르〉 254

　〈보물 찾는 사람〉 257

　〈두 명의 척탄병〉 258

　아이헨도르프 ≪리더크라이스≫(op.39) 260

　≪시인의 사랑≫(op.48) 270

　≪여자의 사랑과 삶≫(op.42) 280

클라라 슈만의 가곡 288

　〈그녀의 초상〉 295

　〈로렐라이〉 296

　〈그는 비바람 부는데 왔다〉 300

　〈넌 아름다움 때문에 사랑하니〉 301

　〈왜 넌 다른 사람에게 물으려고 하니〉 302

브람스의 가곡　303

　≪아름다운 마겔로네, 로만체≫　307

볼프의 가곡　321

　〈하프 주자 Ⅲ〉　323

　〈늙은 왕이 있었다〉　325

　〈희망으로 병이 나은 사람〉　326

　〈기도〉　327

　〈불의 기사〉　328

　〈뭄멜제의 혼령들〉　330

　〈황새의 소식〉　332

　〈작별〉　334

말러의 가곡　336

　〈난 부드러운 향기를 마셨다!〉　338

　〈넌 아름다움 때문에 사랑하니〉　339

　〈내 노래들을 보지 마라!〉　341

　〈난 세상에 없는 존재였다〉　342

　〈한밤중에〉　344

슈트라우스의 가곡　346

　〈그건 고르지 않은 날씨다〉　348

　〈봄의 향연〉　349

　〈동방에서 온 성스러운 세 명의 왕들〉　350

　〈그 이상은 아니다〉　351

　〈햇빛 속에서〉　353

　닫는 글　358

1장

리트의 발달 과정

리트Lied란 뭘까? 오늘날의 의미에서 보면, 그건 독일 노래다. 독일어로 노래하는 음악이다. 이 말은 어디에서 유래한 것일까? 그 어원은 명확하게 알려지지 않았으나, 여러 문헌을 종합해서 보면 리트는 옛 독일어에서 '찬미가'라는 뜻을 지니고 있었다. 그 찬미의 대상은 처음에는 신과 왕이었으나, 5세기 이후 중세로 오면서 영웅으로 확대되어서 중세 영웅서사시도 리트에 속하게 되었다.

리트의 일반적인 뜻을 보면, 리트는 '시 형식의 서사문학'이며『니벨룽의 노래Nibelungenlied』와 같은 중세 영웅서사시가 이에 속한다. 혹은 리트는 시 또는 서정시를 뜻하기도 하고, 민네장과 마이스터게장처럼 노래하면서 낭송되는 멜로디를 지닌 시 형식의 포괄적인 문학을 뜻하기도 한다. 혹은 리트란 '예술성이 적은 노래'라는 뜻으로서 시인과 작자 미상의 민요를 뜻하기도 하는데, 이 민요는 누구나 쉽게 배우고 노래할 수 있는 특징을 지니고 있다. 마지막으로 리트는 '시에 곡을 붙인 것'인데, 시인과 작곡가가 누구인지 분명하며 미학적 관점에서 보면 예술가곡이다. 오늘날 우리가 쉽게 들을 수 있는 독일 노래들, 예를 들면 빌헬름 뮐러의 시에 곡을 붙인 프란츠 슈베르트의 〈보리수 Der Lindenbaum〉나 하인리히 하이네의 시에 곡을 붙인 펠릭스 멘델스존의 〈노래의 날개 위에Auf Flügeln des Gesanges〉 등은 19세기의 대표적 예술가곡이다.

19세기 언어학자이자 민속학자이고 연년생 형제이자 학문의 동료인 야코프 그림과 빌헬름 그림 형제는 전래 동화만 수집한 것이 아니라 최초로『독일어 사전Deutsches Wörterbuch』도 집필했다. 그들은 여기서 리트를 네 가지로 풀이했고, 그 가운데 가장 중요한 의미로서 리트란 노래를 위해서 '하나의 또는 여러 개의 연으로 구성된 서정시'라고 했다. 그러니까 리트란 '노래를 위한 서정시'라고 풀이함으로써 음과 시의 결합임을 아주 분명하게 시사한 것이다. 그리고 리트의 나머지 다른 세 가지의 뜻은 문학적 의미보다는 음악적

| **펠릭스 멘델스존**
자료: Eduard Magnus 그림(1833년). | **빌헬름 그림(왼쪽)과 야코프 그림(오른쪽) 형제,
1847년** |

의미와 관련이 깊은데, 리트는 현악기 연주, 하프 울림의 감동, 새들의 노랫소리라 했다.

따라서 리트는 문학적·음악적 차원의 이중적 뜻을 동시에 지니고 역사적으로 발전했다는 것을 알 수 있다. 그런데 문학적 차원에서의 리트는 시로서 이해될 수 있으나 음악적 차원에서의 리트는 그 뜻이 너무 넓어서 개념을 정확하게 파악하기가 쉽지 않다. 또 리트에는 하부 장르가 있는데, 리트는 내용에 따라 성가곡과 세속 가곡으로 나눌 수 있다. 혹은 특징에 따라 서정 가곡, 서사 가곡, 극가곡으로 나누거나 또는 사회적 신분에 따라 귀족 가곡, 시민 가곡, 노동자 가곡, 학생 가곡, 군인 가곡으로 분류할 수도 있다. 혹은 기능에 따라 행진 가곡, 춤 가곡, 노동 가곡으로 나눌 수도 있다. 아니면 목소리와 악기에 따라 솔로 가곡, 합창 가곡, 다성 가곡, 오케스트라 가곡, 피아노 가곡, 하프 가곡 등으로 나눌 수 있는데, 그 내용과 관점에 따라 '리트'라는 단어 앞

프리드리히 질허
자료: 작자 미상(1889년).

에 수식어를 붙이는 하부 분류가 언제든지 가능하다.

오늘날 리트는『힐데브란트의 노래』,『니벨룽의 노래』등 중세 영웅 서사시를 제외하고는 문학적 차원보다는 음악적 차원의 좁은 뜻으로서 독일 노래를 지칭하며, 특히 18세기 말부터 이론적·실천적으로 발전한 독일어로 노래한 가곡들을 뜻한다. 이 시기의 리트는 민네장Minnesang이나 마이스터게장Meistergesang에서처럼 말과 음의 일치가 이뤄지고 있다. 또한 노래 분위기를 표현할 때 통일성이 있으며, 그 결과 음악가들은 각 절마다 같은 멜로디가 반복되는 유절 가곡을 선호했다. 아울러 멜로디의 단순성 등이 강조되어서 누구나 쉽게 따라 부를 수 있는 곡이 좋은 가곡으로 평가되기도 했다. 리트의 의미가 어느 때나 이론적·미학적으로 다 일치하는 것은 아니었으나 가곡 작곡은 슈베르트를 정점으로 해서 여러 낭만주의 음악가들이 많은 음악적 시도를 하면서 20세기 중반까지 비교적 순조롭게 이어졌다.

가곡은 흔히 민요Volkslied와 예술가곡Kunstlied으로 나뉜다. 그 차이점은 작사자와 작곡가가 알려져 있는가, 같은 멜로디의 유절 가곡인가 등에 의해서 구분된다. 그러나 민요와 예술가곡은 작곡가에 따라서 구분하는 것이 쉽지 않다. 예를 들면, 하이네의 시에 곡을 붙인 프리드리히 질허의 〈로렐라이Lorelei〉가 민요인지 아니면 예술가곡인지를 구분해야 한다면 난감해질 것이다. 노래의 텍스트를 쓴 시인이 있다는 점에선 예술가곡이라 할 수 있다. 그러나 유절 가곡이며, 멜로디가 단순하고 통일성이 있다는 점에서는 오히려 민요

▌ 민요 〈내가 한 마리 새라면〉의 1절 악보, 유절 가곡

에 더 가깝다. 또 요하네스 브람스와 리하르트 슈트라우스는 글쓴이가 알려지지 않은 민요 텍스트나 노래 모음집의 텍스트에 곡을 붙임으로써 민요를 예술적으로 새롭게 재창조하기도 했다. 아래의 민요 〈내가 한 마리 새라면Wenn ich ein Vöglein wär〉과 〈로렐라이〉의 텍스트와 악보를 서로 비교해서 보면, 리트에서 민요와 예술가곡을 가려내는 일은 별 의미가 없음을 알 수 있다.

내가 한 마리 새라면/ 내가 두 날개를 가졌다면/ 네게로 날아갈 텐데./ 그러나 할 수 없어서/ 여기 그냥 머물러 있는 거지.

내가 네게서 멀리 떨어져 있지만/ 꿈속에서나마 네 곁에 있으면서/ 너와 얘기한다./ 근데 내가 깨어나서 움직일 때면/ 난 혼자이지.

밤에 한순간도/ 내 마음이 깨어나/ 널 생각하지 않고 지나간 적이 없어./ 네가 내게 수천 번이나/ 네 마음을 주었다는 것을.

_ 민요 〈내가 한 마리 새라면〉, 3연 각 5행시

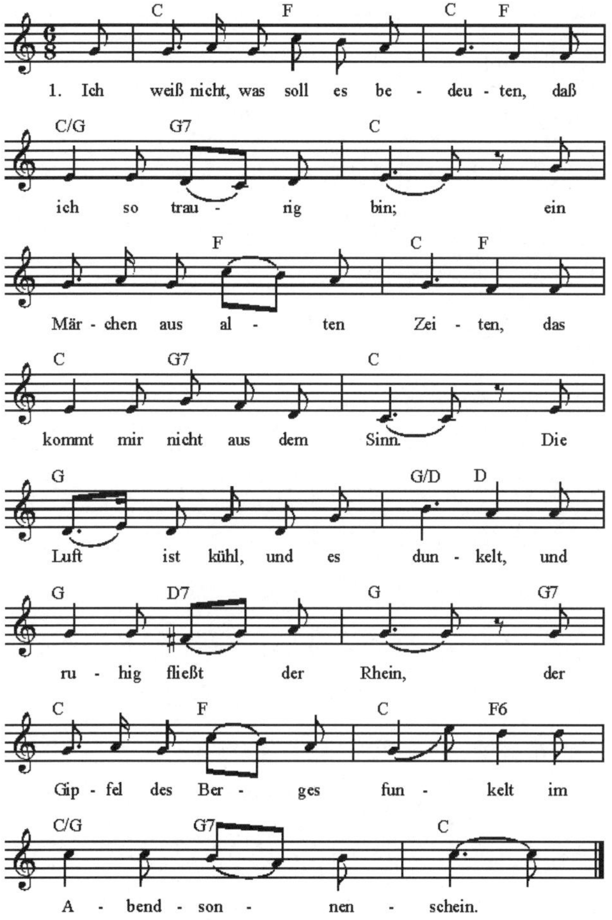

┃ 질허의 〈로렐라이〉 1절 악보

무슨 뜻인지 모르겠네/ 내가 이토록 슬픈 것이/ 예부터 전해 내려오는 어느 이야기가/ 내 머리에서 떠나질 않네.

공기는 선선하고 날은 어두워 가는데/ 라인강은 고요히 흐르네./ 산 정상은 반짝이네/ 저녁 노을빛을 받아서.

너무나도 아름다운 처녀가 앉아 있네./ 저기 저 위에, 놀랍게도/ 그녀의 황금빛 장신구는 빛에 반짝이고/ 그녀는 자신의 황금빛 머리를 빗고 있네.

그녀는 황금빛 빗으로 머리를 빗으면서/ 노래 한 곡을 부르네./ 그건 황홀하면서도/ 강력한 멜로디를 지녔어.

작은 배에 탄 뱃사공에게/ 노래는 거친 고통 소리를 내면서 엄습하네./ 그는 암초는 보지 않고/ 저 높은 곳을 쳐다볼 뿐이네.

난 생각하지, 파도들이 삼켜버렸다고/ 마침내 뱃사공과 나룻배를/ 그리고 그건 그녀의 노래 솜씨로/ 로렐라이가 해냈다고.

_ 하이네의 「로렐라이」, 6연 각 4행시

그런데 19세기로 들어서면서 리트는 좁은 의미로 성악곡 가운데 주로 피아노 반주의 솔로 가곡을 뜻하게 되었다. 그래서 리트das Lied는 고유 개념이 되어 프랑스에서는 '르 리드le lied', 영국에서는 '더 리드the lied'라고 불렀다. 나중에 슈트라우스와 말러를 비롯한 작곡가들은 피아노 가곡 이외에 오케스트라 가곡을 작곡하기도 했으나 독일 가곡의 주요한 악기는 피아노였다. 리트는 그러니까 시와 음의 혼연일체로 피아노와 목소리가 서로 가깝게 내면적 단계로 독특하게 융합된 장르이자, 멜로디, 하모니, 음악의 리듬을 통해서 시의 뜻과 분위기를 정교하게 드러내는 것이다. 그래서 시가 작곡가에게 주는 영감이 대단히 중요하며, 특정한 시인의 작품을 선호하는 경향이 가곡 작곡가들에게 나타난다. 세계 음악사에서 볼 때 독일 가곡은 훌륭한 서정 시인들의 작품이 발표되고 이후 19세기의 뛰어난 작곡가들이 이들의 서정시에 곡을 붙임으로써 완전히 독창적인 장르를 창조한 것이다. 그렇기에 리트는 음악만도 아니고, 그렇다고 시만도 아닌 제3의 예술 장르다. 예술가곡은 목소리와 피아노가 가장 서정적으로 그리고 예술적으로 어울리는 독창적인 음악 장르를 창조했을 뿐 아니라, 음악사에서 가곡이라는 장르를 가장 효과적으로 확고히 구축했다.

그러나 이러한 평가는 19세기 중반까지도 이뤄지지 않았다가, 19세기 말이 되어서야 리트라는 장르가 음악사에서 자리를 잡아갔다. 루트비히 판 베토벤처럼 큰 음악가들은 기악곡이 음악을 대표할 뿐만 아니라 기악곡과 오페라가 리트보다 훨씬 예술에 가깝다고 평가하곤 했다. 슈만 역시 기악곡이 리트보다 더 훌륭하다고 여기다가 1840년대 낭만주의 문학이 널리 알려지면서 뛰어난 서정 시인들의 등장을 경험한 뒤에 생각을 바꾸었다. 음악가들도 낭만주의와 새로 등장한 시인들의 시에 주목했으며, 그런 시에 작곡가들이 곡을 붙이기 시작했다. 이처럼 가곡은 넓게 보면 모든 노래가 다 리트라 할 수 있지만, 낭만주의 가곡 또는 예술가곡이라 칭할 때는 슈베르트로부터 슈만, 브람스, 볼프, 말러, 슈트라우스 등으로 이어지며 19세기 후반까지 절정을 이루었던 피아노 반주의 독창 가곡을 뜻한다.

리트에 내재화된 시와 음의 일치

그리스 신화에서 최초로 시와 음을 가장 잘 다룬 존재는 오르페우스였다. 그가 얼마나 노래를 잘했으면, 그의 노래로 이 지상에 사는 모든 동식물 및 인간들, 천상의 신들, 심지어 저승세계의 신 하데스에게까지도 감동을 주었을까? 오르페우스는 하데스로부터 자신의 죽은 아내인 에우리디케(유리디체)를 다시 이승으로 데려올 수 있도록 허락을 받았다. 그러나 그는 이승으로 올 때 아내가 뒤따라오는지 알아보려 하다가 '뒤돌아보지 말라'라는 금지 사항을 어겨서 결국 아내를 삶으로 데려오지 못했다. 그래도 오르페우스는 하데스를 노래로 감동시켜서 그런 시도나마 해볼 수 있었는데, 오늘날의 시각에서 이를 보면 그는 다재다능한 1인 음악가였다. 곡과 가사를 쓰고, 노래하고, 악기까지 연주할 줄 알았으니까. 그는 시인, 가수, 작곡가, 악기 연주까지 1인 4역을 한 것이며, 이 점에서 오르페우스는 최초의 음유시인이자 중세의 민네쟁어Minnesänger와 같았다. 독일의 음유시인은 '민네쟁어', '민네징어', '민네시인', '민네가수'로 불렸는데, 민네쟁어는 대부분 중세의 기사들로, 이 궁정에서 저 궁정으로 옮겨 다니면서 악기를 연주하며 직접 텍스트도 쓰고 그것에 음을 붙여서 사랑 노래를 불렀다. 그래서 민네Minne는 '사랑'이라는 말과 동의어가 되기도 했다.

과거부터 시와 음의 일치는 그리스 신화 속의 오르페우스, 찬양가, 민네장, 마이스터게장, 민요 등으로 이어져 내려왔는데, 본격적인 조명을 받은 것은 18세기 후반 이후 가곡에서부터였다. 앞에서 썼듯 가곡은 일반적으로 시와 음이 하나가 되어서 예술적 단계로 융합된 장르다. 이 리트는 기악곡과는 달리 그 노랫말이 직접 청중에게 구체적인 이미지를 불러일으킬 수 있다. 그래서 리트 작곡에서 시 자체를 음보다 더 중요하다고 볼 것인가, 아니면 그 반대로 음이 시보다 더 중요하다고 봐야 하는가 등의 문제는 작곡가들에게 매우 중요했다. 또 이것에 대한 관점은 시대와 작곡가마다 달랐다. 18세기, 초기의 가곡 작곡가들은 대체로 시를 음보다 훨씬 중요하게 여겼고 음은 시의 하인 정도로 여겼다. 예를 들어 요한 프리드리히 라이하르트Johann Friedrich Reichardt(1752~1814), 카를 프리드리히 첼터Karl Friedrich Zelter(1758~1832), 요한 루돌프 춤슈테크Johann Rudolf Zumsteeg(1760~1802)는 시가 음보다 훨씬 중요할 뿐만 아니라 음은 시를 돋보이게 하는 보조적 수단 정도라고 여겼다. 이들 중 라이하르트와 첼터는 요한 볼프강 폰 괴테Johann Wolfgang von Goethe(1749~1832)의 음악 친구들이었으나 이들은 당대 괴테의 문학적·정치적 명성으로 말미암아 처음부터 시인을 작곡가보다 훨씬 더 높은 위치에 놓았다. 당대에 사색하는 음악가라는 평을 얻었던 라이하르트는 1500편 이상의 가곡을 작곡했는데, 이 중 괴테의 시 약 110편에 곡을 붙였다. 첼터는 괴테의 시 약 70편에 곡을 붙였다. 이 시기는 전래해 오는 민요들을 제외하고는 아직 리트라는 음악 장르가 자리를 잡기 전이라서 두 사람이 괴테의 시에 곡을 붙인 것은 그 자체로 놀라운 일이었다. 그와 동시에 이는 가곡의 시작을 본격적으로 알리는 신호탄이기도 했다.

▌ 요한 프리드리히 라이하르트
자료: 작자 미상(1932년).

▌ 카를 프리드리히 첼터
자료: Carl Joseph Begas 그림(1827년).

▌ 요한 루돌프 춤슈테크
자료: Christian Friedrich Stölzel 그림(1799년).

| 요한 볼프강 괴테
자료: Karl Joseph Stieler 그림(1828년).

특히 첼터와 괴테의 서신 교류는 1800년대에 시작해서 삶의 마지막까지 30년 가까이 계속되었고, 875통의 서신이 교환되었다. 두 사람의 교류에서 보이는 특징이라면, 첼터는 '시인의 말을 존중하고 음악으로 시의 뜻을 되살리겠지만 시를 압도하지는 않을 것'이라는 자세를 평생 유지한 점이다. 이에 대해서 괴테는 '첼터의 가곡들은 시적 의도를 그대로 반영한 작품이며, 그것은 시인인 자신이 결코 도달할 수 없는 천국에서 온 울림들'이라고 높이 평가했다. 또한 괴테는 음악은 고요한 영혼에 경외심과 숭배의 감정을 일으키거나, 흔들리는 감각을 춤추게 할 만큼 최고의 즐거움을 선사한다고 여겼다. 그런데 18세기만 하더라도 음악가들은 궁정의 지원 없이는 자립해서 살 수가 없었다. 반면에 괴테는 그냥 문인이 아니라 바이마르 공국의 재상 자리에 있었으니까, 무의식적으로도 첼터와 라이하르트는 음악을 문학 아래 둔 것이었다고 말할 수도 있다. 이들과 마찬가지로 19세기 중반 음악 비평가로서의 재능이 뛰어났고 문학적 소양이 풍부했던 슈만도 시의 몫을 높게 평가했다. 게다가 작곡가 후고 볼프Hugo Wolf는 시가 모든 작곡 구성을 규정짓는다고 할 만큼 음보다 시에 크게 의미를 두었다.

이와는 달리 베토벤은 가곡보다도 기악곡을 훨씬 더 중요하게 여기면서도 최초의 연가곡 ≪멀리 있는 연인에게An die ferne Geliebte≫를 작곡했다. 당시 무명의 시인이었던 알로이스 야이텔레스Alois Jeitteles의 연작시에 곡을 붙인 것이다. 그 계기는 젊은 의사 야이텔레스가 위험을 무릅쓰고 전염병 퇴치를 위해서 노력하는 점에 베토벤이 찬사를 보내자 야이텔레스가 감사의 인사로 베토

▌ 프리드리히 실러
자료: Josh Koehler 그림(1905년).

▌ 빌헬름 뮐러
자료: Johann Friedrich Schröter 그림(1830년경).

벤에게 이 연작시를 보낸 일에서 비롯했다. 베토벤은 이 연가곡을 포함해서 약 80편의 가곡을 작곡했으나 그의 생전에는 여전히 '리트'라는 용어기 낯설었다. 더 나아가서 '리더크라이스Liederkreis', 즉 연가곡이라는 용어는 아주 생소했다. 베토벤은 괴테와 프리드리히 실러Friedrich Schiller처럼 유명한 문인뿐만 아니라 야이텔레스처럼 알려지지 않은 여러 시인의 시에도 곡을 붙였다. 그는 시를 선택할 때 '자신의 세계관 및 신념에 일치하는가'를 그 기준으로 삼았다. 자신의 개인적인 감정들과 분위기는 음을 통해서 잘 표현되었고, 그래서 베토벤은 시보다는 음의 가치를 높이 평가했다. 또한 브람스와 슈트라우스 역시 시보다는 음 자체에 의미를 두어서, 두 사람은 민요시를 포함해서 다양한 시 텍스트에 곡을 붙였다.

예외적으로 슈베르트는 특별히 시와 음의 관계에서 어느 쪽으로도 치우쳐 있지 않았다. 그의 600편이 넘는 가곡 가운데 괴테의 시에 50편 이상, 실러와 뮐러의 시에 각각 40편이 넘는 곡을 붙임으로써, 이 세 시인의 작품에 가장 많이 곡을 붙였다. 이런 점에서 본다면 리트의 역사는 작곡가들이 어떻게 시와 음의 균형을 맞추기 위해서 노력했는가와 관련된 이야기라고 할 수 있다. 물론 결과적으로 볼 때, 시와 음의 관계에서 훌륭한 시가 있어야만 좋은 리트가 나왔다고만 볼 수는 없다. 슈베르트의 기념비적 연가곡 ≪아름다운 물방앗간 아가씨≫와 ≪겨울 여행≫(우리에게 ≪겨울 나그네≫로 알려져 있음)은 당대에 대중적 인기가 있었던 뮐러의 연작시에 곡을 붙인 것인데, 슈베르트는 시에 대한 질적 평가와 상관없이 음을 통해서 새로운 아름다움을 만들어냈다.

리트 작곡가들은 자신의 음악적 언어에 적합한 시 세계에서 비슷한 영혼을 발견하거나 시가 본래 뜻하는 바를 놓치고 지나갈 수 있는 부분을 음악적으로 강조함으로써 시를 돋보이게 했다. 이런 점에서 이들은 탁월하고 적극적인 시문학의 수용자라고 할 수 있다. 또한 리트 역사에서 볼 때 특정한 시인들의 작품이 특정한 작곡가와 연관되어 있는 것을 볼 수 있는데, 슈베르트는 괴테와, 실러와 뮐러, 슈만은 하이네와 아이헨도르프와, 작곡가 볼프는 괴테와 뫼리케 그리고 아이헨도르프와, 음악가 아놀드 쇤베르크는 시인 슈테판 게오르게와, 음악가 안톤 베버른은 시인 게오르크 트라클과, 작곡가 파울 힌데미트는 라이너 마리아 릴케와, 음악가 쿠르트 바일은 베르톨트 브레히트와 연관되어 있다. 이 점에서 한 작곡가의 음악적 특징은 종종 특정한 작가로부터 받은 영감에서 비롯하고 있음을 알 수 있다. 예를 들어 괴테의 시에 곡을 붙인 볼프의 〈프로메테우스Prometheus〉를 보면, 괴테 자신이 그리스 신에 버금가는 기개를 지녔음을 프로메테우스에 투사시켜 표현하고 있다. 볼프 역시 그런 인상을 그대로 음악으로 재현해 제우스에 맞서는 프로메테우스의 당당함을 음악적으로 잘 표현했다.

일반적으로 리트 작곡가들은 시에 나타난 주제, 감정들을 아주 섬세하게 음악적으로 묘사하는데, 때로는 자신의 음악적 이상을 위해서 시어 및 시 구절을 반복·수정·생략·첨가하기도 한다. 그러니까 리트에 나타난 음악적 서정시들은 수용자인 작곡가의 음악적 해석이다. 어떤 종류의 시들이 가곡에

좀 더 쉽게 사용되었는지, 완벽한 시가 음악으로 인해 그 완벽함이 좀 더 강화되었는지 아니면 그 반대의 경우인지 등 시와 음의 관계를 다양한 관점에서 고찰하는 것은 아주 흥미 있는 일이기도 하다. 그러나 분명한 것은 리트는 시 자체도 아니며, 그렇다고 시를 낭송하는 음도 아니라는 것이다. 가곡에 나타난 시들은 음과 더불어 새로운 예술이 되었고, 작곡가들은 평범한 시에서 가장 아름다운 음을 창조해 내기도 한다. 그러니까 리트는 '음악가 자신의 내면세계를 드러내는 수단'이다. 리트 작곡가들은 간혹 시의 의미를 강조하는 음을 만들기도 하지만 대체로 자신의 기준에 따라서 독특하게 시를 음악적으로 해석한다.

18~19세기에는 하인리히 하이네, 요제프 폰 아이헨도르프, 프리드리히 뤼케르트Friedrich Rückert, 루트비히 울란트, 에두아르트 뫼리케, 에마누엘 가이벨 등이 새로운 시적 영혼의 소유자로 혜성처럼 나타났다. 이들의 서정시들이 예술가곡의 텍스트로 쓰임으로써 19세기에 리트는 절정기를 맞이했다. 이러한 낭만주의 시들은 예감, 방랑, 죽음, 무한한 것에 대한 동경과 꿈, 밤의 신비로움과 여명 등 인간과 영혼에 관한 노래를 언어의 연금술이라고 부를 수 있을 정도로 수천 개의 상징으로 뒤얽힌 문학으로 변화시켰다. 신, 세계와 풍경은 기호와 기이한 문자를 통해 낭만주의 정신을 이야기했고, 낭만주의 시들은 자연스럽게 흐르는 것 같으면서도 경이로운 것을 의식적으로 끄집어내거나, 심오한 시적 운율의 달콤함, 요정의 웃음, 인위적으로 정돈된 혼란 등과 같은 표현 방식으로 인간의 독특한 정신세계의 신비로움을 창조해 냈다. 이러한 낭만적 세계는 낭만주의 가곡에서 절정에 달해 독일 가곡을 찬란하게 만들었다고 할 수 있다.

민네장

독일 가곡은 민네장Minnesang과 마이스터게장Meistergesang에서 본격적으로 시작되었다. 유럽의 예술가곡 역사는 중세시대인 11세기 민네장에서부터 시작되는데, 민네장은 기독교가 지배하던 중세시대에 고상하고 우아한 인간적 감정들과 지상에서 누릴 수 있는 기쁨을 깨닫게 해주었다. 이러한 새로운 세계의 인간적인 길은 인간 중심의 세계관을 지녔던 고대 그리스·로마 문화 이후에는 잊힌 것이었다. 민네장에서는 중세의 신 중심 세계관에서 벗어나 인간 본연의 감정에 충실한 세계를 지향했다. 비록 그 감정들이 오늘날처럼 그대로 인간적으로 표현된 것이 아니라 기사들의 절제된 사랑으로 나타났지만, 정신사적으로 이러한 인간 중심 세계관은 이후 르네상스에까지 이어졌다고 볼 수 있다. 중세 기사 문화의 꽃인 민네장, 그리고 민네장의 대중적·시민적 이행이라 할 수 있는 마이스터게장은 18세기 이후의 독일 가곡의 이론과 실천의 선행 단계였다.

민네장은 11세기 말부터 약 200년 동안 기사 계급의 정착과 더불어 궁정 문화로서 프랑스어권 및 독일어권 지역에 널리 퍼져 있었다. 중세시대 유럽의 문화와 예술에는 계급이나 국경이 없었지만, 유럽의 제후들은 피라미드처럼 형성된 봉건제를 따랐다. 왕인 봉건 군주의 성 이외에도 이 군주로부터 하사받은 땅에 각 성주가 높은 곳에 요새 같은 성채를 지어서 생활했다. 대표적으로 오늘날 볼 수 있는 높은 언덕 위에 지어진 하이델베르크성을 염두에 두면 이해하기가 쉽다. 그리고 그런 성채를 중심으로 자급자족하는 공동체, 즉 성주와 그의 가족들을 포함해서 귀족들과 기사들, 농부들과 하인들이 다 함께 생활하는 공동체가 있었다. 독일 도시 이름 끝에 붙어 있는 '부르크burg' 또는 '베르크berg'는 오늘날의 지방자치처럼 운영되던 성채 중심의 봉건 지배가 남

▌ 하이델베르크성

자료: Pumuckel42(Reinhard Wolf)(2005년).

긴 흔적이다. 함부르크Hamburg, 프라이부르크Freiburg, 하이델베르크Heidelberg, 뉘른베르크Nürnberg 등이 보여주는 것처럼 이러한 도시들은 오랫동안 수많은 왕, 제후와 성주들이 자신의 성을 중심으로 각자의 나라를 다스려왔다는 역사적 흔적을 보여주고 있다. '시민'이라는 뜻의 뷔르거Bürger 또는 '시민 계층'이라는 뜻의 뷔르거툼Bürgertum 역시 이 부르크에서 비롯하고 있다.

성채 생활에서 기사들의 무술 시합은 아주 중요한 군사 훈련이자 여흥이었으나, 가장 압도적인 즐거움은 역시 음유시인인 민네쟁어의 노래나 혹은 그들의 노래 시합이었다. 민네장을 노래하는 기사는 스스로 곡을 만들고 악기 하나를 연주하면서 가사를 붙여 노래했기 때문에, 그는 시인이자 악기 연주자였고, 작곡가이자 가수였다. 음유시인이었던 민네쟁어의 다중 역할이 나중에 가곡에서는 전문적으로 쪼개져 나가서 시인, 작곡가, 성악가, 피아니스

▌민네장 표지 그림
자료: *Große Heidelberger Liederhandschrift*(1304년경).

▌궁정 오케스트라를 지휘하는 프라우엔롭
자료: *Große Heidelberger Liederhandschrift*(1304년경).

트로 분업화된 것이라 할 수 있다. 음유시인들의 노래는 성채의 춥고 무료한 겨울을 이겨내는 데 도움이 되었고, 남편들이 십자군 원정이나 전투에 참여해 생긴 빈자리에 외로움을 느끼던 귀족층 아내들에게 많은 위로를 주기도 했다.

음유시인들은 시간이 흐르면서 왕에서부터 시골 귀족 정도의 기사 계급 혹은 그보다 신분이 더 낮은 자유 시민에 이르기까지 다양한 사회계층에서 나왔다. 이들은 대부분 한곳에 머무르지 않고 이 성 저 성 돌아다니며 민네시를 지어서 노래하거나 낭송했다. 때로는 궁정 손님으로 성에 오래 머물기도 했고, 때로는 자신들의 제후나 성주와 함께 싸움터나 십자군 원정과 같은 긴 여정에 동행하기도 했다.

민네의 어원은 옛 독일어 '민네Minne' 또는 '민나Minna'에서 나왔으나 중세 후기에는 '리베Liebe'(사랑)라는 단어로 대체되었다. 그래서 민네장은 후대에 와서는 사랑 노래 또는 연애시와 동의어가 되었으며, 오늘날에는 약 110명의 민네시인별로 분류되어 필사된 수천 편의 민네장이 전해오고 있다. 일반적으로 민네장을 가곡의 시작으로 볼 수 있는 점은, 시에 멜로디가 포함됨으로써 시와 음의 통일이 지켜지고, 혼자 부르는 노래인데 여기에 피델, 하프, 플루트, 샬마이와 같은 동반 악기를 사용했다는 것이다. 이 당시 가장 이상적인 음유시인은 시인, 작곡가, 가수, 악기 연주자 구실을 하는 자였다.

오르페우스 신화나 타키투스가 묘사한 게르만족의 신에 대한 찬양가가 주는 시사점은, 고대로부터 오늘에 이르기까지 노래가 인간 사회와 생활 속에 늘 함께 있어 왔다는 점이다. 기쁠 때뿐 아니라 두려움이나 불안 및 큰 난관에 봉착했을 때도 그것을 극복하고자 의식적 또는 무의식적으로 사람들이 노래를 부른다는 것이다. 1929년 노벨문학상을 받은 토마스 만의 『마의 산Der Zauberberg』에서 주인공 한스 카스토르프는 전장에서 죽음에 대한 공포를 극도로 느꼈을 때 자신도 모르는 사이에 슈베르트의 〈보리수Der Lindenbaum〉를 입으로 웅얼거렸다고 묘사되어 있다. 이 경우처럼 노래를 부르는 행위에는 두려움과 불안이 가라앉고 마음이 편안해지는 효과가 있어서 노래는 일종의 심리 테라피 역할을 했다. 마찬가지로 『니벨룽의 노래』에서 훈족 왕 에첼(아틸라)과 왕비 크림힐트의 초대를 받은 부르군트의 군터왕 일행이 도착 첫날 예사롭지 않은 분위기로 인해 잠자리에 드는 것을 두려워할 때, 기사이자 음유시인인 폴거가 피델을 연주하면서 격언시에 음을 붙인 노래를 한다. 이로써 불안감과 두려움을 해소하고 자연스럽게 전쟁터와 같은 긴장된 분위기를 가라앉히는 효과를 주었다.

오늘날까지 전해오는 독일 음유시인들의 노래 필사본을 보면, 그중 가장 중요한 문헌은 세 가지가 있다. 『하이델베르크 작은 노래필사집Kleine Heidelberger Liederhandschrift』, 『바인가르텐 노래필사집Weingartner Liederhandschrift』, (『마네세 코덱스Codex Manesse』라고도 하는) 『하이델베르크 큰 노래필사집Große Heidelberger Liederhandschrift』이 그것이다. 이들 필사본은 13세기에서 14세기 초에 나왔고, 여기에는 수많은 민네시인의 작품들이 그 이름에 따라 정리·수록되어 있다.

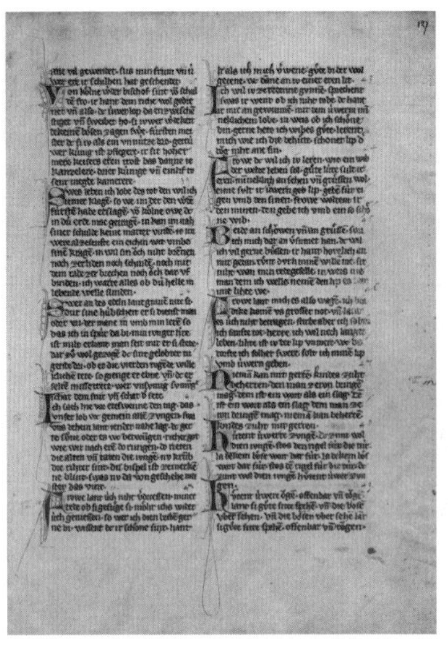

『하이델베르크 큰 노래필사집』 일부

『예나 노래필사집』 일부

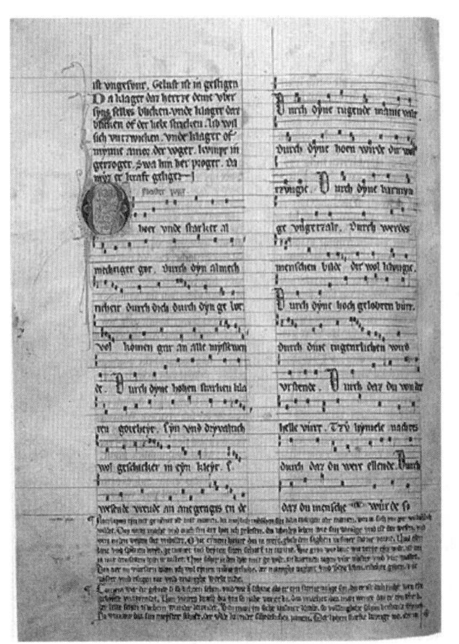

『바인가르텐 노래필사집』 일부

『하이델베르크 작은 노래필사집』 일부

민네장의 절반 이상인 750편이 13세기 중반 이후에 필사되었으며, 실제 노래가 불린 시기와 필사 시기 사이에는 큰 시간 차이가 있다. 현재 하이델베르크 대학교 도서관에 소장된『하이델베르크 큰 노래필사집』은 가장 아름답고 귀중한 자료로 평가되고 있다. 여기에는 137명의 민네쟁어들의 축소화가 그려져 있고, 140편의 민네장 텍스트가 들어 있다. 그 밖에 14세기 중반에 나온『뷔르츠부르크 노래필사집』,『예나 노래필사집』,『빈 노래필사집』, 15세기에 나온『콜마르 노래필사집』, 나이트하르트 폰 로이엔탈의『노래필사집』, 오스발트 폰 볼켄슈타인의『노래필사집』등이 오늘날 전해지고 있다.

민네장은 시기별로 서로 다른 특징이 나타나는데, '고상한 민네'는 남프랑스 궁정 노래 시인들인 트루바두르Troubadour의 영향을 많이 받았다. 고상한 민네가수들은 12세기에서 14세기 초 사이에 활동했는데, 대표적인 시인으로는 라인마르 폰 하게나우, 하인리히 반 벨데케, 프리드리히 폰 하우젠, 하르트만 폰 아우에, 볼프람 폰 에셴바흐가 있고, (후기 가수이지만) 일명 '프라우엔롭'이라고도 불리는 하인리히 폰 마이센 등이 있다. 고상한 민네의 특징은 민네가수가 노래 속의 서정적 자아가 되어서 자신의 신분보다 높은 위치에 있는 여성의 도덕적 완벽함을 칭송하는 것이었다. 이것은 여성의 외적 매력을 칭송하는 것이 아니라 '미덕의 총체'로서의 여성을 칭송하는 것을 뜻했다. 그리고 고상한 민네시에서 고결한 여성을 향한 기사의 구애는 바로 그런 미덕을 추구하는 것과 같은 뜻이었다.

원래 신분 높은 귀부인을 흠모하는 마음은 성모 마리아에 대한 숭배에서 비롯했는데, 이런 기독교적 요소와 기사 문화가 융합되면서 고상한 민네장으로 나타났다. 사랑을 구하는 기사는 모든 노력과 정성을 다해서 자신보다 높은 위치에 있는 여성에게 봉사하지만 사랑은 끝내 얻지 못한다. 그래서 고상한 민네는 기사가 부르는 독백조의 한탄 섞인 노래가 되었으며, 기사의 이룰 수 없는 사랑이나 구애를 표현하는 것은 민네장의 특징이 되었다. 다만 민네 시인의 대부분은 기사들이었고, 또 시에 등장하는 서정적 자아 또한 기사이

▌ 라인마르 폰 하게나우

자료: *Große Heidelberger Liederhandschrift*(1304년경).

▌ 하인리히 폰 벨데케

자료: *Große Heidelberger Liederhandschrift*(1304년경).

▌ 프리드리히 폰 하우젠

자료: (오른쪽)*Große Heidelberger Liederhandschrift*(1304년경), (왼쪽)*Weingartner Liederhandschrift*(14세기 초).

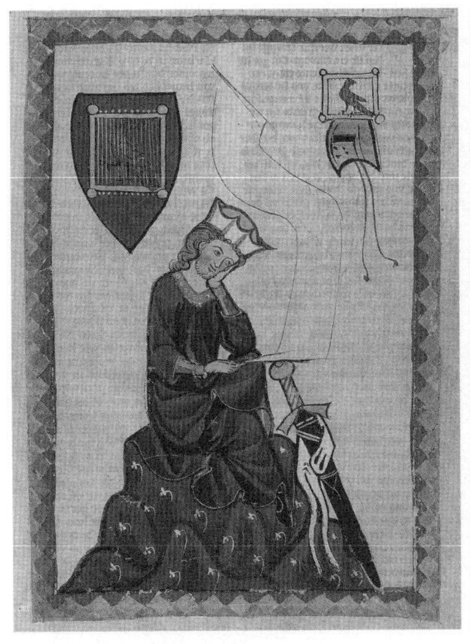

| 발터 폰 데어 포겔바이데

자료: *Große Heidelberger Liederhandschrift*(1304년경).

| 하인리히 폰 모룽엔

자료: *Große Heidelberger Liederhandschrift*(1304년경).

기 때문에 마치 민네시인과 서정적 자아가 같다고 착각할 수 있겠으나, 민네장의 내용은 음유시인의 직접적 체험을 노래하는 것일 수도 있고 혹은 허구로 지어서 노래 부르는 것일 수도 있다.

그런데 점차 시간이 지나면서 노래는 정형화되었고, 고상한 민네장과는 다른 노래들이, 주로 13세기에 많은 활동을 했던 포겔바이데, 하인리히 폰 모룽엔, 나이트하르트, 탄호이저, 15세기 중엽까지 활동한 볼켄슈타인 등에 의해서 생겨났다. 민네쟁어들의 신분도 기사 계급뿐 아니라 그 아래로 내려와서 자유민 가운데서도 음유시인이 생겼고, 또 격언시를 계몽·교화의 목적으로 노래하는 사람들도 생겨났다. 그중에서도 포겔바이데는 민네장에서 가장 중요한 음유시인이었는데, '고상한 민네'를 완성한 동시에 극복한 것으로 평가받는다. 그는 민네장뿐만 아니라 종교적 노래 및 고상한 연애시와는 다른 '저속한 민네'도 썼다. 여기서 음유시인의 서정적 자아는 신분이 높은 고귀한 여자가 아니라 평범한 여자를 향한 이뤄질 수 있는 사랑이나 감각적인 사랑을

▍탄호이저

자료: *Große Heidelberger Liederhandschrift*(1304년경).

▍오스발트 폰 볼켄슈타인

자료: 작자 미상(1432년).

꿈꾸는데, 한탄이나 비탄 대신에 명랑함이 나타난다. 포겔바이데의 〈보리수 아래에서Under der linden〉(현대 독일어로는 Unter der Linde)는 이런 분위기를 잘 보여주고 있다. 이 민네장은 평범한 처녀와 귀족 연인이 자연 속에서 나누는 사랑을 노래하고 있다.

보리수 아래에서/ 황야에 있는/ 우리 두 사람의 침대가 있던 곳/ 너희는 아름답게/ 여기저기 부려져 있는 것을 발견하겠지./ 꽃들과 잔디가/ 계곡에 있는 숲에서/ 랄라랄라/ 나이팅게일이 사랑스럽게 노래하네.

난 왔지/ 초원으로/ 그때 내 사랑은 거기 벌써 와 있었지./거기서 난 환영받았지./ 귀부인처럼/ 그래서 난 영원히 행복하지./그가 내게 입맞춤했나? 수천 번이나/ 랄라랄라/ 내 입이 얼마나 빨개지는지 보렴.

…… 그가 내 곁에 있었다는 것을/ 그걸 누가 알게 된다면/ 난 부끄러워지겠지./ 그가 나와 했던 일을/ 그것을 아무도 결코 알면 안 되지./ 그와 나를 제외하고/ 그리고 작

은 새 한 마리조차도/ 랄라랄라/ 그건 꼭 비밀로 둘 수 있을 거야.

「황야의 보리수 아래에서(Unten den Linden auf der Heide)」
자료: Wilhelm von Kaulbach 그림(1917년).

포겔바이데는 200여 편의 시를 썼는데, 이 중 약 110편에 멜로디를 붙였고, 그 가운데 90편이 민네장이었으며 나머지는 여러 종류의 격언시였다. 그는 귀족계급은 아니었으나 기사문학 시대에 다른 민네쟁어들로부터 존경을 받았던 가장 뛰어난 음유시인이었다. 전통적인 고상한 민네에서는 기사가 신분 높은 귀부인에게 진심으로 봉사하더라도 그에 대한 보답을 받지 못했고 사랑에 대한 응답도 얻지 못했다. 그래서 포겔바이데는 고상한 민네와 반대되는 〈보리수 아래에서〉와 같이 저속한 민네를 노래했다. 그의 민네장은 베토벤, 슈만, 볼프 등 19세기 독일 가곡 작곡가들에게도 많은 영향을 끼쳤다.

한편, 기사였던 나이트하르트 폰 로이엔탈은 1210년에서 1240년까지 활발하게 창작 활동을 했고, 그 역시 고상한 사랑시에 반대되는 저속한 사랑시를 발전시켰다. 오늘날까지 132편의 민네시가 그의 이름으로 전해 내려오고 있는데, 이 중 55편은 멜로디 악보도 함께 전해오고 있다. 그의 민네장에서는 종종 궁정이 아니라 시골 농촌이 배경이 되고, 사랑을 구하는 사람은 기사이지만 그 사랑의 대상은 귀부인이 아닌 농촌 처녀와 평범한 여성들이며, 기사의 구애 경쟁자는 농촌 총각들이다. 그의 민네시에 나오는 언어도 이들 환경에 맞게 저속한 언어가 나오곤 한다. 이 점에서 나이트하르트는 포겔바이데의 뒤를 이어서 민네장을 대중화시킨 것으로 평가받으며, 그의 노래들은 그

나이트하르트 폰 로이엔탈

자료: *Große Heidelberger Liederhandschrift*(1304년경).

의 생전뿐만 아니라 15세기까지도 큰 인기를 누렸다. 그러니까 그는 중세 민네장의 대중 스타였다. 그러나 이때까지도 민네장의 주요 청중은 여전히 왕과 귀족들이었다.

나이트하르트는 정형화된 민네장에서 혼자 노래하는 것 대신에 두 사람이 번갈아 가면서 노래 부르는 이중창을 선호했다. 가령 어느 민네장에서는 어머니와 딸이 로이엔탈에서 열리는 마을 무도회를 놓고 갈등을 벌이는데, 딸은 무도회에 가려고 하고 어머니는 위험하다고 만류한다. 이곳에는 마을 청년만이 아니라 훌륭한 기사들도 오기 때문에 어머니는 딸에게서 재미나 보고 떠나버리는 기사들에 대해서 경고한다. 또 운이 없으면 수치심을 느끼며 아이를 낳고 키워야 할 경우도 있다고 말하지만, 딸은 마구간과 염소의 젖 냄새나 나는 마을 총각을 싫어한다. 나이트하르트는 이런 이야기를 즐겨 주제로 삼아 이중창으로 노래하기도 했다. 물론 그의 작품 중에는 사회 비판적인 노래들도 있었다.

나이트하르트는 13세기 중엽에 오스트리아 후작 프리드리히 2세로부터 빈 Wien 근교에 집을 한 채 하사받아 이곳에서 후기 창작 활동을 하는 등 다른 음유시인들과 달리 거처를 정해서 살았다. 그의 무덤은 오늘날까지 빈에 있는 슈테판 성당 남쪽 벽 아래에 있는데, 이것은 그가 생전에 음유시인으로서 큰 명성을 누린 것을 보여주는 예다. 결과적으로 볼 때 포겔바이데와 나이트하르트의 민네장은 궁정 기사 문화의 절정이었다. 그 밖에 민네가수와는 다른 떠돌이 가수들이 일반인에게 섬뜩하지만 재미있는 노래를 불러서 여흥을 주

▌ 오스트리아 슈테판 성당 외벽에 있는 로이엔탈의 묘

었으나 이들의 노래를 가곡의 선행 단계로 보기에는 여러 가지 점에서 미흡하다.

마이스터게장

14세기에 이르자 유럽에서는 봉건제가 느슨해지고 도시가 융성하기 시작하면서 시민계급이 부상하기 시작했다. 도시에서는 수공업자 길드(조합)와 상인들 조합이 생겨났고, 유럽의 무역 도시들 사이에 한자(옛 독일어로는 Hansa, 현대 독일어로는 Hanse)동맹이 맺어지기도 했다. 이런 과정에서 궁정의 기사 문화와 민네장이 서서히 쇠퇴하기 시작했고, 그 자리는 마이스터게장이 대신한다.

무역이나 상업을 통해 부를 축적할 기회가 훨씬 많아지면서 항구 및 수로가 있거나 왕래가 많은 지역을 중심으로 도시가 생겨나고 또 점점 커졌다. 그래서 시골 사람들은 자유롭지 못한 시골 성채에서의 삶에서 빠져나와 도시에서의 삶으로 옮겨갔다. 당시 유행어 '도시의 공기가 자유를 만든다Stadtluft macht frei'라는 표현이 적절하게 말해주듯이, 많은 이들이 시골에서 도시로 이주해서 수공업자, 상인, 하인, 구두장이, 재단사, 여관 주인 등 다양한 직업을 가질 수 있었다. 여러 가지 세금을 내기는 했으나 자유로운 직업 선택과 신분을 벗어난 자유로운 결혼이 도시에서는 보장되었다. 그러나 도시가 팽창하면서 부익부 빈익빈과 같은 사회 현상이 나타나고, 공장 굴뚝에서 나오는 매연을 포함해서 오염된 물, 집 부족 등 도시의 인프라 문제들도 나타났다.

이렇게 바뀐 환경에서 성을 중심으로 순회 연주를 하던 1인 예술가인 민네장 대신에 수공업자 중심의 마이스터게장이 생겨나기 시작했다. 마이스터징어Meistersinger 또는 마이스터쟁어Meistersänger라 불리는 이들은 청중을 찾아가는 것이 아니라 자신들이 사는 곳에서 시를 쓰고 노래했다. 민네장의 음유시인들이 다양한 계층에서 나오기는 했어도 대개는 기사 계급 이상의 귀족들이었다면, 이와 달리 마이스터게장의 가수들은 구두장이, 재단사와 같은 중산층이자 시민계급에서 나왔다. 이들은 자신의 직업으로 생계를 이어가면서 추가로 마이스터징어가 된 것이다. 14세기에는 여러 상업 도시들에서 마이스터게장이 생겨났는데, 그 명칭은 13세기 격언노래를 부르던 시인들을 '마이스터징어'라고 지칭한 점에서 유래했다. 이들은 이곳저곳 옮겨 다니면서 연애시가 아닌 교훈적 내용을 담은 격언시를 노래했다.

민네가수이자 격언노래 시인들은 마이스터징어의 정신적 지주였을 뿐만 아니라, 실제로 그들의 수많은 음은 마이스터게장의 기초가 되었다. 마이스터게장의 시와 멜로디는 민네장에서 유래했으나 엄격한 규칙을 가지고 있었다. 시 형식의 노래는 처음에는 '라우테Laute'라는 악기를 이용한 연주에 맞춰서 마이스터게장 노래학교에서 가르쳐졌다. 가수 조합은 여기서 노래를 배

▌ 노래 시합에서의 마이스터징어들과 심사자
자료: *Hagerschen Liederbuch*(1600년).

▌ 마이스터징어들의 노래 시합 세밀화
자료: *Große Heidelberger Liederhandschrift*(1304년경).

우는 사람들을 학생, 학생 친구, 가수, 시인으로 분류하다가 마이스터징어의
자격을 얻은 다음에야 비로소 '마이스터'라는 타이틀을 인정했다. 보통 마이
스터라는 칭호는 스스로 텍스트를 쓰고 멜로디를 붙일 수 있는 경우에만 붙
여졌다.

노래 교본은 15세기 초반에서 18세기 후반까지 『예나 노래필사집』, 『콜마
르 노래필사집』, 『바이마르 노래필사집』, 『뮌헨 마이스터게장 노래필사집』을
비롯해서 수백 편의 마이스터게장 노래필사집들이 전해지고 있다. 특히 『콜
마르 노래필사집』에는 900편 정도의 민네장 및 마이스터게장 노래 텍스트와
100개 이상의 멜로디가 들어 있다. 학교의 경우 프라우엔롭이 14세기에 마인
츠에서 최초의 마이스터게장 노래학교를 세웠다고 알려져 있으며, 이후 수공
업자 조합을 중심으로 15세기 중반에 아우크스부르크, 뉘른베르크, 슈트라스
부르크(스트라스부르), 프라이부르크, 울름, 보름스, 단치히, 브레스라우 및 그

▎한스 작스
자료: Michael Ostendorfer 그림(1545년)

밖의 여러 도시에서 노래학교가 생겨났다. 여기서는 노래의 작곡 규칙을 엄격하게 지켰고, 그 기법을 전수했으며, 포겔바이데를 비롯해서 에셴바흐, 프라우엔롭 등 12명의 음유시인이자 격언노래 시인들을 모범 마이스터로 삼았다. 하지만 마이스터게장 노래학교에서는 시를 짓고 노래하는 것이 영감을 바탕으로 하기보다는 마치 수공업 기술처럼 기술적으로 익힐 수 있는 기교에 치우쳐서 이뤄졌다. 이후 점점 학교들이 사라져서, 도시마다 있었던 노래학교 가운데 18세기까지 유지된 노래학교는 25개에 불과했고, 마지막으로 메밍겐 노래학교가 1875년에 해체되었다.

마이스터징어들은 성서의 다비드를 자신들의 수호자로서 존경했으며, 노래 시합에서 가장 우수한 가수는 동전에 다비드가 새겨진 은줄을 받았다. 그리고 마이스터게장의 청중은 이제 귀족이 아니라 시민계급으로 옮겨졌다. 이러한 마이스터게장의 절정은 16세기 뉘른베르크의 구두장이 한스 작스 Hans Sachs에 의해 이뤄졌으며, 그의 영향은 여러 도시로 널리 퍼졌다. 작스는 격언시 시인이자 극작가이기도 했는데, 재단사의 아들로 뉘른베르크에서 태어나 구두 수공업을 배웠다. 작스의 작품 대다수는 마이스터게장이었다. 작스는 17세기 이후 거의 잊혔다가 19세기 중엽 알베르트 로칭의 3막극 오페라 ≪한스 작스≫에서 구두장이 장인이자 민네가수로서 이름이 등장하고, 바그너의 악극 ≪뉘른베르크의 마이스터징어≫에서 주인공 중 한 사람으로 주목받음으로써 작스의 재발견이 이뤄졌다.

작스의 작품들은 대표적인 민중문학에 속했고, 이와 나란히 작자 미상의

| 「숲속의 게노베바(Genoveva in der Waldeinsamkeit)」
자료: Ludwig Richter 그림(1841년).

| 『아름다운 마겔로네』 책 표지
자료: Die schön Magelona (1535년).

『틸 오일렌슈피겔』, 『게노베바』, 『아름다운 마겔로네』, 『파우스트 박사』 등과 같은 민중 이야기책들과, 민중의 노래(민요)와 담시가 주요한 문화의 주체로 나타난다. 이러한 민중의 이야기책들은 괴테의 『파우스트』, 프리드리히 헤벨의 5막극 『게노베바』, 루트비히 티크의 『마겔로네』에서 재수용되었고, 또한 음악 분야에서도 슈트라우스의 표제음악 ≪틸 오일렌슈피겔의 재미있는 장난≫, 슈만의 유일한 오페라 ≪게노베바≫, 구노의 오페라 ≪파우스트≫와 브람스의 ≪아름다운 마겔로네, 로만체≫로 재창조되었다. 그러니까 민네장과 같은 궁정 기사 문화에서 도시를 중심으로 마이스터게장과 같은 중산층 시민 문화를 거쳐 민중 문화로까지 예술 문화의 생산자와 향유층이 내려온 것이다.

마이스터게장은 16세기에 이르면서 서서히 쇠퇴하기 시작했다. 나중에 마이스터게장은 민네장과는 달리 그레고리안 성가처럼 동반 악기 없이 독창으로 낭송되기도 했다. 또 마이스터징어는 여전히 주로 수공업과 상업에 종사하는 시민이었지만 성직자, 교사, 법률가도 종종 있었다. 이들은 종교시와 교훈시를 통해서 루터의 교리와 성서를 널리 전파하거나, 당시 문맹률이 높고 상대적으로 교육 수준이 낮은 저소득층의 사람들을 계몽하고 교화하는 역할을 했다. 마이스터게장은 시민사회에서 일어나는 일상뿐만 아니라 성서의 이야기들을 소재로 삼아 음악으로 낭송되기도 했다.

리트의 발전 과정에 영향을 끼친 역사적, 정신·문화사적 배경

독일 서정시와 음악과의 연관성 내지는 바이마르 고전주의, 낭만주의, 비더마이어Biedermeier, 젊은 독일파 등 독일 문예사조와 문인들이 음악에 끼친 영향을 이야기하기에 앞서서, 먼저 근대의 어떤 정신·문화사적인 배경과 유럽 역사가 독일의 낭만주의 서정시와 문예사조를 낳았는지, 그로 인해 19세기 독일 가곡 또는 낭만주의 예술가곡이 어떻게 활짝 꽃피었는지를 살펴보고자 한다. 또 독일 가곡의 이론과 그 발달 과정에 대해서도 함께 이야기해 보려고 한다.

신성로마제국과 프로이센

유럽에서는 중세인 5세기부터 근세인 16세기까지만 하더라도 궁정 사회와 귀족계급, 성직자와 지식인은 라틴어를 썼고 일반 시민들은 그들끼리 통용되는 지역어를 사용했다. 성서를 포함해서 라틴어로 쓰인 여러 문헌은 수도원과 궁정 도서관을 중심으로 학자, 성직자와 귀족계급에게 독점화된 지식이었다. 이후 교회와 수도원 및 대학을 제외하고는 라틴어가 쇠퇴하면서, 그 자리를 궁정을 중심으로 프랑스어가 차지한다. 그래서 18세기에는 프랑스 문화가 유럽 귀족 사회를 지배했고, 심지어 문화적으로 유럽에 속하지 않았던 러시아 궁정에서도 프랑스어를 사용하고 프랑스 예법을 익혔다. 이 당시 유럽의 왕들과 제후들이 프랑스 문화를 익히는 것은 교양과 권위를 높이는 일이었고, 프랑스어는 유럽의 귀족 사회에서 서로 소통할 수 있는 공용어가 되었다.

프랑스 문화의 우세에 더해, 유럽의 귀족 사회에서 1789년 프랑스 대혁명은 유럽 전역에 큰 파장을 일으켰다. 당시 유럽의 거의 모든 지식인과 예술가들이 이 세기말의 대사건을 큰 관심을 가지고 지켜보았다. 프랑스 대혁명의 정신인 '자유, 평등, 박애'는 유럽인들에게 귀족 중심의 수직 사회에서 수평적 시민사회로 넘어올 수 있는 의식을 일깨웠으며, 이를 통해 처음으로 유럽인은 자유에 바탕을 둔 개인의 권리가 무엇인지 깨닫기 시작했다. 평등과 자유 그리고 행복 추구가 기본 인권에 속한다는 사상은 프랑스 혁명 이념이 만들어지기 13년 전인 1776년 미국의 독립선언문에서 언급되었다. 미국은 이런 사상에 토대를 두고 영국으로부터 독립해 의회민주주의로 가는 길을 열었다. 유럽은 같은 시기에 그제서야 왕정주의 체제에서 자유, 평등, 박애 사상이 프랑스 혁명을 계기로 의식화되기 시작했으나 의회민주주의로의 전환까지는 오랜 세월이 더 필요했다.

한편, 유럽에서 영국과 프랑스를 제외한 독일 신성로마제국의 땅에 살던 중부 유럽인들은 18세기만 해도 자신들의 국가 정체성에 대한 별다른 의식이 없었다. 수백 년간 합스부르크 가문의 지배 아래 있던 신성로마제국 자체가 독일인, 오스트리아인, 헝가리인, 이탈리아인, 체코인, 슬라브인, 루마니아인, 세르비아인, 크로아티아인, 슬로베니아인 등으로 다양하게 구성되어 있었기 때문이다. 그래서 언어, 문화, 관습이 다양하게 존재하는 것은 자연스러운 일이기도 했다. 이 신성로마제국은 기독교를 국교로 삼아서 10세기경부터 1806년까지 독일-로마 황제가 다스리던 지역이었다. 신성로마제국이라는 말에는 '서로마가 476년 몰락했으나 그 제국을 계승하고 기독교의 우산

■ 왕관, 창/칼, 십자가 사과를 들고 있는 카를 대제 초상화

자료: Albrecht Dürer 그림(1513년).

■ 오토 1세와 교황 요하네스 12세의 만남

자료: Diebold Lauber 그림(1450년).

아래 신의 성스러운 뜻에 따라서 나라를 다스린다'라는 의미가 들어 있다.

카를 대제(샤를마뉴)는 기원후 800년 당시 프랑크 왕국의 지배자였으나 로마로 가서 교황으로부터 '로마인의 황제' 대관을 받아 로마제국의 후계자가 되었다. 그의 사후인 10세기 초, 카를 대제의 손자 세대에 이르면 프랑크 왕국이 세 개 지역으로 분열된다. 그중 동쪽과 서쪽은 오늘날의 독일과 프랑스가 되었고, 중부 유럽에서 로마까지 길게 뻗은 중부 지역은 장남 로타르가 다스리다가 나중에 베네룩스 3국(벨기에, 네덜란드, 룩셈부르크)을 제외하고는 대부분이 독일과 프랑스에 나뉘어 흡수되었다. 이후 작센 공작 오토 1세가 936

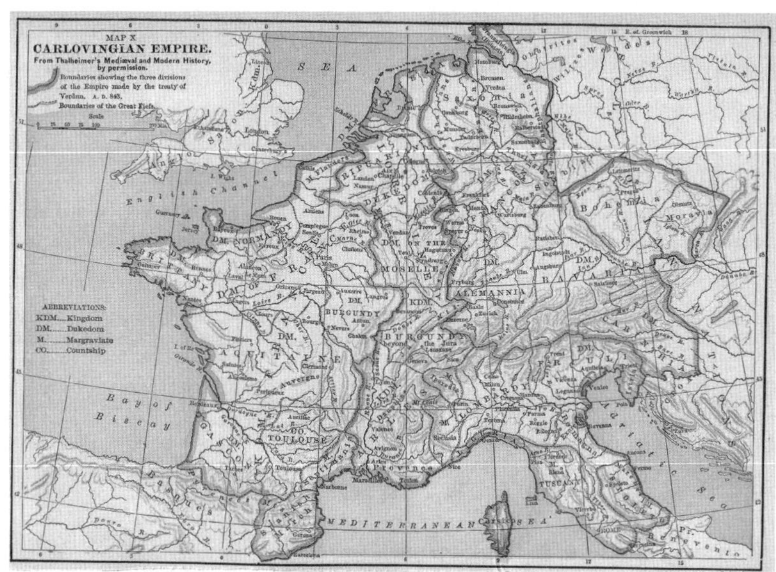

▌카를 대제의 프랑크 왕국과 분할을 표시한 지도

자료: *Ridpath's Universal History*(1895년).

년 동프랑크 왕국(오늘날의 독일, 오스트리아, 이탈리아에 해당하는 지역의 왕국) 제후들에 의해 독일 왕이 되었고, 이로써 카를 대제 이후 150년 만에 강력한 왕이 탄생했다. 오토 1세는 자신을 카를 대제의 후계자로 여겼고, 그 의미를 확인하는 차원에서 로마 교황 요하네스 12세에게서 962년 황제 대관을 받았다. 이로써 다시 독일 왕들은 로마의 황제인 동시에 기독교의 수호자가 되었다.

여기서 '독일-로마 황제'라는 뜻이 성립되었고, 나라 이름도 '독일 신성로마제국Heiliges Römisches Reich Deutscher Nation'이 되었다(다만 '독일'이라는 명칭은 10세기부터 쓰인 게 아니라 15세기경에 덧붙여진 것으로 알려져 있다). 황제에게 대관식을 치러준 교황은 그 대가로 황제로부터 여러 군사적·물질적 지원과 협조 등을 얻음으로써, 세속적 지배자와 종교적 지배자가 다툼 없이 협력을 유지할 수 있었다. 그러나 로마에서 황제를 위한 교황의 대관식 전통도 오래가지 않아 사라졌다. 100년도 지나지 않아서 이 협력은 긴장과 갈등 및 대립으로 변모해 어느 권력이 우선하는가를 놓고 주도권 싸움이 벌어졌다. 유럽의 중세는 전통적으로 최고 강자의 위치를 유지해 나가려는 황제들, 황제보다 더 높은 권력을 지향하는 교황들, 황제의 권력을 약화하려는 제후들 사이의 갈등과 분쟁으로 복잡하게 얽혀 있다.

신성로마제국 시대에 독일어를 사용하는 사람들에게 자긍심과 독일인으로서의 정체성을 처음으로 인식시켜 준 인물이 18세기 프로이센의 계몽 군주 프리드리히 2세다. 나중에 '프리드리히 대제'라 칭해졌던 그는 다른 유럽 제후들처럼 프랑스 문화를 높게 평가했으며, 프랑스 예법과 프랑스어를 사용했다. 그러다 프리드리히 2세가 오스트리아의 군주 마리아 테레지아와 슐레지엔 지역을 놓고 여러 차례 전쟁을 치러서 군사적으로 승리한 것이 일반 독일인들의 정체성과 자긍심을 높이는 계기가 되었다. 신성로마제국의 황제는 오스트리아의 합스부르크 가문에서, 1438년부터 이후 약 300년 동안 선거를 통해 선발하는 형식을 취했지만 실제로는 남자 후손을 통해서 세습되었다. 그러다 아들이 없었던 카를 6세가 딸 마리아 테레지아를 합스부르크 가문의 후계자로 정했는데, 신성로마제국의 여러 제후는 그것을 인정하려 하지 않았다. 그로 인해서 카를 6세의 사후에 오스트리아 왕위 계승 전쟁이 벌어지고 말았다. 이 상황에서 사실상 마리아 테레지아의 약한 권력을 정치적으로 가장 잘 이용한 왕이 프로이센의 프리드리히 2세였다. 슐레지엔은 프로이센이 이 왕위 계승 전쟁 시기를 이용해서 얻은 땅이기 때문에 이후 마리아 테레지아는 이곳을 탈환하기 위해서 프로이센에 전쟁을 선포했고, 전쟁은 1756년부터 약 7년간 계속되었다. 이 전쟁에서 프로이센은 최종적으로 오스트리아와 그 연합국을 기적처럼 물리쳐 슐레지엔을 그대로 유지해 낸다. 그렇게 오늘날 독일의 모태가 된 프로이센은 마리아 테레지아의 군주 등극을 계기로 신성로마제국에 속해 있던 수십 개의 제후국 중 가장 강력한 대국이 되었다.

그리고 프리드리히 2세가 제위에 있던 때 프로이센은 유럽에서 오스트리아, 프랑스, 러시아, 영국에 이어 다섯 번째 강국이 되었다. 프로이센이 강대국으로 도약하는 데는 그의 아버지, 일명 '군인 왕'으로 불렸던 프리드리히 빌헬름 1세의 공이 컸다. 그는 18세기 초 왕위에 오르면서 중상주의 정책과 광범위한 개혁 조치를 통해 경제적으로 강한 국가의 초석을 다졌다. 실제 그의 아들에게로 왕위가 넘어갈 때 프로이센은 유럽에서 세 번째로 강한 군대를 가지고 있었고, 나라의 빚은 없었으며 오히려 전쟁이 났을 때 쓸 충분한 예비비를 가지고 있었다. 게다가 군대에서 가장 잘 실천할 수 있는 의무감, 순종, 규율, 질서와 근면이 프로이센의 '군인 왕' 지배 때 최고의 미덕이자 가치가 되었다. 이런 가치관에 대해서는 후대의 부정적 평가도 있지만, 후진국이었던 프로이센이 유럽 강대국의 길로 들어설 수 있는 원동력이었다고 평가받기도 한다.

아버지와는 반대로 프리드리히 2세는 왕이 된 후에도 국가를 군주의 소유물로 이해하지 않았고, 오히려 군주는 '국가의 종'이라고 여겼다. 그러니까 유럽의 군주들로부터 부러움을 샀던 프랑스의 '태양왕' 루이 14세가 "짐이 곧 국가다"(실제 태양왕이 스스로 그렇게 말했는지는 불분명하다)라고 했던 것과 같은 절대군주의 모습과는 정반대였다. 그들과 달리 프리드리히 2세는 자신을 국가의 첫 번째 하인이라고 인식했던, 명실상부한 계몽 군주이자 철학자 군주였다. 그는 신앙과 종교의 자유를 허락하고 사회계층을 떠나 모두가 법에 따라 처벌을 받도록 하는, 당시로서는 획기적인 조치를 취했다. 이로 인해 그는 '대제'라는 칭호를 얻었다. 하지만 프리드리히 2세가 선대에서부터 키워낸 프로이센의 강력한 군대의 힘을 앞세워서 국가를 이끄는 모습에 볼테르(프리드리히 대제는 음악에 조예가 깊었고 프랑스의 사상가이자 작가인 볼테르와도 깊은 친분이 있었다)나 그에게 많은 기대를 걸었던 계몽주의 사상가들은 실망하기도 했다. 그렇기는 하지만 결과적으로 보면 그의 주요한 업적 중 하나가 프로이센의 자긍심과 독일인이라는 인식이 확대되는 계기를 마련했다는 것임은 분명한 사실이었다. 나중에 강대국이 된 프로이센은 1871년 27개의 나라로 구성된 '독일제국'을 선포함으로써 오스트리아를 제외한 독일 통일을 이루었다.

정신·문화사적 배경

18세기 말 유럽의 많은 지식인과 예술가들은 프랑스 대혁명과 정치적 혼란을 겪은 이후 등장한 나폴레옹 보나파르트가 인간의 권리를 수호하고 유럽의 억압된 민중들을 해방시킬 것으로 믿었다. 그러나 이 대혁명 발발 후 10년이 채 지나기도 전에 나폴레옹이 자신을 황제로 칭하고 유럽의 여러 도시를 점령해 나가자, 자연스럽게 나폴레옹에 반대하는 민족주의와 국가 정체성에 대한 의식이 신성로마제국의 독일인들에게 강하게 나타났다. 그러니까 프로이센의 강국으로의 도약과 나폴레옹의 황제 등극 및 유럽 침략이 궁극적으로 유럽인의 민족주의 의식과 정체성을 강화해 주는 촉매 구실을 한 것이다.

이러한 정체성의 문제와 민족주의 의식은 이미 18세기 초·중반 여러 독일 인문학자들에 의해서 태동·고양되기 시작했다. 먼저 18세기 중반의 뛰어난 극작가이자 예리한 비평가였던 고트홀트 에프라임 레싱Gotthold Ephraim Lessing은 당시 유럽에서 상대적으로 낙후했던 독일 지역에서 안티케(옛 그리스·로마) 문화와 더불어 특히 자신들의 문화유산에 관심을 가지는 것이 그 낙후성을 극복할 대안이라고 여겼다. 또 아직 연극 문화가 제대로 자리 잡지 못한 독일에서는 프랑스 연극을 모방하는 것보다는 오히려 영국의 윌리엄 셰익스피어가 만든 연극을 본받는 것이 적합하다고 보았다. 그래서 레싱은 귀족과 지식인들처럼 프랑스를 모범으로 삼아야 한다는, 자신보다 스물아홉 살 연상의 문학 이론가인 요한 크리스토프 고트셰트Johann Christoph Gottsched의 의견에 반대했다.

고트셰트에 따르면 문학은 계몽주의 이념을 가장 잘 전달할 수 있는 수단이며 그 가운데 연극이 가장 효과적인데, 그 이유는 연극은 어떻게 살아야 하는지를 직접 눈앞의 무대 위에서 보여주기 때문이다. 그러나 고트셰트는 형식적 요소를 강조한 나머지 문학은 무미건조한 규칙이 아니라 감정의 깊이에서 나온다는 점을 간과했다. 또 고트셰트는 프랑스 연극을 모범으로 삼아서

| 고트홀트 에프라임 레싱
자료: Anna Rosina de Gasc 그림(1767년경).

| 요한 크리스토프 고트셰트
자료: Leonhard Schorer 그림(1744년).

아리스토텔레스가 『시학』에서 말한 3통일, 즉 시간·장소·줄거리 통일의 법칙이 지켜지는 비극 작품을 강조했다. 그러나 이 법칙은 사실상 그리스 비극 작품의 경우에만 적합했다. 그때는 한 장소에서, 하루라는 시간 안에, 시작과 끝이 있는 완결된 줄거리를 가진 작품들이 그리스 연극 경연에 참여했고, 나중에 아리스토텔레스가 그 특징을 정리한 것이다. 그러나 레싱은 연극 작품을 위해서 이 3통일의 법칙 가운데 줄거리의 통일만 그 핵심적 요소라고 여겼다. 그 밖에도 계몽주의자인 레싱은 관객이 연극을 통해서 내면적·정신적으로 변화할 수 있다고 여겼으며, 이 점에서 고트셰트와 마찬가지로 연극은 공공을 위한 교육의 장이라고 인식했다. 나중에 실러도 연극의 효과에 대해서 레싱과 같은 입장을 취했다.

레싱에 이어서 민족정신과 정체성을 이야기한 사람은 바로 그보다 열다섯 살 아래였던 요한 고트프리트 헤르더Johann Gottfried Herder다. 그는 독일어를 쓰는 사람들은 같은 정신을 소유하고 있다고 보았다. 다시 말하면, 같은 언어를

┃ 요한 고트프리트 헤르더
자료: Anton Graff 그림(1785년).

사용하는 것은 같은 이념과 정신을 공유한다는 것인데, 그는 이것을 '민족정신Volksgeist'이라 불렀다.

헤르더는 소위 말하는 '바이마르 고전주의의 네 별'이라 불리는 인물인 빌란트, 헤르더, 괴테, 실러 가운데 한 사람이었고, 유럽 전역의 지성들과 폭넓은 교우 관계를 맺었다. 헤르더는 비자연스러운 합리주의를 비판하면서, "자연으로 돌아가라!"라고 요구했던, 그보다 서른 살 이상 연상이었던 프랑스의 학자 장 자크 루소의 의견에 전적으로 공감했다. 루소에 따르면 문화는 인간에게서 자연스러움을 빼앗아 가버렸는데, 이것을 다시 좋게 만들고 자연과 조화롭게 살기 위해서 사람은 자신의 이성보다는 자신의 감정들과 직감들에 더 순종해야 한다. 루소와 같은 입장에서 헤르더는 기교가 많은 문학보다는 자연스러운 문학을 높이 평가했다. 그런 의미에서 그는 문인으로 호메로스와 셰익스피어를 존경했으며, 그런 문학을 찾아서 민족혼이 깃들어 있는 유럽 및 독일 민요, 옛 북유럽 신화, 민네쟁어들의 노래를 수집했다.

헤르더는 위대한 서정시의 본질을 추구했고, 민네쟁어인 포겔바이데를 독일 문학에서 가장 위대한 서정시인으로 여겼다. 그는 진정한 서정시는 단순하고 꾸밈이 적으며 민요조를 띠어야 한다고 보았다(참고로 '민요'라는 명칭은 헤르더에게서 나왔다). 이러한 사상은 슈트라스부르크에서 알게 된, 그보다 세 살 연하의 젊은 괴테에게 큰 감명을 주기도 했다. 헤르더의 책 『노래에 깃든 민족들의 소리』는 1772년에 출간되었다. 이 노래 모음집은 그리스, 독일, 로마, 프랑스, 영국, 브라질, 페루 등 전 세계의 가장 아름다운 서정시 중 182편

『소년의 마술피리』 2권의 표지
자료: Des Knaben Wunderhorn Band 2(1808년).

을 모아놓은 것인데, 그것들 가운데 40편이 독일의 민요다. 그 밖에도 헤르더는 그 이듬해 『오시안 또는 고대 민족들의 노래』를 출간했다. 그의 민요를 향한 관심은 이후 낭만주의자들에게로 이어졌다.

낭만주의 작가인 아힘 폰 아르님과 클레멘스 브렌타노 또한 민중 문학에 대한 관심에서 시작해 1805년부터 3년에 걸친 공동 작업 끝에 『소년의 마술피리』를 출간했다. 이 민요집에는 약 600편의 민요와 동요가 들어 있는데, 괴테는 "이 책은 누구의 집이든 간에 가지고 있을 만한 값어치가 있다"라고 평가했다. 브렌타노의 누이동생 베티나가 아르님의 아내였던 덕분에 『소년의 마술피리』 출간 작업에 대한 두 사람의 마음이 쉽게 맞을 수 있었고, 그렇게 처남과 매부가 의기투합했기 때문에 어려운 공동 작업을 끝낼 수 있었다.

특히 브렌타노는 아주 몽상적이고 서정적인 시인이었다. 그는 "자신이 판타지를 소유한 것이 아니라 판타지가 자신을 소유했다"라고 말했는데, 이것은 그가 낭만주의 정신의 소유자라는 점을 잘 드러내고 있다. 브렌타노와 아르님의 『소년의 마술피리』는 헤르더의 노래 모음집들과 더불어 나중에 작곡가들에게 가장 중요한 가곡의 텍스트가 되었고, 이 민요집에 실린 시들은 19세기뿐 아니라 20세기 중반까지도 독일 가곡에서 주요한 텍스트의 원천이 되었다. 여기에는 〈오, 전나무야!〉(〈오, 소나무야〉), 〈내가 한 마리 새라면〉과 같은 오늘날 우리가 잘 아는 동요들도 들어 있다.

■ **아힘 폰 아르님**
자료: Peter Eduard Ströhling 그림(1804년경).

■ **클레멘스 브렌타노**
자료: Emilie Linder 그림(1837년경).

■ **베티나 브렌타노(베티나 폰 아르님)**
자료: 작자 미상(1810년경).

▌〈오, 전나무야!〉의 악보

오 전나무야, 오 전나무야/ 네 잎은 늘 변함없구나!/ 넌 여름만이 아니라/ 겨울에도, 눈이 올 때도 푸르구나!/ 오 전나무야, 오 전나무야/ 네 잎은 늘 변함없구나!

오 전나무야, 오 전나무야/ 넌 정말 내 맘에 들어!/ 크리스마스 때뿐 아니라 어느 때라도/ 네 나무 한 그루가 얼마나 날 기쁘게 하는지!/ 오 전나무야, 오 전나무야/ 넌 정말 내 맘에 들어!

오 전나무야, 오 전나무야/ 네 옷이 내게 뭔가를 가르치려고 하네!/ 희망과 한결같음을/ 항상 위안과 힘을 주네!/ 오 전나무야, 오 전나무야/ 내 옷이 내게 뭔가를 가르치려고 하네!

민요 〈오, 전나무야!〉, 3연 각 6행시

우리에게 〈오, 소나무야!〉라고 소개된 이 곡에는 재미있는 사실이 있다. 원래 독일 민요에서는 소나무가 아니라 전나무이며, 전나무는 독일에서 크리스마스 트리를 만들 때 흔히 사용된다. 전나무는 한국의 소나무처럼 독일 지역에서 친숙하게 여기는 나무인데, 이 노래가 일본을 거쳐 한국에 번역·소개되면서 한국에서 친숙하게 여기는 소나무로 바뀐 것이다. 일본은 메이지 유신 때 독일 문화를 적극적으로 수용해서 많은 것을 번역했고, 그 영향으로 한국이 일본으로부터 해방된 이후 한국의 학교에서도 자연스럽게 독일 민요를 한국어로 번역 또는 개작한 가사와 함께 접한 것이다. 가사를 개작하는 경우 원래의 노랫말과는 의미가 동떨어지지만 부르기 쉽게 바뀌고, 민요는 또한 멜로디가 쉬워서 사람들이 거부감 없이 노래를 익힐 수 있게 된다. 실제로 독일 민요들 중 일본어로의 번역이나 개작을 거쳐서 한국의 동요가 된 것이 꽤나 많다. 〈옹달샘〉, 〈나비야〉 등의 동요가 대표적이다. 그런 점에서 보면 독일 문화가 민요를 통해서 한국의 동요에도 이미 깊숙이 들어와 있는 셈이다.

『소년의 마술피리』 발간 이후 야코프 그림과 빌헬름 그림 형제는 『어린이와 가정 동화Kinder-und Hausmärchen(KHM)』(전 2권)를 1812년부터 수년에 걸쳐 발표했다. 그림 형제는 『소년의 마술피리』에 크게 자극을 받고 19세기 초반에서 중반 사이에 210편의 동화를 출판했다. 여기에는 「브레멘 음악대」처럼 어른과 어린이 모두에게 유익한, 보물과 같은 이야기들이 들어 있다. 이 그림 형제의 동화는 마르틴 루터의 독일어 성서 다음으로 많이 읽힌 책이다. 오늘날까지도 독일은 물론 전 세계의 많은 이들이 그림의 동화들을 잘 알고 있다. 여기에 쌍벽을 이루는 『독일 민담들Deutsche Sagen』(전 2권)도 1816년에서 1818년 사이에 출판되었다. 이 책에는 전 독일 지역에서 전래해 오는 579편의 민담이 실렸고, 그림 형제 사후 1905년까지 4판이 나올 정도로 인기가 많았다.

여기 실린 이야기 중 가장 잘 알려진 민담 하나가 「하멜른 쥐잡이Rattenfänger von Hameln」다. 이 「하멜른 쥐잡이」는 30개 이상의 언어로 번역되어 전 세계에 널리 알려졌다. 하멜른은 오늘날 인구가 6만 명 정도 되는 독일 니더작센주의 한 작은 도시다. 그러나 이곳은 「하멜른 쥐잡이」 이야기로 유명해졌고, 지금은 2년에 한 번 3일간 열리는 '니더작센의 날' 축제 때 이곳에서 쥐잡이 야외극이 공연되고 있다. 「하멜른 쥐잡이」는 독일을 넘어서 여러 나라의 영화, 음악과 문학의 소재로 쓰였는데, 이러한 피드백 덕택으로 2013년 독일에서 무형문화재가 되었고 이듬해에는 유네스코 무형문화재로도 인정받았다.

그림 형제의 민담에 따르면, 1284년에 아주 특이한 사람이 하멜른에 모습을 드러낸다. 이 방랑자는 알록달록한 천으로 만든 옷을 입고 있었으며, 자신을 쥐잡이라고 소개한다. 그는 하멜른을 모든 쥐로부터 해방시킬 수 있다고 장담

■ 『하멜른 쥐잡이』 이야기 장면

자료: *Aardige sprookjes: 24 vroolijke fabels met mooie plaatjes*(1890년경).

하는데, 이즈음 이곳은 도시의 주인이 사람이 아니라 쥐가 될 정도로 큰 피해를 보고 있어서 이 낯선 사람의 장담을 대단히 환영했다. 그래서 하멜른 사람들은 그에게 도시에서 쥐를 퇴치해 주면 그에 상당하는 대가를 주겠다고 약속했다. 약속을 받은 쥐잡이가 일을 시작하는데, 피리를 꺼내서 불기 시작하자마자 온갖 쥐들이 도시 구석구석에서 나와 쥐잡이의 주위로 몰려들었다. 그는 모든 쥐가 다 나왔다고 여겨지자, 하멜른을 지나는 베저Weser강으로 갔다. 수많은 쥐가 그를 따라왔고 피리 소리에 취한 채 모두 이 강물에 빠져 죽었다.

그러나 하멜른시가 쥐들의 재앙으로부터 해방되자 사람들은 쥐잡이와 약속한 것을 후회했고, 그에게 대가를 주는 것을 거절했다. 그는 몹시 화를 내면서 하멜른을 떠났다. 얼마 후 초여름, 그는 무서운 얼굴에다 이상하게 생긴 붉은 모자를 쓴 사냥꾼의 모습으로 하멜른에 다시 나타났다. 그가 피리를 불면서 거리를 배회하자 온 골목에서 이번에는 쥐들이 아니라 어린이들이 마법에 걸린 듯 밖으로 나왔다. 그는 피리 소리와 함께 이 아이들을 산으로 데리고 간 후 사라져버렸다. 그렇게 사라진 아이들은 다시는 돌아오지 않았다. 미처 따라가지 못했던 장애아 두 명만이 집으로 돌아왔고, 그 밖에 한 아이가 자신의 겉옷을 가지러 집으로 돌아왔다가 그 불행을 모면할 수 있었을 뿐이었다. 사냥꾼이 데리고 간 아이들은 어디로 갔는지 영원히 알 수 없었다. 이 쥐잡이 이야기는 오스트리아와 프랑스 및 유럽의 여러 나라에서도 변형된 이야기로 구전되었다.

「하멜른 쥐잡이」 민담은 괴테를 통해서 크게 피드백을 얻었는데, 그는 이 민담에 근거해서 "난 유명한 가수다"로 시작하는 3연 각 8행시를 썼고, 1888년경 이 시에 다시 볼프가 〈쥐잡이Der Rattenfänger〉라는 제목을 달고 곡을 붙였다.

난 유명한 가수다./ 여러 곳을 여행하면서 쥐를 잡는 자/ 이 유서 깊은 도시가/ 분명 필요로 하는 자다./ 쥐들이 아직도 무척 많다 하더라도/ 족제비들이 함께 논다고 하더라도/ 내가 사방에서 이곳을 깨끗이 치우면/ 그놈들은 함께 떠나야만 한다.

난 아주 쾌활한 가수다./ 아이들도 함께 잡는 자/ 가장 거친 놈들을 제압한 자/ 그가 유쾌한 동화를 노래하면/ 소년들은 아주 반항적이라 하더라도/ 소녀들도 아주 방어적이라 하더라도/ 내 현들로 감동을 주면/ 그들 모두 날 따라서 나서지 않을 수 없다.

난 노련한 가수다./ 때때로 소녀를 낚는 자/ 그 어떤 도시에도 그는 정착하지 않는다./ 그가 여러 사람에게 아무 일도 행하지 않는 곳에서도/ 소녀들이 아주 수줍어하더라도/ 아낙들이 아주 불친절하더라도/ 하지만 모두가 대단히 들뜬다./ 마력을 지닌 현의 소리와 노래가 불릴 때는.

_ 괴테의 3연 각 8행시

┃ 루트비히 울란트

「하멜른 쥐잡이」의 사례는 낭만주의 시대에 수집된 민담이 어떻게 시를 거쳐 가곡으로 넘어가면서 후속적으로 영향을 끼쳤는지를 대표적으로 보여주고 있다. 괴테의 시에서 쥐잡이는 악기를 연주하면서 노래하는 가수라는 점이 강조되는데, 그는 마이스터징어처럼 혹은 또 다른 오르페우스가 된 것처럼 동물만이 아니라 사람들 모두에게 자신의 노래로 감동을 줄 수 있는 능력을 지니고 있다. 이렇게 괴테는 쥐잡이라는 소재를 새롭게 하기 위해 강조점을 바꾸어 시로 썼고, 볼프는 이 시에 내재된 의미를 음으로 극대화했다.

그 밖에도 18세기 중엽에 프리드리히 고틀리프 클롭슈토크Friedrich Gottlieb Klopstock가 종교시를 비롯한 여러 작품을 발표했고, 낭만주의의 많은 작곡가들이 그의 작품을 중요하게 다루었다. 그는 시를 지배하는 것은 이성이 아닌 '느낌', 바로 시적 감성이라고 보았다. 그뿐 아니라 클롭슈토크는 시를 쓸 때는 당대에 지배적이었던 프랑스 문학을 모범으로 삼지 않았고, 프랑스 문화의 영향력에서 벗어나 스스로 감성주의의 독일 시인이 되었다. 또 루트비히 울란트는 1845년 『옛 고지 및 저지 지역의 독일 민요』를 출간했다. 그는 튀빙겐 대학교의 교수였고, 정치 시인이자 1848년 프랑크푸르트 의회의 의원이기도 했으며 독일 대통일, 즉 오스트리아를 포함한 독일 통일을 지지하는 문학가이기도 했다. 울란트와 마찬가지로 이 시기 대다수 예술가와 지식인들은 모두 독일의 대통일을 희망했다.

한편, 18세기 중반 이후 바이마르 공국의 예술 애호가이자 작곡가였던 여

공작 안나 아말리아와 그녀의 아들 카를 아우구스트는 재능 있는 문학가들과 음악가들 그리고 사상가들의 후원자였다. 안나 아말리아는 계몽주의의 가장 중요한 시인 중 한 사람이었던 크리스토프 마르틴 빌란트Christoph Martin Wieland를 왕자들의 교육을 위해서 바이마르로 초청하기도 했다. 안나 아말리아는 또한 괴테를 높이 평가했는데, 괴테보다 여덟 살 아래였던 카를 아우구스트 역시 어머니와 마찬가지로 그를 높게 평가했고, 1782년에는 그에게 재상직을 맡김으로써 괴테는 서른세 살 나이에 바이마르에서 제후 다음으로 강력한 지도자가 되었다. 이 시기에 '바이마르 고전주의의 네 별'이라 불리는 인물들이 바이마르에서 활동했고, 세계 문화사적으로 중요한 인물들인 임마누엘 칸트, 게오르크 빌헬름 헤겔, 베토벤, 신학자이자 철학자였던 프리드리히 슐라이어마허Friedrich Schleiermacher 등도 독일어권 지역에 살고 있었다. 이 가운데서도 특히 괴테가, 예를 들면 실러에게 예나 대학교의 역사학 교수 자리를 제안한다거나 헤르더에게 바이마르 궁정교회 주임 목사직을 제안하는 등 당대에 얼마나 큰 영향을 끼쳤는지에 대해서는 하겐 슐체Hagen Schulze의 『새로 쓴 독일 역사Kleine Deutsche Geschichte』에서 잘 드러나고 있다. "영국인들이 왕과 런던을, 프랑스인들이 나폴레옹과 파리를 국가의 중심으로 여겼듯이 독일인들은 괴테와 바이마르를 자신들 국가의 중심으로 여겼다."

게다가 괴테는 독일 가곡과 밀접한 연관이 있다. 라이하르트와 첼터로부터 슈트라우스에 이르기까지 거의 모든 가곡 작곡가가 괴테의 시에 곡을 붙였다. 이처럼 가곡 발달에서 보면 괴테는 가곡의 뿌리라 할 수 있다. 또 라이하르트와 첼터가 괴테의 시에 수많은 곡을 붙임으로써 다음 세대의 슈베르트 및 많은 가곡 작곡가를 견인하기도 했다.

실러의 작품은 괴테만큼 많은 작곡가가 곡을 붙이지는 않았지만, 슈베르트는 괴테와 뮐러 다음으로 실러를 애호했으며 베토벤 또한 실러 문학에 깊이 심취했다. 그 대표적인 것이 베토벤의 제9교향곡 마지막 합창의 텍스트인데, 바로 「환희의 송가」 또는 「환희의 찬가」로 알려진 실러의 「기쁨에 부쳐An die

Freude」다. 이처럼 실러의 시는 베토벤과 더불어 오늘날에도 주요하게 기억되고 있다.

독일 문학 최초의 위대한 해학소설가 요한 파울 프리드리히 리히터, 일명 장 파울Jean Paul은 음악가들에게 큰 인상을 남겼다. 또 아우구스트 빌헬름 슐레겔과 프리드리히 슐레겔 형제는 낭만주의를 천명하며 『아테네움Athenaeum』을 1798년 창간해 독일 낭만주의 문화의 융성에 크게 이바지했다. 노발리스, 제르멘 드스탈(일명 마담 드스탈), 도로테아 슐레겔, 루트비히 티크, 그림 형제, 아이헨도르프, 울란트 등의 작가들과 음악가 라이하르트 그리고 그의 딸 루이제 등은 서로 친분과 교류를 가졌고, 이를 통해 하이네는 독일 낭만주의 문화를 폭넓게 발전시켰다. 또 낭만주의 가곡 분야의 독보적인 시인 하이네는 출판하는 시집마다 큰 인기를 끌었던 문화 아이콘이었다. 그의 단순하면서도 아름다운 서정시에 괴테만큼이나 많은 곡이 붙여짐으로써 독일 작곡가뿐만이 아니라 유럽 여러 나라의 작곡가들로부터도 가장 사랑받는 시인이 되기도 했다.

그러나 예술가들 또한 자신들 시대의 현실을 떠나서 존재할 수는 없는 일이었으며, 18세기 및 19세기의 예술가들도 당대의 현실 문제를 직간접적으로 마주치지 않을 수 없었다. 작가이자 음악가였던 슈바벤 사람 크리스티안 다니엘 슈바르트는 자신의 글에서 뷔르템베르크 당국을 비판했기 때문에 공명심 높은 공작 카를 오이겐의 명령으로 체포되어서 법정 판결 없이 10년 동안 옥살이를 했으며, 이 옥살이 체험을 바탕으로 「송어Forelle」를 썼다. 나중에 슈베르트가 이 시를 가지고 다섯 가지 버전의 가곡과 피아노 4중주곡으로 작곡했고, 그렇게 가곡 〈송어〉는 그의 대표작 가운데 하나가 되었다. 또 라이하르트는 프랑스 혁명에 동조한 일 때문에 베를린 궁정악장 자리를 잃기도 했다. 리하르트 바그너는 1849년 5월 드레스덴 봉기에 동조했다가 드레스덴 궁정악장직을 잃고 도피했다. 게다가 하이네는 자신의 글로 말미암아 생애의 절반인 25년을 망명 아닌 망명 생활을 파리에서 보내고 끝내 그곳에서 죽음을 맞이해야 했다.

독일의 내면주의, 비더마이어와 낭만주의

1850년대에 이르기까지 유럽에서는 굵직한 사건들이 있었고, 이것은 독일의 문인과 음악가들과도 밀접한 관계에 있었다. 프랑스 대혁명 이후 특히 파리, 빈, 베를린 등 유럽 지역에서 벌어졌던 1848년 이전까지의 여러 혁명은 모두 실패로 돌아갔다. 이에 크게 실망한 지식인들과 예술가들이 현실의 문제로부터 눈을 돌려 과거의 세계로 관심을 내보이면서 내면주의가 널리 퍼졌다. 지식인들은 제후의 일방적 지배에서 벗어나 민중이 함께 만들어가는 사회가 실현되기를 기대했다. 그래서 때론 투쟁하기도 했고, 더 나은 사회 실현을 목표로 노력하기도 했으나 결국 19세기 중엽까지의 모든 혁명은 실패했다. 독일의 지식인과 예술가들은 좌절감과 실망을 과거의 위대한 정신을 되찾는 것으로 대체하는데, 이는 현실에서 직접 변화를 도모할 수 없어서 내면세계로 도피한 결과라고 볼 수 있다.

그래서 독일의 낭만주의는 '독일의 내면성 또는 내면주의'와 긴밀하게 연관되어 있다. 흔히 내면성은 주관에 나타나는 모든 의식 과정, 생각들, 정서들을 지칭하며, 세상으로부터 고립된 주관의 명상적이고 섬세한 감정 상태이기도 하다. 이런 내면성은 비귀족적이고 반세속적이며, 여기에는 당시 제국 전체에 퍼져 있던 지성인과 시민계급의 문화 예찬과 자연 찬미, 가곡과 서정시에 나타난 언어의 음악성 및 사회적으로 고립된 지성인의 고독이 함축적으로 들어 있다. 그런데 내면화 또는 내면성이라는 개념을 외부 세계와의 고립, 단절 또는 외부 세계에 대한 반대 개념으로 본다면, 이것은 동시대의 문제들로부터 등을 돌리고 개인의 주관에 바탕을 둔 내면화로 고착될 수가 있다. 이런 현상이 당시 독일 사회와 낭만주의에서 두드러지게 나타났는데, 낭만주의자들이 미래 지향적이 아니라 과거 회귀적으로 된 것은 그 시대의 현실과 밀접한 관계가 있다.

낭만주의자들은 나폴레옹의 유럽 제패 야욕을 '해방전쟁'(1813~1815)으로 물리친 후, 앙시앵 레짐(구체제)인 왕정 체제로의 복귀가 아니라 시민이 주인이 되는 자유로운 통일된 독일을 일구는 염원이 불가능해진 것을 경험했으며, 1815년에서 1848년 3월 사이에 일어난 구체제에 반대하는 혁명들이 모두 좌절되고 실패하는 것도 경험했다. 이런 현실 속에서 사회 변화와 개혁을 기대할 수 없었다. 그때, 그런 현실을 극복하려는 하나의 정신·문화사적 흐름이 생겨났다. 문인과 사상가들은 먼 옛날의 민담, 설화, 동화, 신화, 민요, 장소와 시간을 넘어선 정신과 예술을 지향하고 동경하면서 이러한 세계에서 민족의 위대함과 동질성을 추구했다. 그 동질성의 내면화를 통해서 고통스러운 현실을 극복하고자 하는 흐름이 주도적으로 나타났고, 이런 흐름 속에서 일련의 내면화된 낭만주의 시들이 나왔다. 독일어로 쓰인 이러한 시들은 다시 섬세한 작곡가들의 내밀함과 만나면서 낭만주의 가곡의 절정을 이루었는데, 독일의 내면주의는 독일 낭만주의 가곡에서 가장 큰 빛을 발휘했다.

내면주의와 밀접한 연관이 있는 시기는 1815년 빈 회의가 끝나고 1848년 시민혁명이 시작될 때까지인데, 이때 나타난 시민계급의 예술과 문화 현상을 비더마이어 사조라고 칭한다. 비더마이어라는 명칭은 고틀리브 비더마이어 Gottlieb Biedermaier라는 허구 인물의 이름에서 유래하는데, 이는 '전형적인 소시민'을 뜻한다. 비더마이어 사조는 외부 세계에는 관심을 끊고 내면으로 향하는 삶에 가치를 두었는데, 그 이유는 산업화와 도시화가 이뤄지고, 자유로운 의견이 통제되며, 왕정으로 회귀하려는 지배층이 주도적인 역할을 하는 상황으로 인해 시민들의 삶에 대한 고통과 불안이 커졌기 때문이다. 그것을 극복하는 대안이 비더마이어 사조였으며 이런 현상은 문학, 그림, 춤, 음악, 실내 건축, 가구, 의복에 이르기까지 다양한 곳에서 나타났다.

그러니까 비더마이어라는 개념은 '19세기 전반기의 시민 문화'를 뜻한다. 시민 계층은 개인적인 삶과 가족의 삶에 의미를 두어서 울타리 안의 가족의 행복을 중요시했다. 그리고 근면, 성실, 신의, 의무감, 겸손과 같은 시민적 미덕이 비더마이어 문화의 규범이 되었다. 편안하고 간단한 비더마이어 양식

▎ 비더마이어 양식 실내 건축
자료: Eduard Gaertner 그림(1849년).

▎ 비더마이어 양식 거실
자료: Frank Schwichtenberg(2008년).

▎ 「베가스 가족(Begas family)」 속 비더마이어 양식 의상
자료: Carl Joseph Begas 그림(1821년).

카를 슈피츠벡의 「일요일 산책 (Der Sonntagsspaziergang)」
자료: Carl Spitzweg 그림(1841년).

페르디난트 발트뮐러의 「동향인의 귀향 (Die Heimkehr des Landmannes)」
자료: Ferdinand Georg Waldmüller그림(1833년).

의 거실은 사실상 오늘날 거실의 원형이라 할 수 있다. 또 가족이 함께 모여서 성탄 트리, 캐럴, 성탄 선물을 함께 준비해서 보내는 비더마이어 시대의 크리스마스 문화는 오늘날까지 유럽의 전통으로 잘 유지되고 있다. 당시 시민적 가족 구조는 가부장제였다. 남편인 가부장의 보호 아래 아내는 혼자 또는 가사돌보미들과 함께 집안 살림을 했다. 이 당시 여성들에게 가장 중요한 일은 현모양처로서의 역할이었다. 각 시민 가정의 딸들이 배워야 하는 것은 성악이나 피아노 연주 등이었다. 비더마이어 양식 음악, 즉 가정음악회가 발달했고, 여러 합창단의 설립이 두드러졌으며, 도자기와 유리 그림을 포함해 거의 사실에 가깝게 사진처럼 묘사하는 풍경화 및 인물화 제작, 연극 극장 건립, 자녀 교육이나 자녀의 방 꾸미기에 대한 관심 등과 같은 일들이 비더마이어 시대에 두드러지게 나타났다.

비더마이어 사조는 독일과 오스트리아를 제외하고 다른 유럽의 국가에는 거의 없던 문화 현상이었다. 실제 '카를스바트 결의Karlsbader Beschlüsse'가 없었다면 이 사조는 존재하지 않았을 것이다. 이 결의는 1819년 8월 6일에서 31일 사이에 카를스바트에서 열린 프로이센, 오스트리아 등 독일연맹(1815~1866)에 속한 주요국들의 외무장관들 사이에서 결정된 회담 결과를 뜻했다. 이때도 빈 회의(1814~1815)의 방향을 주도했던 외교관이자 정치가인 메테르니히 후작이 이 결의를 관철했다. 이것은 자유주의와 민족주의 정치 활동을 심하게 제한했고, 모든 출판물도 검열을 피하지 못했다. 심지어 음악 작품 출판물도 검열을 피하지 못했다. 카를스바트에서 거의 한 달 동안 열린 여러 차례의 회담에서, 나폴레옹이 물러난 이후 독일 지역에서 일어나는 자유주의와 민족주의 경향을 차단하고 언론과 출판을 검열하기 위한 효과적인 조치들이 결정되었다. 그 직접적인 계기는 1819년 3월 러시아 총영사이자 작가였던 아우구스트 폰 코체부가 자유주의와 민족주의를 지향하는 대학생들의 청년 동아리 활동을 반대한다는 이유로 예나 대학교의 한 신학생에 의해 암살된 사건에 있다. 독일은 이 사건을 계기로 표현의 자유, 청년 동아리 활동, 언론과 출판의 자유를 제한하고 검열을 했을 뿐 아니라 대학교들을 감시하기까지 했다. 그 당시 독일의 출판 검열 때문에 하이네는 파리에서, 작가이자 의학자였던 게오르크 뷔히너는 슈트라스부르크를 거쳐 스위스에서, 카를 마르크스는 파리를 거쳐 런던에서 망명 생활을 했다.

이뿐 아니라 빈 회의 후 유럽 재건을 위해서 신성로마제국의 마지막 황제 프란츠 2세(오스트리아의 초대 왕 프란츠 1세)와 러시아 황제 알렉산드르 1세(알렉산드르 파블로비치 로마노프), 그리고 프로이센의 프리드리히 빌헬름 3세가 동맹을 맺었고, 오스트리아의 외무장관 메테르니히가 주도적으로 실질적인 일을 맡아서 유럽 재건 프로젝트를 이행했다. 이 프로젝트는 다시 옛 왕정 시대로 돌아가는 것이 목적이었으며, 시민들의 혁명을 두려워하고 있었던 여러 독일 제후들을 크게 안심시킬 수 있는 상황이기도 했다. 이러다 보니 복고적 사회 변혁으로부터 거리를 두는 현상으로서, 또 카를스바트 결의 이후에 이뤄진 국가 통제와 검열에 대한 반응으로서 비더마이어 사조가 나타난 것이었다. 그 때문에 앞서 얘기한 것처럼 비더마이어 사조는 프랑스와 영국에서는 볼 수 없는 독일 지역의 특별한 시민 문화로 자리했다.

한편 낭만주의는 유럽 전역의 예술사 운동이었다. 그 시기는 18세기 말에서 19세기에 이르며, 그림, 문학, 음악에서 절정에 이르렀다. 낭만주의 예술 사조는 미술에서 가장 먼저 시작되었다. 바로 이어 문학으로 사조가 넘어갔으며, 음악에서는 낭만주의가 문학보다 약 30년 늦게 나타났다. 음악과 시가 아주 가까운 친척이라는 생각은 낭만주의 예술 이론의 근본 개념이었는데, 그중에서도 루트비히 티크는 여기서 더 나아가 음악, 그림, 문학이 하나가 되는 종합예술을 지향했다. 또한 이것은 예술 장르가 각각 고립되어 존재하는 것이 아니라 각각의 울타리를 넘어서서 그림과 음악 그리고 문학이 서로 긴밀하게 소통하는, 곧 오늘날 말하는 '융합' 내지는 '통섭'의 예술관이다. 이것은 조형 예술과 음악에 조예가 깊었던 괴테의 예술관이기도 했으며, 나중에 바그너의 종합예술의 이념으로 전환되어 그의 서사 오페라로 나타나기도 했다.

감성을 강조하는 낭만주의는 균형과 절제, 휴머니즘을 강조하던 고전주의와는 달랐다. 그래서 괴테는 "고전적인 것은 건강하고 낭만적인 것은 병든 것"이라고 지적하기도 했다. 낭만주의자들은 환상 속에서 종종 길을 잃었기 때문에 이 의견이 완전히 틀린 것만은 아니다. 그러나 동시에 낭만주의자들은 문학과 전체 독일 문화에서 이루 말할 수 없이 훌륭한 업적을 이룬 것도 사실이다. 멀고 낯선 곳과 과거에 대한 비밀스러운 동경은 낭만주의자들의 문학 세계를 이끄는 강한 추진력이었다. 낭만주의자들은 방랑을 좋아하는 시인들이었고, 이들은 독일의 숲과 옛 중세 도시들인 하이델베르크, 로텐부르크, 뉘른베르크, 밤베르크 등에서 아름다움을 발견하기도 했다. 그리고 그것을 방랑시나 숲에 대한 많은 서정시로 묘사해서 민요처럼 이해하기 쉽고 친근하게 다가오도록 만들었다. 낭만주의의 낯설고 먼 곳에 대한 동경은 타 민족의 문화를 향한 호기심과 이해로 번져서, 경이로움에 찬 유럽의 여러 나라의 문학뿐만 아니라 심지어 페르시아, 아랍, 인도의 문학까지 번역해서 독일에 소개하기도 했다. 또 낯설고 먼 나라의 문학에서 따온 소재들이 반영되어서 낭만주의자들의 작품에서는 유령이나 악마들이 등장했고, 고양이가 인간의 약점을 보면서 철학적 생각을 했으며, 돈과 인간의 그림자를 맞바꾸는 일도 생겼다.

낭만주의의 과거에 대한 동경은 특히 중세를 향하는데, 용감한 기사들, 말을 타고 장사하러 다니는 상인들, 경건한 수도사들이 살았던 그 시대를 이야기하면서 그 시절로의 회귀를 원했다. 낭만주의자들의 중세상은 세속적 권력과 종교적 권력이 쪼개지지 않은 채 균형을 이루면서 개인들이 신의 축복을 받은 신성로마제국의 공동체 속에 있었을 때를 상정하고 있다. 그들은 이미 잊힌 중세 문학을 캐내는 보물 찾는 사람들과 같았다. 그래서 『니벨룽의 노래』의 의미를 다시 찾아내기도 했고 기사문학을 현대 독일어로 번역하기도 했다. 또한 동화와 설화를 수집하고 옛 민요 책들을 다시 설명하기도 했다. 하지만 그 모든 노력에도 불구하고 낭만주의자들의 동경은 종종 이룰 수 없는 것을 지향했기 때문에 불만족스러운 상태에 놓이기도 했다. 이러한 고통스러운 인식들은 자신들이 만들어놓은 상상력의 산물을 파괴하는 방향으로 잘못 가기도 했다. 그래서 한편으로는 자신들의 작품을 왜곡하거나 비웃기까지 했다. 독자들을 환상의 마력적인 세계로 흥미 있게 이끌다가 갑자기 처음 의도했던 효과를 무효로 만들거나 무력하게 만들기도 했다. 이런 특징들을 흔히 '낭만적 아이러니romantic irony'라 한다.

고전주의와 질풍노도 및 계몽주의 시인들의 과제, 곧 문학을 통한 민중 교육과는 정반대로, 낭만주의 시인들은 세계의 균열을 치료하는 것이 자신들의 과제라고 보았다. 그래서 낭만주의자들은 민담, 동화, 설화 및 민요들과 중세의 신분 질서에서 자신들의 잃어버린 세계를 찾으려 했고, 또 이국적인 낯선 나라에서도 그 모티브를 찾으려고 했다. 이들은 진실한 것은 지적인 것에 있는 것이 아니라 자연스럽고 단순한 민중의 삶에 있다고 보았다. 독일 낭만주의의 발전은 자기 민족과 문화의 근원을 향한 관심 및 의식과 밀접한 연관이 있었다. 더욱이 나폴레옹의 유럽 지배 시도, 왕정으로의 회귀 및 불확실하고 불안한 현실과 미래에 직면해서 무엇이 민족의 진정한 모습인가에 대한 추구와 고민을 하는 것은 낭만주의가 대두하던 시기의 당연한 화두였다. 민요, 동화, 설화, 중세의 기념비적 문학의 재발견은 이러한 관심과 일치했다. 아르님과 브렌타노의 『소년의 마술피리』, 그림 형제의 『어린이와 가정 동화』, 요제프 괴레스의 『독일 민속 책Die teutschen Volksbücher』과 같은 작업은 신성로마제국의 독일인에게 문화 국민에 대한 의식을 일깨워주는 것이기도 했다.

괴레스의 『독일 민속 책』은 1807년 출간되었고 전 42권으로 되어 있다. 이 책을 통해 괴레스는 민족과 민족 문학의 개념이 무엇인지 밝히는 데 몰두했고, 그의 사상은 후기 낭만주의에서 중요하게 작용했다. 괴레스는 민중문학은 모든 계층을 망라해서 영원히 이어지며, 민요와 민중의 설화는 민중 정서 속에서 줄곧 내려온다고 생각했다. 이러한 재발견들은 민족정신의 증거인 동시에 그 정신을 다시 현재 속으로 불러들이는 일이기도 했다. 야코프 그림과 헤르더는 자연 문학이란 바로 민중문학이며, 이것은 보편적이고 진실하며 영원하나 예술 문학은 한 인간 정서의 개인주의적 요소라고 보았다.

낭만주의자들은 외국 문학에도 지대한 관심이 있어서 많은 번역을 했다. 셰익스피어의 작품 중 17개 작품은 아우구스트 빌헬름 슐레겔이 티크와 그의 딸 도로테아의 도움으로 번역을 완성했다. 아우구스트 슐레겔은 당시 가장 훌륭한 번역가 중 한 사람으로, 탁월한 감정 이입 능력을 이용해 자신의 번역 작품들을 독일의 작품으로 만들었다. (나중에 티크의 딸 도로테아가 그의 번역 일을 이어갔다.) 반면 동생 프리드리히 슐레겔은 문학 비평과 이론가로서 낭만주의 이론을 정착시켰다. 그 밖에 미겔 데 세르반테스의 『돈키호테』는 티크가 번역했고, 페드로 칼데론Pedro Calderoan de la Barca의 작품은 슐레겔이, 플라톤의 작품은 슐라이어마허가, 『에다Edda』는 빌헬름 그림이 번역했다. 또 1798년에서 1800년 사이 슐레겔 형제는 베를린에서 잡지 『아테네움』을 발행했다. 낭만주의의 주요 강령이 들어 있었던 이 잡지는 초기 낭만주의의 가

아우구스트 빌헬름 슐레겔
자료: *Meyer's Encyclopedia*, 작자 미상(1906년)

프리드리히 슐레겔
자료: Philipp Veit 그림(1810년).

장 중요한 이론적 토론장이 되었다.

프리드리히 슐레겔은 낭만주의 시문학을 '진보적 보편 시progressive universal poetry'로 이해했고, 이것은 문학의 모든 분리된 장르들을 통일하는 것이었다. 또한 낭만주의 문학 양식은 완성되어 가는 과정에 있으며, 그것은 원래 결코 완성될 수 없는 양식이라고 보았다. 초기 낭만주의에는 슐레겔 형제와 소설가 노발리스에서 비롯하는 종합예술에 대한 생각, 모든 예술의 내적 연관성, 철학과 자연과학의 연관성에 대한 사고가 들어 있다. 이들은 문학은 모든 학문과 내밀한 관계를 맺으며, '진보적 보편 시'의 통일된 형태로 나아간다고 생각했다. 이러한 종합예술에 대한 이념은 새로운 생산적 경향으로 나타났다. 이 이념은 시대의 붕괴 현상에 직면해서 하나의 전환점이 되었으며, 새로운 종교, 새로운 시학과 철학에 따라서 모든 현존재現存在, Dasein의 회복을 예고하는 것이었다. 그래서 슐라이어마허는 일종의 낭만적 신학을, 노발리스는 더 나아가서 학문과 시의 결합을 추구하면서 세계의 낭만화를 주장했다. 노발리스에 따르면, 세계의 낭만화를 통해서 현존재의 근원적 뜻이 재발견되고, 낭만화된다는 것은 삶이 질적으로 좋아지는 것이며, 이 과정에서 낮은 자아는 더 나은 자아와 일치된다. 또 세계가 낭만화됨으로써 평범한 것에 더 높은 뜻을, 일상적인 것에 비밀스러운 모습을, 익숙한 것에 알지 못하는 것의 품위를, 유한한 것에 무한한 빛을 준다. 이렇게 세계가 낭만화되어야 한다는 노발리스의 요구는 프리드리히 슐레겔처럼 모든 예술 양식과 학문의 혼합으로 이해될 수 있다.

초기 낭만주의는 1795년에서 1804년까지 두드러졌고, 그 중심지는 독일의 예나Jena와 베를린이었다. 이 시기에는 요한 고틀리프 피히테, 프리드리히 빌헬름 셸링, 슐라이어마허가 낭만주의에 영향을 끼쳤으며, 이론가와 번역가로는 슐레겔 형제를, 시인으로는 티크와 노발리스, 셸링 등을 들 수 있다. 또 낭만주의의 도시에서 문학 살롱을 열었던 주체들은 여성 예술가, 문인, 예술 애호가였으며, 이들이 여는 살롱은 예술가들의 모임과 토론 및 의견을 교환하는 공론의 장이자 작품 발표를 하는 시연회의 장소이기도 했다. 이 살롱 문화는 가정음악회와 더불어 시민사회의 대표적인 문화이기도 했다. 문인, 철학가, 음악가, 예술가들은 예나에서는 여류 문인 카롤리네 슐레겔-셸링의 집에서, 베를린에서는 유대인 여류 문인 라헬 파른하겐의 집에서 자주 만났다.

1805년부터는 하이델베르크에서 브렌타노, 아이헨도르프, 괴레스, 아르님이 서로 만났는데 이 시기의 낭만주의를 보통 후기 낭만주의라고 한다. 아르님은 『은둔자 신문Zeitung für Einsiedler』을 창간했고 여기에는 슐레겔 형제, 티크, 그림 형제, 울란트, 의사이자 시인이었던 유스티누스 케르너가 동참했다. 이들은 민족, 국가, 정신 쪽으로 관심이 증대하면서 중세에서 과거의 위대한 기념비적인 것들을 발견해 냈다. 이것은 나폴레옹의 유럽 지배 시도로 인해서 민족주의적 낭만주의 경향이 커졌다는 것을 뜻하기도 한다. 이 시기 브렌타노는 '무엇이 낭만적인가'를 다음과 규정한다. "우리의 눈과 보기에 너무 멀리 있는 것 사이에 중재자로서 서 있는 것, 우리를 멀리 있는 대상에 가까이 가게 하는 것, 동시에 자신의 것으로부터 뭔가를 그 대상에게 주는 것, 이 모든 것이 낭만적이다." 또 아이헨도르프는 프리드리히 슐레겔이나 노발리스와 마찬가지로 낭만주의는 예술의 모든 분야를 포함해야 한다고 보았다.

낭만주의 문학에서는 무의식의 세계가 문학에서 형상화되고 표현되는 특징이 두드러지지만, 형식도 내용도 확정되지 않았다. 그래서 노래들, 이야기들, 동화들과 시들이 서로 뒤섞였고 시, 학문, 철학이 서로 긴밀하게 연관되었다. 낭만주의 문학은 고전주의처럼 문학 작품을 만드는 데 특정한 형식을 제시할 필요가 없었으며, 예술가는 자유롭게 창작하는 천재라고 여겨졌다. 여기서 규칙 시학과 아리스토텔레스적 3통일 법칙을 요구하는 것은 의미가 없어지고, 오히려 문학은 작가의 주관적인 활동 영역이 된다. 그 밖에 아이러니는 낭만주의에서 핵심적인 구실을 한다. 하지만 낭만주의의 아이러니는 하나의 형식이지만 분명하게 정의 내리기는 어렵다는 딜레마가 있다. 그러다 보니 낭만주의자마다 다양한 아이러니를 보여주었다. 여러 낭만주의자에 대해서, 괴테는 음악가 친구인 첼터에게 보낸 1808년 10월의 한 편지에서 비판적 태도를 보였다. "아르님, 브렌타노와 그 밖의 사람들은 항상 앞으로 나아가고 있지만 모든 것은 완전히 무형식에다 특성이 없다. 게다가 낭만주의자들의 해학은 그 자체에 법칙도 없고, 제재도 없어서 어둡고 역겨운 기분으로 머지않아 바뀌고 만다." 그러면서 이것에 대한 가장 끔찍스러운 사례를 장 파울과 괴레스의 작품에서 경험할 수 있다고 지적했다.

이처럼 낭만주의는 유럽적 정신사 운동이었고, 오늘날 독일 지역에서 크게 발전했으며, 문화의 모든 분야에 영향을 미쳤다. 그리고 여기에는 19세기 독일 예술가곡에 지대한 영향을 끼친 두 시인이 있다(이들은 낭만주의 문인들에 속하지 않는다). 이들은 바로 낭만주의에서 사실주의로 넘어가는 과정에 놓여 있는 비더마이어 사조의 에두아르트 뫼리케, 그리고 '젊은 독일파Junges Deutschland'(이 명칭은 '젊은 독일파' 문인이자 프랑크푸르트 국민의회의 의원이기도 했던 하인리히 라우베가 맨 처음 사용했다)의 하이네다. 이들의 아주 폭넓은 문학적 표현 형식은 1815년

에두아르트 뫼리케

에서 1850년 사이에 펼쳐져 있어서 낭만주의 시인이라고 불리지는 않고, 뫼리케는 비더마이어 사조, 하이네는 젊은 독일파 혹은 3월 혁명 이전(1830년 7월 혁명 이후부터 1848년 3월 이전까지를 말한다. 3월 혁명은 1848년 3월~1849년 7월 사이에 일어난 시민혁명이다.)의 문학 사조 속에서 소개되곤 한다.

뫼리케는 당시 괴로운 시대 현실로부터 고개를 돌려 내면에 침잠해서 훌륭한 서정시를 썼던 전형적인 비더마이어 사조의 시인으로, 현실 문제와 정치적 상황과 관련해서는 거리를 두고 오직 내면세계로 망명이라도 하듯, 내적 세계에 빠져든 채 시작詩作 활동을 했다. 그것은 그에게 남아 있는 유일한 삶의 길이었다. 그는 시를 자신과 삶에 대한 고백에 일치시키려 했다. 이 점에서 뫼리케의 「기도」라는 시에 나오는, 기쁨과 고통 가운데 있는 "성스러운 겸손"은 바로 그의 시 세계를 대표적으로 보여준다고 할 수 있다. 이러한 성격으로 인해 당시 나폴레옹이 빈에서 물러난 후 왕정 체제로 돌아가려는 메테르니히의 시도와, 이에 반대해서 새로운 민중의 세계를 형성하고자 하는 지성인들의 정치적 움직임, 양쪽 모두에 대해 뫼리케는 빗장을 걸어 잠갔다. 그가 정치적 주제에 몰두하지 않은 것은 극단적 대립의 영향으로 시의 가치가 하락하는 것을 두려워했기 때문이다. 그의 비정치적 성향과 더불어, 그의 형 카를과 자신의 친구가 정치적 활동으로 말미암아 옥에 갇히는 상황을 경험한 것은 더욱 그를 그리스·로마 시대의 고전적 하모니와 고요의 세계로 가라앉게 만들었다.

흔히 독일 문학사에서 세 명의 '독일 그리스인'으로 대표되는 실러, 횔덜린,

뫼리케는 모두 독일의 남부 지역인 슈바벤Schwaben 사람들이다. 이 세 사람은 모두 슈바벤과 모국인 독일에 깊이 뿌리내리면서도 그리스 고전주의의 유산을 지키려고 했다. 그리스 고전주의 이론은 18세기 저명한 고고학자이자 예술사학자(미술사가)였던 요한 요아힘 빙켈만Johann Joachim Winckelmann(1717~1768)을 통해서 구현되었다. 빙켈만이 보기에 예술의 가장 높은 단계인 진眞, 선善, 미美는 "고상한 단순함과 고요한 위대함edle Einfalt und stille Größe"을 지녔는데, 그런 이상은 그리스 예술(조각)과 문화에서 잘 구현되었다고 생각했다. 이후 괴테와 실러는 그리스 고전주의 이상을 문학을 통해서 실현했고, 이들의 고전주의는 흔히 '바이마르 고전주의'로 불린다. 바이마르 고전주의자에는 속하지 않지만 횔덜린 역시 그의 작품들을 통해서 그리스 고전주의를 모범으로 삼았으며, 그리스 문화유산을 지키는 의미에서 소포클레스의『오이디푸스』와『안티고네』를 번역하기도 했다. 절제된 아름다움이 그리스 문화의 위대함이라고 파악했던 빙켈만의 그리스 고전주의는 특히 레싱, 괴테, 실러, 횔덜린, 뫼리케로 이어져 갔던 것이다.

뫼리케는 그리스 고전주의 이상을 존중하면서도 목사가 되기 위한 전통적 교육 과정을 택했는데, 이는 그가 교회의 관료주의에는 부정적이었으나 기본적으로는 종교적 성향이 강했기 때문이다. 또 아이헨도르프처럼 자신의 유년 시절에 대한 동경이 그를 평생 지배했으며, 더욱이 유령스러운 것, 비밀스러운 것, 동화적인 것 등이 그의 관심을 끌었다. 뫼리케의 시는 내적이고 부드러우며, 그러면서 멜랑콜리한 색채가 강하다. 또한 그의 시는 가장 아름답게 자연을 노래한 서정시이며, 민요시의 특성이 강하다.

특히 뫼리케의 시에 곡을 붙인 작곡가 후고 볼프의 가곡들로 인해서 뫼리케라는 시인이 19세기에 새롭게 조명을 받았다. 그것은 볼프의 독일을 넘어선 놀라운 음악적 성공과 관련이 있었다. 그 덕분에 뫼리케의 100세 생일을 기념해 전기 및 여러 전집 또는 단행본이 출판되기도 했다. 보통은 시인으로서 유명해지고 작곡가들에게도 널리 알려져서 곡이 붙여지는 것이 일반적이나, 뫼리케의 경우는 이와 달랐다. 문학적 관심이 뛰어났던 작곡가 볼프의 가곡이 유명해짐으로써 일반 독자들이 그 가곡의 텍스트에 큰 관심을 보였고, 텍스트를 쓴 시인의 전기 및 작품에 대한 평가와 관심이 뒤늦게 생겨난 것이다. 이 점에서 보면 볼프가 자신의 음악으로 뫼리케를 화려하게 부활시킨 셈이다.

반면 하이네는 뫼리케와 달리 당시의 시대 현실에 대해서 많은 비판적 글들을 썼을 뿐 아니라 이와 전혀 다르게 내면에서 우러나온 서정시도 썼다. 하이네에게는 야누스의 반대되는 두 개의 얼굴처럼, 적극적 현실 참여적 시문학과 아주 내면적이고 서정적인 시문학이 있었다. 시인 자신은 이런 모습 둘 다 자신이라고 했지만, 독자들은 하이네의 어느 한 모습에만 열광해서 극단적으로 반대되는 평가를 그의 시대에 내놓곤 했다. 한국에도 오늘날까지 전문가들을 빼고는 하이네의 두 얼굴 가운데서는 정치적인 하이네보다 서정적인 민요시인 하이네가 더 많이 알려져 있다.

20세기까지 하이네의 시에 곡을 붙인 가곡은 1만 곡 정도가 있으며, 이 가운데 「너는 한 송이 꽃과 같구나」는 서로 다른 작곡가들에 의해서 작곡된 가곡이 무려 약 390편이고, 「소나무는 외롭게 서 있다Ein Fichtenbaum steht einsam」는 약 120편, 「난 꿈속에서 울었네Ich hab' im Traum geweinet」는 약 100편이나 된다. 하이네의 서정시에 나타난 민속적 특성들과 감성적인 시어들은 일반 독자와 작곡가들을 매료했다. 독일 가곡의 절정기에 있던 주요 작곡가들, 슈베르트, 슈만과 그의 아내 클라라, 멘델스존과 누나 파니 헨젤, 리스트, 브람스, 볼프, 슈트라우스 등이 모두 하이네의 시에 곡을 붙였다.

낭만주의자, 애국주의자와 뤼초브 의용군

낭만주의자 요제프 폰 아이헨도르프Joseph von Eichendorff(1788~1857)에게 하이델베르크에서 보낸 학창 시절은 삶에서 가장 중요하게 작용했다. 그는 이곳

요제프 폰 아이헨도르프
자료: Eduard Eichens 그림(1841년).

에서 독일 낭만주의의 대표자이자 자연 철학자인 요제프 괴레스와 오토 폰 뢰벤을 만났다. 괴레스는 하이델베르크 대학교의 강사였고, 그의 미학과 예술사 강의는 큰 반향을 일으켰다. 그 밖에 아르님과 브렌타노와도 친분을 쌓았으며, 아이헨도르프는 이따금 자신은 일찍 세상을 떠난 노발리스의 정신을 계승하고 있다고 여기기도 했다. 말할 것 없이 당시 낭만주의자들에게 노발리스는 낭만주의 그 자체였고, 그의 주위에선 '노발리스화한다'는 것이 시적 강령이자 일상적 소통이 될 정도였다. 이뿐 아니라 하이델베르크는 화려한 낭만주의 그 자체였으며, 이곳의 산들과 숲들은 옛날의 아름다운 동화를 전해준다고 여겨졌다.

이후 아이헨도르프는 1809년 초겨울 베를린에 갔다가 아르님과 브렌타노와 재회했으며, 극작가였던 하인리히 클라이스트를 만나기도 했다. 아이헨도르프는 베를린이 하이델베르크처럼 낭만주의의 중심지로서 정착하기 시작할 즈음 이곳에 도착한 것이었다. 이어 그는 그의 형과 함께 1813년 4월에 빈으로 가서 그곳에서 법학 공부를 끝냈다. 그 당시 빈은 새로운 경험과 만남으로 점철된 대도시였고, 연극을 좋아하고 도시적인 취향을 지닌 시인에게 딱 맞는 도시이기도 했다. 빈에서 아이헨도르프는 오전에는 법학 강의를 들으면서 전공 시험을 준비했고, 오후에는 소설 『예감과 현재Ahnung und Gegenwart』(1815)를 집필했다. 이 작품은 아이헨도르프의 문학적 경력의 시작을 알리는 것이었으나 출간 당시 이 소설에 대한 대중의 반응은 미미했다. 그러다가 20세기 문예학자들이 이 작품을 재발견하면서 독일 문학에서 아주 훌륭한 소설 가운데 하나로 재평가되었다. 아이헨도르프는 자신의 산문, 소설 및 노벨레Novelle 에 내재된 낭만성이 그 자체로 자율적인 시 형식을 창조해 낸다고 여겼다. 그 래서 그의 작품에 나타난 여명, 아침, 숲, 사냥꾼, 노루, 투쟁, 위험, 고독, 고 통, 죽음, 죽음에 대한 동경 등의 모티브는 항상 반복되면서 독자적으로 시적 목소리를 냈다.

아이헨도르프에게는 1831년 10월 태어나서 이듬해 3월에 죽은 다섯째 아 이 안나 헤드비히로 인한 상실감이 컸다. 그 상실감은 「내 아이의 죽음을 위 하여」라는 시에서 실존적 고통, 고독과 분열의 경험으로 표현되고 있다. 아 이헨도르프는 비더마이어 시대의 모범적인 가장으로 가정에 충실했고, 더욱 이 사랑하는 아내와의 관계는 평화로운 결혼 생활의 바탕이었다. 1837년 그 의 첫 시집이 출간되었는데, 이 시집은 그의 30년간의 작품 활동이 담긴 포괄 적이고 폭넓은 서정시 모음이었다. 다른 동시대의 시인들과 달리 ― 가령 하이 네는 30세 때 『노래책Buch der Lieder』 출판으로 일찍이 유명한 시인이 되었다. ― 아이헨 도르프는 49세가 되었을 때 처음으로 시집을 발표했다. 그 후 아이헨도르프 의 시들에 슈만을 비롯해 많은 작곡가가 곡을 붙임으로써 당대 시민사회의 문화로 널리 퍼져갔다.

아이헨도르프는 1846년 말 마지막으로 빈을 방문했을 때 그곳에서 연주 여행을 하고 있던 슈만 부부를 만났는데, 로베르트가 그의 시에 곡을 붙인 것 을 클라라를 통해서 알게 되었고 이후 그녀에게 감사의 표시로 「좋은 기억을 위해서」라는 5행시 한 편을 보냈다. "마음 마음마다/ 아름다운 먼 나라를 꿈 꾸고/ 한 요정이 많은 사람 사이에 다리를 놓듯/ 경이롭게 음에서 울려 나오 게 하라./ 오 성스러운 마력이여!"

문인인 아이헨도르프는 예술가 기질을 보이거나 작가 노릇을 외부로 드러 내는 데 익숙하지 않았다. 오히려 거리를 두고 눈에 뜨이지 않은 채 관찰자로 서 자리하는 데 익숙했다. 그러나 아이헨도르프는 독일 가곡 역사에서 가장 좋은 서정시를 제공한 시인 가운데 한 사람이 되었고, 또 그의 시로 인해서

┃ 에른스트 모리츠 아른트
자료: 작자 및 연도 미상.

┃ 테오도어 쾨르너
자료: Dora Stock and Emma Körner 그림(1814년).

많은 낭만주의 작곡가들의 예술가곡이 큰 빛을 얻었다.

이밖에 낭만주의자들 가운데 애국주의적 민족 감정을 고취한 역사학자였던 에른스트 모리츠 아른트Ernst Moritz Arndt, 테오도르 쾨르너Theodor Körner, 프리드리히 뤼케르트가 있다. 이들은 나폴레옹에 반대했고, 온 민족에게 자유에 대한 열망을 불러일으켰다. 특히 본 대학교 교수이자 작가, 역사학자이며 프랑크푸르트 국민의회의 의원이기도 했던 아른트는 독재자(나폴레옹)를 위해서 정의에 어긋나게 칼을 빼든 사람들은 그 이름이 그의 민족으로부터 저주를 받을 것이라는 자신의 생각을 민중에게 널리 알려서 폭넓은 지지를 받았다. 또 테오도어 쾨르너는 뤼초브 의용군에 들어갔다가 젊은 나이에 전사했다.

쾨르너와 아이헨도르프가 직접 참여한 뤼초브 의용군은 신성로마제국이 해체된 후 나폴레옹에 맞서서 1813년에서부터 2년간 벌어졌던 '해방전쟁' 또는 '자유전쟁'에 자발적으로 참여하기 위해서 모인 비정규군이었다. 이 해방

▌ 테오도어 쾨르너가 뤼초브 의용군 저격 대원들에게 자신의 군가를 낭송하는 장면
자료: Richard Knöte 그림(연도 미상).

전쟁은 나폴레옹의 강력한 프랑스를 상대로 프로이센, 오스트리아, 영국, 러시아가 연합해 무려 유럽의 50개 지역에서 전투를 벌여서 최종적으로 이긴 전쟁이다. 1812년 나폴레옹의 러시아 원정이 실패하고, 1813년 라이프치히 전투에서 프랑스가 패배하자 라인연맹도 해체된다. 라인연맹은 1806년 나폴레옹이 신성로마제국을 해체하기 직전에 그의 주도하에 파리에서 결성한 독일 국가연합체였다. 이것은 일종의 프랑스를 위한 군사 동맹체로서, 당시 프랑스의 속국이었던 38개 독일 국가가 참여했다. 이 연맹이 해체됨으로써 프로이센, 오스트리아 등 대부분 독일 국가는 프랑스와의 동맹이라는 족쇄에서 풀려난 뒤 이 해방전쟁에 참여했다. 특히 프로이센과 러시아가 전면에 나서면서 점차 오스트리아와 영국도 가세했고, 또한 라인연맹 소속이었던 독일 국가들이 합류하면서 나폴레옹과 맞서 싸우는 전력이 우세해졌다. 마지막으로 이 전쟁은 워털루 전투에서 프로이센과 영국 군대에 의해서 나폴레옹이 패배하자 끝날 수 있었다.

뤼초브 의용군 대원들은 프로이센을 중심으로 해서 전 독일 지역에서 왔으며, 오직 나폴레옹의 지배에서 벗어나서 자유로운 나라를 만들고자 하는 기대 감으로 뭉친 사람들이었다. 독일에서 이렇게 의용군이 조직된 것은 처음으로, 프로이센을 중심으로 조국에 대한 애국심과 독일인이라는 정체성이 극대화되어 조직적으로 표출된 사례다. 여기에는 1813년 3월 프로이센의 프리드리히 빌헬름 3세가 전쟁 참여를 독려하는 말을 한 것도 크게 작용했다. 게다가 프로이센에서는 해방전쟁을 위한 모금 운동도 활발하게 이뤄졌다. 이 당시 피히테의 그 유명한 『독일인에게 고함Reden an die deutsche Nation』이라든가, 슐라이어마허의 베를린 연설, 아른트의 애국적인 글들은 독일 대학생들 사이에서 전쟁 참여와 준비의 긴장된 분위기를 조성했다. 더 나아가서 유럽 사회에서 고립되어 있었던 유대인들도 모금 운동에 참여했는데, 이들은 차후에는 차별 없이 동등하게 유럽 사회에서 대접받기를 기대했다. 당시의 전쟁 참여 분위기는 가히 혁명적 열풍이었다. 자유에 대한 열망에서 테오도어 쾨르너는 대학생 신분으로 뤼초브 의용군에 자원입대했다. 그는 전쟁시와 군대시를 여러 편 썼고 의용군들 앞에서 낭송했으며, 특히 「뤼초브의 용렬勇烈한 저격단Lützows wilde Jagd」이라는 시를 통해서 이 의용군에서 유명 인사가 되었다.

…… 저기 계곡에서 벌어지는 큰 전투가 격렬하고/ 칼들이 서로 부딪치는구나!/ 검은 전사가 싸움을 하고/ 자유의 불꽃이 빛나면서 깨어난다./ 피의 불꽃이 타오른다./ 그대들이 검은 전사들이 누구냐고 묻는다면/ 그건 뤼초브의 용렬하고 대담한 저격단.

거기 그르렁거리면서 해와 작별한 것은/ 수천의 적들 아래 누워 있다./ 죽음이 얼굴 위에서 실룩거리지만/ 용감한 마음들은 떨지 않는다./ 조국은 구원되었다!/ 그대들이 쓰러진 검은 전사들이 누구인지 묻는다면/ 그건 뤼초브의 용렬하고 대담한 저격단.

용렬한 저격단, 독일의 저격단은/ 형리의 피와 독재자 위에 있지./ 그래서 그대들이 우리를 사랑하는 것이지./ 울지도 않고 원망하지도 않지!/ 조국은 자유로워지고 아침은 밝아오지./ 우리가 죽어가면서 쟁취했을 때는!/ 그럼 손자에서 손자에게로 얘기가

전해지지./ 그건 뤼초브의 용렬하고 대담
한 저격단이었다고.

_ 쾨르너, 「뤼초브의 용렬한 저격단」 중

카를 마리아 폰 베버는 메클렌부
르크 전투에서 22세의 쾨르너가 전
사한 이듬해 이 시에 곡을 붙여 남
성 4부 합창곡으로 작곡했고, 그 이
후 〈뤼초브 군가〉는 오늘날까지도
전해오고 있다.

그 밖에 애국주의를 고취시키고,
독일 가곡에 큰 영향을 미친 시인에
프리드리히   뤼케르트(1788~1866)가

프리드리히 뤼케르트
자료: Karl Barth 그림(1826년).

있다. 그는 괴테보다는 서른아홉 살 적었고, 하이네보다는 열한 살, 뫼리케보
다는 열여섯 살 많았으며, 아이헨도르프와는 동년배였다. 그는 시인이자 동
양학 교수였으며 세계 여러 나라의 언어에 두루 능통한 인물이었는데, 그의
수백 편 서정시에 42명의 작곡가가 곡을 붙였다. 그러니까 거의 모든 가곡
작곡가들, 카를 뢰베, 슈베르트, 슈만, 질허, 멘델스존, 하인리히 마르슈너,
로베르트 프란츠, 자코모 마이어베어, 리스트, 브람스, 볼프, 말러, 슈트라우
스, 니체, 한스 피츠너, 막스 레거, 알반 베르크, 헤르만 로이터와 아르민 크
납 등이 그의 시에 곡을 붙였다. 특이한 점은 일반적으로 대부분의 작곡가는
특정 시인의 시를 선호하는 경향이 뚜렷하지만, 뤼케르트의 시에는 아주 다
양한 작곡가들이 곡을 붙였다는 사실이다.

뤼케르트의 시에 많은 곡이 붙여진 것은 그의 시가 높은 서정성을 지녔거
나 대중적 인기를 누렸거나, 혹은 그가 음악적 시를 썼기 때문은 아니다. 그
의 시에는 철학적 주제들이 들어 있었고, 더구나 뤼케르트는 자신을 아주 비

ᅤ음악적인 시인이라 여겼다. 그의 시들은 노래되거나 그림으로 그려지기보다는 오히려 읽고 마음을 편안하게 만드는 데 더 적합했다. 그렇다면 어떤 점 때문에 작곡가들은 뤼케르트의 시에 끌려서 곡을 붙인 것일까? 그 이유는 시에 나타난 '자신의 것'과 '낯선 것'을 아름답게 혼합하는 이중성 때문이라고 할 수 있다. 다시 말하면 동양 문화의 영향을 받은 시 형식과 낯선 문화에 담긴 새로운 주제 등이 자연스럽게 그의 시에 내포되어 있다. 뤼케르트의 반복이나 재수용의 형식에 대한 시적 경향은 작곡가들에게서도 유사한 경향으로 나타났고, 이는 왜 뤼케르트의 시가 그토록 자주 곡이 붙여지는지에 대한 답을 얻는 데 본질적인 열쇠가 된다. 다만 뤼케르트의 반복 형식 경향은 그 자신의 음악성에서 나온 것이 아니라 동방 문화의 영향에서 나온 것이었다. 뤼케르트가 슈만이 자신의 시에 곡을 붙였다는 소식을 듣고 감사의 시를 보낸 적이 있는데, 여기에서 그의 시가 지닌 반복적 특성을 대표적으로 볼 수 있다.

> 내 노래들을/ 그대들이 다시 노래하고
>
> 내 느낌을/ 그대들이 다시 울리게 하고
>
> 내 감정을/ 그대들이 다시 살리고
>
> 내 봄을/ 그대들이 다시 가져다주네.
>
> 나를, 얼마나 아름답게/ 그대들이 다시 젊게 만드는지.
>
> 내 감사를 받으시라.

그런데 뤼케르트의 성향은 대중적 명성이나 여론에 영향을 끼치기보다는 뫼리케처럼 문학적 창작의 고요함을 동경하는 쪽이었다. 그래서 그는 유년 시절부터 명상적·정신적 삶으로의 고요한 은둔을 선호하는 내성적인 사람이었다. 또 은둔의 경향을 지닌 조용한 학자이자 시인이기는 했지만, 자신이 속한 시대 현실에 대해서 여러 시를 통해서 자신의 의견을 드러냈다. 뤼케르트는 특히 프로이센을 중심으로 반나폴레옹 정서가 강하던 시기인 1813년과

1814년에 여러 정치시들을 썼는데, 1817년 출판된 『시대의 화환Kranz der Zeit』
은 좋은 반향이 있었다. 이 서사시를 보면 뤼케르트의 방대한 관심을 알 수
있는데, 그는 코타출판사에 보낸 편지에서 자신의 모든 생각은 오직 하나의
작품에 집중되어 있다고 표현했다. 그 작품이 바로 이 서사시이며, 이 시에는
교훈적 성격과 학자로서의 뤼케르트의 박학다식한 재능이 잘 나타나 있다.

뤼케르트는 가르치기보다는 끊임없이 배우는 시인이자 해박한 언어 연구
자였다. 그는 문헌 연구만 한 것이 아니라 낯선 언어의 정신과 형식을 가장
적절하게 파악하고 그것을 문학으로 옮긴 시인이기도 했다. 그러니까 그는
동양 언어에 관한 지식과 번역 능력을 넘어서서 동양의 문학 형식으로 시를
썼던 최초의 독일 시인이었다. 1819년부터는 뤼케르트의 관심이 13세기 페
르시아 신비주의의 위대한 시인들의 작품으로 뻗어나갔고, 산스크리트어와
아랍어로 그 관심이 확대되었다. 뤼케르트는 동양 언어학 연구를 하면서 시
창작에도 몰두해서 『동쪽의 장미Östliche Rosen』를 썼다. 뤼케르트는 동양의 사
고방식과 감성을 독일 정신을 통해서 동양화된 언어와 형식으로 이해할 수
있도록 노력했다. 그는 평생 시인으로서 동양 문헌학을 공부했고, 문학적으
로 그 동양을 모방한 시인이었다. 그는 유럽에서 유명한 동양학자이자 시인
으로 알려졌고, 게다가 미국 문단에 알려진 독일 문인들인 괴테, 실러, 울란
트, 마르틴 루터, 레싱, 장 파울, 크리스티안 고트프리트 쾨르너(「뤼초브 의용
군」 군시를 썼던 테오도어 쾨르너의 아버지이며 실러의 친구), 티크 등과 더불어 유
명했으며, 그의 시는 괴테, 실러, 울란트 다음으로 많이 번역되었다. 시인 생
전에 많은 인정을 받은 것은 뤼케르트가 자신이 예상하던 것보다 훨씬 강하
게, 계속해서 사회와 문화계에 영향을 끼치고 있었다는 증거이기도 했다.

1863년 슐레스비히-홀슈타인(오늘날 독일의 한 주)이 독일과 덴마크 사이의
분쟁 지역이 되자 독일에서는 민족 감정과 분노가 뒤끓었다. 그래서 그 당시
뤼케르트는 『슐레스비히-홀슈타인을 위한 투쟁가들Ein Dutzend Kampflieder für
Schleswig-Holstein』을 썼다. 그리고 같은 해 12월 초순 한 편지에서 그는 "이 투

쟁가들이 나의 마지막 분노의 폭발이 될 것이라는 생각이 든다"라고 밝혔다. 실제로 이 투쟁가들은 그의 대중을 향한 마지막 정치 참여의 시적인 표현이 었다. 이처럼 은둔자 같은 성향과 달리 그는 생전에 많은 평가와 명성을 얻은 학자이자 시인이었다.

베를린 가곡 악파

독일 가곡에 대한 이해와 가곡 이론은 18세기에 가서야 본격적으로 발달했는데, 그 계기는 국가 정체성과 민족주의 의식이 강조되던 그 시대의 정신사적 분위기와도 밀접하게 연관되어 있다. 고트홀트 에프라임 레싱은 유럽 사회를 지배하고 있던 프랑스 문화의 모방에서 벗어나 영국의 셰익스피어, 고대 그리스·로마 문화 및 자신들의 문화유산에 관심을 쏟을 것을 촉구했다. 또 헤르더의 『노래에 깃든 민족들의 소리』, 아르님과 브렌타노의 『소년의 마술피리』는 가곡 작곡에서 가장 주요한 텍스트의 원천이 되었다. 그 이전에는 중세 문학을 높이 평가했던 요한 야코프 보드머와 요한 야코프 브라이팅어의 민네 노래집 편찬, 티크의 민네 노래 연구와 그림 형제의 전래 동화와 민담 수집도 가곡 발달에 중요한 자극이 되었다. 카를 빌헬름 람러는 『독일인의 노래들』, 울란트는 『옛 고지 및 저지 지역의 독일 민요』를 출간했으며, 그의 수많은 민요시에 여러 작곡가가 곡을 붙였다. 람러의 시문학은 계몽주의와 감상주의 사조에 속한다고 평가된다. 그의 몇몇 시에는 프로이센의 프리드리히 대제의 궁정 음악가이자 베를린 가곡 악파에 속하는 요한 요아힘 크반츠, 카를 에마누엘 바흐가 곡을 붙였다.

　　베를린 가곡 악파는 법률가, 작곡가, 음악 작가였던 크리스티안 고트프리트 크라우제가 18세기 중엽에 쓴 『음악적 시에 관하여』라는 저서와 함께 시작되었다. 크라우제는 바로크 음악의 전통을 고수하면서도 단순하고 민중적인 멜로디를 강조했다. '베를린 가곡 악파'라는 명칭은 1909년 베른하르트 엥

▌ 요한 야코프 보드머
자료: Johann Caspar Füssli 그림(1748년경).

▌ 요한 야코프 브라이팅어
자료: Johann Caspar Füssli 그림(1741년).

▌ 카를 빌헬름 람러
자료: Anton Graff 그림(1772년).

▌ 크리스티안 고트프리트 크라우제
자료: Gottfried Hempel 그림(1754년).

겔케Bernhard Engelke가 '1750년에서 1825년경까지 베를린에서 특징적으로 나타났던 가곡의 경향'을 뜻하는 의미로 맨 처음 음악사에서 사용된 후 지금은 그대로 통용되고 있다. 여기에 속한 작곡가와 이론가들은 많은 가곡 작곡 및 새로운 가곡 미학의 발전을 위한 이론적 토대를 만들었다. 베를린 가곡 악파는 크게 세 시기로 나뉘는데, 첫 번째 가곡 악파는 1753년에서 1768년 사이이며, 대표 음악가로는 크라우제를 포함해서 요한 필립 키른베르거, 프로이센의 프리드리히 대제의 궁정 음악가들인 요한 크반츠와 에마누엘 바흐 등 여러 음악가가 있다.

키른베르거는 음악 이론가이자 작곡가였으며, 1758년 이후 프리드리히 대제의 막내 여동생인 안나 아말리아 공주의 작곡 교사로도 활동했다. 또한 프로이센 궁정 카펠마이스터Kapellmeister로서 왕실에 음악 조언을 하기도 했다. 크반츠는 플루트 주자이자 작곡가였으며, 1728년 드레스덴 궁정의 플루트 주자가 되었을 때 당시 황태자였던 프리드리히 대제를 만났고, 그에게 플루트를 가르쳤다. 그러나 이를 황태자의 아버지 '군인 왕'이 알게 되면서 수업은 중지되었고, 왕으로부터 많은 감시를 받았다. 이후 프리드리히가 왕이 되자 크반츠는 궁정 음악가로 부름을 받았고, 왕의 연주를 듣고 코멘트를 하는 특권도 누렸다. 그는 생애 마지막까지 프리드리히 궁정에 남아서 작곡 활동을 왕성하게 했다.

에마누엘 바흐는 음악가 요한 제바스티안 바흐의 아들들 가운데 가장 인정을 받았던 작곡가이자 교회 음악가였다. 그는 당시 유럽에서 가장 유명한 쳄발로 연주자였으며, 1741년 프리드리히 대제 궁정의 쳄발로 연주자가 되었다. 그는 수많은 오르간 곡과 쳄발로 곡을 작곡했고, 18세기 중엽 가장 인기 있었던 시인 크리스티안 겔레르트의 시에 곡을 붙인 가곡들을 발표했다. 이 역시 다섯 번이나 재출간이 될 정도로 인기가 있었으며, 이후 베토벤의 겔레르트-가곡들에도 영향을 끼쳤다.

이들 작곡가가 즐겨 다룬 문인들은 레싱과 당대의 작가들로, 단순한 유절 가곡(또는 가절가곡. 예를 들면 우리나라의 애국가처럼 1절과 2절의 멜로디가 같은 곡을 뜻함)을 선호했다. 베를린 가곡 악파에 속했던 작곡가들의 이상적 가곡은 쉽게 노래할 수 있어야 하고, 간단하고 자연스럽고 이해가 쉬운 편안한 특징을 지니고 있어야 했다. 그러나 가곡은 아리아와는 다르지만, 송가와는 같은 뜻으로 사용되었다. 한편, 베를린 가곡 악파는 유절 가곡이라는 형식에 너무 얽매여 있고, 단순성과 무미건조함에서 벗어나지 못하고 있다고 게오르크 보글러 등이 비판했다. 보글러는 특별한 음악가였는데, 그는 가톨릭 사제이자 작곡가, 오르간 연주자, 카펠마이스터, 음악 교육자인 동시에 이론가였다. 그는 당대 유명한 음악 교육자였으며, 그의 제자 가운데는 나중에 독일 낭만주의 오페라를 대표했던 카를 마리아 베버와 자코모 마이어베어도 있었다.

두 번째 베를린 가곡 악파는 키른베르거의 제자 요한 페터 슐츠, 라이하르트, 첼터 등을 중심으로 전개된다. 이들은 새로운 시들의 텍스트에 바탕을 둔 가곡을 작곡했다. 클롭슈토크, 루트비히 크리스토프 횔티, 요한 마르틴 밀러 등의 텍스트가 이 새로운 시들의 작가에 속했다. 횔티는 감성주의 시인 클롭슈토크의 영향을 많이 받았던 민중적인 시인이며, 그의 민속적인 시에 에마누엘 바흐, 슐츠, 라이하르트, 슈베르트, 코르넬리우스, 브람스, 파니 헨젤, 멘델스존 등이 곡을 붙였다. 밀러는 신학자이자 시인이었으며, 그의 시들에 베토벤, 에마누엘 바흐, 크리스티안 슈바르트(카를 오이겐 공작이 10년간 옥살이를 시켰던 작곡가) 등이 곡을 붙였다. 밀러의 소박한 시의 톤은 이어지는 후속 세대의 시인 뫼리케와 뤼케르트에게 많은 영향을 주었다. 시 이외에도 특히 수도원 이야기를 다룬 그의 소설『지그바르트』는 괴테의『젊은 베르테르의 슬픔』다음의 베스트셀러가 되었고, 밀러는 18세기 소설계에서 가장 성공적인 문인 가운데 한 사람이 되었다.

두 번째 베를린 가곡 악파 시기의 많은 가곡에서는 슐츠가『민요조의 가곡들Lieder im Volkston』(1782) 서문에서 강조한 것처럼 '민요조의 음'이 가장 모범적인 것이 되었다. 괴테와 헤르더의 민요를 향한 관심이 당대의 작곡가들에게 크게 자극이 되었고, 이들은 분명하게 민요적 가곡을 표방했던 것이다. 그래서 이 시기의 많은 가곡 작곡가들에게 '민요조의 음'은 가장 중요했고, 이들은 여전히 유절 가곡을 선호했으며, 시가 음악보다 우위에 있다고 보았다. 라이하르트가 처음으로 괴테의 서정시에 많은 곡을 붙였고, 첼터는 괴테의 텍스트 75편에 곡을 붙였으나 이들의 가곡에서는 음악이 부수적 기능에 불과했다. 이들의 경우 가곡의 기능을 괴테의 시와 일치시킴으로써 음악적으로 텍스트를 소개하는 차원에 머물렀다. 라이하르트와 첼터를 비롯해서 이 당시 가곡 작곡가들은 가곡이란 누구나 쉽게 노래할 수 있는 단순하면서도 자연스럽고 민속적 특성을 가져야 한다고 생각했다. 가곡은 가장 단순한 성악 형식이며, 시의 뜻을 음악적으로 재현하는 것이라고 여겼다.

세 번째 베를린 가곡 악파는 첼터의 제자들을 중심으로 형성되는데, 멘델스존, 카를 루트비히 베르거, 멘델스존의 누나 파니 헨젤, 카를 프리드리히 룽엔하겐, 프리드리히 힘멜, 라이하르트의 딸 루이제 등이 여기에 속한다. 이들은 가곡 발달사에서 다른 베를린 가곡 악파들보다 큰 영향을 미치지는 못했다.

대체로 베를린 가곡 악파의 작곡가들은 가곡을 '멜로디의 통일과 단순성이 기준'이라는 전통적 정의에 바탕을 두어서 장르 미학적 과제로 받아들였다. 전통적으로 보면, 미사곡과 오페라는 수백 년이 된 음악 장르이고, 교향곡은 1800년경에 새로운 장르에 속하게 되었다. 이와는 달리 가곡은 슈베르트와 더불어 비로소 역사적 발전의 중심에 놓일 수 있었다. 물론 슈베르트보다 앞서 가곡을 썼던 베를린 가곡 악파에 속하는 여러 작곡가가 있었지만, 이들의 가곡은 예술가곡의 단계로는 진입하지 못한다. 작곡가들 중에서는 라이하르트, 첼터, 담시 가곡의 선구자 춤슈테크, 뢰베가 많은 가곡을 썼으며, 라이하르트는 슈베르트보다 두 배나 더 많은 약 1500편 이상의 노래를 작곡했다. 하이든, 베토벤, 모차르트도 가곡을 썼으나 이 작곡들은 그들의 주요 관심 분야가 아니었으며, 그들의 음악적 명성에 가곡 작곡은 보통 포함되지 않는다. 또 베토벤의 초기 음악 시절에만 해도 가곡이라는 장르는 정착되어 있지 못했다. 그는 가곡에 속하는 70편 남짓의 곡을 썼지만 이것을 가곡, 노래, 아리에테, 또는 예를 들면 베토벤 작곡의 괴테 시에 붙여진 음악 정도로 이해한 것으로 보아서 그 자신도 이 장르를 어떻게 정의해야 할지 알지 못했다.

베토벤은 늘 새로운 음악 스타일을 시도했는데, 1816년에 야이텔레스의 6편 연작시에 곡을 붙인 ≪멀리 있는 연인에게≫를 발표했다. 이 연가곡은 당시 완전히 새로운 양식이었으며, 세계 음악사와 독일 가곡 역사에서 보더라도 처음으로 나온 연가곡이었다. 베토벤이 ≪멀리 있는 연인에게≫를 작곡한 것은 자신의 개인사와도 깊은 관련이 있다고 알려져 있다. 이것은 1812년 7월로 추정되는 휴양지 테플리체에서 쓴 '불멸의 연인' 편지의 수신인과 연관되어 있다. 이 편지는 베토벤의 유고에서 나왔으며, 오늘날 베를린 국립도서관에 소장되어 있다. 1970년대까지 하리 골드슈미트Harry Goldschmidt와 마리 엘리자베트 텔렌바흐Marie Elisabeth Telenbach 같은 베토벤 연구가들은 이 발송되지 않은 편지의 수신인이 요제피네 브룬스비크Josephine Brünsbig라고 생각했다. 그녀는 베토벤이 빈에서 알게 된 여인인데, 베토벤은 그녀에게 연정을 느꼈으나 그녀는 어머니의 바람에 따라 다른 사람과 결혼했다. 1804년 남편이 사망한 후 젊은 미망인이 된 그녀에게 베토벤은 깊은 정열과 사랑을 담아 편지를 보내곤 했으나 그녀는 4년 후 재혼해서 빈을 떠났다. 이후 그녀의 두 번째 결혼이 실패하면서 베토벤과 요제피네는 1811년부터 다시 가까워진다. 그래서 베토벤의 '불멸의 연인' 편지의 주인으로 짐작되었던 것이다. 그런데 1977년 미국의 베토벤 연구가 메이너드 솔로몬Maynard Solomon이 그 여인이 요제피네가 아니라 1810년 베토벤이 빈에서 알게 된 젊은 귀족 출신 여성 안토니에 브렌타노Antonie Brentano라고 주장했다. 그녀는 베티나와 클레멘스 브렌타노의 이복형제인 프란츠 브렌타노와 1798년에 결혼했는데, 바로 그녀가 편지의 수신인이라고 간주한 것이다. 그러나 오늘날까지도 정확하게 그 편지의 수신인인 '불멸의 연인'이 누구인지에 대해서는 이견이 있다.

베토벤의 연가곡 이후, 연가곡에 대한 구상과 형식은 슈베르트, 슈만, 브람스 등 여러 다른 가곡 작곡가에게 이어져 나갔다. 이 중 연가곡과 가곡의 발달에서 가장 중요한 작곡가는 슈베르트와 슈만이다. 독일 가곡은 슈베르트를 시작으로 슈트라우스에까지 그 절정을 이루다가, 1890년대에 이르면 가정음악회처럼 좁은 공간에서가 아니라 큰 음악 홀에서 연주되는 시대 상황을 맞이한다. 말러와 슈트라우스는 이를 위해 오케스트라 가곡을 작곡했으며, 19세기 말 전환기에는 작곡 방향이 피아노 반주 가곡보다는 규모가 그보다 더 큰 오케스트라 연주를 동반한 언어 음악으로 넘어가는 경향이 주도적 분위기가 되었다. 그런 가운데서도 아놀드 쇤베르크, 알반 베르크, 안톤 베버른, 한스 아이슬러, 파울 힌데미트, 볼프강 림이 가곡 장르를 이어나갔으나 1950년 이후 예술가곡 장르는 전체적으로 퇴조했다.

한편 독일 가곡은 이웃 나라의 작곡가들에게도 큰 반향을 일으켰는데, 프랑스의 샤를-프랑수아 구노, 가브리엘 포레, 클로드 드뷔시, 모리스 라벨, 러시아의 모데스트 무소륵스키, 세르게이 라흐마니노프, 노르웨이의 에드바르 그리그, 핀란드의 장 시벨리우스, 체코의 안토닌 드보르자크와 레오시 야나체크, 헝가리의 벨러 바르토크 등이 그 영향을 받았다. 이렇게 낭만주의 독일 가곡은 19세기를 넘어서까지 오래 계속되지는 못했지만 서구 세계 전체 성악 작곡가들의 음악에 영향을 끼쳤고, 음악적 구상을 바꾸었기 때문에 음악사에서 큰 흔적을 남겼다.

그 밖에, 18세기 중산층 시민계급의 문화 의식과 일상적 문화생활은 독일 가곡 발달에서 중요한 몫을 했다. 18세기 말에 이르면 예술 애호가 그룹이 귀족층에서 생활 여유가 있는 중산층 시민계급으로 넘어온다. 중산층의 시민계급은 사회적 안정과 더불어 직접 악기를 다루기도 하고 예술 애호가로서 자신들의 문화적 욕구와 관심을 보이기도 했다. 예술 애호가가 귀족층에서 일반 대중으로 넘어가면서, 이제는 음악가들도 제후나 귀족으로부터 생활을 보장받고 음악을 작곡해 오던 예속 상태에서 벗어난다. 시민계급이 상업의 발달로 많은 부를 가지면서 19세기 독일에서는 가정음악회가 일상이 되었으며, '가정음악-가곡'이라고 불릴 수 있는 음악적 분위기가 자연스럽게 독일 사회에 뿌리내렸다. 또 중산층 시민계급의 음악적 관심은 잡지 발행인, 악기 제조업자, 음악가 및 음악 교사들에게 좋은 시장과 기회를 제공해 주었다.

시민계급의 사교생활에서 노래 부르고 피아노 치는 일은 독일 중산층 여성들에게 필수교양이 되었다. 그렇지만 비더마이어 사조의 분위기가 지배하던 시대에 중산층 가정의 숙녀들이 전문 음악가가 되는 일은 쉽지 않았다. 펠릭스 멘델스존의 누나 파니 헨젤은 가곡을 포함해서 기악곡 수백 편을 작곡하고 피아노 연주에서도 뛰어난 재능을 보였으나 예술가로서 대중 앞에 나설 수는 없었다. 문화 애호가였던 그녀의 아버지조차도 아들 펠릭스에게는 음악이 직업이 될 수 있다고 말했지만, 딸에게는 음악이 하나의 '장식품'에 불과하다고 할 정도였다. 다만 파니 헨젤과 달리 클라라 슈만은 음악 교육자인 아버지 프리드리히 비크Friedrich Wieck로부터 어릴 때부터 피아노를 배웠고, 피아노 신동으로 아버지와 함께 유럽의 주요 도시들을 순회하면서 연주를 했다. 비더마이어 시대의 가부장제 아래에서는 파니 헨젤처럼 여성들은 현모양처가 되는 것이 미덕이었고, 클라라의 경우처럼 결혼하기 전에는 아버지의 허락이 있어야 연주 활동이 가능했다. 이처럼 19세기까지는 뛰어난 여류 음악가들이 많이 나오기 어려운 사회 환경이었고, 예외적으로 유일하게 클라라 슈만이 당대뿐 아니라 후대에 이름을 길이 남긴 여류 음악가가 되었다.

낭만주의 독일 예술가곡

19세기에 독일 가곡이 예술가곡으로 도약할 수 있었던 것은 베를린 가곡 악파 및 여러 다른 음악가들의 활동과 18세기의 역사적·정신사적·문학적 발전이 있었기에 가능한 일이었다. 그 시대의 여러 시인은 예술가곡 작곡가들에게 풍부한 서정시를 제공했다. 앞에서 썼듯 괴테의 시는 하이네 다음으로 많이 작곡되었는데, 유연하고 서정적 아름다움이 깃들어 있는 괴테의 시가 지닌 주관적 천성은 예술가곡의 정신이라고 평가되었다.

서정시와 음악의 결합은 독일 예술가곡과 더불어 새로운 역동성을 발견했으며, 예술가곡은 민중가곡 또는 민요와는 반대되는 개념이었다. '예술가곡'이라는 용어는 1841년에 학자 카를 코스말리가, '민요'라는 명칭은 1773년에 헤르더가 처음으로 사용했다. 헤르더는 민요에는 민족의 천성, 사고방식과 특성 그리고 이와 관련된 모든 자연스러운 인간적인 것이 구체적으로 표현되었다고 보았다. 코스말리는 민요와 예술가곡이 다르다고 보았는데, 민요는 변함없고 순수한 자연의 소리이지만 예술가곡은 승화되고 고양된 형식의 시에 곡을 붙인 예술성이 깃든 곡이라 여겼기 때문이다. 일반적으로 민요와 예술가곡의 차이점은, 예술가곡의 경우 작사자·작곡자가 알려져 있으나 민요의 경우에는 대체로 작사자·작곡자가 미상이라는 점, 예술가곡 작곡가들은 문헌의 텍스트에 기초해서 노래를 만들었지만 민요는 구전으로 전해오는 가사와 곡조를 지닌다는 점, 민요는 민중들 속에서 일반 가인歌人을 비롯해 누구나 노래하지만 예술가곡은 높은 수준의 곡 해석이 필요해서 전문 성악가가 노래한다는 점, 민요는 단순하고 쉬운 멜로디를 지니고 있으나 예술가곡은 높은 예술성을 지닌 멜로디가 있다는 점 등이다. 그러나 대부분의 시기에 민요와 예술가곡은 서로 긴밀하게 연결되어 있었기 때문에 엄밀하게 민요와 예술가곡을 대립적인 뜻으로 파악하는 것은 별 의미가 없다.

결과적으로 볼 때, 19세기에 수준 높은 독일 예술가곡이 융성한 것은 괴테를 비롯한 뤼케르트, 아이헨도르프와 같은 낭만주의 시인들과 뫼리케와 하이네 등의 시인 덕분이며, 이들의 시는 음악가들에게 새로운 창작의 원천이 되었다. 예술가곡에서는 서정시뿐만 아니라 담시도 가곡의 텍스트로 중요했다. 낭만주의 시대에는 많은 시인과 작곡가들이 담시에 큰 관심을 보였다. 하이네의 「척탄병들」과 「똑같이 닮은 인간」, 뫼리케의 「불의 기수」, 마테우스 콜린의 「난쟁이」 등에 뢰베와 낭만주의 예술가곡의 대표 작곡가들인 슈베르트,

슈만, 바그너, 볼프, 리스트, 브람스가 곡을 붙였다. 그 밖에 클롭슈토크, 실러, 장 파울과 낭만주의 시인들이 독일 예술가곡 작곡가들에게 지대한 영향을 미쳤다. 시와 음의 결합이 무엇보다도 낭만주의 예술가곡에서 어떤 다른 장르에서보다도 잘 이뤄진 것이다. 이런 식으로 예술가곡에서는 시가 먼저 있고 그 시에 음을 붙이는 형태로 낭만주의 예술가곡이 발전했다. 마침내 시와 음의 혼연일체는 낭만주의 예술가곡과 더불어 새로운 장르를 구축했고, 가곡은 피아노와 목소리가 서로 어울리면서 독자적인 예술이 된 것이다.

음악사에서 보면 낭만주의 음악은 100년 이상 진행되었고, 이 낭만주의는 문학의 낭만주의보다 더 길게 유지되어 18세기 말부터 19세기까지의 음악을 지배했다. 낭만주의 음악의 가장 중요한 특징은 감정에 찬 표현, 빈Wien 고전주의 형식의 해체, 전통적 화성의 확대 또는 초월, 표제음악과 같이 음악과 문학의 이념 결합이었다. 독일 낭만주의 음악의 대표 음악가들로는 베버, 멘델스존, 슈만, 브람스, 막스 브루흐, 볼프, 리스트, 슈트라우스, 바그너, 말러, 안톤 브루크너, 알베르트 로르칭 등을 들 수 있다. 낭만주의 음악은 1800년 이후 빈 고전주의 음악의 그늘에서 자라고 있었는데, 이즈음 빈을 중심으로 활동했던 베토벤과 슈베르트의 죽음으로 음악사적 한 세기가 끝나고, 독일 음악에서 낭만주의가 꽃필 수 있는 시대가 열렸기 때문이다. 고전주의의 대가는 대표적으로 하이든, 모차르트, 베토벤, 슈베르트(가곡은 제외)를 들 수 있다. 특히 하이든은 여러 고전주의 음악가들의 모범이었으며, 100편이 넘는 오라토리움과 교향곡들을 작곡했다. 이 중 〈황제 4중주곡〉의 멜로디는 독일 국가에 차용되기도 했다.

낭만주의 음악은 카를 마리아 베버의 〈마탄의 사수〉에서 나타나기 시작했으며, 그 소재 선택에서부터 낭만적 배경들이 두드러진다. 초자연적인 것, 신화적 설화의 토대, 유토피아적 동화 같은 과거, 여기에다 민요적 음과 중세 기사에 관한 음악, 자연, 유령, 설화의 낭만적 이야기가 깊이 배어 있는 베버의 작품은 프랑스와 이탈리아 오페라의 음악적 요소들과 맞닿아 있다.

또 낭만주의 오페라의 특징은 모차르트의 ≪마술피리≫를 비롯해서 19세기 루트비히 슈포어의 ≪파우스트≫, 호프만의 ≪운디네≫, 하인리히 마르슈너의 ≪밤피어≫와 ≪한스 하일링≫ 및 알베르트 로르칭의 ≪한스 작스≫, ≪황제와 목수≫에 잘 나타나 있다. 또 리하르트 바그너는 ≪방랑하는 네덜란드인≫, ≪탄호이저≫, ≪로엔그린≫, ≪니벨룽의 반지≫, ≪트리스탄과 이졸데≫ 등을 발표함으로써 독일 낭만주의 악극을 개척했다.

내면으로 향하는 낭만적 음악 서정시는 슈만의 음악에서 절정을 이루었다. 슈만은 장 파울과 호프만의 작품에 자극을 받아서 피아노곡 ≪파피용≫, ≪판타지 작품들≫, ≪어린아이들의 장면들≫, ≪크라이스렐리아나≫와 같이 낭만주의 시와 음악이 말 그대로 하나로 녹아든 가곡들, 하이네의 시에 곡을 붙인 ≪리더크라이스≫와 ≪시인의 사랑≫, ≪미르텐≫, 아이헨도르프의 시에 곡을 붙인 ≪리더크라이스≫, 아델베르트 폰 샤미소Adelbert von Chamisso(1781~1838)의 텍스트에 곡을 붙인 ≪여자의 사랑과 삶≫ 등을 작곡했다. 슈만의 낭만주의가 서정적 피아노곡에서 전개되었다는 것은 빈 고전주의 음악의 구조와 장르로부터 탈피했다는 증거이기도 하다. 슈만의 낭만적 음악에서는 프리드리히 슐레겔의 '진보적 보편 시' 이념처럼 모든 장르의 한계를 해체하는 동시에 모든 예술 사이의 장벽을 뛰어넘어서 분리된 장르들이 하나로 합쳐졌다.

낭만주의 음악의 중심지는 주로 북독일과 중부 독일에 있는 베를린, 드레스덴, 라이프치히였으며, 크게 초기, 전성기, 후기 낭만주의 음악으로 나뉜다. 초기 낭만주의는 약 1790년에서 1820년까지이며, 빈 고전주의에서 낭만주의로의 이행기는 베토벤의 작품에서 발견된다. 초기 낭만주의의 가장 중요한 대표자는 슈베르트다. 가곡 분야에서 담시들에 곡을 붙인 카를 뢰베, 독일 오페라 발전에서 중요한 인물이었던 카를 마리아 베버도 있는데, 베버의 경우 이탈리아 오페라가 주류를 이루던 시기에 독일 오페라를 성공적으로 선보였다. 또 작곡가 하인리히 마르슈너는 자신의 작품에서 환상적이고 전율적인 낭만적 소재들을 다루었다. 전성기 낭만주의는 약 1820년에서 1850년까지로, 낭만적 음악은 특히 슈만에게서 절정에 달하는데, 그는 음악적으로나 인간적으로나 정열과 비극으로 점철된 낭만적 예술가의 전형을 보여준다. 헝가리 출신의 독일계 작곡가인 리스트는 한편으로는 몽상적 피아노곡을 썼던 인물이자, 다른 한편으로는 진보적인 '신독일파Neudeutsche Schule'의 기수였다. 멘델스존은 고전주의 형식에 더 쏠려 있기는 했으나 그의 음악 또한 전성기 낭만주의에 속하며, 멜로디가 가장 풍부한 음악으로서 오늘날까지 가장 많이 연주되는 작품에 속한다. 바그너는 오페라의 다른 이름이라 할 수 있는 '악극Musikdrama'의 창시자였으며, 음악사 최초로 낭만적 악극을 썼다. 그는 악극의 텍스트를 직접 써서 곡을 붙였는데, 그 내용은 대부분 중세시대를 배경으로 했다.

세계 음악사에서 독일 예술가곡은 1814년 슈베르트가 괴테의 시에 곡을 붙인 〈물레 잣는 그레첸〉을 통해서 탄생했다. 파우스트를 그리워하는 그레첸의 사랑시에 슈베르트가 곡을 붙인 이 가곡은 음악사에서 본격적으로 독일 예술가곡의 시작을 알리는 작품이 되었다. 이 곡은 슈베르트가 17세였던 1814년 10월 19일에 작곡되었으며, 괴테의 시와의 첫 번째 만남에서 탄생한 것이다. 또한 〈물레 잣는 그레첸〉은 그로부터 1년 후 작곡된 그의 가곡 〈마왕〉과 더불어 가곡 장르에서 대단히 중요한 의미를 지닌다. 슈베르트가 가장 활발하게 작곡 활동을 했던 1815년에서 1816년 사이의 많은 가곡 중에는 옛 전통에 따라 단순하고 대부분 화음 피아노 반주로 구성된 단순한 민요조 곡들도 있으나, 그의 예술가곡은 특히 연가곡들에서 절정을 이루고 있다. 이후 슈베르트를 시작으로 낭만주의 독일 예술가곡은 슈만, 브람스, 리스트, 볼프, 슈트라우스까지에서 전성기를 이루었다.

독일 예술가곡의 발달은 그 시대의 새로운 악기인 피아노의 제작과 보급, 이에 대한 사회적 관심과 수요 그리고 성악가들의 역량과도 밀접한 관련이 있었다. 피아노는 1709년에 이탈리아인 바르톨로메오 크리스토포리가 고안했는데, 18세기 중반까지도 작곡가들로부터 별로 환영을 받지 못하다가 후반기에 이르러 기능이 많이 개량되어서 독주 악기로서의 자리를 굳혀가기 시작했다. 크리스토포리는 당대에 잘 알려진 건반악기 제작자였는데, 1690년 음악을 크게 지원했던 메디치 가문의 페르디난트 황태자가 악기 제작과 악기 조율을 위해서 그를 피렌체로 불러들였다. 이 시기 크리스토포리는 새로운 건반악기 개발에 들어가서 1726년 오늘날의 피아노 성능과 비슷한 악기로 발전시켰다. 그렇게 피아노는 클라비코드와 하프시코드에서 서서히 진화해 세련된 악기가 되었다.

19세기 작곡가들은 피아노가 독자적으로 음악적 효과를 낼 수 있다는 점에 주목했다. 크리스토포리 이후 1880년경, 약 180년의 실험과 기술적 개선으로 풍부하고 독특한 소리를 낼 수 있는 오늘날의 피아노 악기가 생산되었다. 초기 악기 제작자들은 대부분 독일인이었으며, 이들 가운데 일부가 영국과 프랑스로 넘어가서 피아노 악기사를 최초로 설립했다. 미국에서는 1825년 처음으로 보스턴에서 영국식 전통에 따른 피아노 제작이 이뤄졌다. 피아노는 이제 예술가곡의 주 악기가 되었고, 더욱이 슈베르트, 슈만, 브람스의 가곡에서 피아노는 단순 반주악기가 아니라 목소리와 더불어 시를 해석하는 중요한 역할을 성공적으로 해냈다. 한편, 피아노라는 악기가 비약적으로 인기를 누리고 발전을 이룬 것은 리스트, 지기스문트 탈베르크, 나중에 슈만의 아내가 된 클라라 비크 등과 같은 그 시대의 뛰어난 피아노 연주자들 덕분이기도 했다. 그 밖에 70편 이상의 가곡을 작곡한 뛰어난 피아니스트인 리스트는 슈베르트의 곡을 전 유럽에 알리는 데 큰 몫을 담당했으며, 슈베르트의 가곡 가운데 57편을 피아노곡으로 편곡했다. 이후 1850년경 슈베르트의 가곡 360편 남짓이 프랑스에서 출판되기도 했다.

예술가곡의 동반 악기로서의 피아노는 19세기 작곡 분야에서 주 악기가 되었고, 더욱이 이는 가곡 작곡가들인 슈베르트, 슈만, 브람스의 사례에서 성공적으로 나타나고 있다. 이 세 작곡가는 각자 솔로 피아노를 위해서 자신만의 '목소리'를 찾아냈고, 악기의 우수성을 사람의 목소리와 탁월하게 협력시

클라라 비크(클라라 슈만)
자료: Johann Heinrich Schramm 그림(1840년).

지기스문트 탈베르크
자료: Andreas Staub 그림(1830년경).

켰다. 다시 말하면, 19세기의 위대한 가곡 작곡가들은 자신의 가곡에서 피아노를 완전한 협력자로 이용했다. 재미있는 점은 슈만을 비롯한 가곡 작곡가들 모두 오페라 작곡에 관심이 많았으나, 그 분야에서는 성공하지 못했다는 사실이다. 그 이유는 내밀하고 섬세하게 표현하는 그들의 천성이 오페라가 요구하는 대형 스케일과는 공존할 수 없었기 때문이라고 할 수 있다.

다음으로, 독일 예술가곡 장르의 발달에서 중요한 요인 가운데 하나는 가곡의 해석자인 성악가의 역할이었다. 가곡에서는 여느 음악 장르보다도 성악가의 역량이 중요했다. 예를 들어 오페라 가수 요한 미하엘 포글은 슈베르트 생전에 그의 가곡을 노래하는 일에 전념했고, 1876년경 오페라 가수 구스타브 발터도 슈베르트 곡의 주요 해석자로 활동했다. 또 파리의 오페라 가수 아돌프 누리는 파리에서 리스트가 슈베르트의 〈마왕〉을 피아노로 연주하는 것을 듣고 크게 감동해서 평생 슈베르트 가곡을 부르는 일에 전념했다.

프란츠 요제프 1세 황제를 위해서 리스트가 연주하는 모습
자료: Franz Schams 그림(1872년).

그 밖에 여가수 빌헬미네 슈뢰더-데브리엔트도 슈베르트의 곡을 뛰어나게 해석해서 노래했다. 슈뢰더-데브리엔트에 관해서는 흥미로운 일화가 있다. 1816년 4월 슈베르트는 자신이 작곡한 〈마왕〉을 1825년 괴테에게 헌정하고자 하는 뜻을 편지로 밝혔으나 괴테로부터 회신을 받지 못했다. 그러다가 1830년경 괴테는 슈뢰더-데브리엔트가 슈베르트의 〈마왕〉을 부르는 것을 듣고 크게 감동한다. 연주가 끝난 후 괴테는 그녀의 이마에 입맞춤하면서 "난 이 곡이 과거에는 내게 도무지 그 뜻이 다가오지 않았는데, 이런 식으로 노래를 하니까 모든 형상이 생생하게 다가온다"라고 말했다. 그 외에도 슈뢰더-데브리엔트는 슈만의 곡들도 노래했으며, 슈만은 하이네의 시에 곡을 붙인 연가곡 ≪시인의 사랑≫ 출판본에 이 곡을 그녀에게 헌정한다고 썼다. 또 바그너는 16세 때 베토벤의 오페라 ≪피델리오≫에서 슈뢰더-데브리엔트가 여주인공 레오노레의 노래를 부르는 것을 듣고 음악가가 되려고 결심했음을 고백할 정도로, 그녀는 그 시대의 뛰어난 성악가였다.

율리우스 슈토크하우젠

슈뢰더-데브리엔트 못지않게 스웨덴의 젊은 성악가 제니 린드도 높이 평가받았으며, 슈만은 그녀에게 1850년 작곡한 ≪빌프리드 폰 노인의 시에 곡을 붙인 6편 노래≫를 헌정했다. 또 19세기의 독일 가곡에서 가장 중요한 성악가 가운데 한 사람인 율리우스 슈토크하우젠은 1856년 슈베르트의 ≪아름다운 물방앗간 아가씨≫ 전곡을 불렀고, 1861년 함부르크에서 브람스의 반주와 함께 슈만의 ≪시인의 사랑≫을 노래했다. 이 연가곡은 두 파트로 나뉘어 있는데, 그 사이에 브람스가 슈만의 ≪크라이스렐리아나≫ 피아노곡을 연주하는 형식으로 이뤄졌다. 당시에는 가곡 전곡만으로 연주회를 하는 일은 거의 없었기 때문이다. 슈토크하우젠의 제자 헤르미네 슈피스는 특히 브람스 가곡의 가수로서 자신의 명성을 굳혔다.

성악가는 가곡의 해석자로서 작품을 대중들에게 알리는 중요한 구실을 했기 때문에 작곡가와 성악가 사이의 교류와 협력은 여느 음악 장르보다도 중요하게 작용했다. 그 밖에도 현대의 성악가 디트리히 피셔-디스카우가 노래한 슈베르트와 슈만의 주옥같은 가곡들과 그 가곡들에 대한 분석, 프리츠 분더리히, 페터 슈라이어, 헤르만 프라이, 토마스 크바스토프, 이안 보스트리지, 엘리 아멜링, 엘리자베스 슈바르츠코프, 제시 노만, 바바라 보니, 안네 소피 폰 오터, 빅토리아 데 로스 앙엘레스, 재닛 베이커 등의 노래는 낭만주의 예술가곡을 오늘날에도 살아 있는 영원한 예술로 만들고 있다.

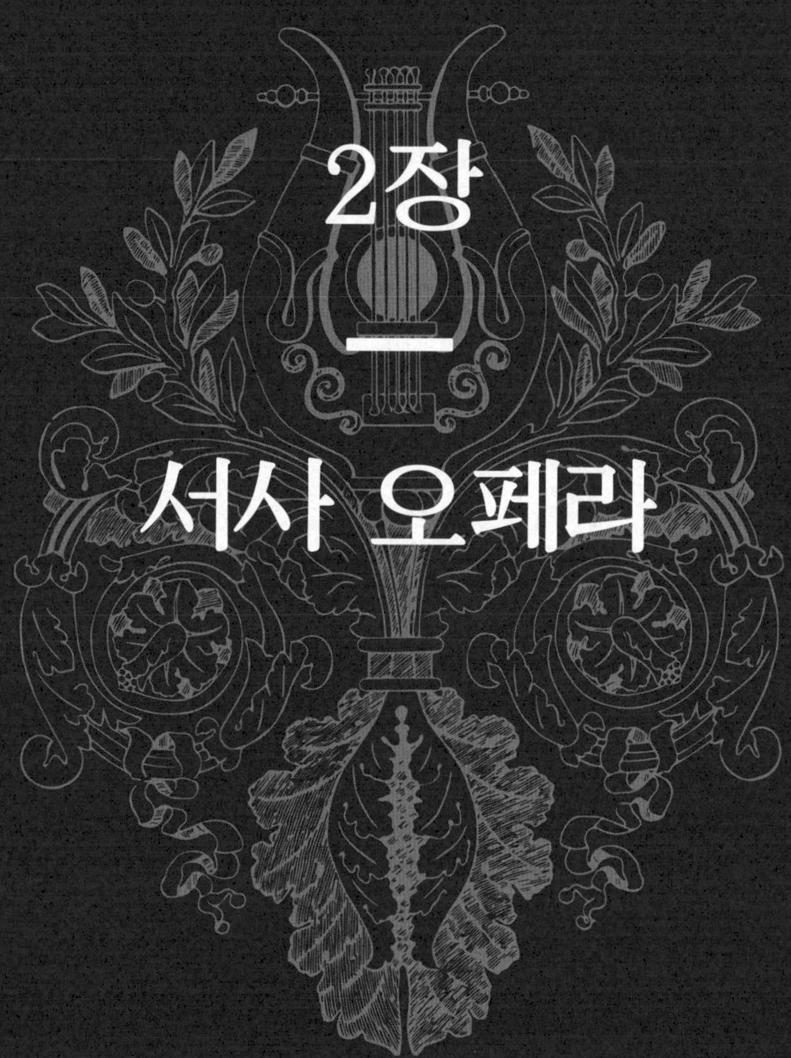

2장

서사 오페라

1장에서 살펴본 바와 같이, 리트는 서정시라는 의미 이외에 중세 영웅서사시도 포함하고 있다. 로마의 역사가인 타키투스의 『게르마니아』에서 언급된 라인Rhein 지역의 게르만족 노래에 대한 보고가 리트의 시작을 유추해 볼 수 있는 최초의 문헌이다.

> 게르만족들은 역사적으로 전해오는 유일한 방식인 아주 오래된 리트에서 땅에서 솟아난 투이스토Tuisto를 찬양한다.

『게르마니아』에 쓰인 이 기록에 따르면, 이들의 리트는 자신들의 신을 찬양하는 동시에 공동체 의식을 강화하기 위한 수단이었다.

이후 중세 영웅서사시에서 보여주는 바와 같이 왕과 영웅을 찬양하는 내용의 노래로 확대되었고, 프랑크 왕국의 역사가였던 아인하르트는 9세기에 중세 최초의 전기 『카를 대제Vita Karoli Magni』를 썼다. 카를 대제, 프랑스어로 샤를마뉴는 프랑크 왕국의 왕이자 훗날 독일과 프랑스 및 여타 국가의 시조이기도 하다. 이 전기는 프랑크 왕국의 지배가 최초로 형성된 메로빙거 왕가에서 왕실 집정관 피핀에게로 권력이 넘어가는 과정과, 피핀의 아들인 카를 대제가 프랑크 왕국을 크고 강력하게 만드는 과정을 썼다. 또 이 전기는 카를 대제가 프랑크 왕국을 건립한 후 그 이전 왕들의 무용담과 전쟁에서의 승리를 칭송하는 노래들이 불렸다고 언급했다. 그러나 이 노래들의 텍스트는 전해 내려오는 것이 없다.

따라서 노래의 텍스트로서 가장 오래된 것은 9세기 중엽의 찬양가로, 오늘날의 프랑스에 해당되는 서프랑크 왕국의 왕 루트비히 3세의 깊은 신앙심과 881년 노르만족과의 전투에서 승리한 것을 찬양하는 『루트비히의 노래』가 있다. 또 9세기 중엽 홀다 수도원의 수도사가 필사한 『힐데브란트의 노래』

도 있다. 이것은 독일 영웅을 주제로 한 리트로는 유일하게 전해 내려오는 텍스트이며, 또한 가장 오래된 게르만 영웅 찬가이기도 하다. 오늘날 통용되는 『힐데브란트의 노래』라는 제목은 원래 제목 없이 내려온 필사본에 19세기 들어 그림 형제가 붙인 것이다. 이 노래는 부분적으로만 전해오는데, 그 내용은 오늘날 이탈리아의 북동쪽 도시 베른(베로나의 옛 이름)의 왕자인 디트리히의 무기 담당관 힐데브란트가, 30년 만에 전쟁터에서 집으로 귀향하는 이야기를 다루고 있다. 그는 국경에서 아들 하두브란트와 마주친다. 힐데브란트는 자신이 그의 아버지임을 밝혔으나 하두브란트는 아버지가 죽었다는 보고를 이미 받았었기 때문에 그를 믿지 않는다. 마침내 명예를 지키기 위해서 아버지는 아들과 결투를 벌이는데, 여기서 노래가 중단된다. 여러 구전에 따르면 그 이후의 이야기에서는 아버지가 아들을 이겼다고 하는데, 그 이유는 영웅들의 세계에서는 부성애보다는 명예를 지키는 일이 더 중요한 덕목으로 추앙되곤 했기 때문이다.

그 밖에 11세기 초 이름이 알려지지 않은 한 필사자는 9세기 말엽 나온 『게오르크의 노래』를, 최초로 실명이 알려진 수도사 오트프리트 폰 바이센부르크의 필사본에 삽입했다. 일반적으로 중세의 수도원은 학문의 산실이었고, 인류의 모든 중요한 정신적 보물을 필사하는 것이 기도만큼이나 수도사들에게 주요한 일과이기도 했다. 『게오르크의 노래』의 내용은 3세기 말 로마 황제 디오클레티아누스 치하에서 기독교 박해가 시작되었을 때 순교한 성자 게오르크가 일으킨 기적에 관한 것이다.

그리고 13세기 대표적인 중세 영웅 서사문학으로는 1200년경에 옛 독일어로 쓰인 『니벨룽의 노래Nibelungenlied』와 1240년경에 쓰인 『구드룬의 노래Gudrunlied』가 있다. 『니벨룽의 노래』는 5~6세기부터 구전으로 전해 내려오다가 13세기 초에 쓰인 것으로 추정되지만 글쓴이는 알 수 없다. 이 작품은 왕들과 영웅들의 결혼, 배반, 암살, 복수, 명예, 충성심이 잘 묘사된 작품으로, 궁정 사회를 배경으로 하고 있다. 『니벨룽의 노래』는 약 37편의 단편적인 필사본이 전해오고 있는데, 그중 가장 중요한 필사본은 세 가지가 있다. 뮌헨 필사본, 성 갈렌 필사본, 도나우에싱엔 필사본이 그것이며, 이것들은 2009년 유네스코 세계기록유산에 등재되었다. 『니벨룽의 노래』는 한 나라의 정신적·문화적 뿌리를 보여주는 귀한 자료이며, 이 점에서 인류의 재산으로 인정받고 있는 셈이다.

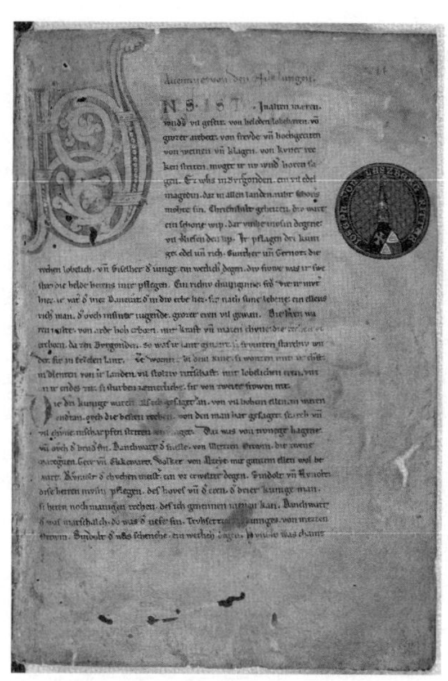

▎『니벨룽의 노래』 도나우에싱엔 필사집 일부
자료: *Nibelungenlied*(1230년경).

이 작품은 크게 두 부분으로 나누어져 있는데, 첫 부분은 지크프리트의 결혼과 죽음, 둘째 부분은 지크프리트의 아내 크림힐트의 복수로 이뤄져 있다. 그 장대한 이야기는 영웅서사시의 정수를 훌륭하게 보여주고 있으며 정의와 복수, 왕에 대한 신하의 충성, 목숨도 불사하는 용기와 귀부인에 대한 경외심 등 기사 시대의 미덕이 생생하게 그려져 있다. 다만 여성이 지닌 영웅성은 미덕이 아니라 오히려 제거되어야 하는 대상으로 그려지고 있다. 그러니까 이 『니벨룽의 노래』에서는 신하의 충성, 배반에 대한 복수는 미덕으로 숭상되지만, 여성의 직접적인 복수에 대해서는 강한 거부감을 드러내고 있다. 민네장의 경우처럼, 귀족 여성은 고결한 존재로서 숭배의 대상이지만 직접 용감하게 행동하는 것은 터부시하고 있는 셈이다.

한편, 『니벨룽의 노래』와 더불어 중세 대표 영웅 서사문학인 『구드룬의 노래』는 1240년대 바이에른-오스트리아 지역을 배경으로 쓰였으며, 『니벨룽의 노래』에서 강조되었던 복수와 달리 『구드룬의 노래』에서는 오히려 화해와 관용 정신이 강조된다. 영웅 서사문학에서 아주 예외적으로 철학적인 주제

▎ 바닷가의 구드룬

자료: Otto von Leixner 그림(1880년).

▎ 『파르지팔』 필사본 일부

자료: 작자 미상(1440년대).

▎ 『가련한 하인리히』 필사본 일부

자료: 작자 및 연도 미상.

를 다룬 것이다. 구드룬은 한 왕국의 공주였으나 10년 이상을 납치된 채 생활을 하면서 하녀처럼 온갖 궂은일을 해야 했다. 하지만 그녀는 나중에 자신을 박해했던 적의 집안을 포함해서 적대 관계에 놓여 있던 네 가문을 화해시켜서 서로 혼인 관계를 맺고 항구적인 평화를 도모하게 한다. 구드룬은 여성이지만 훌륭한 협상가로 등장하고 있다. 『구드룬의 노래』는 여러 인물이 등장하는 세 부분으로 이뤄져 있으며, 여러 인물이 등장하지만 핵심적인 이야기는 구드룬을 둘러싸고 전개된다는 점에서 페미니즘 문학이라 할 수 있다.

중세의 기사문학에는 한편으로 『니벨룽의 노래』와 『구드룬의 노래』처럼 글쓴이를 알지 못한 채 민중의 입을 통해서 전해졌던 민중 서사시가 있다. 다른 한편으로는 글쓴이가 분명한 궁정 서사시가 있는데, 이것은 '프랑스의 민네징어'를 뜻하는 '트루바두어troubadour'의 영향을 깊게 받았다. 대표적인 궁정 서사시인들은 12세기에서 13세기 사이의 '기사문학의 아버지'라 불리는 하인리히 폰 벨데케, 『가련한 하인리히』의 저자 하르트만 폰 아우에, 미완성 『트리스탄과 이졸데』의 저자 고트프리트 폰 슈트라스부르크, 『파르지팔』의 저자인 볼프람 폰 에셴바흐 등을 들 수 있다. 이들 중에는 음유시인도 있으나 위에 언급한 작품들은 민네장과는 직접적인 연관성이 없는 궁정 영웅서사시 또는 서사문학이다.

앞서 얘기한 여러 리트에 관한 악보나 멜로디는 구전으로도 전해오는 것이 거의 없다. 하지만 리트에 쓰인 악기들과 관련해서는 500년경 프랑크 왕국의 클로드비히 1세의 궁정에서 하프 반주로 노래가 이뤄졌다는 기록이 있다. 또 11세기부터는 바이올린과 비슷한 피델이 동반 악기로 등장했다. 그 외에 여러 성화나 그림에서 보면 가야금처럼 손가락으로 뜯어 소리를 내는 치터를 비롯해 하프, 플루트, 피리와 비슷한 샬마이, 하프와 비슷한 리라, 기타와 비슷한 라우테, 북 등 다양한 형태의 악기들이 쓰였음을 알 수 있다.

피델

자료: *Große Heidelberger Liederhandschrift*(1304년경).

「치터를 켜는 소녀(Zitherspielendes Mädchen)」속 치터

자료: Franz Defregger 그림(1894년).

샬마이

자료: *Große Heidelberger Liederhandschrift*(1304년경).

리라

자료: *First Bible of Charles the Bald*(9세기경).

▌ 라우테를 켜는 장인의 모습

자료: Jost Amman 그림(1568년).

<h2 style="text-align:center">바그너의 중세 서사문학 수용</h2>

리하르트 바그너Richard Wagner(1813~1883)는 음악가 중 유일하게 중세 기사문학을 자신의 서사 오페라인 '악극'(음악적 드라마) 텍스트의 기초로 삼았다. 고트프리트 폰 슈트라스부르크의 『트리스탄』에서 악극 ≪트리스탄과 이졸데≫를, 『니벨룽의 노래』에서 4부작 ≪니벨룽의 반지≫(≪라인의 황금≫, ≪발퀴레≫, ≪지크프리트≫, ≪신들의 황혼≫)를, 볼프람 폰 에셴바흐의 『파르지팔』에서 ≪파르지팔≫을, 로엔그린의 중세 독일 기사 민담에서 ≪로엔그린≫ 대본을 썼다. 또 마이스터게장과 관련된 ≪탄호이저와 바르트부르크의 노래 시합≫(≪탄호이저≫), ≪뉘른베르크의 마이스터징어≫도 직접 대본을 쓰고 곡을 붙였다. 이런 점에

리하르트 바그너

서 바그너는 중세의 기사문학을 19세기에 되살린 독특한 음악가다. 21세기 오늘날까지도 그의 오페라는 바이로이트 축제극장Bayreuther Festspielhaus을 통해서 낭만적인 중세 문학의 매력을 전하고 있다. 이 축제극장에서는 이 작품들 이외에도 ≪방랑하는 네덜란드인≫을 덧붙여서 모두 10개의 서사 오페라가 해마다 번갈아 가면서 공연되고 있다.

바그너는 민네장이나 마이스터게장 이후 언어와 음의 일치를 서사 오페라를 통해서 이루었다. 그는 가장 독일적인 텍스트를 썼고 음악을 작곡했으며, 오페라의 음악적·이론적·실천적 토대를 근본적으로 바꾸었다. 젊은 시절부터 바그너는 음악과 연극을 서로 연결하려는 생각에 몰두했다. 그것은 그리스 비극의 전통을 따르되 새로운 예술의 방향을 정하는 것이었다. 그래서 음악의 도움으로 극적 줄거리는 메시지가 될 수 있고, 문학은 음악을 통해서 강력한 표현력을 얻는다고 보았다. 또 낭만주의 문학가들과 마찬가지로 춤, 문학, 음악이 하나가 되는 '음악적 드라마'를 실현하는 것이 그의 목표였다. 새로운 음악적 드라마는 신화 속에서 찾을 수 있고 시인의 과제는 신화를 해석하는 것이며, 현대에는 신화를 새롭게 창작하고, 연극을 통해서 현재의 삶을 가장 충실하게 묘사해야 한다고 보았다. 이것은 음악 없이는 불가능한데, 음악이라는 수단을 통해서 신화는 감정을 더 잘 전달할 수 있으며, 이 일은 작곡가인 동시에 문학가가 되어야 가장 잘 할 수 있다고 보았다. 더 나아가서 바그너는 당시 쇠퇴 중이던 연극을 개혁하고 예술의 힘으로 더 나은 민중 교육에 이바지하고자 했으며, 그 활동으로 세계가 개선되기를 바랐다. 이 점에서 보면 그의 바람은 나중에 베르톨트 브레히트가 서사극을 통해서 얻고자 한 교육적 효과 및 계몽과 비슷한 맥락이라고 할 수 있다.

음악사에서 볼 때 바그너의 의미는 서사 오페라, 즉 악극을 개척한 점에 있다. 19세기, 카를 마리아 베버의 유명한 낭만주의 오페라 ≪마탄의 사수≫는 아리아, 듀엣, 합창 등이 개별 순서에 따라 묘사되고 이로써 레시터티브 recitative(낭송조)의 음악이 이어지지만, 바그너의 경우에는 멜로디와 줄거리가 중단 없이 계속 나온다. 그는 아리아, 듀엣, 피날레 등의 장면을 포기하고 그 대신 그 부분들을 설화로 만들었다. 그래서 그의 악극에는 아리아가 없는 대신 노래하는 이야기 내지는 독백, 대화 등이 들어 있다. 이것은 고립된 것이 아니라 줄거리와 오케스트라 음악에 의해 서로 섞여 있다. 게다가 특정한 인물, 대상, 감정에 특정한 음악적 모티브를 부여하고, 그 주된 모티브들을 반복함으로써 청중에게 낯익은 느낌이 들게 하는 심리적 효과를 주었다.

그런데 그의 진보적이고 개혁적인 음악 그리고 삶과 관련해서, 그 어느 음악가도 바그너처럼 극단적 평가가 양립하는 경우는 드물었다. 바그너를 거절했던 브람스나 차이콥스키 같은 작곡가 이외에도 니체, 아도르노, 토마스 만, 카를 마르크스가 바그너를 비판했다. 니체의 경우『음악의 정신에서 나온 비극의 탄생』에서 독일 문화의 개혁자로 바그너를 칭송했고『바이로이트의 리하르트 바그너』라는 에세이를 그에게 헌정하기도 했으나,『인간적인, 너무나 인간적인』에서는 서서히 바그너 찬미에서 벗어났고 나중에는 ≪파르지팔≫을 비독일적인 데카당스 작품이라고 비판하기도 했다. 한때 쇼펜하우어의 제자였던 니체는 그의 염세주의에 반대하면서 쇼펜하우어에게서 점점 멀어져 갔고, 쇼펜하우어가 바그너에 끼친 영향을 분석하기도 했다. 니체는 ≪니벨룽의 반지≫가 쇼펜하우어를 번역한 것이라고 보았는데, 이는 쇼펜하우어의 허무주의가 바그너에 의해서 끝없이 칭송되었다고 여긴 것이다.『니체 대 바그너』에서 니체는 바그너의 데카당스에 대한 공격과 비난을 이어갔다.

토마스 만

소설가 토마스 만(1929년 『부덴브로크 가문 사람들』로 노벨문학상 수상)은 수필, 강연, 소설에서 종종 바그너와 그의 음악에 전념했다. 한편으로는 그의 음악의 마력에서 빠져나오지 못하면서도, 다른 한편으로는 많은 논문과 편지에서 바그너의 인간적 약점을 분석했다. 1933년 바그너의 사망 50주기를 맞이해서 쓴 『리하르트 바그너의 고통과 위대함』에서 토마스 만은 바그너의 작품을 다루면서, 수치심을 모르지만 음악적으로는 뛰어난 인간 바그너와 대립한다. 또한 만은 1933년 뮌헨을 바그너의 도시로 명명하려는 운동에 반대했는데, 이로 인해 많은 바그너 지지자들은 그를 비난했다. 만은 1938년 취리히 대학교에서 가진 '리하르트 바그너와 니벨룽의 반지'라는 강연에서도 바그너의 음악에 대한 지속적인 관심과 비판적 입장을 견지했다. 이 밖에도 카를 마르크스는 바이로이트 축제를 '바이로이트 바보 축제'라고 비하했고, 바그너를 루트비히 2세에 종속된 궁정 음악가라고 조롱했다.

바그너의 반유대주의는 오늘날까지도 다양한 시각과 해석을 낳고 있다. 바그너가 쓴 『음악에 나타난 유대주의』에서 보여주듯, 그는 19세기 독일과 유럽에 만연한 전형적인 반유대주의 입장을 견지했다. 14세기 유럽에서 흑사병 확산에 대한 책임을 유대인에게 돌린 이후, 16세기 초반에 마르틴 루터는 반유대주의를 여러 글에서 표현했는데, 이후 유럽에서는 유대인은 인색하고 돈을 밝힌다는 부정적인 이미지가 덧씌워지면서 반유대주의가 퍼져나갔다(실제 유대인은 직업과 신분의 제약으로 인해서 상업이나 고리대금업, 나중에는 은행

업에 주력했다). 반유대주의는 바그너의 주변에서 적극적 반향이 있었는데, 특히 그의 아내 코지마, 그리고 바그너의 딸 에바와 결혼했던 영국 작가인 휴스턴 슈트워드 체임벌린이 강하게 반유대주의 입장을 견지했다.

그 밖에 바그너는 아돌프 히틀러(1889~1945)의 우상이었으며, 히틀러가 빈에서 지낼 때는 꾸준하게 바그너의 오페라를 관람했고 또 열광했다. 그는 바그너를 직접 만날 기회는 없었으나 훗날 바그너 가족의 가장 가깝고 명예로운 손님이 되었다. 히틀러는 바그너에게서 천재라는 개념을 찾았으며, 바그너를 "독일 민족이 보유한 가장 위대한 예언적 인물"이라고 평했다. 바그너와 히틀러라는 주제는 수세기 동안 연구자들과 일반인의 관심 대상이었다. 토마스 만 또한 이 주제를 다루었고, 바그너 안에는 여러 히틀러가 있다고 지적했다. 또 이스라엘은 수십 년 동안 바그너를 수용하는 데 비판적이어서 이곳에서의 공연은 거의 불가했다. 그러다가 1981년 바이로이트 축제극장에서 ≪트리스탄과 이졸데≫를 지휘했던 이스라엘 출신 지휘자 다니엘 바렌보임이, 많은 비판을 무릅쓰고 이스라엘에서 이 악극의 서곡을 2001년 7월에 처음으로 지휘했다. 그러다 2010년 11월 처음으로 바그너협회가 이스라엘에서도 창설되었고, 이후 바이로이트 바그너 축제에서 이스라엘 체임버 오케스트라가 ≪지크프리트≫를 연주하기도 했다. 오늘날에 와서는 서서히 이스라엘 음악인들이 바그너를 수용하는 경향이 나타나고 있다.

서사 가곡

바그너는 중세 문학을 수용해 독자적으로 발전시킨 서사 오페라(악극)로 넘어가기 전에 '서사 가곡'이라 할 수 있는 실험을 했다. 그는 니체처럼 리트를 20편 정도 작곡했다. 그 계기는 낭만주의 음악가들과 교류하면서 비롯되었는데, 이 가곡들은 주로 그의 창작 초기에 작곡된 것들이다.

≪파우스트 가곡≫

바그너는 1832년 라이프치히 대학교 학창 시절에 ≪파우스트 가곡Faust Lieder≫
을 작곡했는데, 일곱 편의 시에 곡을 붙인 것으로, 여섯 편의 노래와 한 편의 멜
로드라마melodrama로 구성되어 있다. 바그너의 가곡들은 노래극이나 이야기
극과 같은 서사 가곡의 특징을 지니고 있다. 다시 말하면, 바그너는 서정시에
곡을 붙였다기보다는 이야기시에 곡을 붙인 것 같으면서도 극적인 요소를 가
미함으로써 마치 멜로디를 붙인 연극 대사와 같은 효과를 주고 있다.

제1곡 〈군인들의 노래〉, 제2곡 〈보리수 아래 농부들〉은 노래극과 같은 효
과를 주고, 제3곡 〈브란더의 노래〉에는 유머가 있다. 제4곡 〈메피스토펠레
스의 노래 I〉에서 왕이 벼룩을 키우는 이야기는 그로테스크한 반면, 제5곡
〈메피스토펠레스의 노래 II〉 세레나데는 현악기를 중심으로 한 차분하고 내
밀한 울림을 지닌다. 제6곡 〈내 마음의 고요는 사라졌네〉는 간단하고 가곡
과 같은 단조 멜로디이며, 피아노의 서주, 간주, 후주는 슈베르트의 곡에서처
럼 물레 돌리는 소리를 연상시키고 있다. 제7곡 〈그레첸의 멜로드라마〉는
멜로드라마로서 강한 인상을 주는 곡이며, 겸손, 불안, 파고드는 고통의 표현
들은 극작가를 연상시키는 음악적 기법을 보여주고 있다.

〈군인들의 노래〉

바그너의 제1곡 **〈군인들의 노래**Lied der Soldaten〉는 괴테의 『파우스트』의 제1
부 「성문 앞」에 나오는 군인들의 대사에 곡을 붙인 것이다. 이 곡은 군대 행진
곡풍을 한 피아노의 명랑한 서주로, 군인들의 합창이 나온다. 7행으로 이뤄진
첫째 연에서 군인들은 성이라면 높은 성벽과 성첩城堞이 있어야 하고, 소녀들
은 우쭐댈 줄 알면서 뻐길 줄 알아야 하며, 그런 성과 처녀들을 군인들은 정복
하고자 한다고 노래한다. 또 그 노력은 대담하고 힘들지만 그 대가는 훌륭하
다고 노래한다. "노력은 담대하고/ 그 대가는 훌륭하다"라고 6행과 7행을 반복

노래하고 다시 7행을 세 번 반복해서 노래한 후에는 피아노의 짧은 간주가 들어간다. 이렇게 6행과 7행의 반복은 그런 군인들의 공명심을 강조하고 있다.

6행으로 이뤄진 둘째 연은 1행에서 4행 "그리고 트럼펫의 울림은/ 우리를 구혼하러 가게 한다./ 기쁨이 되는 것처럼/ 그렇게 파멸에도 이른다"라고 노래하고는 피아노의 짧은 간주가 들어간다. 여기서 트럼펫이 울리는 소리는 군인들에게 성과 처녀들을 정복하러 가도 좋다는 신호이며 그 일은 기쁨이 될 수도 있고 반대로 파멸이 될 수도 있다. 다음 5행과 6행에서 보면 그들은 성과 처녀들을 향해 돌진하며 동시에 그것이 군인들의 삶이라고 노래한다. 이렇게 군인들이 씩씩하게 노래한 후 다시 피아노의 간주가 들어간다. 또한 6행으로 이뤄진 셋째 연에서는 군인들이 끝내 처녀들과 성들을 함락하는데, 그 노력은 힘이 들지만 대가는 크기 때문에 앞을 향해서 계속 돌진해 나간다고 노래하고 있다. 이어 피아노의 후주가 진정된 톤으로 곡을 마감하고 있다.

바그너의 이 가곡은 하이네의 시 「두 명의 척탄병」에 곡을 붙인 슈만 가곡처럼 군대 행진곡풍의 분위기가 극대화되어 있다. 게다가 합창곡으로 노래함으로써 군인들의 씩씩함, 앞을 향해서만 나아가는 박진감과 돌격적인 자세가 돋보이고 있다. 이런 점에서 바그너의 이 가곡은 19세기에 보인 슈베르트, 슈만, 브람스, 볼프와 같은 낭만적이고 서정적인 가곡과는 상당한 거리감이 있다.

〈보리수 아래 농부들〉

바그너의 제2곡 〈**보리수 아래 농부들**Bauern unter der Linde〉은 괴테의 『파우스트』 제1부 「성문 앞에서」 가운데 「보리수 아래 농부들. 춤과 노래」에서 4연 각 8행시를 발췌해 곡을 붙였다. 피아노의 춤추는 장면을 연상시키는 빠른 연주에서 시작해 차츰 느려지는 서주와 함께 혼성 독창과 합창으로 매우 흥미롭게 노래 불린다. 첫째 연과 셋째 연은 테너가 주로 노래하면서 혼성 합창이 들어가고, 둘째 연과 넷째 연은 소프라노가 주로 노래하면서 혼성 합창이 들어가는 형식이다.

첫째 연의 1행부터 3행까지에서는 한 목동이 춤추러 가기 위해서 멋지게 단장을 했다고 테너가 노래하고는 피아노의 간주가 들어간다. 4행과 5행에서는 보리수 주변에 사람들이 모여서 아주 흥겹게 춤을 추고 있다고 노래한다. 이어 6행과 7행은 한껏 춤을 추면서 달구어진 흥을 표현하는 의성어들로 이뤄져 있는데, "얼씨구, 얼씨구!/ 절씨구! 얼싸! 아싸!"라고 혼성 합창으로 노래한다. 이 부분은 후렴으로 각 연에 들어가 있으며, 실제 노래할 때는 6행의 경우 반복이 들어가 "얼씨구"를 네 번 노래하며, 7행에는 6행에서보다 더 많은 반복이 들어가고는 8행에서 "그렇게 바이올린이 흥겹게 연주했다"라고 테너가 노래한다. 이어 8행을 혼성 합창이 반복해서 노래하고는 피아노의 간주가 들어간다.

둘째 연에서 보면, 목동은 서둘러 춤추는 사람들 사이로 들어가서 함께 춤을 추다가 한 처녀와 팔꿈치를 부딪쳤는데, 그녀는 그에게로 몸을 돌려서 그렇게 자신과 부딪치는 것은 서툰 짓이라고 말하면서 그렇게 시시하게 춤추지 말자고 제안한다. 둘째 연의 1행에서 5행은 소프라노가 경쾌하게 노래하는데, 3행 다음에 피아노 간주가 잠깐 들어간다. 이어 6행과 7행은 첫째 연에서와 마찬가지 방식의 후렴으로 노래하고는 마지막 8행에서 "그렇게 형편없이 굴지 마세요"라고 소프라노가 노래하고, 다시 8행의 가사가 반복되어 이번에는 혼성 합창이 노래한 후 피아노의 간주가 들어간다.

셋째 연에서 보면, 춤추는 아가씨의 당부에도 아랑곳하지 않고 춤이 빠르게 돌아가면서 왼쪽, 오른쪽으로 돌기도 하고, 처녀들의 치마가 흩날리면 그들의 얼굴이 수줍음으로 붉어지면서 화끈 달아오르기도 하고, 남자들의 팔꿈치에 허리가 부딪치기도 한다. 셋째 연의 1행에서 5행은 테너가 노래하고, 3행 다음에는 피아노 간주가 들어간다. 이어 6행과 7행은 앞서와 같은 방식의 후렴으로 노래하고, 8행에서 "팔꿈치에 허리가 부딪친다"라고 테너가 노래하면 이어 반복해서 혼성 합창이 8행을 노래한 후 피아노의 경쾌한 간주가 들어간다.

넷째 연에서 보면, 남자들의 추근거림과 보리수 근처에서 이뤄지는 농부들의 흥겨운 춤은 환호하는 소리, 바이올린 소리와 서로 어우러지면서 널리 퍼져나가고 있다. 넷째 연의 1행에서 3행은 처녀의 입장으로 소프라노가 노래하고, 이어 피아노의 간주가 들어간다. 4행에서 5행의 경우는 혼성 이중창으로 노래된다. 다음 6행과 7행은 앞의 연과 같은 방식의 후렴으로 노래가 된다. 8행 "환호하는 소리와 바이올린 연주가 함께 울린다"라는 가사는 혼성 이중창으로 노래되고, 8행의 반복은 혼성 합창으로 노래가 된다. 이어 피아노의 춤추는 장면을 연상시키는 경쾌한 후주의 마지막 부분에서 "얼씨구"라고 혼성 합창과 함께 곡이 끝나고 있다.

바그너의 이 가곡은 경쾌한 무도곡으로, 각각의 연을 테너와 소프라노가 번갈아 가며 노래하다가 혼성 합창이 후렴에 함께하고, 마지막 연에서는 소프라노, 혼성 이중창, 혼성 합창으로 변화하는 등 곡의 다양성이 돋보이고 있다. 이 곡 또한 지금까지 이 책에서 주도적으로 다루었던 19세기 낭만주의 가곡들과는 큰 거리가 있으며, 바그너가 그의 악극으로 넘어가기 이전의 과도기적 가곡 내지는 실험적 가곡의 성격을 엿볼 수 있다. 바그너의 가곡에서는 건반악기만을 반주로 하면서도 목소리의 다양한 변화와 합창과 이중창을 삽입함으로써 마치 기악 가곡처럼 입체적인 극적 효과를 극대화하고 있다.

〈브란더의 노래〉

바그너의 제3곡 **〈브란더의 노래**Branders Lied〉는『파우스트』의「라이프치히 아우어바흐 주막」에 나오는 3연 각 7행시「브란더의 노래」와 흥겨운 합창에 곡을 붙였다. 이 곡은 뢰베의 담시 가곡을 떠올리게 하면서도 유머가 들어 있다. 피아노 스타카토의 짧은 서주와 함께 첫째 연에서 보면, 지하 주막의 한 둥지에 기름진 것만 먹어서 마치 마르틴 루터처럼 뚱뚱해진 배를 가진 쥐 한 마리가 살고 있는데, 어느 날 그 쥐는 주막의 하녀 요리사가 놓은 독을 먹고는 괴로워한다. 그 모습은 마치 사랑으로 괴로워하는 것처럼 풍자되고 있다. 첫째 연은 바리톤이 낭송하듯 분명하고 강한 톤으로 노래하다가, 마지막 7행

"마치 몸속에 사랑을 품고 고통스러워하듯"은 흥겨운 남성 합창의 후렴으로 노래가 된 후 피아노의 짧은 간주가 들어간다.

둘째 연에서 독을 먹은 쥐는 주막 주위를 미친 듯 헤매다가 밖으로 나와서는 썩은 웅덩이의 물을 마시고, 온 집안을 할퀴고, 불안해서 뛰어오르기도 하다가 마치 사랑의 괴로움으로 지쳐버리듯 이내 쓰러져버린다. 쥐가 지치고 불안해하는 모습을 보던 사람들은 이제 쥐를 처치해 내서 기뻐하는데, 그 기쁨은 독을 놓은 하녀를 통해서 표현되고 있다. 둘째 연 또한 바리톤이 노래한다. 이어 마지막 7행의 후렴 "마치 몸속에 사랑을 품고 고통스러워하듯"은 경쾌하게 남성 합창이 노래하고는 피아노의 간주가 들어간다.

마지막 연에서 보면, 독을 먹은 쥐가 드디어 부엌 아궁이에 쓰러져서 몸을 부들부들 떨면서 거친 숨을 몰아쉰다. 하녀는 마치 사랑의 고통을 몸속에 지니고 고통스러워하듯 숨을 헐떡이는 것처럼 죽어가는 쥐의 모습을 의기양양하게 쳐다보고 있다. 이 셋째 연도 바리톤이 노래하고, 이어 남성 합창이 경쾌하게 7행인 "마치 몸속에 사랑을 품고 고통스러워하듯"을 후렴으로 노래한다. 이어 피아노의 아주 짧은 후주가 스타카토로 곡을 끝내고 있다. 바그너의 이 제3곡도 피아노 연주의 비중보다는 노랫말의 다양한 변화에 중심을 두면서 극적으로 노래하는 특징을 지니고 있다. 이것은 음악적 효과보다도 연극 대사의 효과를 강조하고 있다고 볼 수 있다.

특히 바그너의 이 곡은 음악적 특성에서 그보다 열일곱 살 연상이고 당대에 유명했던 작곡가 카를 뢰베의 담시 가곡 〈마법사의 제자Der Zauberlehrling〉와 유사하다. 뢰베의 〈마법사의 제자〉는 14연으로 구성된 괴테의 담시를 가사로 하며, 희비극적 내용을 담고 있다. 이 담시의 내용에 따르면 미숙한 도제가 스승이 없을 때 배운 대로 주술을 걸어서 빗자루를 움직여 항아리를 가지고 강물을 길어 오게 했으나, 그것을 멈출 수 있는 마지막 말을 잊어버림으로써 집안이 온통 물에 잠기는 파국을 맞이하고 만다. 도제는 도움을 청하려고 스승을 부르고, 스승은 빗자루를 원래 모습으로 돌아가게 해서 파국을 멈

춘다. 이 작품은 음악적 희극의 대표 작품이며, 아주 유머가 풍부한 연극적 낭송시이기도 하다.

첫째 연에서는 마술사 도제가 자신의 스승이 떠나버렸다고 명랑하고 빠르게 노래를 시작한다. 그리고 스승에게 배운 대로 "마술의 기적을 행할 것"이라는 부분에서는 여유 있고 자신에 찬 당당한 목소리로 노래한다. 둘째 연과 넷째 연은 같은 내용이며 2연, 3연, 4연에서는 그 도제가 빗자루에게 마술을 걸자 빗자루가 일어서서 걸어가더니 물 항아리에 물을 담고 와서는 욕조를 가득 채운다고 의기양양하게 노래한다. 다섯째 연에서는 빗자루가 강에서 물을 섬광처럼 빨리 길어 와서 두 번째 물통도 가득 채우고 그릇마다 물이 넘친다고 노래한다. 여섯째 연에서 도제는 빗자루에게 엄숙하고 힘차게 멈춰 서라고 하지만 실패하고 만다. 빗자루를 멈추게 할 주문을 정확히 몰랐기 때문에, 이 부분은 지금까지 당당하고 때로는 엄숙하던 자세에서 벗어나 불안한 마음을 표현하는 애잔한 바리톤으로 노래한다. 일곱째 연에서는 도제가 집안이 점점 온통 물바다가 되는 상황을 수습해 보려고 허둥대는 목소리로 노래한다. 여덟째 연은 도제가 이 상황을 그대로 둘 수 없어서 빗자루를 붙잡고자 아주 결연한 의지를 표현하는 모습을 바리톤으로 노래하다가 점점 불안을 느낄 때는 다시 바리톤의 소리가 낮아진다.

아홉째 연에서도 여전히 빠르게 낭송하듯, 도제는 빗자루더러 "지옥의 산물"이라고 저주를 하면서 빗자루에게 원래대로 막대기로 돌아가 조용히 서라고 주문을 거는 노래를 한다. 10연에서는 결연한 의지로 도제가 직접 빗자루를 단단히 붙잡아서 날카로운 도끼로 쪼개버릴 것이라고 노래한다. 11연의 빗자루가 끌려오는 부분에서 도제는 다소 슬프게 노래하다가, 예리한 도끼로 빗자루를 내리치고 안도의 숨을 내쉬며 다시 힘차고 당당하게 노래한다. 12연에서는 두 개로 쪼개진 빗자루가 일어서서 하인처럼 서 있고 다시 일할 준비를 마쳤으며, 이로 인해서 도제가 다른 사람의 도움을 청한다고 또한 빠른 박자로 설명하듯 노래한다. 13연에서는 두 개의 빗자루가 다시 일을 시작해서 집안, 계단 할 것 없이 온통 물에 잠기자 드디어 도제는 스승을 부른다. 14연은 이 가곡의 압권으로, 주술사 스승이 나타나서 엄숙하고 장엄하게 "빗자루야, 빗자루야"라고 부르는데, 이때는 그 중간에 휴지부를 두고 단호하고 느리게 명령을 내리듯 빗자루에게 원래의 모습으로 돌아가 구석으로 가라고 낭송한다. 그리고 필요하면 다시 부르겠다고 말하는 부분에서는 더욱 느리고 단호하게 주문하는 노래를 한다.

뢰베의 곡은 말 그대로 극적 이야기시라는 낭송의 성격을 보여주고 있다. 이렇게 극적이면서 유머러스한 서사 가곡으로는 뢰베의 〈마술사의 제자〉 말고도 바그너의 〈브란더의 노래〉 및 〈메피스토펠레스의 노래 I〉을 들 수 있다. 물론 바그너 이전의 서사 가곡에 대한 사례들은 뢰베와 슈베르트의 다른 담시 가곡들에서도 찾아볼 수 있다.

〈메피스토펠레스의 노래 I〉

바그너의 제4곡 〈**메피스토펠레스의 노래 I** Lied des Mephistopheles I〉은 괴테의 『파우스트』의 「라이프치히 아우어바흐 주막」에 나오는 메피스토펠레스(메피스토)의 노래에 곡을 붙인 것이다. 이 부분은 프로시, 브란더, 메피스토 사이에 나오는 대화를 발췌한 3연 각 8행시다. 프로시가 "벼룩은 내게 깨끗한 손님"이라고 하자 그에 대한 대답으로 메피스토가 노래한 부분을 중심으로 곡이 붙여졌다. 이 곡은 피아노의 화려하고 짧은 서주와 함께 시작되고 간주와 후주 없이 노랫말 중심으로 진행되는데, 제3곡과 마찬가지로 피아노의 반주는 지극히 보조적인 수단으로 제한되면서 바리톤의 목소리가 극적으로 노랫말의 텍스트를 전달하고 있다. 그 텍스트의 내용에는 제3곡에서처럼 많은 유머가 들어 있고, 귀족과 평민이 벼룩에 물렸을 때 보여주는 대비적 자세가 웃음을 자아내고 있다.

8행으로 이뤄진 첫째 연에서 보면, 어느 옛날 큰 벼룩 한 마리를 키우고 있는 왕이 살았는데, 그는 그 벼룩을 아들마냥 아끼고 있었다. 왕은 재단사를 불러 벼룩의 치수를 정확히 재서 옷을 만들어 오게 했다. 둘째 연으로 넘어가기 전에 괴테의 작품에서는 첫째 연과 둘째 연 사이에 브란더의 대사가 나오는데, 벼룩의 치수를 꼭 맞게 재서 옷을 만들도록 다짐을 받으라는 대사가 나온 후 메피스토가 노래를 계속하는 둘째 연이 진행된다. 반면 바그너의 곡에서는 피아노의 간주도 없이 바로 둘째 연의 노랫말로 넘어가고 있다. 8행으로 이뤄진 둘째 연에서 보면, 이제 기사의 복장과 같은 화려하고 위엄 있는 의복을 입은 벼룩이 장관이 되고 훈장도 달 뿐만 아니라 그의 벼룩 형제자매들도 궁정으로 와서 신분 높은 귀족으로 생활한다.

다음 셋째 연에서 보면, 벼룩들은 사방 누구나 물고 가렵게 했으나 궁정의 사람들은 그것을 잡아 없앨 수가 없어서 가려움증에 시달리는 괴로움을 겪는다. 8행으로 이뤄진 셋째 연에서는 "궁정의 귀족들과 귀부인들/ 그들은 아주 괴로웠다./ 왕비와 시녀는/ 벼룩에 물리고 가려워서 긁었다./ 그들은 그것을 탁하고 쳐서 죽여도 아니 되었다./ 그런데 가려움은 그들을 떠나지 않았다./ 우리라면 탁하고 쳐서 숨통을 틀어막아 버린다./ 하나가 물면 바로 그렇게 한다"라고 바리톤이 풍자적으로 노래한다. 이어 마지막으로 7행과 8행에서 "우리라면 탁하고 쳐서 숨통을 틀어막아 버린다./ 하나가 물면 바로 그렇게 한다"라고 흥겨운 남성 합창으로 곡이 끝나고 있다.

이 반복 노래는 궁정의 삶과 평민의 삶을 대비적으로 강조하는 효과를 내고 있다. 그러니까 궁정의 귀족들, 귀부인들, 시녀들, 왕비는 벼룩에 물려서 괴로움을 겪지만 벼룩을 한 마리도 죽이지 못하고, 그렇게 벼룩에 물려서 가려움 때문에 고생하고 있다. 이에 비해 보통 사람은 벼룩에 물리면 바로 이들을 잡아 없앨 수가 있다. 이 점에서 왕이 중심이 되는 궁정 생활과 일반 시민들의 삶이 대비적으로 드러나고 있으며, 왕에게 벼룩을 없애자는 제안을 감히 할 수도 없어서 궁정 사람들이 벼룩에 물리는 상황은 폭소를 자아낸다.

〈메피스토펠레스의 노래 II〉

바그너의 제5곡 〈**메피스토펠레스의 노래 II**〉는 괴테의 『파우스트』의 「밤, 그레첸의 문밖 거리」에서 메피스토가 치터를 들고 부르는 2연 각 8행시에 붙인 곡이다. 이 곡은 세레나데이기는 하지만 담시를 낭송하는 분위기로 노래가 되고 있으며, 피아노의 짧은 서주와 함께 시작된다. 첫째 연에서 보면, 메피스토가 카타린이라는 처녀에게 사랑하는 사람의 문 앞에서 뭘 하고 있는지 물으면서 그녀에게 그의 집으로 들어가지 말라고 하는데, 그녀가 들어갈 때는 처녀이지만 나올 때는 그렇지 못하다고 말한다. 그렇게 첫째 연을 바리톤이 노래한 후 피아노의 짧은 간주가 들어간다. 둘째 연에서는 메피스토가 처녀들에게 남자들을 조심하라고 경고하고 있는데, 그들은 볼일이 끝나면 그냥 밤 인사를 하고 헤어지기 때문에 그런 도둑 같은 남자들에게 사랑을 주지 말고 손가락에 결혼반지가 끼워질 때까지 조심하라는 교훈적인 내용이다. 둘째 연은 바리톤이 경고하듯 또박또박 대사를 읊듯이 노래한 후 피아노의 짧은 후주와 함께 곡이 끝난다.

〈내 마음의 고요는 사라졌네〉

바그너의 제6곡 〈**내 마음의 고요는 사라졌네**Meine Ruh' ist hin〉는 괴테의 『파우스트』에서 그레첸이 자기 방에서 물레를 돌리면서 부르는 10연 각 4행시에 곡을 붙였다.

내 마음의 고요는 사라지고/ 마음은 무겁네./ 난 그 고요를 결코 다시는 찾을 수 없네./ 결코 다시는.

내가 그를 가질 수 없는 곳/ 그건 내게 무덤이야./ 온 세상이/ 내게 쓰디쓴 고통일 뿐이야.

내 가련한 머리는/ 날 미치게 하는구나./ 내 가련한 마음은/ 날 갈기갈기 찢는구나.

내 마음의 고요는 사라지고/ 마음은 무겁네./ 난 그 고요를 결코 다시는 찾을 수 없네./

결코 다시는.

난 그가 오고 있는지 살피네./ 창밖을 내다보면서/ 난 그를 찾아 나서네./ 집 밖으로.

그의 고상한 걸음걸이/ 그의 고결한 모습/ 그의 입가의 미소/ 그의 눈이 지닌 힘.

그리고 그의 말이 지닌/ 마력적인 흐름./ 그가 꼭 잡아준 손/ 아, 그의 입맞춤!

내 마음의 고요는 사라지고/ 마음은 무겁네./ 난 그 고요를 결코 다시는 찾을 수 없네./ 결코 다시는.

내 가슴은 내달린다./ 그를 향해서/ 아, 내가 만져봐도 좋다면/ 그를 붙잡고 있으리라.

그에게 입맞춤할 터인데./ 내가 하고 싶은 만큼/ 그의 입맞춤으로/ 파멸하여 버린다 해도!

이 곡에서 피아노의 서주, 간주, 후주는 슈베르트의 〈물레 잣는 그레첸〉에서처럼 물레 돌리는 소리를 연상시키는데, 바그너의 경우 더 사실적으로 물레가 도는 소리를 힘차게 표현하고 있다. 피아노의 짧은 서주와 함께 첫째 연 "내 마음의 고요는 사라지고/ 마음은 무겁네./ 난 그 고요를 결코 다시는 찾을 수 없네./ 결코 다시는"이라고 소프라노가 애절하게 노래한다. 첫째, 넷째, 여덟째 연은 같은 내용으로 되어 있어서 바그너의 가곡에서는 그레첸의 애절하고 슬픈 마음을 반영하지만, 그 사이에 있는 연들과 아홉째 연, 10연은 이와는 대비적으로 처녀의 격동적이고 열정적인 마음을 보여주고 있다. 그리고 첫째 연에서 셋째 연, 넷째 연에서 일곱째 연, 여덟째 연에서 10연은 하나의 그룹으로 묶여서 교차 가절의 특징을 보인다. 바그너는 그레첸의 노래를 사실적으로 표현하고 있으며, 앞서 언급한 다른 가곡들에 비해서 피아노의 물레를 감는 장면을 강조하는 연주가 돋보이고 있다. 또한 피아노의 역할이 적극적으로 나타나는 점이 바그너의 다른 가곡들과 비교해서도 예외적이다.

그런데 바그너의 가곡을 슈베르트의 가곡과 대비해서 보면 여러 가지 흥미로운 점을 볼 수 있다. 슈베르트는 〈물레 잣는 그레첸〉에서 단어 반복이나 연을 추가함으로써 가절 가곡의 단조로움을 깨뜨리고 있으며, 피아노는 그레첸의 역할에 늘 고정된 채 물레를 감는 소리를 그려내고 있다. 이것은 목소리와 대등하게 역할 분담을 하면서 곡의 완성도와 예술성을 높이고 있다. 단어 반복과 피아노 간주를 보면, 바그너의 곡에서는 첫째 연에서 셋째 연 사이에 단어 및 문장 반복과 피아노의 간주가 없이 진행되지만, 슈베르트의 경우 첫째 연의 3행 일부, 첫째 연 다음 피아노 간주가 들어간다는 차이가 있다. 셋째 연 다음에 피아노의 주 모티브 간주가 들어가 있다는 점은 두 작곡가 모두 같다.

넷째 연은 첫째 연과 같은 내용이고, 다섯째 연에서 일곱째 연까지는 두 작곡가 모두 피아노의 간주 없이 노래하는데, 다섯째 연과 여섯째 연은 비교적 부드럽고 애잔하게 노래하다가 일곱째 연에는 높고 극적인 톤이 들어가 있다. 다섯째 연에서는 사랑하는 사람을 기다리다가 집 밖으로 나가서 기다리는 모습이 강조되어 있다. 이어 여섯째 연에서는 그레첸이 사랑하는 사람의 고상한 걸음걸이, 우아한 모습, 입가에 떠도는 미소, 눈에 빛나는 광채를 기억하면서 절정에 다가서는 사랑의 느낌을 고양된 음으로 노래하고 있다. 일곱째 연에서는 사랑하는 사람과 손을 꼭 잡고 그와 나누는 입맞춤에서 사랑의 기쁨이 절정에 달한다. 바그너의 곡에서는 일곱째 연에서 클라이맥스에 이르면서 휴지부 없이 그 절정을 노래하고는 물레 돌리는 소리를 연상시키는 피아노의 간주로 이어진다. 반면 슈베르트의 경우 일곱째 연의 3행과 4행 "그가 꼭 잡아준 손/ 아, 그의 입맞춤" 부분에서 피아노의 물레 소리도 잠시 멈추고 가장 고조된 레시터티브로 노래한다.

여덟째 연의 내용은 첫째 연과 같고, 아홉째 연은 전체적으로 고양된 톤으로 노래한다. 10연에서는 그레첸이 기쁜 마음으로 사랑하는 사람과 입맞춤할 것이지만 그 입맞춤으로 인해서 모든 것이 헛되이 될 수 있다는 것을 예감하고 있다. 여기서 슈베르트의 경우는 10연을 반복 노래한 뒤, 다시 10연의 1행 "그에게 입맞춤할 터인데"와 2행 "내가 하고 싶은 만큼"을 반복함으로써 사랑에 대한 동경을 강화하고 있다. 그러다 마지막으로 다시 고통이 시작되고 그것은 끝이 없다는 뜻을 강조하기 위해서 첫째 연의 1행과 2행 "내 마음의 고요는 사라지고/ 마음은 무겁네"가 피아니시모로 노래 불린 후 피아노의 짧은 후주와 함께 노래가 끝난다. 반면 바그너의 경우, 10연은 문장이나 단어 반복 없이 노래하고는 짧은 후주가 곡을 마감하고 있다.

여러 부분에서 바그너의 곡은 슈베르트의 곡과 유사한 점을 볼 수 있는데, 무엇보다도 피아노가 물레를 감는 소리를 연상시키고 있는 점, 그레첸의 애절하고 슬픈 마음과 사랑에 대한 동경이 강조되는 점, 세 부분으로 나뉜 가절 가곡 및 교차 가절 가곡, 세 부분의 끝에 피아노의 물레를 감는 소리가 주 모티브로 들어가는 점 등에서 유사성을 볼 수 있다. 그러면서도 바그너의 곡은 마치 피아노 반주의 장식 없이 노랫말에 충실한 격정적이고 슬픈 노래 같다는 인상을 주고 있다.

〈그레첸의 멜로드라마〉

바그너의 마지막 제7곡 〈**그레첸의 멜로드라마**Melodram Gretchens〉는 앞에서 다룬 6개의 곡과는 아주 다른 새로운 양식의 곡이다. 이 곡은 『파우스트』의 「밤, 그레첸의 문밖 거리」 중 그레첸이 성모상 앞의 화병에 신선한 꽃을 꽂으면서 말하는 독백 대사에 곡을 붙였다. 이 곡은 가곡이라기보다는 노랫말이 돋보이는 연극 대사와 같은 인상을 주고 있다. 만약 피아노 반주 없이 이 곡을 듣는다면 그것은 가곡이 아니라 『파우스트』의 어느 부분에 등장하는 여주인공 그레첸의 연극 대사로 보아야 할 정도다. 이는 바그너가 이 곡에 '멜로드라마'라는 이름을 단 이유이기도 하다.

텍스트의 전달력은 곡을 붙임으로써 그 무엇보다도 호소력 있게 그 내용이 강화되는데, 이 곡에서는 그레첸의 절실한 기도가 아주 직접적으로 전해지는 효과를 내고 있다. 만약 피아노 반주가 없는 연극 대사였다면 그러한 효과는 부족할 수밖에 없을 것이다. 이 점에서 이 곡은 바그너가 악극으로 넘어가는 과정에 있다는 것을 보여주고 있는데, 곡 전체가 그레첸의 간절한 기도를 레시터티브보다도 더 강하고 드라마틱하게 읊고 있으며, 거기에 피아노의 반주가 노랫말의 단조로움을 감소시키는 음악적 효과를 주고 있다.

바그너의 이 곡은 피아노의 긴 서주와 함께 시작된다. 피아노의 간주는 마지막 연에서 한 번 나올 뿐 연의 구분 없이 노랫말의 내용에 중점을 두고 있다. 3행으로 이뤄진 첫째 연에서 보면 그레첸이 성모 마리아에게 자신을 가련히 여겨 고통을 굽어살펴 달라고 기원하고 있다. 3행으로 이뤄진 둘째 연에서는 성모 마리아가 아들의 죽음을 지켜보면서 가슴에 칼을 맞은 것처럼 수많은 고통을 느끼는 것을 그레첸이 기억하고 있다. 3행으로 이뤄진 셋째 연에서 그레첸은 성모 마리아는 천상의 하느님을 향해서 아들 예수와 자신의 고난 때문에 한숨을 실어 보내고 있다고 여긴다.

6행으로 이뤄진 넷째 연에서 그레첸은 자신의 고통을 성모 마리아의 고통에 비교하면서 그레첸 본인을 제외한 누구도 성모의 고통을 이해하지 못하며, 또한 자신이 진정으로 바라는 것이 무엇인지를 성모는 알고 있다고 노래한다. 다섯째 연에서 그레첸은 어디로 가든 사랑의 고통 때문에 자신의 마음이 얼마나 아픈지 노래하는데, 그녀는 혼자 있으면 항상 눈물이 나고 가슴이 무너지는 것 같은 고통을 느끼고 있다. 6행으로 이뤄진 여섯째 연에서 그레첸은 성모 마리아에게 바칠 꽃을 이른 아침에 꺾을 때면 항상 슬픔이 엄습하면서 자신의 창문 앞 화분들이 그녀의 눈물로 젖고 만다고 노래한다. 4행으로 이뤄진 일곱째 연은 그녀가 잠에서 깨어나 침대에 앉아서 근심에 빠져 있는데, 이에 아랑곳하지 않고 태양은 환히 떠올라서 그녀의 방을 밝게 비추고 있다는 내용이다.

마지막으로, 4행으로 이뤄진 여덟째 연에서는 1행에서 "도와주세요! 이 치욕과 죽음으로부터 구해주세요!"라고 낭송하고는 피아노의 간주가 들어간다. 이것은 이 곡 전체에서 처음이자 마지막으로 등장하는 피아노 간주다. 그리고 2행에서 4행 "아, 가련하게 여겨주세요. / 그대 고통의 왕국이여/ 그대의 모습을 내 고통으로 돌리시어!"를 낭송하고는 피아노의 후주가 잔잔하게 곡을 끝낸다. 여덟째 연의 2행에서 4행은 첫째 연의 내용과 같다. 이로써 그레첸은 성모에게 자신의 고통을 물리칠 수 있도록 도와달라고 기원하고 있다.

바그너의 마지막 곡은 제6곡 〈내 마음의 고요는 사라졌네〉와 내용 면에서 그 연장선상에 있다. 제6곡은 그레첸의 사랑의 고통, 동경, 재회에 대한 갈망을 강하게 묘사하고 있고, 제7곡에서는 그레첸이 성모 마리아에게 모든 치욕과 죽음에서 벗어날 수 있도록 구원을 요청하는 기도를 드림으로써 완결되는 이야기 구조를 보여주고 있다. 그렇지만 음악적 표현 방식에서는 대단히 다르게 나타나고 있다. 제6곡은 전통적 가곡의 특징을 그대로 살려서 사실적으로 음악적 해석을 하지만 제7곡은 기존의 모든 가곡 양식에서 벗어나서 연극 대사와 같은 음악 형식을 취하고 있다. 이러한 악극 형태의 가곡은 바그너의 경우가 유일무이하며, 그의 마지막 곡은 음악적인 노랫말이 아니라 연극 대사로 간주할 수 있는 극적 낭송이다.

서사 오페라

여기에서는 음악적 특성보다는 텍스트를 중심으로, 그리고 ≪니벨룽의 반지≫와 ≪트리스탄과 이졸데≫의 줄거리를 중심으로 해서, 리트에 속하는 서사 오페라의 주제적 특성과 함께 바그너가 서사 오페라인 악극을 정착시키는 배경을 살펴본다.

≪니벨룽의 반지Der Ring des Nibelungen≫

어린 시절부터 연극이 자신과 가족의 일상이었던 환경에서 자란 바그너는 자신을 작곡가라기보다는 '작곡하는 극작가'라고 여겼다. 그는 쇠퇴하는 연극을 개혁하고 예술의 힘으로 새로운 미래의 음악을 열고자 했는데, 그 방법이 바로 음악과 연극을 하나로 만드는 것이었다. 이것은 이탈리아와 프랑스의 전통적 오페라를 개혁하는 일이기도 했다. 이러한 음악에서의 혁신은 내용과 형식을 넘어서서 사회적 변화까지 겨냥했다. 바그너는 자신의 서사 오페라에서 역사적 소재가 아닌 신화적·설화적 소재를 선택했다. 그 이유는 역사적 소재들은 제한된 진술 가치만 있어서 현재의 문제들을 묘사하는 데 적합하지 않다고 여겼기 때문이다. 또 '신화에서는 민중이 예술의 창조자'라는 바그너의 생각은 독일 낭만주의에서 유래된 민족 문학과 음악에 뿌리를 두고 있다. 그의 서사 오페라는 문학, 음악, 미술이 하나로 되고 시, 소설, 드라마가 통합되는 슐레겔의 '진보적 보편 시'의 음악적 반향이었다.

바그너는 자신의 서사 오페라를 '음악적 연극'이라 했는데, 일반적으로 그의 음악적 연극들은 '악극'이라 불리고 있다. 그는 자신의 악극에서 연극은 목적이 되고 음악은 수단이 되도록 했다. 바그너에게는 문학이 먼저인가 아니면 음악이 먼저인가와 같은 물음이 제기될 수 있지만, 그는 자신의 작품들을 민네장에서 구현되었던 시와 음의 일치로서의 제3의 영역, 즉 '악극'으로 본 것이다. 또 그의 작품에서는 오페라의 아리아, 듀엣, 피날레 등과 같은 전통적 형식 대신에 이야기시 형태의 설화 내지는 노래하는 이야기, 독백, 대화 등이 서로 조화를 이루면서 전개된다. 그리고 ≪니벨룽의 반지≫(이하 ≪반지≫)에서 보여주는 것처럼 특정한 인물, 대상, 사랑, 동경, 분노 등과 같은 감정을 표현할 때 특정한 음악적 모티브를 부여하고, 항상 그 인물이나 대상 혹은 감정이 나타날 때는 반복해서 주 모티브나 회상 모티브들을 사용한다.

바그너가 생각하는 자신의 미래의 악극은 모든 예술 장르를 포함하는 종합 예술이었다. 그것은 게르만 영웅 설화, 그리스 비극, 웅장하고 표현력이 풍부한 오케스트라 심포니의 종합이며, 무대 장식과 조형 예술 및 춤과 시 그리고 음이 일치된 음악적 연극으로서 실현될 수 있다고 보았다. 그는 이 새로운 악극의 소재는 게르만 중세 영웅 서사문학에서 찾을 수 있고, 이 일은 작곡가인 동시에 문학을 창작하는 생산자가 될 때 더 쉽게 할 수 있다고 보았다. 물론 바그너가 처음부터 오페라 대본 집필과 작곡을 자신이 동시에 해야 한다고 생각하지는 않았다. 다만 그의 뜻에 맞는 적절한 텍스트가 없어서 직접 창작을 해야 했다. 그는 대본을 쓸 때는 문학적 의미뿐만 아니라 음악적 의미도 동시에 묘사할 수 있는 소재에 관심을 가졌다. 그러면서도 자신의 악극 대본은 음악과는 별개로 그 자체로 예술적 가치를 지닌다고 여겼다. 이러한 그의 생각과 입장은 그의 악극들 가운데서도 《반지》에 깊이 내재화되어 있다.

바그너의 《반지》에 나오는 지크프리트는 혁명가의 모습을 지니고 있다. 바그너에 따르면, 이 세계의 모든 불행은 계약, 풍습, 법, 윤리, 제도 등에서 비롯되며, 이것은 옛 사회와 세계를 이루는 기본 요소인데, 이것을 깨뜨리는 투사鬪士가 바로 지크프리트다. 결혼 파기와 근친상간으로 태어나는 그의 출생부터가 기존의 윤리에 선전 포고를 하고 있다. 그는 충동에 따라 움직이고, 전해오는 모든 것과 모든 경외심 그리고 모든 두려움을 벗어던지며, 그의 맘에 들지 않으면 없애버리기도 한다. 바그너는 이렇게 극단적인 특징을 지닌 지크프리트를 만들어냈고, 이 점에서 보면 그는 전통적인 지크프리트 영웅 설화를 교정하고 있다. 그래서 바그너의 《반지》는 영웅서사시가 아니라 기존의 설화와 신화를 벗어난, 새로운 인간에 의한 새로운 세계의 질서를 지향하고 있다고 볼 수 있다.

《반지》는 바그너가 1848년에서 1874년 사이에, 약 26년에 걸쳐 텍스트를 쓰고 곡을 붙였는데, 그 어느 작품도 이렇게 오랜 시간이 소요된 적이 없었다. 물론 여기에는 작업을 중단한 시기도 포함되어 있다. 이 작품에 대한 바그너의 착상은 1843년으로 거슬러 올라간다. 이때는 그가 드레스덴 궁정악장 자리에 있던 시절이었고, 게르만 영웅 설화,『에다』, 그리스 신화 및 성배 신화에 몰두할 때였다. 이러한 연구를 바탕으로 바그너는 1848년 《신들의 황혼 Götterdämmerung》, 1851년 《지크프리트Siegfried》를 썼고, 이어서 《라인의 황금Das Rheingold》을, 마지막으로 《발퀴레Die Walküre》를 집필했다. 《반지》의 작곡 순서는 집필 순서와 달랐다. 상연과 출판도 작곡 순서를 따라 《라인의 황금》, 《발퀴레》, 《지크프리트》, 《신들의 황혼》으로 되어 있다. 이 4

부작은 ≪니벨룽의 반지≫에 포함되어 있으나 각 작품을 분리해서 공연하는 것도 가능하다. 사실상 4부작 전체는 16시간 정도 소요되기 때문에 며칠에 걸친 이 ≪반지≫의 공연은 초기에는 바이로이트 바그너 축제극장을 제외하고 세계의 다른 곳에서는 거의 불가능했다. 바그너도 그런 현실적 문제점을 인지했기 때문에 전용 극장을 지어야겠다고 생각했고, 그 결실이 바로 바이로이트의 축제극장이었다.

≪반지≫의 대본은 바그너가 1849년 드레스덴의 5월 봉기에 참여했다가 취리히로 피신한 후 그곳에서 9년 이상 망명 생활을 할 때 주로 썼다. 그는 드레스덴의 데모에 관여했다는 이유로 수배 대상이 되기도 했으나 실제 그의 정치적 입장은 대단히 모순적이었다. 어느 때는 공화정을 찬성하다가, 또 어느 때는 왕정을 찬성하기도 했기 때문이다. 그는 새로운 것을 찾아내기 위해서 옛것에 몰두했는데, 이는 당대의 다른 낭만주의자들과 마찬가지로 좌절하고 마는 현실을 극복하기 위한 대안으로 볼 수 있다.

이 시절 바그너는 누구도 정치화되지 않고는 창작할 수 없다고 여겼다. 여기서 말하는 정치란 일상적 정치가 아니라 위대한 전체를 찾는 것, 바그너가 인류의 과거 신화들에서 자신의 미래로 전이될 수 있는 것을 찾는 것이었다. 바그너는 1849년 여름 「예술과 혁명」이라는 글을 발표했다. 여기서 그는 미래의 예술은 모든 지역의 경계를 넘어선 자유로운 인류의 정신을 포함하고 있으며, 지역의 특성은 정신에 존재하는 단지 하나의 장식이자 개인적 다양성의 매력일 뿐이라고 보았다. 예술과 사회운동의 공동 목표는 강하고 아름다운 인간을 추구하는 것이며, 혁명은 인간에게 강함을 주고 예술은 아름다움을 주는데, 오직 "강한 인간만이 사랑을 알며, 사랑만이 아름다움을 이해하고, 아름다움만이 예술을 만든다"고 보았다. 이렇게 바그너는 헤겔의 변증법적 논리 전개를 했다.

바그너는 1852년 12월 중순 집필을 끝내고 이듬해 2월 16일부터 19일까지 나흘 내내 저녁마다 작품 낭송을 열어서 취리히에서 처음으로 친구들과 대중에게 ≪반지≫를 소개했다. 그는 낭송회를 마치고 며칠 지나지 않아서 4부작 작곡을 시작했고 작품 낭송 후 거의 5년 만에 ≪지크프리트≫ 2막까지 작업을 마쳤다. 이후 여러 이유로 작업을 중단했다가 1869년에 바이에른 왕국 루트비히 2세의 경제적 지원과 계약에 따라 1874년 11월 21일에 바이로이트에서 작곡 작업을 끝냈다. 이 작품은 바그너의 독일 정신에 대한 신뢰에서 비롯된 것으로, 루트비히 2세에게 헌정되었다. 바그너는 특히『니벨룽의 노래』에 영감을 받아서 집필한 이 작품이 중세적 분위기로 회귀하는 것이 아니라 오히려 현대의 무대와 청중에 부합한다고 여겼다.

바그너는 1851년 11월 지인에게 보낸 한 편지에서 ≪반지≫에 대한 그의 구상은 오늘의 무대와 청중과의 연관성에서 나온 것이며, 영원히 형식적으로 현재가 되는 것이라고 썼다. 그리고 그의 ≪반지≫는 전용 극장에서 공연되기를 바랐다. 처음 구상에 따르면, 극장을 라인강 강변에 세우고, 일 년의 준비를 한 후 나흘 동안 그곳에서 그의 전 작품을 상연하는 것이 목표였다. 실제로 그의 축제극장은 (비록 그 위치가 라인강 강변은 아니었지만) 그의 뜻대로 1872년 바그너의 생일날인 5월 22일에 바이로이트에서 축제극장 착공에 들어갔다. 이때 니체는 이 날 바그너의 60번째 삶이 시작되었으며, 지금까지의 모든 것은 이 순간을 준비하기 위한 것이었다고 평했다. '니벨룽 극장'이라고도 흔히 말하는 이곳은 1875년 완성되어 그 이듬해 여름 ≪반지≫ 작품으로 개관했다.

이 작품은 1876년 8월 13일부터 8월 17일(15일은 제외) 사이 나흘 동안 바그너의 총연출, 한스 리히터의 지휘로 바이로이트 축제극장에서 초연되었다. 평소 바그너는 ≪반지≫의 일부 작품만을 상연하는 것은 적절하지 않으며, 내용이 서로 밀접하게 연관된 4부작 전체를 처음부터 축제극으로 초연하고자 하는 바람이 있었는데 그 바람을 그대로 실천한 것이다. ≪반지≫는 총 상연 시간이 약 16시간이고, 100명이 넘는 오케스트라 인원에 30명이 넘는 솔리스트와 큰 규모의 남성 및 여성 합창단, 100개가 넘는 주 모티브들로 구성되어 있다. 바그너는 자신의 극장을 세워서 이렇게 스펙터클한 작품을 상연했는데, 헌금 형태로 자금 조달을 했다. 그러나 공연 후 큰 재정 적자를 겪었고, 이후에도 극장 운영은 여러 어려움에 봉착했다. 그래서 한때 바그너는 자신의 축제극장을 미국으로 이주하는 계획도 고려한 적이 있었다. 처음에는 축제극장에서 ≪반지≫ 공연만을 염두에 두었으나 나중에 ≪파르지팔≫이 덧붙여졌고, 바그너 사후에는 그의 서사 오페라 10편이 해마다 번갈아가면서 바이로이트 축제극장에서 공연되고 있다.

≪반지≫의 텍스트 구상과 관련된 자료 가운데 주요한 것이 『니벨룽의 노래』, 『에다』, 『뷀중가 설화Völsunga Saga』(『뷀숭 사가』)다. 영웅 설화 및 지크프리트와 브륀힐트의 이야기는 『니벨룽의 노래』에서 많이 차용되어 있다. 19세기에 독일어로 번역된 『에다』는 ≪반지≫의 신들, 거인들, 난쟁이들, 운명의 여신들, 발퀴레 이야기의 창작에서 가장 중요한 의미를 지니고 있다. 신화의 근원으로서 여기에 나오는 설화들은 그의 악극의 취지에 맞는 신비스러운 과거이며, 이런 신비스러운 과거로의 회귀는 동시에 유토피아적 미래의 예감이기도 했다. 그래서 바그너는 많은 부분에서 중세 독일 영웅서사시 『니벨룽의 노래』보다 훨씬 깊은 의미를 지닌 북유럽의 『에다』 문학을 활용해 ≪반지≫를 집필했다고 스스로 언급한 바 있다.

그런데 『니벨룽의 노래』 또한 『에다』에서 많은 부분을 차용하고 있으며, 좀 더 들어가면 ≪반지≫는 많은 구체적인 부분에서 『에다』보다도 북유럽의 『뷀중가 설화』에 더 의존하고 있다. 『뷀중가 설화』는 13세기 후반기에 나왔으며, 『에다』에 포함된 내용 및 아이슬란드의 영웅 설화와 신화가 여기에 실려 있다. 『뷀중가 설화』의 이야기가 ≪반지≫에 수용되거나 변용된 주요 부분들만 간략하게 살펴보면 다음과 같다. 바그너의 알베리히가 빼앗긴 반지에 죽음의 저주를 퍼붓는다든가, 지그문트가 근친상간을 저지른다든가, 지그문트가 보탄의 도움을 받은 훈딩의 창에 맞아 쓰러진다든가, 지크프리트가 파프너의 피와 접촉함으로써 새들의 언어를 이해하게 되었다든가, 새들이 그에게 보탄으로부터 벌을 받는 브륀힐데가 잠자고 있는 산으로 가도록 조언한다든가, 지크 프리트와 브륀힐데가 사랑하는 사이가 된다든가, 하겐이 지크프리트에게 브 륀힐데를 잊어버릴 수 있는 음료를 마시게 하고 구트루네에게 구혼하도록 권 한다든가, 구트루네와 브륀힐데 사이에 다툼이 생겨서 속임수가 드러난다든 가, 브륀힐데가 하겐에게 지크프리트를 살해하도록 부추긴다든가, 브륀힐데 의 명령에 따라 지크프리트에 대한 화장이 이뤄지고 그녀 역시 불길로 뛰어들 어 목숨을 끊는다든가 하는 이러한 이야기들은 그 어떤 것보다도 《반지》의 소재로서『뷜중가 설화』가 중요하게 기여하고 있음을 보여주고 있다.

그 밖에 고대 그리스의 연극과 신화들도 《반지》에 영향을 미치고 있다. 《신들의 황혼》에 등장하는 노른들은 에르다의 딸들인데, 이는 북유럽의 독 창적인 문화유산이 아니라 그리스 신화의 운명의 여신들에서 기원하고 있으 며, 태초의 어머니 에르다는 그리스 신화의 가이아와 같다. 또 바그너의 4부 작 각 작품은 여러 부분에서 그리스 연극 형식과의 유사성을 보여주고 있으 며, 첫 번째 작품 《라인의 황금》은 전야제의 작품으로 일종의 프롤로그다. 이렇게 보면 보통 3막극 또는 5막극 형식으로 이뤄진 그리스 비극 작품처럼, 《반지》는 프롤로그가 있는 3막극 작품인 셈이다.

라인의 황금과 반지

바그너의 《반지》에서 보면, 자연 상태의 황금과 기술로 빚어진 반지는 서로 대립적 관계다. 라인의 황금이 물속 깊은 곳에 있을 때는 단순히 즐거움 을 주는 물건에 불과하지만, 누군가가 반지로 주조했을 때는 "가장 큰 권력을 가지도록 도와주고/ 그 소유자에게 세상을 얻게" 만든다. 여기서 자연 상태 의 황금은 해가 없으며 그저 아름다운 물건이지만, 반지로 가공되는 순간 지 배 권력의 상징이 됨으로써 자연과 기술(또는 권력)이라는 적대적 대립 관계 가 형성된다. 바그너는 바로 이러한 대립 설정을 통해서 부에 의한 권력 만능 의 힘을 지닌 새로운 반지 신화를 독창적으로 만들어내고 있다.

바그너의 ≪반지≫ 첫 번째 작품 ≪라인의 황금≫에서 자연의 아이들인 라인의 딸들이 황금에 대한 비밀을 무심코 누설해서 그것을 난쟁이 알베리히의 수중에 떨어지게 만든다. 이들이 라인강에서 노는 순진무구하면서도 유혹적인 장면에는 낭만주의자 브렌타노와 하이네의 시에 등장하는 물의 요정 로렐라이의 이미지가 들어 있다. 니벨룽 종족인 알베리히는 라인의 딸들에게 매혹되어 그들을 쫓아다니지만, 그는 단지 그들의 장난감 공처럼 취급될 뿐이다. 라인의 요정들은 아침 햇살에 라인의 황금이 강물에 반사되자 그 화려하고 '빛나는 즐거움'을 칭송한다. 이에 알베리히가 그것이 무엇인지 묻자, 그들은 보물의 비밀을 별생각 없이 말해버린다. "사랑의 힘을/ 거절하는 자만이/ 사랑의 즐거움을/ 부인하는 자만이/ 그런 자만이 이 황금으로 반지를/ 만드는 마법을 알 수 있어." 그리고 반지를 가진 자는 세상을 지배할 수 있고 "그 반지는 그에게 무한한 힘을 준다"라고 라인의 딸들은 노래한다. 살아 있는 자는 누구나 사랑을 원하며, 흉측한 외모를 지닌 알베리히조차도 사랑을 원하기 때문에 어떤 경우에도 라인의 보물은 잃어버리지 않을 것이라고 라인의 딸들은 낙관한 것이다. 난쟁이 알베리히가 여러 시도를 했으나 라인의 딸들 누구로부터도 사랑을 얻지 못하자 그는 사랑을 포기하고 그 대신 라인의 보물을 빼앗아 가져간다. 그는 이제 황금으로 "복수의 반지를 만들 것"이며, "사랑을 저주"한다고 선언한다.

그리고는 보물의 파수꾼인 라인의 딸들, 그리고 그들의 비탄을 뒤로 하고 알베리히는 재빨리 자신의 어둠의 세계인 니벨하임으로 돌아간 후 탈취한 황금으로 반지를 만든다. 또 대장장이 동생 미메를 다그쳐 마법 투구도 만들게 함으로써 두 번째 권력 수단도 갖고 만다(그전까지 니벨룽은 여러 장신구를 만들면서 평화롭게 대장간 일을 해왔다). 여러 관련 설화에 따르면, 니벨룽은 난쟁이족과 거인족으로 구성되어 있다고도 하고, 게르만족의 한 갈래인 부르군트족을 의미하기도 하고, 니벨룽의 보물을 가졌거나 지배하면 그를 '니벨룽'이라 칭할 뿐 특별한 종족을 의미하지 않는다고도 한다. 그런데 바그너의 니벨룽

라인의 황금을 지키는 라인의 딸들
자료: Arthur Rackham 그림(1910년).

황금을 탈취하는 알베리히
자료: Arthur Rackham 그림(1910년).

은 확실하게 난쟁이족을 의미하며, 이들은 어두운 지하 세계에 살고 있다.

마법 투구를 쓰면 쓴 자의 모습이 보이지 않기 때문에 알베리히는 다른 니벨룽을 감시하기가 아주 좋았다. 그는 동족을 '자신의 노예'로 만들어서 '니벨룽의 지배자'가 되었고, 금을 채취하기 위해 강제 노역을 끝없이 시키면서 그들의 노동력을 착취했다. 그의 황금에 대한 탐욕은 끝이 없었고, 신들의 세계까지 무너뜨려 모든 세계를 지배할 꿈을 강화해 나갔다. 이렇게 바그너의 알베리히는 전형적인 독재자의 모습을 보여주고 있다. 알베리히는 이제 신들의 왕인 보탄이 가장 두려워하는 존재가 되었다.

빛과 어둠의 상징으로 서로 대립하는 보탄과 알베리히의 관계는 바그너에 의해서 새롭게 정립되고 있는데, 바그너의 작품 제목 ≪니벨룽의 반지≫에서 이 니벨룽은 알베리히를 뜻한다. 그가 라인의 황금으로 반지를 주조한 사람이자 그 반지의 최초 주인이기 때문이다. 그런데 알베리히가 라인의 황금을 탈취한 행동은 원죄가 되고 이로 인해 자연 상태를 파괴해서 지배를 둘러싼 갈등이 생겨났으나, 나중에 브륀힐데가 이것을 라인의 딸들에게 돌려줌으로써 지배권 다툼은 끝이 난다.

알베리히의 권력 수단인 반지, 니벨룽의 보물, 마법 투구는 로게의 계략에 따라 보탄의 수중에 들어간다. 알베리히는 마지막까지 반지만은 빼앗기지 않으려 했으나 실패하자 『뵐중가 설화』에 나오는 난쟁이 안드바리처럼 엄청난 저주를 반지와 반지의 새 주인에게 퍼붓는다.

반지가 내게 전해준 저주처럼/ 이 반지에 저주가 있으렴!/ 그 황금은/ 내게 무한한 힘을 주었으나/ 이제 그것을 지닌 자에게/ 죽음의 마법을 보여라./ 기뻐하는 자에게/ 기쁨을 없애고/ 행복한 자에게서도/ 밝게 빛나는 웃음을 없애라./ 반지를 가진 자는/ 늘 근심에 시달리며/ 그것을 가지지 못한 자는/ 질투심으로 괴롭게 된다./ 모두가/ 그것을 가지려 하지만/ 아무도 제대로/ 누리지 못한다./ 그가 살아있는 동안/ 반지의 소유자는/ 아무런 이익도 얻지 못한 채 그것을 지키면서/ 살인자를 끌어들이고/ 죽음의 위협에 빠져든다./ 두려움이 비겁한 자에게 엄습하고/ 반지의 주인은/ 반지의 노예가 되어/ 시들시들 죽어갈 것이다./ 빼앗긴 반지가/ 다시 내 손에 쥐어질 때까지/ 자, 니벨룽의 보물을/ 가장 큰 곤경 속에서도 축복하노라./ 이제 그걸 가져라/ 잘 지켜라!/ 넌 내 저주에서 결코 빠져나갈 수 없다.

그리고 그의 저주처럼 반지를 통해서 세상을 지배하고자 했거나 그것을 탐냈던 자들인 거인 형제 파졸트와 파프너, 미메, 군터, 하겐, 보탄과 반지를 끼었던 자들인 지크프리트, 브륀힐데는 모두 죽거나 몰락한다. 알베리히만 제외하고 말이다. 왜 알베리히는 죽거나 몰락하지 않았는지에 대해서 바그너는 직접 결말을 내지 않고 있으나, 그는 이미 반지를 상실했기 때문에 몰락한 존재와 같다고 여길 수 있다.

탈신화화

≪반지≫의 제1부 ≪라인의 황금≫, 제2부 ≪발퀴레≫, 제3부 ≪지크프리트≫에 등장하는 보탄은 그리스 신화의 신들처럼 초월적 존재가 아니라 인간과 같은 인물이다. 어느 때는 신이 아니라 '볼페'(늑대라는 뜻의 '볼프Wolf'에서 유래)라는 인간의 모습이 되기도 하고, 어느 때는 관찰자인 방랑자가 되기도 한다. 그는 때로는 정치가이자 놀이꾼으로서, 때로는 협상가 기질을 발휘해 여러 문제를 해결하려 하지만 결국 그의 모든 시도와 노력이 실패한다. 그가 직면한 첫 번째 도전은 신들의 새로운 성채 '발할'을 건축할 때 벌어진다. 보탄은 건축의 대가로 리젠하임의 거인들에게 자신의 처제이기도 한 '미와 젊음의 여신' 프라이아를 주기로 계약을 맺는다. 그런데 신들은 그녀의 정원에서 딴 황금사과를 먹어야만 죽지 않고 "영원히/ 늙지 않는 젊음"을 유지할 수가 있다. 그럼에도 불구하고 그런 계약을 맺은 것은 보탄의 정치적 결정이자 위험한 모험이었는데, 이는 동시에 그의 책사 로게가 프라이아를 넘겨주지 않고 어떤 해결 방법을 찾아낼 것이라는 믿음이 있었기 때문이었다.

반은 신이고 반은 인간인 로게는 광대와 같으면서도 바그너의 작품에서 유일하게 권력이 아니라 자연의 편, 즉 라인의 딸들을 옹호하는 불의 신이다. 이것은 불과 물이 자연의 기본 요소라는 점에서 생겨난 친화력이라 할 수 있다. 로게의 계책은 니벨룽의 보물을 빼앗아 와서 반지는 라인의 딸들에게 돌려주고, 나머지 보물은 건축비로 거인 형제 파졸트와 파프너에게 주어서 여신 프라이아를 되찾아 오는 것이었다. 그녀가 없으면 신들의 불멸성과 젊음이 사라지기 때문에 무슨 일이 있어도 프라이아를 데려와야만 했다. 이렇게 『뷜중가 설화』와 마찬가지로 바그너는 신들의 존재에 조건부 불멸성을 부여함으로써 과거의 신화 세계를 벗어나고 있다.

또 보탄은 계약의 집행과 관련한 책임을 지고 있으며, 그의 존재와 권력 또한 계약에 따라 성립되고 있다. 보탄은 법과 계약이 지배하는 사회에 사는 존재이고, 그의 창에는 지켜야 할 온갖 계약이 새겨져 있다. 이 점에서 보탄은 현대 민주사회의 한 일원과 같고 기존 신화의 신적 능력이 전혀 없는, 그저 신이라 불리기만 하는 존재일 뿐이다. 그의 힘은 그리스 신화의 신들처럼 자유로운 하늘 아래에서가 아니라 계약의 지붕 아래에서 제한적으로 발휘되고 있다. 전통적 의미에서 그가 신들의 왕 보탄이라면 모든 권력, 모든 지혜와 모든 지식은 필수적으로 내재되어 있어야 한다. 그러나 바그너의 보탄은 성찰 능력은 있으나 그저 무력하게 권력을 추구하는 정치인에 불과하다. 독일 신화 속 보탄이 한쪽 눈을 잃은 것은 지혜를 얻는 대가로 희생한 것이지만, 바그너의 보탄은 프리카를 아내로 얻는 대가로 한쪽 눈을 잃었다. 그래서 보탄은 지혜로움과는 거리가 멀다. 대신 지혜는 매번 로게의 조언에서 나온다.

보탄과 로게는 거인과의 계약을 이행하기 위해서 니벨룽의 보물을 약탈하러 지하 세계인 니벨하임으로 간다. 로게는 알베리히를 만나자 그 유명한 마법 투구 덕분에 자유자재로 변신할 수 있는 점을 극찬하면서 정말 변신이 가능한가를 알고 싶다고 말한다. 그러자 알베리히는 여러 모습으로 변신하다가, 로게가 가장 작은 모습으로도 변신이 되느냐고 묻자 우쭐하더니 두꺼비로 변신한다. 이때 보탄이 발로 두꺼비를 누르고 로게가 그 머리를 잡아서 마법 투구를 벗겨내 손에 넣는다. 원래의 모습으로 돌아온 알베리히는 신들의 포로가 되어서 발할 성으로 끌려와서는 니벨룽의 보물과 반지, 마법 투구를 모두 잃고 만다. 알베리히가 특히 반지를 양도하길 거부하자 보탄은 알베리히의 손가락에서 강제로 반지를 빼앗고는 이제 자신이 반지의 힘으로 '가장 강한 신 가운데서도 강한 신'이 되었다고 우쭐한다. 여기서 보면 보탄은 신의 속성대로 원래부터 초월적 힘을 지닌 존재가 아니라 반지의 힘에 기대어 세계를 지배하려는 무력한 신으로, 탈신화적 또는 비신화적 존재다.

이런 보탄도 자신의 아내인 여신 프리카의 격렬한 항의를 들을 때는 협상가의 모습을 보이다가 결국 그녀에게 굴복하고 만다. 강한 신의 모습은 사실 애초부터 그에게는 없으며, 현대 사회에서 힘을 잃은 가장의 모습이 투사되어 있다. 아내를 그녀의 쌍둥이 오빠에게 빼앗긴 훈딩의 고통을 들은 결혼의 여신으로서 프리카는 보탄에게 쌍둥이 오누이가 결혼을 파기하고 근친상간을 범한 일에 대해서 엄한 벌을 내리라고 촉구한다. 그러나 보탄은 오히려 두 사람의 사랑을 자연스러운 일로 받아들인다. "그 한 쌍이/ 무엇을 그토록 잘못했다는 것이오./ 봄이 사랑하도록 합쳐주었는데/ 사랑의 마법이/ 그들을 황홀하게 했는데/ 누가 내게 사랑의 힘을 벌주어 속죄시키라는 것이오?"

그러자 프리카가 결혼이란 신성한 약속인데 그들이 그것을 훼손하고 모독했으니 벌을 받는 것이 지당하다고 강하게 항의한다. 이에 대해 보탄은 이렇게 말한다. "사랑하지 않는 사람을 맺어준/ 결혼 맹세는/ 신성하지 않소." 이러한 보탄의 입장은 근친상간이라는 금기가 자연법적인 것이 아니라 사회 정책적인 것에 의해 규정된 문화적·사회적 관습이라는 바그너의 생각을 보여주고 있다. 하지만 보탄의 여러 해명에도 불구하고 프리카의 극렬한 항의는 끝이 없다. 끝내 설득에 실패한 신은 자신의 법 준수 의무와 프리카의 윤리관에 굴복해서 원래 계획을 철회하고, 그녀의 뜻에 따르겠다고 맹세한다. 사랑을 저주하는 알베리히와 달리 보탄은 사랑 예찬자다. 그래서 보탄은 프리카의 질서 시스템과 스스로 초래한 정치적 협상 때문에 실패할 수밖에 없는 딜레마를 지니고 있다. 보탄은 계약을 통해서 주인이 되지만 또한 그로 인해서 노예가 되고 있다고 여긴다. 이러한 보탄의 딜레마와 좌절은 바로 정치의 좌절인 동시에 바그너의 정치적 혁명에 대한 좌절을 표현한 것이기도 하다. 보탄은 규범을 벗어난 자유로운 신이 되고자 했으나 실제로는 자신이 만든 제도의 틀을 지켜야 하는 예속적 존재이며, 프리카는 그 규범의 세계를 충실히 대변하는 전통적인 여신의 자리를 지키고 있다.

보탄의 타협과 굴복으로 인해서 그가 가장 사랑하는 딸 브륀힐데와의 사이에 큰 갈등과 논쟁이 벌어진다. 그런데 중세 영웅서사시 『니벨룽의 노래』에서 보면, 전통적인 브륀힐트는 여왕이고 뛰어나게 용맹하며 분노와 복수심에서 지크프리트의 죽음을 초래하는 여인이다. 이에 비해 바그너의 ≪반지≫에서 가장 중요한 인물로 나오는 브륀힐데는 보탄의 호위무사이고, 프리카의 말처럼 보탄이 '원하는 아내감'이자 그의 의도를 정확히 알고 실천하는 딸이다. 그녀는 신적 신분을 지녔을 때는 아버지의 명령을 잘 이행하는 무사 발퀴레에 불과하지만, 이후 인간이 되면 사랑으로 세계를 구하는 숭고한 희생자가 된다.

보탄과의 논쟁 중에 브륀힐데가 왜 원래 계획을 철회하는지 그 이유를 묻자 보탄은 "내 사슬에/ 내가 묶였어"라고 자신이 처한 혼란과 좌절을 언급한다. 그러면서 만약 알베리히가 아들을 얻으면 "신들의 멸망은/ 지체되지 않는다"라는 땅의 여신 에르다의 예언을 얘기한다. 그녀의 말은 알베리히가 다시 반지를 손에 넣고 어느 여인을 통해서 아들을 얻으면 신들의 종말이 온다는 뜻이다. 그래서 보탄은 알베리히에 의해 신들이 몰락하지 않게 하기 위해서는 거인들로부터 반지를 다시 빼앗아 와야 한다. 하지만 보탄은 계약의 신으로서 이미 약속한 것은 지켜야 해서 반지를 빼앗아 올 수가 없다. 보탄은 이전에 합의한 것처럼 프라이아를 되찾아 오는 대가로 건축업자인 두 거인에게 할 수 없이 반지를 포함해서 마법 투구와 니벨룽의 모든 보물을 다 주어야만 했다. 거인들은 이것을 받자마자 반지가 지닌 저주의 효력을 보여준다. 동생은 보물을 모두 차지하기 위해서 형을 그 자리에서 죽인다. 그리고서는 보물을 지키기 위해서 마법 투구의 힘으로 용으로 변신한 뒤 보물 파수꾼이 되었다.

이런 상황에서는 보탄이 단 한 번도 "도와준 적이 없는 영웅/ 신을 모르고/ 신의 은혜로부터 자유롭고", 그의 명령을 받지 않은 채 자신의 힘으로만 곤경을 헤쳐 나가는 자가 보탄의 고민을 해결해 줄 수 있었다. 이렇게 보탄은 신답게 스스로 주도적으로 세계 지배와 신들의 몰락을 둘러싼 문제를 해결하는 것이 아니라 수동적이고 의존적인 무력한 존재로 전락해서 전전긍긍하는 모습을 보인다. 보탄은 브륀힐데에게 자신이 처한 현재의 처지를 다음과 같이 설명한다.

알베리히는 사랑의 끈을 끊었지./ 사랑을 저주했고/ 그 저주를 통해서/ 번쩍이는 라인의 황금을 얻었지./ 거기에는 무한한 힘이 들어 있었어./ 그가 만든 반지를/ 난 꾀를

발퀴레 브륀힐데
자료: Arthur Rackham 그림(1910년).

보탄과 브륀힐데
자료: Arthur Rackham 그림(1910년).

내어 빼앗았지./ 근데 난 그것을 라인강에/ 돌려주지 않고/ 거인들이 지어준/ 발할 성채의 건축비로/ 내어주었고/ 세상에 그 성을 내보였지./ 이 일이 어떻게 되었는지/ 모든 것을 아는 사람은/ 바로 에르다(바그너가 허구로 지어낸 '땅의 여신')였지./ 그녀는 성스럽고 가장 현명한 발라(에르다의 다른 이름으로 '모든 것을 아는 자'라는 뜻)인데/ 나에게 반지로부터 손을 떼라고 조언했고/ 신들의 영원한 몰락을 경고했지./ 난 그 몰락에 대해/ 더 많이 알고 싶었지./ 하지만 그 여인은 말없이 사라져 버렸어./ 그러자 용기를 잃고 지내다가/ 그 일이 알고 싶어서/ 태고의 품으로/ 서둘러 내려갔지./ 사랑의 마력으로/ 그녀의 지혜로운 자신감을 마비시켜/ 난 발라에게/ 모든 것을 내게 털어놓게 했지./ 내가 그녀로부터 사실을 알아냈지./ 그리고 그녀는 내게서 대가를 거두었지./ 세상에서 가장 현명한 여인이/ 바로 너, 브륀힐데를 낳은 것이야./ 여덟 명의 자매들 속에/ 너를 키웠고/ 너희 발퀴레를 통해서/ 발라가 일러준/ 두려움을 일으키는 것을/ 영원한 자들의 수치스러운 몰락을/ 막아보려고 한 것이지./ 적들이/ 우리가 강하게 싸움에 임하는 것을 알도록/ 내가 너희들에게 영웅들을 데려오라고 명령했지.

기존 신화에서나 바그너의 작품에서나 발퀴레의 주 임무는 전쟁에서 쓰러진 영웅들을 발할(신들의 전당)로 데려오는 것이다. 그래서 지금까지 브륀힐데를 포함해서 이복 자매들인 발퀴레들은 아버지 보탄의 명에 따라 세상을 등진 용감한 영웅들을 발할로 데려왔으며, 이들의 영혼은 신들의 규율과 법칙에 순종해서 신들의 세계를 지켜주는 무사가 되었다.

브륀힐데는 보탄의 여러 설명에도 불구하고 지그문트를 보호하겠다고 말한다. 그러자 보탄이 "지그문트는 죽는다./ 이것이 발퀴레의 임무다"라고 단호하게 말하면서 논쟁을 끝낸다. 할 수 없이 보탄의 명령을 이행해야 하는 브륀힐데가 지그문트 앞에 모습을 드러낸다. 그러나 그녀는 지그문트를 발할로 데려가지 못하고 오히려 지클린데를 향한 그의 지극한 사랑에 감동한다. 이것은 바그너의 ≪반지≫에서 대단히 중요한 전환점이 되고 있다. 지금까지 전투의 여신이었던 브륀힐데에게 새롭고 낯선 인간적 감정, 즉 연민이 생겨서 지그문트를 돕고 만 것이다. 이로 인해서 그녀는 신의 세계로부터 영원히 추방당한다. 보탄은 그녀에게서 발퀴레의 모든 임무와 기쁨을 박탈하고 부녀간의 관계도 단절한 뒤 그녀를 인간의 신분으로 전락시켜서 그저 평범한 아낙이 되게 하는 벌을 내린다. "이곳 산으로/ 내가 널 추방해서/ 저항하지 못하도록 잠 속에/ 가두겠다./ 그래서 지나가는 길에 널 발견해서 깨우는/ 남자가 너를 얻게 된다." 이러한 보탄의 혹독한 벌은 누구든지 그녀를 첫 번째로 발견해서 깨운 남자가 그녀의 남편이 된다는 것이었다. 이에 대해서 브륀힐데는 '명예를 앗아갈 만큼' 자신이 무엇을 그토록 잘못한 것인지 따져 묻는다. 보탄은 브륀힐데가 그녀의 어머니 에르다처럼 운명을 보는 능력이 있으며, 그의 생각의 깊이를 꿰뚫고 있는 것을 안다. 그녀는 보탄이 자신의 인간 아들 지그문트를 니벨룽에 맞설 수 있는 자유로운 영웅으로 키웠으나 지금은 프리카의 항의 때문에 그에게 죽음이라는 벌을 내려야 하는 이율배반적 상황

지그문트와 지클린데

자료: Arthur Rackham 그림(1910년).

을 잘 알고 있었다.

여기서 바그너의 브륀힐데는 기존의 설화보다는 소포클레스의 작품인『안티고네』와 유사하다. 브륀힐데는 사랑에 대한 공감에서 보탄의 명령을 어기고 지그문트를 돕지만, 그로 인해서 벌을 받아서 발퀴레의 신분을 잃고 한 여인으로 변모한다. 한편, 절대적 휴머니즘의 옹호자라 할 수 있는 안티고네는 테베의 왕이자 외삼촌인 크레온의 명령을 어기고 죽은 오빠의 장례식을 혼자서 거행하다가 발각되어 희생된다. 그녀는 사랑을 했을 뿐 "정치에 대해서는 아무것도 이해하지 못했다"라는 바그너의 안티고네에 대한 평처럼, 브륀힐데 역시 정치에 대해서 아는 바가 없다. 그래서 둘은 가장 강력한 권력에 맞섰는데, 그것은 휴머니즘에서 비롯하고 있다. 권력자인 크레온이나 보탄의 처지에서 보면, 자신이 정한 법이나 결정을 조건 없이 준수해야 좋은 시민과 좋은 발퀴레다. 그래서 그것을 어긴 둘에게 큰 벌을 내리지만, 오히려 왕들의 패배와 몰락을 가져온다는 점에서 두 작품의 유사성을 발견할 수 있다.

지금까지 보탄은 신들의 몰락을 막기 위해서 '볼페'라는 이름으로 세상을 떠돌다 뷜중가의 인간 여인에게서 쌍둥이 오누이 지그문트와 지클린데를 얻었고, 지그문트를 보물을 찾아올 수단으로 삼기도 했다. 그를 잃은 후, 행동하는 인물에서 소극적 관찰자로 변모한 보탄은 방랑자로 세상을 떠돌다 브륀힐데에게로 가는 쌍둥이 오누이의 아들인 지크프리트와 마주친다. 보탄이 그녀에게로 가는 길을 방해하자 그는 자신의 칼로 보탄의 창을 조각내 버린다. 예전에는 보탄이 이 창으로 아들 지그문트의 칼이자 자신의 칼이기도 했던 '노퉁'을 두 동강 냈는데, 이번에는 지크프리트가 직접 수리한 이 검으로 보탄의 창을 부순 것이다. 그 창에는 법과 계약이 새겨져 있었는데, 창이 부러진 것은 바로 신의 질서가 깨진 것을 의미한다.

이로써 보탄은 패배를 인정하고 브륀힐데에게로 가는 길을 열어준다. "가라! 너를 더는 붙들 수 없구나!" 보탄은 마지막으로 지크프리트에게 의지해서 자신의 권력을 유지해 보려 했으나 이제 소용없는 일이 되었다. 그래서 자신의 시대가 지나가 버린 무력하고도 비극적인 신 보탄은 ≪반지≫에서 더는 직접 등장하지 않는다. 신으로서의 힘을 완전히 잃고서 좌절하고 절망하는 존재로 전락함으로써, 보탄은 탈신화 또는 비신화화되고 있다.

탈영웅화

≪반지≫에서 전통적인 영웅상은 없으며, 탈영웅화는 휴머니즘과의 밀접한 연관 속에서 지크프리트와 브륀힐데를 중심으로 나타나고 있다. 지크프리트의 아버지 지그문트는 신들의 몰락을 막기 위한 수단이자 보탄의 꼭두각시였고, 사회와 고립된 채 용감한 영웅으로 키워졌으나 근친상간으로 인해 죽음의 벌을 받았기 때문에 사실상 탈영웅화 또는 비영웅화되고 있다. 지그문트의 아들 지크프리트는 거대한 용으로 변신한 파프너를 죽임으로써 명목상 영웅이지만 실제는 자유롭고 고결한 영웅과는 거리가 멀다. 전통적인 영웅 지크프리트는 치명적인 한 부분을 제외하면 용의 피가 온몸에 발라져 있기 때문에 전혀 상처를 입지 않는 존재이고, 신분은 왕자이며, 용맹하고 싸움에도 능해서 니벨룽의 보물 파수꾼 알베리히를 제압한 뒤 그 보물의 주인이 된다.

반면에 바그너의 지크프리트는 난쟁이 대장장이인 미메의 손에 길러져서 신분이 미천하고 성격도 거칠며, 세상 경험을 한 바가 없어서 두려움을 모르는 젊은이다. 그는 유복자로 태어났으나 나중에는 어머니마저 잃어서 고아가 되었다. 게다가 두려움을 모르는 덕에 용으로 변신한 거인 파프너를 죽였

파프너를 죽이는 지크프리트

자료: Arthur Rackham 그림(1910년).

고, 적에게 결코 등을 보이지 않는 용기를 지니고 있었다. 이렇게 바그너는 용의 피라는 신화적 모티브 대신에 '용기 또는 두려움 없음'이라고 하는 심리적 요인을 내세우고 있으며, 가장 인간적인 모습으로 새로 태어난 지크프리트 설화를 만들어내고 있다.

바그너의 지크프리트는 파프너를 죽임으로써 반지에 얽힌 저주를 풀 발판을 마련하고, 브륀힐데를 인간 세계로 불러들임으로써 두 사람은 옛 질서의 희생자인 동시에 새로운 세계 질서의 개척자가 된다. 이러한 관점은 바그너가 ≪반지≫에서 전통적인 설화와 신화를 완전히 새롭게 해석하고 있음을 보여주고 있으며, 이는 또한 신화의 현재화를 성공적으로 해내고 있는 증거이기도 하다.

바그너의 작품에서는 지크프리트의 출생과 유년기 시절의 성장은 하나의 전사前史, 즉 본격적인 줄거리 이전 단계의 이야기로 들어 있다. 미메는 혼자 피난처를 찾던 지클린데를 숲에서 발견해 자신의 동굴로 데려왔는데, 지클린데는 이곳에서 아들을 낳다가 죽는다. 죽기 전 그녀는 미메에게 부러진 칼을 주었고, 아이를 지크프리트라 이름 붙이며 양육을 부탁한다. 이후 미메는 동정심과 아량에서 젖먹이를 돌보는 것이 아니라 언젠가 아이가 자신에게 반지와 보물을 가져다줄 수 있다는 기대감에서 돌봐온다.

그러나 지크프리트는 그런 기대와는 다른 젊은이로 성장한다. 그는 미메한테 대장장이 일을 배우지만 한 번도 그에게 감사한 마음을 가져본 적이 없다. 지크프리트는 미메를 '흉측한 낯짝의 대장장이'라고 조롱하는가 하면, 미메를 숲에서 곰에 쫓기도록 만들고 두려움으로 초죽음 상태가 되는 것을 즐긴다. 이런 모습의 지크프리트는 용맹함과 고결한 성품의 고전적 영웅이 아니라 전형적으로 탈영웅 혹은 비영웅화된 인물이다. 바그너의 지크프리트는 사회 질서 밖에 있으며, 게다가 야생 기질을 지닌 자연의 아이이고, 신에 대한 경외심을 모르는 젊은이다. 지크프리트는 어머니가 준 부러진 칼을 미메가 고치지 못하자 그 칼을 직접 용접해 "노퉁! 부러움을 일으키는 칼!"로 만들었다. 아버지의 부러진 칼이 아들에게 와서 그 무엇으로도 이 칼을 훼손할 수 없게 완전해진 것이다. 지크프리트는 두려움을 배우기 위해서 용으로 변신한 파프너를 찾아갔으나 짧은 싸움 끝에 노퉁으로 파프너의 가슴을 찌른다. 죽어가면서 파프너는 한탄한다. "신들로부터 받은/ 저주스러운 황금 때문에/ 내가 파졸트를 죽였고/ 이제 괴물이 되어/ 보물을 지키던 파프너/ 그 마지막 거인을/ 새파란 영웅이 쓰러뜨렸다."

그 후 지크프리트가 파프너의 가슴에서 칼을 빼내다 용의 피가 손에 묻는데, 그것을 입에 대자 갑자기 숲새들의 말을 이해할 수 있게 된다. 지크프리트가 새의 언어를 이해한다는 것은, 그가 기술 문명의 세계가 아니라 자연 세계의 일원임을 상징적으로 보여주고 있다. 새들은 지크프리트에게 마법 투구와 반지를 얻을 것이며, "반지는 그를 세계의 주인으로 만들어 줄 것"이라고 노래하지만 반지의 저주에 대해서는 노래하지 않는다. 지크프리트는 보물은 동굴에 그대로 두고, 마법 투구와 반지를 가지고 나와서 한동안 쳐다보다가 반지를 자신의 손가락에 낀다. 이로 인해서 그 역시 반지의 저주를 피할 수 없게 되었다. 이것은 그리스 비극의 신탁처럼 지크프리트 자신도 모르는 사이에 파국을 맞이하는 것과 같다. 숲새들이 이번에는 미메에 대한 경계심을 일깨웠고, 보물을 탐내는 미메의 의도를 정확히 간파한 지크프리트가 노퉁으로 그를 단숨에 내리친다. 그가 미메를 살해한 것은 영웅적 행위와는 관련이 없으며 그냥 방어적 차원에서 발생한 일이었다.

지크프리트는 잠시 휴식을 취하다가 사랑에 대한 숲새들의 예언 노래를 듣는다. 불에 에워싸인 채 잠들어 있는 브륀힐데를 오직 두려움을 모르는 자만이 깨울 수 있고 신부로 맞이할 수 있다고 하자, 그는 환호성을 지르면서 바로 그 두려움을 모르는 자가 바로 그 자신이라고 한다. 이후 보탄의 방해를 물리친 그가 담장처럼 에워싼 불길을 뚫고 들어가 고요히 누워 있는 브륀힐데를 발견한다. 처음에는 그녀의 투구와 갑옷을 보고 남자라고 여겼으나, 그것들을 벗기자 여인의 모습이 나타난다. 잠들어 있는 브륀힐데에게 입을 맞추자 그녀가 잠에서 깨어났고, 죽음의 잠에서 밝은 빛의 세계로 돌아온 그녀는 그가 누구인지 묻자 "그대를 깨운 자/ 난 지크프리트요"라고 답한다. 브륀힐데는 발퀴레의 무장이 해제됨으로써 더는 과거의 신성하고 용맹한 무사가 아니라 영웅을 사랑하는 여인으로 변모한다. 그리고 자신이 유래한 신들의 세계와 작별하면서 오직 그녀에게 남은 것은 지크프리트에 대한 영원한 사랑뿐임을 강조한다. 그것은 "하나이자 전부이며/ 빛나는 사랑이요./ 웃음 짓는 죽음"인 것이다. 지크프리트 역시 환희와 승리감에 가득 차서 그녀가 노래한 부분을 후렴처럼 똑같이 노래한다.

그런데 여기서 두 사람 모두 자신들의 사랑에는 죽음이 내포된 것을 알고 있다. 이들의 사랑은 순수하기는 하지만 지크프리트 부모의 근친상간처럼, 또 그리스 비극의 신탁처럼 자신들도 모르는 사이 친족상간의 관계를 맺었으므로 죽음으로 속죄하지 않을 수 없게 된 것이다. 이렇게 바그너의 지크프리트는 영웅이라기보다는 두려움을 모르는 한 젊은이에 불과하고, 브륀힐데는 전통적 설화에서처럼 용맹하기는 하지만 이제 평범한 아낙네로 변모됨으로써 두 사람 모두 탈영웅화 또는 비영웅화된 모습을 보이고 있다.

브륀힐데는 《반지》의 마지막 부분에서 지크프리트와 함께 새로운 인간의 질서를 위해서 그리고 새로운 미래를 위해서 신들의 몰락을 재촉하는 순교자 역할을 한다. 브륀힐데의 이러한 변화에는 몇 가지 과정과 계기가 있었다. 지크프리트는 그녀와 작별한 후 세상 경험을 하려고 라인강 강변에 있는 기비홍 가문의 궁전까지 여행한다. 이곳에서 군터와 구트루네 그리고 하겐을 만나는데, 알베리히의 아들인 하겐이 브륀힐데와 지크프리트를 떼어놓는 일을 비롯해 모든 계획을 총지휘한다(그런데 바그너의 작품에선 어떻게 난쟁이 알베리히가 신분이 높은 기비홍의 왕비에게서 하겐을 얻었는지가 묘사되어 있지 않다). 그중 군터는 나약하고 무능함이라는 전통적인 특징을 그대로 보여주고 있다. 그리고 그의 여동생은 『니벨룽의 노래』의 크림힐트가 아니라 『에다』에 등장하는 '구트루네'라는 이름으로 나온다. 구트루네와 지크프리트의 사랑은 『니벨룽의 노래』와 마찬가지로 애틋하고 열정적이지만 그 사랑을 획득하는 길은 전혀 다르다. 이들의 사랑은 구트루네가 하겐의 조언을 받아 망각의 음료를 지크프리트에게 제공해서 얻은 교활한 계책의 산물이다. 그렇게 인간 영웅 지크프리트는 하겐이 부린 간계의 희생자가 된다. 하겐은 영웅의 대립자가 됨으로써 그 역할이 크게 강화되어 있다. 바그너의 하겐은 전통적인 영웅 설화에서처럼 군터의 삼촌이나 가까운 친척 혹은 충신이 아니라 군터의 이복형제이며, 실질적으로는 간계와 여러 조언을 통해서 군터의 나라를 지배하고 있는 자다.

한편, 지크프리트는 군터의 나라에 도착해서 환영주酒를 마시자마자 자신의 과거를 모두 잊고 만다. 그는 군터와 의형제를 맺고 그의 청혼을 기꺼이 돕는다. 다만 그 전에 군터로부터 그의 여동생 구트루네에 대한 사랑을 허락받는다. 하겐의 계획대로 군터는 브륀힐데와 혼인하고 지크프리트는 구트루네를 아내로 맞이하지만, 기비홍 오누이의 비극은 그들의 능력 밖에 있는 것을 얻으려고 했기 때문에 시작되었고, 이로 인해 지크프리트는 그리스 비극의 주인공처럼 피할 수 없이, 순수한 사랑을 배반하는 죄를 짓는다. 그는 죄가 없으나 죄를 지었고, 그 비극은 작품 전체의 비극이 되며, 또한 정치와 권력 그리고 돈에 의해서 파멸에 이른 세계의 좌절을 보여주고 있다.

브륀힐데가 군터의 청혼을 받기 전, 지크프리트에게서 선물로 받은 반지를 보면서 그를 생각하고 있을 때 자매 발트라우테의 방문을 받는다. 그녀에 따르면 보탄은 브륀힐데와 작별한 다음부터 발퀴레들을 전장으로 보내지도 않고, 끝없는 방랑길에서 깨부숴진 창을 들고 돌아와서는 모든 신들과 영웅들에게 자신의 나무인 물푸레나무(세계수)를 베어버리고 거대한 장작더미를 발할 성 주위로 쌓게 하면서 신들의 몰락을 기다리고 있는 중이었다. 그러다가 보탄이 꿈을 꾸듯 "라인강의 딸들에게/ 그녀가 반지를 돌려준다면/ 신과 세상이/ 그 저주의 짐으로부터 속죄"받을 수 있다고 혼잣말하는 것을 듣고 발트라우테가 바로 브륀힐데에게로 달려왔다는 것이다. 발트라우테는 세계의 재앙이 들어 있는 그 반지를 다시 라인의 딸들에게 돌려주자고 브륀힐데에게 말하지만 거절당한다. 브륀힐데는 "발할의 빛나는 화려함이/ 잿더미로 무너져 내린다 해도/ 난 내 사랑을 포기하지 않을 것이고/ 신들은 결코 내게서 그것을 빼앗아가지 못한다"라고 전하도록 한다.

이로써 브륀힐데는 아버지 신 보탄의 의지에 순종하는 하수인이 아니라 자유의지를 통해서 사랑을 실천하는 인간으로 바뀐다. 발트라우테와 헤어진 후 그녀는 지크프리트의 호른 소리를 듣고 기쁜 마음으로 그를 마중 나갔으나, 눈앞에는 군터의 모습을 한 지크프리트가 구혼을 위해 나타나 있었다. 마침내 군터의 모습을 한 지크프리트는 반지의 힘으로 마지막 저항을 시도하는 그녀를 제압해 그녀에게서 반지를 빼앗고, 그녀를 군터의 아내가 되게 한다. 그녀는 비탄에 빠지지만 그 사태를 바꿀 수 없었고, 지금의 지크프리트는 망각의 음료를 마셔서 그녀가 전에 자신의 아내였음을 전혀 기억하지 못했다. 지크프리트가 먼저 기비홍 궁전으로 돌아오고 뒤이어 군터가 브륀힐데와 함께 돌아온다. 도착 후 환대를 받으면서 군터가 신하들에게 "브륀힐데, 이 가장 귀한 여인을/ 난 너희들에게 이 라인 지역으로 모셔온 것이다"라고 소개한다. 그러나 브륀힐데는 단 한 번도 고개를 들고 그들을 보지 않는다.

성에서는 두 사람을 맞이할 준비를 모두 마치고 지크프리트와 구트루네가 여러 사람과 함께 모습을 드러낸다. 그러자 군터가 합동 결혼식을 알리는 의미에서 "축복받은 두 쌍이/ 이곳에서 화려하게 빛나는 것을 본다./ 브륀힐데와 군터/ 구트루네와 지크프리트가"라고 인사를 건넨다. 지크프리트가 군터의 여동생과 혼인한다는 말에 크게 충격을 받은 브륀힐데가 비틀거리면서 쓰러지려

하자 지크프리트는 그녀를 부축한다. 그때 그녀는 그의 손가락에 끼어 있는 반지를 보고 심하게 놀란다. 이 반지는 지난밤 그녀를 제압한 군터의 손에 있어야 할 것이었다. 그래서 그녀는 자신이 속았음을 알게 되고,『니벨룽의 노래』의 브륀힐트처럼 지크프리트의 배반에 대한 복수를 요구한다. 그러면서 간밤에 자신과 동침한 사람은 군터가 아니라 바로 지크프리트라고 주장한다.

『니벨룽의 노래』에서는 지크프리트가 브륀힐트의 용맹성을 상징하는 벨트와 반지를 빼앗고, 그것을 자신의 아내 크림힐트에게 줌으로써 그의 죽음의 원인이 되었다. 이에 비해 바그너의 경우는 반지가 지크프리트의 죽음의 원인으로 작용하는 점은 과거 영웅 설화의 이야기와 같지만, 벨트 이야기는 빠져 있으며, 또 그가 브륀힐데에게서 빼앗은 반지를 구트루네에게 주지 않고 자신이 소지하고 있는 점도 다르다. 또 한편 바그너의 브륀힐데는 중세의 그녀처럼 처절하게 이중으로 치욕과 고통을 당하자 하겐이 배반에 대한 복수를 자청한다. 하겐은 사냥길에서 멧돼지의 공격을 받은 것으로 위장해서 지크프리트를 살해한다는 계략을 세운다.

사냥길에서 혼자 떨어진 지크프리트는 라인의 딸들의 방문을 받지만 그들의 요구대로 반지를 돌려주지는 않는다. 사실 지크프리트는 사랑 이외에 권력 쟁취나 세계 지배 같은 문제에는 관심이 없으므로 반지의 저주를 풀 수 있는 유일한 자다. 그러나 그는 반지의 출처와 의미를 제대로 알지 못했기 때문에 단순히 귀한 물건 정도로 취급해서 돌려주지 않은 것이다. 라인의 딸들은 반지의 재앙은 죽음이고, 그것도 오늘 중에 그 일이 일어나며 오직 깊은 라인의 물결만이 그 저주를 풀어준다고 말한다. 그러면서 그에게 "우리는 당신에게 진실을 알리고 있어요. / 피해요, 저주를 피해요"라고 마지막 경고를 한다. 그러나 지크프리트는 노퉁만 있으면 두려울 게 없다고 생각한다. 이렇게 해서 반지의 저주에 대해서 무지했던 지크프리트는 그것을 자연 상태로 환원시킴으로써 그 저주에서 벗어날 수 있는 마지막 기회를 잃어버린다.

라인의 딸들과 헤어진 후 지크프리트는 사냥 팀과 합류하고, 흥이 무르익는 가운데 하겐은 다시 기억을 완전히 되살릴 수 있도록 제조한 음료를 그에게 건네준다. 하겐은 그러니까 지크프리트에게 병 주고 약을 준 셈이다. 지크프리트가 천천히 그 음료를 마시고는 새가 한 말을 통해서 브륀힐데에 대한 사랑을 기억해 낸다. 하겐은 그에게 까마귀의 말도 이해하는지 묻자 그는 등을 돌려서 그 새들을 본다. 바로 그때 하겐이 브륀힐데(『니벨룽의 노래』에서는 크림힐트)로부터 얻은 정보대로 뒤에서 그를 창으로 찌른다. 지크프리트는 죽어가면서 그녀에 대한 사랑을 계속 노래한다. "브륀힐데여/ 성스러운 신부여/ 깨어나시오! 그대의 눈을 뜨시오!/ 누가 다시/ 그대를 잠속으로 가두었나?"

지크프리트의 장례 행렬은 브륀힐데와의 순수한 사랑을 되찾은 승리의 행진이기도 하다. 군터의 명에 따라 궁에 장례 행렬이 도착하자 브륀힐데가 나타난다. 비탄에 빠진 구트루네가 브륀힐데에게 그녀가 모든 재앙의 원인이라고 비난하자 브륀힐데는 구트루네를 향해서 이 여자는 지크프리트의 정식 아내가 아니라고 말한다. 이 말은 진실이었기 때문에 구트루네는 "저주스러운 하겐/ 슬프구나, 아, 슬퍼/ 네가 나에게/ 남편을 앗아갈/ 독약을 권했던 것"이라고 크게 원망하면서 "그가 망각의 음료를 마셔서 잊었던 아내가/ 바로 브륀힐데였다는 것을" 지금에서야 알게 되었다고 말한다. 이제 모든 사태의 전후 관계를 깨달은 브륀힐데는 지크프리트의 시체를 태울 장엄한 예식을 무사들에게 명한다. 그녀는 그의 시체를 보면서 자신을 배반한 것은 바로 계책에 의한 일이라는 것을 파악하고는 점점 마음이 부드럽게 순화되면서 지크프리트와 하나가 되고, 그의 죽음에 대한 속죄로써 그와 함께 죽음을 맞이하려고 한다. 그녀는 지크프리트의 시체를 장작더미에 얹어놓도록 신호를 보내면서 반지는 라인의 딸에게 되돌려 주려고 한다.

브륀힐데는 지크프리트의 시신이 놓여 있는 장작더미에서 장작불 하나를 들고는, 보탄의 까마귀들에게 자신에게서 들은 것을 보탄에게 전하라고 명한다. 반지의 저주는 사랑에 의해서 해체되고, 이제 사랑의 불길은 신들의 세계로 번진다. 이 소재는 『에다』에서 비롯했는데, 반지와 몰락하는 세계의 저주

▌지크프리트의 시신이 올려진 장작더미에 올라간 브 륀힐데

자료: Arthur Rackham 그림(1910년).

는 바로 보탄의 저주가 되었고, 그것은 권력욕과 매정함에서 비롯했다. 실제로 보탄의 사랑은 한 번도 자유로웠던 적이 없으며, 늘 의도와 목적이 있었다. 자유롭고 순수한 사랑에 대한 보탄의 동경은 그의 자녀들인 지그문트와 지클린데, 그의 손자와 딸인 지크프리트와 브륀힐데의 사랑을 통해서 구현되었고, 이들의 사랑은 가장 순수한 자연의 일부이기도 하다.

마침내 지크프리트의 죽음과 더불어 보탄의 딸 브륀힐데는 자유의지로 새로운 세계 질서를 위해서 스스로 희생해 속죄하는 순교적 행동을 한다. 이 희생과 속죄는 전통적인 영웅적 행위에서 나오는 것이 아니라 사랑을 이해하는 한 여인의 휴머니즘에서 나오고 있다. 이 점에서 탈영웅적인 동시에, 이것은 소포클레스의 안티고네가 자연법에 따라 크레온의 폭정에 저항해 목숨을 끊는 휴머니즘적 행동과 유사하다. 이제 그녀는 손가락에 반지를 낀 채 자신의 말 그라네를 타고 지크프리트의 시체가 타고 있는 장작더미로 뛰어든다.

사랑의 화염 속에서 반지는 그 자체에 드리워진 저주로부터 정화되고, 권력욕과 매정함이 지배하던 세계는 사랑의 힘으로 극복된다. 라인강이 연안으로 흘러들어 불길이 꺼지던 그때, 라인의 세 딸이 헤엄쳐 오자 장작더미를 지켜보던 하겐은 반지를 차지하기 위해 그곳으로 뛰어든다. 그러나 그는 라인의 딸들에 의해서 익사당한다. 라인의 황금으로 만들어진 반지는 마침내 자연으로 돌아가고 세상에는 평화와 질서가 다시 찾아왔으며, 발할은 불길에 휩싸여서 기존의 세계 질서의 지배자들과 지금까지의 세계 질서는 끝이 난다. 이 모든 것을 '남자들과 여자들이 말 없는 감동으로' 지켜보는데, 이 경외심은 신이 아닌 인간을 중심으로 하는 진정한 사랑에 대한 열망에서 나온 것이다. 동시에 마지막 장면은 앞으로 오게 될 새로운 미래와 인간의 출현을 암시하고 있다.

이렇게 바그너의 《반지》에서는 탈신화화와 탈영웅화 또는 비신화화와 비영웅화의 특징이 강하게 나타나고 있다. 그러나 신화는 인간 사회에서 늘 유효한 이야기이며, 그 소재는 모든 시대 어디서나 반복해서 일어나는 일의 사례인 것이다. 신화의 장점은 그 내용이 가장 압축되어서 어느 때나 어디서나 적용될 수 있다는 것이다. 바그너에게 시인의 과제는 신화를 해석하는 일인 동시에 신화를 새롭게 창작하고 그것을 연극 속에서 가장 잘 이해할 수 있는 표현으로 만드는 것이다. 그리고 그리스 비극의 혁신은 신화를 새롭게 해석하는 것을 뜻하며, 그것은 과거의 신화적 사건을 악극을 통해서 현재화한다는 것뿐만 아니라 현재라는 시점에서 비판적 성찰을 한다는 것을 뜻한다. 그래서 바그너는 그의 작품을 통해서 북유럽 및 게르만 그리고 그리스적 전통에서 나온 신화의 파편들을 조합해 새로운 신화를 창조했다.

바그너는 신화의 현재화를 거친 그의 《반지》에서 자신의 예술 이론과 사상을 성공적으로 적용하고 실천하고 있다. 그의 작품에서는 신들의 불멸성이 해체되고 또 몰락하는 점, 지크프리트가 영웅이 아니라 가장 인간적인 모습으로 그려지고 있는 점, 세계 지배를 둘러싸고 빛의 신 보탄과 검은 세계의 알베리히가 대립하는 점, 브륀힐데가 지크프리트의 죽음에 대해 속죄하고 반지의 저주를 해체하는 점, 발할 성의 화재가 자유롭고도 새로운 인간의 질서가 도래할 것이라는 희망을 주고 있는 점, 그 미래의 희망은 브륀힐데와 지크프리트였는데 이들이 새로운 인간의 질서를 열기 위해서 법과 권력, 계약으로 대변되는 옛 질서의 희생자 역할을 했다는 점 등을 통해서, 과거의 영웅 설화 및 신화가 현재와 미래의 세계로 진입하면서 탈영웅화와 탈신화화 또는 비영웅화와 비신화화의 특성을 가진 새로운 인간 중심의 신화를 만들어내고 있다.

바그너에 관한 이야기의 처음에 언급했던 것처럼, 새로운 인간은 강하고 아름다우며, '강한 인간만이 사랑을 알고, 사랑만이 아름다움을 이해'한다는 생각이 그의 ≪반지≫에서 구현되고 있음을 볼 수 있다. 그뿐만 아니라 이 작품은 그의 이념대로 과거의 신화와 영웅 설화에서 새로운 미래와 새로운 인간을 향하는 음악적 연극이 되고 있다. 그리고 미래의 예술 작품을 생산하는 자는 다름 아니라 미래의 삶을 예감하는 바로 현재의 예술가이기도 하다.

≪트리스탄과 이졸데≫

서사 오페라의 창시자인 바그너를 이해하는 데 가장 도움을 주는 작품이 바로 ≪트리스탄과 이졸데Tristan und Isolde≫다. 이 작품은 바그너의 삶의 상황과 입장이 어떻게 예술 작품에 반영되었는가를 대표적으로 보여주고 있기 때문이다. 작곡가의 삶 중에서 어떤 개인적 상황들이 이 작품의 대본과 직접적으로 연관되어 있는지를 고찰하면 작곡가와 작품을 가장 잘 이해할 수 있다.

바그너는 음악사에서 볼 때 그의 시대뿐만 아니라 오늘날까지도 기념비적 존재로 평가받는다. 그가 죽은 지 135년 이상 지났음에도 불구하고 작곡가이

≪트리스탄과 이졸데≫ 각본집에 실린 삽화
자료: George Alfred Williams 그림(1909년).

자 대본 작가인 그의 삶과 작품 연구와 오페라 공연은 여전히 활발하다. 이러한 관심은 1876년 8월 이후 오늘날까지 오직 바그너의 악극만을 상연하는 바이로이트 음악 축제로 인해서 그 빛이 더해지고 있다. 그러나 그의 생전 때와 마찬가지로 오늘날에도 그의 작품에 대한 평가와 의견들은 나누어져 있으며, 무엇보다도 바그너의 그 행적이 적대자를 만들거나 대립을 격화시킨 데 일정 부분 책임이 있다. 그 대표적인 경우를 그가 쓴 『음악에서의 유대주의Das Judentum in der Musik』에서 찾아볼 수 있다. "우리의 본능적 혐오감을 정당화하기 위해서 유대인의 인간성과 존재가 우리에게 주는 무의식적인 거부감을 설명해야만 한다. 물론 그것을 떨쳐내고자 하는 우리의 의식적 노력보다도 이 혐오감은 더 강하고 압도적임을 분명히 인식한다."

그러면서 바그너는 모든 유럽 문명과 예술은 유대인에게 낯선 언어이며, 유대인은 흉내 내거나 모방할 뿐 제대로 창작하거나 예술품을 만들 수는 없다고 했다. 이와 관련해서 독일의 작가 구스타프 프라이타크는 바그너의 인간성이 주는 거부감의 측면에서 보면 "오히려 그야말로 가장 위대한 유대인"이라고 반박한다. 그러나 많은 바그너 지지자들은 반유대주의는 그의 삶에서 중요한 의미를 지니지 않으며, 게다가 유대인 증오는 19세기에 특별한 일이 아니었다고 보았다. 반면, 다른 한편에선 이것이 독일제국(1871~1918)에서 시작해 바이마르 공화국 시절의 애국주의를 거쳐 히틀러의 제3제국에까지 걸쳐 있는 의심쩍은 정신적 유산이라고 간주했다. 실제 바그너의 가족은 제2차 세계대전 이후에도 히틀러와의 친분 및 반유대주의 문제로부터 자유로울 수 없었다.

바그너의 악극 ≪트리스탄과 이졸데≫는 연극 작품처럼 3막으로 구성된 줄거리를 가지고 있고, 초연이 될 때까지 여러 우여곡절을 겪은 작품이었다. 1859년 카를스루에에서의 공연이 계획되었으나 성사되지 못했고, 1861년 빈 공연을 위해서 77번의 연습을 했으나 허사로 돌아갔다. 빈에서의 초연이 실패한 이후 이 작품은 1865년 6월 10일 뮌헨 왕실국립극장에서 한스 뷜로의 지휘로 초연되었다. 참 아이러니한 것은 이 한스 뷜로가 바로 코지마 바그너의 전남편이라는 사실이다. 뷜로는 당대에 유명한 지휘자였고, 바그너의 음악을 예찬했으며, 코지마와 1857년 결혼해서 신혼여행 중에 스위스에 있는 바그너를 방문하기도 했었다. 코지마의 아버지인 프란츠 리스트는 1867년부터 바그너에게로 간 코지마가 뷜로에게 돌아오도록 노력했으나 허사가 되자 한동안 부녀 관계가 소원해지기도 했다. 아무튼, 뷜로가 지휘를 담당한 초연으로 세상에 모습을 드러낸 ≪트리스탄과 이졸데≫는 가장 최근에는 2022년 7월 하순 무대감독 롤란트 슈바프Roland Schwab, 음악감독(지휘) 마르쿠스 포쉬너Markus Poschner에 의해서 아주 새로운 무대 연출로 바이로이트 축제극장에 올려졌으며, 이 책이 출간된 2023년에도 같은 콘셉트로 공연이 예정되어 있다.

바그너: 낭만적 영혼

독일 낭만주의는 감성, 자연 찬미, 낯선 것과 죽음에 대한 동경, 과거로의 회귀 등을 중시하면서 물질적이고 순수 이성과 유용성을 추구하는 산업 시대를 거부한다. 또 유토피아적이고도 조화로운 사회의 상징으로 중세 및 과거의 시대에 의미를 두면서 예술적 소재들을 동화와 전설 그리고 신화에서 찾았다. 낭만주의 예술의 특징인 감성, 열정, 개인주의, 고통받고 괴로워하는 영혼, 자연과 운명의 힘들, 오래전에 사라진 신화와 전설들, 화덕이 있는 고향, 감각적 욕구, 속죄와 죽음에 대한 동경 및 구원 등은 바그너의 창작과 그의 삶에서 자주 발견되는 주 모티브이기도 하다.

여기에 덧붙여 그는 낭만주의 예술가와 관련해서 다음과 같이 말했다(1871년 발간된 바그너의 에세이『내 친구들에게 보내는 소식Eine Mittheilung an meine Freunde』, 이하『소식』에 실려 있다). "예술가는 감정에 충실하지, 이성에 예속되지 않는다. 이성적으로 답변한 것이라 하더라도 이해되지 않은 것을 말한 것이며, 우리의 비평은 감정으로만 이해할 수 있는 예술 작품에 대해서 사실은 이해할 수 없는 것의 고백일 뿐이다." 낭만주의 예술가들은 그들의 모습 및 특이한 삶의 방식으로 인해서 사회에 도발적인 인상을 주었다. 그런데 바그너의 경우 낭만주의 예술가의 이런 전형적인 특징 이외에도 중년의 나이까지 가난한 예술가에 속했는데, 이에 관해 배우이자 성악가인 에두아르트 데브리엔트는 바그너의 모습을 1861년 5월 8일 일기에서 다음과 같이 적고 있다.

바그너가 주막에 있다. 그가 나에게 말했듯이, 그 가련한 사람은 지난 여러 해 동안 수입이 전혀 없었고 파리에서는 크게 돈이 필요해서 그의 친구들에게 갚기로 하고는 온갖 방법으로 모든 것을 빌렸다. 이 가련한 사람은 보라색 공단으로 안감을 댄 초록색 비로드 천 잠옷을 입은 채 앉아 있었고, 같은 천의 진한 붉은색 바지와 그의 모난 공증인 같은 얼굴에는 전혀 어울리지 않게 갈색 비로드 천 모자를 쓰고 있어서 우스꽝스럽게 보였다.

바그너는 일찍이 삼촌의 서재에서 낭만주의자들의 작품을 접할 수 있었는데, 특히 작가 E. T. A. 호프만Ernst Theodor Amadeus Hoffmann의 작품들, 후기 낭만주의와 기사 시대에 관심을 가졌다. 게다가 호프만에 자극을 받아서 19세 때 ≪결혼≫이라는 미완성 오페라의 대본을 쓰기도 했다. 여기서 흥미로운 점은 그는 자신의 작가적 소질을 저주받은 것으로 여겼다는 사실이다. 그러면서도 평생 대본과 자신의 예술적 요구를 규명하고 정당화하기 위해서 다양한 글을

바이에른 왕 루트비히 2세

썼다. 그런데 이론과의 관계는 항상 이율배반적이었다. 그는 이론을 지적이고 삶과 유리된 것이라고 지적하면서도 자신의 예술관을 정당화하고 자기 확신을 위해서 이론을 필요로 했다.

바그너는 1843년부터 1850년 사이에 ≪방랑하는 네덜란드인≫, ≪탄호이저≫, ≪로엔그린≫ 등을 발표하며 낭만주의 악극을 개척했다. 그의 악극에는 그가 실제로 겪은 삶의 이야기가 아주 직접적으로 묘사되기도 하고, 반대로 작품의 이야기가 그의 삶에서 실현되었던 경우도 있었다. 실제로 그는 '방랑하는 네덜란드인'처럼 빚쟁이들을 피해서 여기저기 떠돌기도 했다. 이는 빚에 쫓기는 상황을 무마하기 위해 또 빚을 얻어서 갚는 버릇에서 비롯되기도 했으나, 그의 낭비벽에 기인하는 측면도 많았다. 바그너는 호주머니에 돈이 있으면 어린아이처럼 이 모든 것이 한 번에 다 없어질 수도 있다는 점을 생각하지 못한 채 탕진하고는 다시 빚을 지는 습관이 있었다. 그래서 토마스 만은 그런 바그너를 가리켜 '외상의 천재'라고 했다.

바그너는 1849년 드레스덴 봉기에 참여한 이후 여러 해 동안 유럽의 여러 도시를 전전하면서 망명 생활을 하다가, 1864년 이후 바이에른 왕 루트비히 2세의 다양한 지원을 통해서 경제적 곤경을 벗어나고 낭만주의 악극의 황금시대를 열었다. 또 1870년대 초 바그너는 바이로이트에 둥지를 틀 수 있게 됨으로써 화덕과 아내가 있는 '고향'과 구원을 얻는다. 이에 대한 감동을 파리 망명 생활 중 1860년 작센 왕으로부터 부분 사면을 받고 드레스덴에서 그의 작품 ≪리엔치≫의 상연 허락을 얻었을 때 다음과 같이 표현한 바 있었다.

파리 사람들의 세계에서 공기가 항상 차갑게 불어왔던 것과는 다르게 이 허락은 나에게 고향을 훨씬 따뜻하게 느끼도록 해주었다. 난 전력을 다해서 이미 독일에 와 있었다. 예민하고 동경에 찬 애국주의가 생겨났고, 그것에 대해서 예전에는 알지 못했다. 그것은 파리에서 겪은 고향 상실의 감정이었고, 나에게 독일이라는 고향에 대한 동경을 일깨웠다.

바그너는 사실상 과거로의 회귀와 더불어 새로 창조되는 미래를 내다보았던 후기 낭만주의자였다. 악극의 소재를 게르만 신화와 중세 전설에서, 특히 니벨룽과 성배 신화에서 취했고, 그러면서도 질풍노도의 혁명가로서 새로운 예술과 음악에 대한 비전과 함께 그의 시선은 미래를 향했다.

바그너는 자신의 에세이 『소식』에서 새로운 예술 작품은 구체적으로 삶을 반영하고 있음을 밝히고 있다. "난 예술 작품 출현을 위한 조건으로 가장 먼저 삶을 드는데, 그것은 철학가와 역사가의 생각 속에 임의로 들어있는 삶이 아니라 가장 사실적이고 감각적인 삶을 전제로 한다." 낭만주의자들이 천재를 예찬할 때 바그너는 자신을 천재라 여겼고, 1850년대가 되면 음악 세계의 지배자가 될 것이라 예감했다. 바그너와 동시대인이고 빈 대학교 교수이자 음악 비평가였던 에두아르트 한슬리크는 바그너에 대해서 다음과 같이 흥미롭게 평했다.

그는 에고이스트의 화신이었고, 자신을 위해서 쉬지 않고 움직였으며, 다른 사람에 대해서는 무관심하고 배려가 없었다. 그런데 그는 (상대를) 친구로 만들어 붙잡아 두는 이해할 수 없는 마력을 지녔다. 그를 위해 희생했던 친구들은 세 번이나 심한 모욕을 당했더라도 세 번이나 그에게 되돌아왔다. 친구들이 바그너로부터 배은망덕을 경험하면 할수록 더욱 열심히 그를 위해 일해야만 한다고 여겼다. 바그너는 자신의 음악으로만이 아니라 그 인간성으로 행하는 최면술과 같은 힘으로 모든 것을 굴복시키고, 자신의 의지에 따르도록 했으며, 자신을 가장 중요한 인물 중 한 사람으로, 활력과 재

「트리스탄과 이졸데」

자료: John Duncan 그림(1912년).

능의 화신으로 고착화하기까지 한다.

바그너의 ≪트리스탄과 이졸데≫

고트프리트 폰 슈트라스부르크는 1210년경 『트리스탄과 이졸데』를 썼는데, 이 작품은 미완성 서사 소설이며, 전래해 오는 '트리스탄과 이졸데' 전설에 근거하고 있다. 토마스 만 역시 이 소재를 택해서 슈트라스부르크의 소설의 줄거리와 유사하게 영화 대본 『트리스탄과 이졸데』를 완성했으며, 이 작품은 1923년 10월에 쓰였다. 그런데 바그너의 대본 ≪트리스탄과 이졸데≫는 슈트라스부르크의 다양한 서사적 에피소드와는 달리 사랑 이야기만을 주요한 줄거리로 다루고 있다.

바그너의 ≪트리스탄과 이졸데≫에서 잉글랜드 콘월의 기사 트리스탄은 아일랜드의 공주 이졸데를 자신의 삼촌이자 콘월 왕인 마르케에게 인도하는 임무를 띠고 있었다. 옛 관습대로 향해 중에는 예비 신부와 그녀를 안내하는 자는 서로 직접 만날 수가 없다. 그런데 사실 두 사람은 과거에 만난 적이 있다. 트리스탄이 이졸데의 약혼자 모롤드의 칼에 찔려서 다친 적이 있는데, 자신을 '탄트리스'라고 신분을 감추어 거짓으로 소개하고 의술의 힘을 지닌 이졸데의 도움으로 치료를 받은 뒤 고국으로 돌아갔던 것이다. 당시 그녀는 트리스탄의 신분을 진작에 알아챘고, 그가 바로 자신의 약혼자를 살해한 사람임을 알고 복수하기 위해서 칼을 들었으나 그의 눈을 보는 순간 행동으로 옮기지 못했다.

그런데 이번에 트리스탄은 왕을 대신해서 그녀에게 구혼하러 왔다가 이제 영국으로 돌아가는 길이다. 그곳에 당도하기 직전 트리스탄이 누구인지를 알아챈 이졸데가 핑계를 대서 트리스탄을 자신에게로 오게 한다. 이졸데는 과거 자신의 약혼자를 죽인 것을 복수하기 위해서 그에게 죽음의 음료를 권하고, 그는 기꺼이 과거의 죄를 용서받기 위해서 그 음료를 마시려고 한다. 그리고 트리스탄뿐만 아니라 사랑 없는 결혼을 해야 하는 이졸데도 그 음료를 마신다. 하지만 그들이 마신 약은 죽음이 아니라 사랑의 묘약이었다.

> 그녀는 마신다. 그리고는 잔을 내던진다. 두 사람은 두려움에 사로잡혀서 가장 흥분된 상태로, 하지만 굳은 자세로 서로의 눈을 응시한다. 그 눈에서는 이내 고집스러운 죽음이 사랑의 빛 앞에 굴복하고 마는 표정이 드러난다. 전율이 두 사람을 감싼다. 그들은 격렬하게 서로를 가슴으로 끌어안고, 손으로는 이마를 만진다. 그리곤 눈길이 마주치면 당혹스러운 시선을 내리깔다가 다시금 점점 커지는 동경의 시선으로 서로를 쳐다본다.

여기서 역설이 생겨나고 있다. 죽음의 음료였기 때문에 마신 것인데, 죽음의 음료라고 믿음으로써 오히려 이것이 사랑의 묘약이 된 것이다. 그들이 그렇게 믿고 마시지 않았다면 그들은 결코 사랑을 고백하지 않았을 것이며, 오히려 서로 간의 호감에 대해서 침묵했을 것이기 때문이다. 이미 두 사람이 사랑의 묘약을 마시기 전부터 이졸데가 트리스탄의 치명적인 상처를 치료해 줄 때 느꼈던 연민은 그녀의 사랑의 싹이었다. 그래서 이졸데는 연민이 사랑으

1865년 루트비히 폰카롤스펠트(Ludwig Schnorr von Carolsfeld)와 말비나 폰카롤스펠트 (Malvina von Carolsfeld)가 분한 트리스탄과 이졸데

로 변하는 것을 느꼈고, 트리스탄은 그녀에 대해서 호의와 깊은 관심을 가지게 되었다. 따라서 죽음의 음료인 줄 알고 마심으로써 두려움이나 사회적 체면을 고려하지 않고 사랑을 솔직하게 드러낸다는 점에서 죽음의 묘약이 되었든 사랑의 묘약이 되었든 그 효과는 크게 다를 바 없게 된 것이다.

이제 두 사람은 영국으로 가는 항해 중에 거역할 수 없는 깊은 사랑에 빠지고 만다. 이들은 사랑의 감정을 깊이 느끼며 죽음을 넘어선 비밀스럽고 새로운 세계, 밤의 신비로운 세계를 찬양하기에 이른다. 여기서 밤은 죽음의 상징으로, 이 세계에서는 너와 나의 구별이 없어지고, 그로 인해서 그들은 오히려 하나가 된다. 두 사람은 항해 중에만 사랑을 나누는 것이 아니라 콘월의 왕 마르케의 궁전에서도 만남을 이어간다. 결국 트리스탄은 이졸데에 대한 사랑이 불가하다는 것을 알고 있는 상황에서 왕의 기사 멜로트의 도전을 받는다. 멜로트는 마르케 왕을 모시고 와서는 두 연인이 함께 있는 장면을 목격하게 만든다. 멜로트는 배반자에게 칼을 뽑아 들었고 트리스탄은 그에게 달려들지만, 죽음에 대한 동경 때문에 방어를 하지 않은 채 그의 칼에 맞아 쓰러진다.

트리스탄의 하인 쿠르베날이 심하게 다친 그의 주인을 브르타뉴 지방의 카레올로 데려간다. 쿠르베날은 죽음의 열병을 앓고 있는 그를 위해서 이졸데에게 이곳으로 오도록 전갈을 보낸다. 이제 죽어가는 트리스탄은 그의 성에서 그녀의 도착을 초조하게 기다리고 있다. 마침내 이졸데가 도착해서 그에게 오자마자 그는 그녀의 팔에 안겨 숨을 거둔다. 이후 두 번째 배가 당도하는데, 여기에는 마르케가 시종 그리고 하녀 브란게네와 함께 탑승하고 있다. 쿠르베날은 적들이 침입한 것으로 간주해서 부하들과 함께 멜로트를 살해하지만, 그 자신도 싸움에서 크게 다친다. 마르케는 죽은 트리스탄과 그곳에 남아 있는 이졸데를 원망한다. 그는 브란게네로부터 모든 이야기를 듣고 두 사람을 혼인시키기 위해서 이곳으로 서둘러 왔으나 이제 소용없는 일이 되고만 것이다.

한편, 이졸데는 마르케의 탄식에는 아랑곳하지 않은 채 아름다운 꿈을 꾸듯 트리스탄과 하나가 되는 환영을 보면서 그의 시체 위로 쓰러져 죽는다.

부드럽고 조용히/ 미소 짓네/ 눈을/ 그는 성스럽게 뜨고/ 친구들이여, 보고 있나요/ 보이지 않나요?/ 그가 점점/ 빛나고 있는 것을/ 그가 얼마나 매혹적인지/ 점점 강하게/ 별들은 높이 떠올라/ 그의 주변을 비추는 것을/ 친구들이여, 보고 있나요/ 보이지 않나요?

이렇게 두 사람은 현세의 구속과 제약에 얽매인 삶을 끝내면서 '속죄'와 '구원' 그리고 마르케의 '축복'을 받는다. 죽음은 그들에게 운명적으로 정해진 사랑의 얽힘으로부터 빠져나올 수 있는 유일한 길이기도 했다.

작품에 얽혀 있는 바그너의 자전적 요소들

바그너의 자전적 삶의 상황이 그의 작품에 얽혀 있거나, 때로는 작품의 상

마틸데 베젠동크
자료: C. Dorner 그림(1866년경).

1865년의 민나 바그너

황이 그의 삶에많은 흔적을 남기고 있다. 혼인 파기에 이르는 열정적이고 파격적인 사랑, 배반, 출구 없는 사랑, 속죄와 죽음에 대한 동경, 이 모든 낭만적 요소들이 그의 ≪트리스탄과 이졸데≫에 들어 있다. 이 악극은 그의 예찬자 오토 베젠동크의 아내 마틸데를 향한 사랑의 고백이며, 그녀와의 이뤄지지 않은 사랑은 이 작품에서 모든 사회적 규범을 무너뜨리는 사랑으로 대담하게 전환되고 있다. 바그너는 실제로 자신의 후원자인 오토 베젠동크에 대한 신의와 그의 아내 마틸데에 대한 감각적 욕구 사이에서 크게 흔들렸는데, 이 이율배반적 감정은 트리스탄에게 그대로 투사되어 있다. 그러니까 악극은 삶의 대본이, 삶은 악극의 대본이 되었다. 트리스탄은 바그너의 분신이며 이졸데는 마틸데와 동일시해도 손색이 없는 것이다.

그리고 그의 음악은 사회의 모든 규범과 도덕 및 윤리를 넘어서게 만드는 '사랑의 묘약'처럼 마력을 지닌 것이다. 트리스탄의 이졸데에 대한 사랑 소식이 마르케에게 전달되었듯이, 오토 베젠동크는 바그너의 마틸데에 대한 사랑을 바그너의 아내인 민나로부터 알게 된다. 민나는 1858년 봄 마틸데에게 보내는 남편 바그너의 은밀한 편지를 열어본 후 모든 것을 알게 되었고, 마틸데의 남편에게 진실을 알린 것이다. 이로 인해 바그너의 마틸데에 대한 사랑의 감정은 심각한 위기 상황에 빠졌고, 어쩔 수 없이 그녀와 헤어진 것이라는 점을 바그너는 같은 해 7월 6일 그녀에게 보낸 편지에서 언급하기도 했다. 바그너는 마틸데에 대한 사랑이 좌절되는 것에 절망했고 죽음에 대한 동경 상태에 놓이는데, 이 점은 트리스탄도 마찬가지다. 그 역시 불가능한 사랑으로 인해서 연인의 품에서 죽기를 원하고 죽음에 대한 동경을 보였다. 바그너는 1858년 8월 21일 일기에서 여러 차례 다음과 같이 언급하고 있다. "그대가 마지막으로 내게로 왔을 때, 그대가 모든 사람 앞에서 내 머리를 그대의 품에 활짝 안았다고 여겼을 때, 마지막 입맞춤으로 내 영혼을 맞이했을 때, 난 내가 이미 죽었다는 상상을 했소."

또 같은 해 11월 1일 일기에서도 이렇게 썼다. "그대의 품에서 죽는다는 것이 나에게 허락되었다는 것을 알고 있소. 난 그걸 알고 있소!" 마침내 바그너는 트리스탄처럼 사랑에 의해서 그리고 공동의 죽음을 통해서 구원을 얻을 수 있다고 같은 해 7월 6일 마틸데에게 보낸 편지에서 다음과 같이 쓰고 있다. "우리의 모든 동경과 욕망을 숨기고 가라앉히는 아름다운 죽음에 우리를 바치도록 합시다! 신성해진 고요한 눈빛으로 그리고 아름다운 극복의 성스러운 미소로 축복 속에 죽도록 합시다!" 바그너는 실제 마틸데에게서 ≪트리스탄과 이졸데≫의 대본을 쓰고 곡을 붙일 영감과 자극을 얻었을 뿐만 아니라, 자신과 그녀가 영원한 사랑의 한 쌍이라 느꼈다. 이후 바그너는 두 사람의 지인이었던 엘리자 빌레에게 보낸 편지에서 "마틸데는 나의 첫 번째이자 유일한 사랑이고, 그렇게 남아 있을 것"이라고 썼다. 이에 반해 마틸데는 같은 해 8월 9일 다음과 같이 회신한다. "난 당신에게 좋은 사람이고, 그렇게 남아 있게 될 것입니다. 우리는 서로 신의를 가지고 참아내려고 하지요."

다만 마틸데 베젠동크가 바그너의 첫 번째 연인은 아니었다. 그 이전에 그는 연극 배우였던 민나를 열렬히 사랑해서 그녀와 결혼했다. 1850년에는 프랑스에서 제시 로소를 알게 되었다. 그녀 역시 바그너 음악의 예찬자였으며, 부유한 포도주 상인인 남편 덕택으로 바그너를 경제적으로 지원할 수 있었다. 여기서도 두 사람은 아주 열정적이고 희망 없는 사랑에 빠져들었다. 그녀와의 모험적인 도주 계획은 좌절되었고, 이들의 관계는 그녀의 남편에게 발각되었다. 이 스캔들 이후인 1852년, 그는 베젠동크 부부를 취리히에서 알게 되었다. 오토 베젠동크는 평생 그의 후원자가 되어주었으며, 바그너 부부에게 약간의 임대료를 받고 '푸른 언덕' 위의 별장에 평생 살도록 지원해 주었다. 1857년 4월 바그너는 민나와 그녀의 딸(민나가 외도해서 낳은 딸)과 함께 그곳으로 이사했고, 민나의 손에 마틸데한테 보내는 그의 내밀한 편지가 쥐어지기 전까지는 행복하고 창조적인 시간을 이 '피난처'에서 보낼 수 있었다.

바그너와 마틸데 사이의 서신 교류는 단편적으로만 남아 있어서 실제 내밀한 질문들에 대해서는 답을 알 수 없는 상태다. 아무튼, 바그너는 1857년 10월 ≪트리스탄과 이졸데≫ 작곡을 시작했고, 2년 후 이 작품을 완성했다. 그에게 영감을 주는 뮤즈였던 마틸데가 없었다면 오늘날과 같은 형태의 악극 ≪트리스탄과 이졸데≫는 존재하지 않았을 것이라고는 어렵지 않게 추정할 수 있다. 그는 1861년 12월 하순 그녀에게 보낸 편지에서 "내가 트리스탄을 작곡한 것에 대해서 마음속 깊이 당신에게 영원히 감사를 드립니다"라고 이 점을 확인해 주고 있다. 그러나 엄밀한 의미에서 본다면, ≪트리스탄과 이졸데≫에는 마틸데에 대한 사랑이 직접적으로 표현되어 있거나 반영되어 있는 것이 아니고, 이 사랑은 연극적이고 음악적인 장면이 되도록 해주는 수단이었다고 할 수 있다.

바그너 악극과 삶에 나타난 '혼인 파기' 모티브

'혼인 파기' 모티브는 19세기 문학에서 낯설지 않다. 프랑스에선 1857년 귀스타브 플로베르의 『보바리 부인』에서, 러시아에선 1877년 레프 톨스토이의

『안나 카레니나』에서, 독일에선 1895년 테오도어 폰타네의『에피 브리스트』에서 그 모티브를 볼 수 있다. 이 소설들에서는 아내가 주인공이며, 혼인 파기의 이유는 남편으로부터의 소외감, 결혼 생활의 무력감, 가정에서 여성의 역할 축소 등이다. 결국 가정에서의 권태와 새로운 모험에 대한 동경이 그들을 혼인 파기에 이르게끔 하는데, 이것은 남성 중심의 도덕과 사회적 윤리를 해지한다는 의미를 내포하고 있다. 혼인 파기라는 주제는 아가멤논의 아내 클리타임네스트라 이야기에서 보듯이 에우리피데스의 안티케 문학으로 거슬러갈 수 있으며, 중세에서는 트리스탄과 이졸데의 혼인 파기 이야기가 가장 유명하다.

바그너의 작품 ≪트리스탄과 이졸데≫에서는 항해 중 사랑의 묘약을 마심으로써 이졸데가 배우자를 배반하고, 트리스탄은 마르케와 이졸데의 혼인을 파기하게 만든다. 이로 인해 마르케는 가장 진실하고 신의가 깊다고 여겼던 조카 트리스탄으로부터 심한 배신감을 느낀다. 또한 바그너는 실생활에서도 결혼 파괴자였는데, 그의 여러 파격적인 사랑과 스캔들의 배경에는 그의 개인적 성향만이 아니라 독일 낭만주의와 비더마이어 시대의 소시민적 결혼 생활에서의 이탈을 다룬 19세기 후반기 소설들의 분위기와도 그 맥이 닿아 있다. 동시에 모든 사회 규범과 금지를 넘어서는 자유로운 사랑에 대한 대중 앞에서의 혁명적 고백이라는 측면도 있다. 그의 미완성 오페라 ≪나자렛 예수 Jesus von Nazareth≫에서 바그너는 예수를 통해서 다음과 같이 말한다.

계명은 말한다, 너는 혼인을 깨뜨리지 말라고! 그러나 난 너희들에게 말한다, 너희들은 사랑 없이 혼인하면 안 된다고! 사랑 없는 혼인은 서약이 맺어졌다 해도 깨어져야 한다. 그리고 사랑 없이 혼인한 사람이 그 결혼을 파기해야 한다. 그렇게 너희가 내 계명을 따른다면 너희는 그것을 깰 수가 있다. 너희 마음과 영혼이 원하는 바를 하도록 그렇게 허락되어 있지 않은가?

바그너는 1836년 초연된 또 다른 오페라 ≪사랑 금지Das Liebesverbot≫에서도 모든 사회적 규범과 금지를 벗어난 사랑 고백을 주제로 다루었다. 그러나 결혼을 파기하고 도덕적으로 지탄받는 자유연애 이야기와 오페라 소재들은 19세기 독일 시민사회에는 낯선 것이었다. 보수적이고 평범한 시민사회의 도덕과 윤리는 결혼이 '보호받고 방어되어야 하는 유용한 제도'라는 믿음에 근거하고 있었다. 이 점에서 보면 바그너는 비더마이어식 소시민의 윤리와 규범 그리고 도덕을 벗어난 이탈자였다.

많은 동시대인은 그의 여러 스캔들과 더불어 뷜로의 아내이자 리스트의 딸이었던 코지마와의 '불가능해 보이는 금지된' 사랑으로 말미암아 바그너를 자신의 음악에 경도된 '색광'으로 간주했다. 이와는 달리 바그너를 지지하는 사람들은 그를 새로운 음악 세계의 창조자로 보았다. 바그너를 반대하는 사람들과 그의 음악을 좋아하는 사람들에 대한 두 가지 예를 들면 다음과 같다. 심리 분석가이자 의학사 전공의 테오도어 푸슈만Theodor Puschmann은 바그너가 심리적으로 병이 들었다고 진단하기에 이른다. 그의 논문 「리하르트 바그너: 심리학적 연구Richard Wagner: Eine psychiatrische Studie」에서는 바그너의 성적·윤리적 탈선과 왜곡된 성향, 욕망과 소망의 뒤바뀜, 그리고 도덕적·사회적 감정의 완전한 결여를 그의 음악 작용과 연관 지어 분석했다. 그러면서 다음과 같이 신랄하게 비판한다.

바그너는 고상하고 더 나은 감정들로부터 해방된 것처럼 보인다. 우정, 사랑, 연민, 존경, 예의 바름 등은 그에겐 공허하고, 그저 아름답게 울리는 이름들일 뿐이며 그것에 실질적 의미를 두지 않는다. 그는 자신의 친구들을 자신의 수족으로 보고, 그들의 명예, 재산, 부인들, 자녀들 등은 자신의 기분과 쾌락에 따라 이용되는 존재에 불과하다. 바그너가 그의 가장 진실하고 가까운 친구인 뷜로에게 행한 공개적인 스캔들은 모든 교양 있는 사람들의 도덕적 분노를 일으켰다. 그의 첫 번째 작품 ≪사랑 금지≫는 자유롭고 공개적인 감각의 승리를 찬양한 것이고, 그의 가장 최신의 작품들에서도 에로틱한 요소가 아주 숨김없이 드러나는데, ≪트리스탄과 이졸데≫에서 결혼 파기를, 게다가 ≪발퀴레≫에서는 근친상간을 찬양하고 있다.

이와는 달리 바그너의 음악에 대해서 독일의 여류 작가이자 바그너 숭배자였던 말비다 폰 마이젠부르크Malwida von Meysenburg는 자신의 책『어느 이상주의자의 회고록Memoiren einer Idealistin』에서 다음과 같이 쓰고 있다.

내가 이 울림들, 완전히 이상적인 모습들, 위대하고 순수하고 인간적인 감정들, 완전히 고상한 정열과 깊고 가장 내면적인 마음속의 핵심에서 우러나오는 경건함에서 완전히 다른 새로운 세계가 내 앞에 열릴 때 난 축복받은 꿈에 사로잡힌 듯 느껴지면서 모든 작품을 세 번씩이나 보았다. 내 영혼의 가장 축복받은 꿈속에서 흔들거렸던 것 같은 그런 세계였다. 그리고 난 여기서 한 천재가 아름답게 의식된 광기의 왕국을 열어주는 열쇠를 발견했다는 것을 알았고, 그곳에선 소위 말하는 현실은 망상이 되고 이념은 진실한 현실이 되곤 했다.

그러니까 바그너의 사회적 이탈에 대해 푸슈만은 병적 망상으로 지적한 반면, 마이젠부르크는 아름답고 의식적인 망상이라고 지적했다. 이처럼 끊임없이 뒤따르는 바그너의 동반자인 광기는 그에게 마침내 삶의 끝에 평화를 가져다주었는데, 그것은 그의 바이로이트 집 정면에 새겨져 있는 다음 구절이 웅변적으로 잘 보여주고 있다. "내 광기들이 평화를 발견하였고/ 여기 반프리트에서/ 이 집은 나에 의해서 그렇게 명명된 것이다." 마침내 바그너는 자신의 집 '반프리트Wahnfried'(광기Wahn + 평화Friede)에서 평화를 얻었고, 마지막 창작의 불꽃을 피운다. 오늘날 이곳은 바그너 박물관이 되었고, 또 바이로이트 바그너 재단 사무실도 여기에 있다.

지금의 시점에서 바그너의 삶과 예술을 생각해 보면, 그는 실러의 희극『발렌슈타인』에 등장하는 주인공 발렌슈타인과 닮아 있다. 정치가이자 보헤미

▌ 바그너의 집 '반프리트'_ 흉상은 바이에른 왕 루트비히 2세다.
자료: Pfctdayelise 촬영(2006년).

아의 사령관이었던 발렌슈타인은 양측 정치 그룹에 의해서 호감과 반감을 동시에 받는 인물인데, 바그너가 음악에서 그러했다. 음악사에서 그 어떤 음악가도 그처럼 지지와 반대를 극단적으로 초래한 경우가 없었다. 게다가 바그너의 작품 ≪트리스탄과 이졸데≫ 창작의 계기는 마틸데 베젠동크에 대한 사랑의 체험과 소망이었다. 그의 개인적 체험과 속죄 및 구원의 문제가 깊이 이 작품에 내재화되어 있어서 대본이 지닌 문학적 허구성은 후면으로 물러나고 오히려 바그너 자신의 자전적 경험의 반영이 전면에 드러나는 특이한 작품이 된 것이다.

때로는 그 반대의 상황, 즉 작품에서 다뤄진 상황이 자전적 경험으로 나타나기도 했다. 예를 들면 트리스탄에서 묘사된 것처럼 바그너는 사랑 때문에 일어난 사회적 관계들의 파괴를 말 그대로 몸소 체험했다. 그래서 예술과 삶이 하나가 되는 바그너의 유토피아에서 무엇이 문학적 허구이고 무엇이 실제 체험인가의 경계가 모호한 채로, 그의 자전적 요소는 바그너와 마틸데를 트리스탄과 이졸데로 전환하는 역할을 하고 있다. 다만 흥미로운 것은 마르케가 두 사람을 결혼으로 맺어주려고 한 점이 다시 한스 뷜로를 떠올리게 하거나 마틸데의 남편 오토 베젠동크를 연상시키고 있다는 사실이다. 결국 바그너에게는 음악이 '사랑의 묘약'이었고, 삶의 고통을 벗어나게 하는 평화이자 구원이었다. 음악을 향한 진지함과 열정은 그에 대한 많은 인간적 비난에도 불구하고 철저하게 낭만주의 예술가의 삶 그 자체를 보여주고 있다.

지금까지 바그너의 음악 이상과 그가 서사 가곡을 거쳐 어떻게 중세 영웅서사시를 성공적으로 서사 오페라에서 수용했는지를 이야기했으며, 그의 서사 오페라인 악극들이 19세기를 넘어 오늘과 내일로 이어져서 예술의 영원성이 보존되는 특별한 경우를 살펴보았다. 바그너의 ≪결혼Die Hochzeit≫, ≪요정들Die Feen≫, ≪사랑 금지Das Liebesverbot≫, ≪리엔치Rienzi, Die Bergwerke zu Falun≫와 같은 초기 오페라들과 ≪프리드리히 바바로사Friedrich I≫, ≪나자렛 예수≫, ≪루터의 결혼Luthers Hochzeit≫과 같은 초고 단계의 10여 편 작품은 서사 오페라의 범주에 속하지 않는다. 여기서 그의 서사 오페라는 중세 서사문학을 소재로 해서 다룬 그의 후기 작품들을 지칭하며, 통상 악극과 같은 의미로 사용되고 있다.

리트는 문화사적으로 볼 때 서정시뿐만 아니라 중세 영웅서사시 내지는 중세 서사문학까지를 포함하고 있다. 영웅서사시는 바그너의 현대적 수용에 의한 악극을 통해서 새로운 서사 오페라로 발전했고, 서정시는 19세기 낭만주의 예술가곡을 통해서 새로운 음악 장르, 즉 리트에 큰 역할을 했다. 민네장에서 시작된 시와 음의 일치는 리트를 통해서 절정에 달했고, 리트가 바그너의 서사 오페라나 독일 가곡으로 부활함으로써 오늘날에도 여전히 예술의 불멸성을 지닌 음악 장르로 남아 있다.

바이로이트에 있는 바그너의 서사 오페라 축제극장은 그의 구상에 따라 지어 졌고, 세계에서 유일무이하게 오늘날까지 그의 작품만을, 그것도 1년 중 여름에만 한 달 정도 공연하는 오페라하우스다. 이곳에서 그의 서사 오페라 10편이 해마다 순서를 바꿔가면서 공연되고 있으며, 그 악극들은 ≪반지≫ 4부작(≪라인의 황금≫, ≪발퀴레≫, ≪지크프리트≫, ≪신들의 황혼≫), ≪트리스탄과 이졸데≫, ≪방랑하는 네덜란드인≫, ≪로엔그린≫, ≪파르지팔≫, ≪뉘른베르크의 마이스터징어≫, ≪탄호이저와 바르트부르크의 노래 시합≫(≪탄호이저≫)이다.

지금으로부터 150여 년 전인 1871년 5월 중순, 바그너는 그로부터 2년 후에 바이로이트 음악 축제를 열어서 ≪니벨룽의 반지≫를 공연하겠다고 공표했다. 그러기 위해서는 오페라하우스가 필요했다. 그래서 그 이듬해부터 바그너 애호가들과 독지가들 그리고 바이에른 왕 루트비히 2세의 지원에 힘입어 축제극장 건축기금 마련에 들어갔으며, 바그너는 그 목적을 위해서 자주 유럽 여러 곳에서 연주 여행을 했다. 1872년 봄 바그너 가족은 바이로이트로 이사해서 얼마간 세 들어 살다가 2년 후 루트비히 왕의 지원으로 완성된 새로운 집 '반프리트'에 정착했다. 바그너는 직접 집 이름을 '반프리트'라 명명했는데, 이것은 그의 파란만장한 삶이 마침내 평안에 이르렀다는 뜻을 담고 있다.

루트비히 2세는 1864년 18세의 나이에 왕위에 오른 이후 바그너의 가장 중요한 경제적 후원자였다. 바그너는 젊은 왕이 가장 아끼는 작곡가인 동시에 예술적 동반자이기도 했다. 예를 들어 바그너의 ≪니벨룽의 반지≫는 대작일 뿐만 아니라 바그너의 생각대로 상연될 것이고 그렇게 되도록 도울 것이라고 루트비히 2세가 자신의 한때 약혼녀에게 말한 바 있다. 그의 말처럼 왕은 바그너가 죽을 때까지 그를 지원했다. 이들의 공통점은 중세 영웅서사시를 통한 예술에서만 자신의 존재 이유를 찾았다는 것이다. 이런 기질로 인해 루트비히 2세는 나라를 제대로 다스리지 못했고, 바그너가 사망한 지 3년 후

▌바이로이트 리하르트 바그너 축제극장

자료: (오른쪽)Lothar Spurzem 촬영(1995년); (왼쪽)Josef Lehmkuhl 촬영(2005년).

인 1886년에 41세의 나이로 스스로 세상을 등졌다. 그러나 그가 남긴 노이슈 반슈타인Neuschwanstein성, 린더호프Linderhof성, 그리고 (베르사유 궁전을 본떠서 지은) 헤렌힘제Herrenchiemsee성은 오늘날 바이에른주의 주요 관광 명소가 되어서 전 세계적으로 그를 '동화의 왕'으로 기억하게 해주고 있고, 축제극장에서는 바그너가 만든 서사 오페라, 악극이 해마다 상연됨으로써 루트비히 2세는 시대를 넘어 오늘날까지도 널리 기억되고 있다.

바이로이트 축제극장은 바그너가 공언한 것보다 2년 늦은 1875년 건립되었고, 이곳에서 그 이듬해 여름인 1876년 13일부터 17일에 걸쳐서 ≪니벨룽의 반지≫가 야심차게 초연되었다. 이 첫 개관 공연은 노년의 독일 황제 빌헬름 1세를 포함해서 음악가인 리스트, 브루크너, 카미유 생상, 차이콥스키, 그리그는 물론이고 톨스토이, 니체 등이 관람을 했으며, 브라질 황제 페드로 2세도 그 자리에 있었다. 축제극장 건립의 일등 공신이었던 루트비히 2세는 초연 직전 며칠간의 리허설은 지켜보았으나 초연에는 참석하지 않았다. 사실 ≪니벨룽의 반지≫ 공연을 놓고 바그너와 왕 사이에 갈등이 있었다. 작곡이 늦어지는 것에 인내심을 잃어가던 루트비히 2세가 우선 작곡이 완성된 작품부터 초연할 것을 강력하게 요구했는데, 이에 따라 4부작 가운데 ≪라인의 황금≫은 1869년 9월 22일 뮌헨 궁정 국립극장에서, ≪발퀴레≫는 그 이듬해 6월 26일 같은 극장에서 초연이 있었다. 바그너는 평소 4부작이 동시에 초연

▌ 노이슈반슈타인 성

자료: Softeis 촬영(2005년).

▌ 헤렌힘제 성

자료: Michimaya 촬영(2010년).

▌ 린더호프 성

자료: Softeis 촬영(2005년).

되는 것을 원했기 때문에 루트비히 2세의 요구에 반대했으나 작품의 작곡 완성을 초조하게 기다리며 재정적 지원을 아끼지 않았던 왕의 뜻을 거스를 수는 없었다. 그러다 이로부터 6년 이상 지난 1876년, 드디어 4부작 전 작품 공연이 축제극장에서 상연되었다.

그런데 이 초연과 바그너에 대한 당대의 평가는 아주 다르게 나왔다. 한편으로는 음악 비평가들이 거의 예외 없이 바그너 음악과 그의 주도권에 대해

┃ 1869년 ≪라인의 황금≫ 초연 포스터

서 부정적으로 평가했다. 당시 바이로이트 축제극장의 관객은 일반 시민이 아니라 대부분 유럽의 귀족들이었기 때문에 바그너의 음악은 '귀족을 위한 예술'이라는 비난과 더불어, ≪니벨룽의 반지≫ 초연이 예술적으로나 경제적으로나 실패작이라고 혹평받았다. 실제 이 공연은 재정적으로 크게 적자를 내서 이후 6년 동안 이 축제극장에서 공연이 없다가 1882년에 가서야 바그너가 심기일전해서 ≪파르지팔≫ 공연으로 다시 극장을 개관했다. 다른 한편으로는 ≪니벨룽의 반지≫ 초연 이후 '바그너 협회'가 창설되었고, 1871년 만하임에서 처음으로 '바그너 애호가 그룹'이 결성된 이후 독일 여러 곳에서 유사한 그룹이 생겨났다. 이들의 목적은 바그너의 예술을 지지하고 지원하는 것이었으며, 그 열광은 바그너를 우상으로 삼기에 충분했다. 이후 바이로이트와 반프리트는 바그너 애호가들의 성지가 되었다. 이들의 정치적 성향은

1876년 《반지》 초연 당시 요제프 호프만의 무대 그림_ 왼쪽 위에서부터 시계 방향으로 《라인의 황금》, 《발퀴레》, 《지크프리트》, 《신들의 황혼》

자료: Josef Hoffman 그림(1876년).

내셔널리즘과 반유대주의였다.

바그너는 《파르지팔》 공연을 축제극장에서 성공리에 마쳤으나 1883년 2월 갑작스럽게 사망했고, 이후 코지마(1837~1930)가 바이로이트 축제극장 운영을 책임졌다. 1886년 이후 황제 빌헬름 2세(빌헬름 1세의 손자), 음악가 막스 레거, 이고르 스트라빈스키, 조각가 로댕, 문인 테오도어 폰타네, 조지 버나드 쇼, 마크 트웨인, 토마스 만, 게하르트 하우프트만 등이 이 축제극장의 바그너 작품 공연을 관람했다. 이로써 바이로이트 축제극장은 명실상부하게 문화적·예술적 의미뿐 아니라 사회적·정치적으로도 큰 의미를 지니게 되었다. 코지마가 짠 바그너 악극 10편의 상연은 오늘날까지도 그대로 유지되고 있다.

코지마는 1908년 건강 때문에 아들 지크프리트 바그너(1869~1930)에게 축제극장의 운영을 넘겼고, 지크프리트는 사망할 때까지 축제극장을 이끌었다. 제1차 세계대전 중에는 이 극장에서의 작품 공연이 없었고, 경제적 위기로

코지마 바그너

지크프리트 바그너

비니프레드 바그너

인해서 10년 동안 공백이 있다가 1924년 전쟁이 끝난 후 공연이 다시 시작되었다. 지크프리트는 1929년 유언장에서 바이로이트 축제극장에서는 아버지 바그너의 작품만 연주할 수 있으며, 만약 그렇지 못하면 이 축제극장은 바이로이트시에 귀속된다고 입장을 명확히 했다.

그런데 축제극장을 재개관하던 시기에는 독일의 정치적 분위기가 많이 바뀌어 있었다. 특히 바이로이트에서는 국가사회주의에 동조하는 분위기가 지배적이었다. 또 바그너 음악의 열렬한 애호가인 히틀러가 1923년 처음으로 바그너 가족의 손님으로 반프리트에 왔고, 바그너 가족들은 히틀러를 아주 가까운 지인으로서 받아들였다. 특히 바그너의 며느리이자 지크프리트의 아내였던 비니프레드(1897~1980)와 히틀러의 친분은 아주 돈독했다. 지크프리트가 61세의 나이로 1930년에 사망하자 30대 초반의 젊은 미망인 비니프레드가 바이로이트 축제극장 운영을 맡았다. 비니프레드는 히틀러 예찬자였고, 히틀러는 1933년 제3제국 수상이 된 이후에도 꾸준히 바그너 가족과 그의 악극을 보러 바이로이트로 왔다. 그 이후 축제극장은 히틀러로부터 경제적 지원을 받았고, 특히 군인들은 휴가 때 바이로이트 축제극을 관람하도록 독려받았다. 이로써 히틀러와 나치의 주요 인물들은 물심양면으로 바그너 가족과 축제극장 운영을 도왔다. 그뿐 아니라 히틀러는 아버지를 잃은 바그너의 손주들에게는 존경하는 삼촌처럼 여겨졌고, 그와 나치 시대 주요 인물들은 1940년까지 바그너 축제극을 참관했으며 중단 없이 다양한 지원도 했다. 나치 시대에 바이로이트는 히틀러의 도시였으며, 바그너 축제극장은 토마스 만이 지적한 것처럼 '히틀러의 궁정극장'이라 일컬어질 만큼 음악과 정치가 밀접하게 연관되어 있었다. 이로 인해서 바이로이트 축제극장 역사에서 가장 어두운 면을 형성했다. 또한 고인이 된 이후에도 바그너의 예술관과 입장은 극우주의 및 반유대주의에 크게 영향을 끼쳤기 때문에 제2차 세계대전 이후 순수 문화공간으로서의 바이로이트 축제극장이 되기 위해서는 극복해야 할 많은 과제가 남아 있었다.

| 비니프레드가 히틀러의 방문을 영접하는 장면들_ 위부터 반시계 방향으로 1936년 7월 19일, 1938년 7월 23일, 1940년 7월 23일에 촬영된 것이다.
자료: Österreichische Nationalbibliothek(https://www.onb.ac.at/).

바그너 축제극장은 히틀러와 제3제국의 주요 인물들과 연관되어 있었고, 바그너 집안은 반유대주의 정서가 강했기 때문에 극단적 비난이나 단죄의 대상이 될 수도 있었다. 그러나 그렇게 되지 않은 데에는 전통적으로 독일이 문화국가라는 인식이 강하게 작용했다고 볼 수 있다. 바그너는 비록 히틀러가 가장 존경한 음악가라 하더라도 그의 음악은 시대를 초월한 국가의 문화자산이라는 사회적 공감대가 있었으며, 이 축제극장의 존재가 바이로이트라는 작은 도시를 세계적으로 유명하게 만들어준다는 실리적 이유도 한 몫을 차지하고 있다. 물론 바그너 집안과 바이로이트 축제극장에 대한 여러 사회적 비난

이 없지는 않았으나 제2차 세계대전 이후 바그너 축제극장은 정치적 이데올로기와 거리를 두고 새롭게 성공적으로 출발했다. 그 와중에 재미있는 사실은 바이로이트에서 바그너 악극에 참여했던 수많은 당대 최고의 예술가 중에는 유대계 출신의 지휘자와 성악가들도 있었다는 것이다. 이는 히틀러도 알고 있었고 또 모두가 알고 있었으나 그들의 재능 덕분에 양해 사안이 되었다.

1951년 비니프레드가 과거에 히틀러 및 나치 정부와 긴밀하게 협력했던 점으로 인해서 축제극장의 장에서 물러나고, 그녀의 아들들인 빌란트와 볼프강이 공동으로 그 직을 물려받음으로써 정상화의 길로 들어섰다. 그러다가 1966년 빌란트의 때 이른 죽음으로 축제극 공동 감독이었던 동생 볼프강 바그너가 단독으로 축제극장을 이끌게 되었다. 평소 보수적인 연출을 선보였던 볼프강은 주변의 염려와 달리 과감하게 외부에서 연출가들을 영입했다. 그러면서 바이로이트 축제극장은 정치색을 배제한 예술의 장소로 변모했고, 국제적으로 관객 확보에 성공했다. 게다가 1969년부터는 주로 외부 연출가에 의해서 바그너 악극들이 준비되었고, 이 방향은 오늘날까지도 유지되고 있다. 바이로이트 축제극장은 1960년대 이후 순수 예술극장으로 변모되어서 바그너 가문이 축제극장을 이끌었으나, 가문의 내부 분규를 겪은 이후 전체 행정 및 재정 운영은 1973년부터 '바이로이트 리하르트 바그너 재단'이 맡고 있다(이사진은 3인으로 구성되었는데, 이 3인은 연방주 위원, 바이에른주 위원, 바그너 가문 위원이다).

재단 이사도 겸직하던 볼프강 바그너는 종신직으로 축제극장을 이끌다가 2008년 4월 그의 딸들인 에바와 카타리나에게 그 자리를 양도하겠다고 재단에 통보했다. 바그너의 증손녀인 에바와 카타리나는 이복 자매 사이였고, 특히 에바는 오랫동안 여러 오페라단에서 행정 및 운영 보조를 맡아본 경험이 많아서 재단은 그녀가 단독으로 축제극장장을 맡기를 희망했으나 볼프강이 그의 두 번째 아내 때문에 이를 거절했다. 그러다가 갑작스럽게 두 번째 아내가 사망한 뒤 볼프강은 딸 카타리나와 에바가 공동으로 운영하는 것으로 결론을 냈고 이를 재단에 알렸다. 이후 재단은 그의 사임을 수락하고 에바와 카

▌ 바이로이트 소재 마르크그라프 오페라하우스_ 마르크그라프 오페라하우스는 2012년 유네스코 문화유산에 등재되었다.

자료: (왼쪽)Immanuel Giel 촬영(2006년); (오른쪽)Pierre Schoberth 촬영(2012년).

타리나가 축제극장을 공동으로 이끄는 것을 승인했다. 그러다 2015년 에바가 사임하면서부터는 카타리나가 단독으로 총감독이 되어 해마다 뛰어난 외부 연출가와 음악감독을 영입해서 순조롭게 축제극장을 이끌어가고 있다.

이렇게 바이로이트 축제극장은 바그너의 악극만을 상연하는, 전 세계에서 그 유례를 찾아보기 어려운 오페라하우스가 되었다. 다만 예외적으로 바그너가 축제극장 건립을 촉진하기 위해서 모금 활동에 나섰을 때 베토벤의 제9교향곡을 바이로이트 마르크그라프 오페라하우스에서 1872년 5월 22일에 지휘한 바가 있었는데, 이런 인연 덕에 1933년 이후 간헐적으로 축제극장에서 베토벤의 제9교향곡 연주가 있었다. 한때 바그너는 바로크 양식의 이 마르크그라프 오페라하우스를 자신의 악극들을 공연할 장소로 고려했으나, 자신이 구상하는 무대와 객석, 오케스트라 위치 등이 맞지 않아서 바이로이트에 새로운 축제극장을 건립하고자 했다.

그 밖에 1986년에는 바그너의 장인 리스트의 사망 100주년을 기념해서 그의 《파우스트 교향곡》이 바이로이트 축제극장에서 연주되었다. 이런 예외적인 경우를 제외하고는 바이로이트 축제극장에서는 일 년에 한 번, 7월 하순에서 8월 하순 사이에 바그너의 서사 오페라만이 공연되고 있다.

원래 바그너의 생전 구상에 따르면 바이로이트 축제극장은 '니벨룽의 극장'

이며, ≪니벨룽의 반지≫ 공연을 위해서 지어졌다는 점에서 이 작품 공연과의 연관성이 가장 크다고 할 수 있다. 만약 이 4부작 작품이 없었다면 그의 바이로이트 축제극장에 대한 구상은 전혀 다른 형태였거나 다른 곳에 건립되었거나 혹은 존재하지 않았을 수도 있었다. 이 ≪니벨룽의 반지≫는 총 상연 시간이 16시간 정도이지만 성악가들, 오케스트라 연주, 군중 장면, 무대 미술과 장치 및 의상을 통해서 매번 아주 현대적인 연출이 가능하다는 점으로 인해서 오늘날까지도 전 세계에서 큰 관심과 사랑을 받고 있다. 예를 들면 2016년 이 축제극장에서 마레크 야노프스키 지휘, 프랑크 카스토르프 연출로 공연된 4부작 ≪반지≫의 경우, 이 작품에 등장하는 오페라 성악가들의 분장과 옷차림은 마치 브로드웨이 뮤지컬을 연상시키면서 지금까지와는 전혀 다른 모습을 보여주었는데, 음악이 주는 엄숙한 분위기는 뒤로 물러나 있고 등장인물들은 건달들처럼 행동하면서 노래한다.

이렇게 바그너의 서사 오페라는 여러 가지 새로운 방식을 통해 중세적 분위기보다는 바그너 자신이 그의 '악극의 현재화'를 말한 것처럼 완전히 새로운 초현대적 분위기를 만들어내고 있다. 바이로이트에서는 전 세계 음악 무대에서 산발적으로 상연되는 바그너 악극들 이외에도 꾸준히 현재화된 서사 오페라를 해마다 부활시키고 있다. 과거에는 왕과 귀족이 문화의 주요 향유자였던 데 비해서 지금은 연미복 차림의 유럽 주요 정치가들이 일반 시민들과 더불어 중요한 관객층을 형성하고 있다. 이 점에서 중세 문학을 소재로 삼은 바그너의 악극은 어제, 오늘, 내일을 관통하고 있으며, 전통을 계승하면서도 앞으로도 지속 가능한 문화 아이템으로서 가장 성공적인 사례라고 할 수 있다. 바그너의 서사 오페라들은 한 작품당 소요 시간이 무척 길어서 보통 서너 시간은 걸리지만, 그의 악극들은 늘 새로운 무대 연출과 의상을 통해서 아주 현대적으로, 때로는 초현대적인 기술과 접목되어 기발하면서도 파격적인 무대를 보여줄 수 있어서 청중과 소통하기 쉽다는 큰 장점을 지니고 있다.

3장

서정 가곡

이 장에서 다루는 서정 가곡의 범주에는 서정시뿐만 아니라 담시, 극시에 곡이 붙여진 리트도 포함되어 있다. 그러니까 처음부터 서정시(시문학)로 쓰인 시와 담시들도 있지만, 소설(서사문학)이나 드라마(극문학)에 삽입된 시에 곡을 붙인 리트도 포함되어 있다는 뜻이다. 서정 가곡은 이것들을 다 포함하고 있으며, 여기서는 19세기 낭만주의 예술가곡의 시초로 평가되는 슈베르트의 가곡에서부터 슈트라우스에 이르는 가곡 작품들과 작곡가들의 삶과 음악 세계를 다루고 있다. 아울러 가곡의 텍스트를 제공한 시인들의 삶과 음악 간의 연관성도 함께 다루고 있으며, 가곡들을 분석할 때 우리에게 친숙한 시들의 경우에는 번역을 덧붙인다.

슈베르트의 가곡

▌프란츠 슈베르트
자료: Wilhelm August Rieder 그림(1875년).

프란츠 슈베르트Franz Schubert(1797~1828)는 빈에서 태어났고, 31세에 세상을 떠남으로써 미혼의 짧은 삶을 살았다. 그는 11세가 되던 1808년부터 빈 궁정교회의 소년합창단 단원이 되어서 황실 교회 기숙사학교에서 생활했다. 이 엘리트 학교에서 그는 안토니오 살리에리로부터 작곡을 배웠고, 그 밖에 정규 교육을 포함해서 다른 기악 교육도 받았다. 또 이 시절에는 요제프 폰 슈파운, 알베르트 슈타들러와 안톤 홀츠아펠을 사귀었다. 더욱이 슈파운은 친구이자 동창이었

▌슈파운 집에서 열린 슈베르티아데_ 청중이 둘러싼 중심의 피아노를 슈베르트가 연주하고
있다.

자료: Moritz von Schwind 그림(1868년).

던 슈베르트를 평생 후원했다. 1813년 10월 슈베르트는 정규 교육 과정에 흥
미를 잃고, 학교 졸업을 약 1년 남긴 채 양친 집으로 돌아온다. 그러나 작곡
은 1816년까지 살리에리에게서 줄곧 배웠다.

　슈베르트의 작품들은 계속 발표되었으나 그것을 출판하려는 출판사는 없
었다. 그래서 수입이 거의 없는 상황에서 한번은 주막에서 즉흥적으로 작곡
한 가곡 악보를 술값 대신 낸 적도 있었다고 한다. 실제 그의 생활은 친구들
의 도움으로 유지되었다. 또한 슈베르트를 위한 가정음악회, '슈베르티아데
Schubertiade'가 그의 친구들과 애호가들 중심으로 규칙적으로 열렸다. 이 모임
에는 슈베르트와 그의 가까운 친구들뿐만 아니라 빈에 사는 여러 지성인, 문
학가, 화가 등도 참석했다. 가장 규모가 큰 슈베르티아데는 1826년 12월 15
일에 슈파운의 집에서 열렸는데, 이 자리에는 당대 유명한 문인 프란츠 그릴
파르처도 참석했다. 여기서 친구 요한 미하엘 포글이 그의 가곡을 노래했으
며 슈베르트는 요제프 가이와 함께 피아노를 쳤다.

슈베르트는 교향곡, 실내악곡 및 피아노곡뿐만 아니라 가곡까지도 작곡했다. 특히 그의 가곡들은 낭만주의의 판타지에 가득 차 있으면서도 어두운 의식이 깊게 배어 있으며, 완벽한 표현력을 지닌 충만하고도 정신적 자극을 주는 내용을 담은 낭만적 시와 마주치면서 탄생했다. 18세기 당시 목소리의 음악은 교회 합창곡이나 이탈리아 오페라였고, 음악을 대표하는 분야는 단연 기악곡이었다. 그런 정도로 이 시기에는 가곡이 음악의 한 장르로 이해받지 못했다. 그러다가 슈베르트 가곡의 등장으로 음악사에서 '리트'라고 하는 새로운 장르가 명실상부하게 열렸다. 슈베르트는 음악적 진수가 담긴 가곡의 서정성을 개척했고, 그로 인해서 가곡이 음악의 주요한 한 장르가 될 수 있었다. 그의 가곡들은 소나타나 교향곡과 대등한 창조력의 응축이자 음악적 예술 작품인데, 이것이 낭만주의의 풍부한 음악적 수단들이 가능해지면서 독자적이고 진전된 표현의 풍부함을 낳았다.

또 슈베르트 가곡의 선율에는 고전주의의 음악적 색채, 민요 가절, 바흐의 복음 낭송 및 이탈리아 칸타빌레풍 선율이 녹아 있다. 이 형식은 각 절마다 같은 멜로디의 유절 가곡, 담시, 아리아, 칸타타에서 고갈되지 않는 다양성과 개별성으로 발전된다. 이렇게 다양한 음악적 형식들로 말미암아 슈베르트의 가곡은 서정시의 모든 깊이를 파악할 수 있는 놀라운 예술 작품으로 변모한다. 이러한 가곡에서 슈베르트는 독자적이고 새로운 미학을 창조했다. 그것은 베토벤과 마찬가지로 피아노가 목소리에 꼭 필요한 화음을 뒷받침하거나 목소리에 무조건적 우위를 두지 않는 것을 뜻한다. 따라서 라이하르트와 첼터의 이론들은 더는 유효하지 않았고, 시인의 언어에 간단한 선율과 최소한의 피아노 선율로 만족하던 음악가의 겸손은 이제 더는 의미를 지니지 못했다.

피아노는 당시에 이미 반주 악기에서 솔로 악기로 발전했는데, 슈베르트의 경우에는 피아노가 노래하는 목소리와 동등한 파트너가 된다. 그러나 피아노가 목소리와 동등한 파트너가 된다는 것이 곧 목소리의 중요성이 후퇴했음을 뜻하지는 않았다. 슈베르트의 선율은 높은 예술의 장중함을 지니면서도 민요의 순수성과 연결되어 있는 자연스러운 힘이었다. 그것은 피아노와 목소리가 표현해 낼 수 있는 모든 것을 드러내면서 서정적 내면화와 황홀감을 나타내려는 유연한 수단이 되었다. 그래서 목소리와 피아노의 동등함은 슈베르트 가곡의 본질이자 미학적 어울림이다. 슈베르트는 자신의 곡을 직접 피아노로 반주하고, 그의 친구 포글이 노래하는 바로 그때, 목소리와 피아노의 일심동체의 순간을 직접 경험했다. 슈베르트는 많은 경우 순간적 착상과 영감에 따라서 가곡을 창작했다. 그의 창조적 순간은 작곡가의 의식에서 시와 음이 만났다는 뜻이며, 시어에서 나온 영감이 음악적 선율로 전이된 것을 뜻했다. 이와 관련해서 그의 친구 요제프 슈파운은 다음과 같이 말했다.

우리는 슈베르트가 어느 책에서 **마왕**을 소리 내어 읽는 것에 열중하는 것을 알았다. 그는 책을 들고 왔다 갔다 하다가 갑자기 앉아서 작곡할 수 있는 가장 짧은 시간 안에 종이에 놀라운 담시를 작곡했다. 슈베르트에게는 피아노가 없었기 때문에 우리는 그 원고를 가지고 교회 기숙사로 가서 그곳에서 **마왕**을 같은 날 저녁 노래했고, 모두 크게 감명을 받았다.

글을 읽자마자 음악적 영감으로 옮기는 순간적 능력은 그의 창작 과정의 즉흥성과 천재성을 보여주고 있는데, 이것은 평소 훈련과 연습 과정을 거친 뒤에 나온 것이다. 창작 과정의 즉흥성은 창조적인 힘들이 초자연적 성과로 옮겨지는 황홀한 느낌이자 놀라운 감동이 되었다. 슈베르트가 1815년, 18세 때 작곡한 〈마왕〉은 물론 그의 첫 작품은 아니었다. 이 작품에 앞서 15세 때부터 가곡 작곡을 시도했고, 17세에 최초의 예술가곡으로 평가받는 〈물레 잣는 그레첸〉을 작곡했다. 시적 영감의 감수성, 서정적 본질과 그것을 감지하는 감성, 순수하고 왜곡되지 않게 음악으로 옮기는 능력들은 처음부터 슈베르트에게 내재되어 있었다.

슈베르트는 자신이 살던 시대의 문학 작품을 가까이 접했고, 시인 친구들과의 교류를 통해서 문학적 자극을 받았으며, 많은 서정시를 읽었다. 게다가 작곡의 토대가 되는 문학 작품의 가치를 인정할 줄 아는 섬세한 감성을 소유하고 있었다. 그래서 별로 알려지지 않은 시라 하더라도 그에게 음악적 영감을 주는 작품의 경우에는 바로 탁월한 음악적 해석으로 시를 돋보이게 했다. 그 대표적인 사례가 빌헬름 뮐러의 시에 곡을 붙인 그의 연가곡들, ≪아름다운 물방앗간 아가씨≫와 ≪겨울 여행≫(≪겨울 나그네≫)다. 슈베르트의 가곡에서는 시와 음의 일치에 바탕을 둔 가곡의 미학적 완벽성이 그 토대가 되고 있다. 또 음악가와 시인이 정신적으로 같은 기질을 지니고 있음이 그의 가곡에서 잘 나타나고 있다.

이 동질성은 가곡을 통한 슈베르트와 괴테의 만남에서 가장 분명하고 가장 위대하게 나타나는데, 사실 이 만남은 개인적이거나 상호 교류에서 비롯된 것은 아니었다. 슈베르트는 1816년 친구 슈파운의 도움으로 주요한 괴테-가곡들을 시인에게 헌정하고자 하는 뜻을 시인에게 편지로 보냈다. 그러나 이것은 동봉 서신 없이 그대로 돌아왔는데, 괴테는 이 당시 아내의 죽음으로 인한 상실감을 겪고 있을 때였다. 다만 그렇다 하더라도 괴테는 뒤에도 슈베르트에 관해서 어떠한 코멘트도 한 적이 없다. 여기에는 두 가지 이유를 생각해 볼 수 있다. 첼터와 라이하르트의 가곡들이 괴테가 보기에는 완성된 모범적 사례여서 그것에 만족했기 때문일 수도 있고, 바이마르나 베를린까지 슈베르트의 가곡이 지닌 가치와 명성이 널리 퍼져 있지 않았기 때문일 수도 있다.

그 시대에는 가곡이 음악의 주요 장르로 아직 정착되지도 않았고, 음악의 멜로디는 시 낭송을 뒷받침하는 보조 수단 정도로 이해되고 있었다. 그러다가 슈베르트의 높은 예술성이 담긴 약 600편의 가곡들 덕택에 비로소 가곡이 음악의 한 장르로 정착될 수 있었다. 슈베르트의 가곡들은 시의 효과를 높이는 데 이바지하는 음악이 아니었고, 오히려 목소리와 피아노의 동등한 균형 및 말과 음의 일치에 토대를 두고 있었다. 슈베르트는 탁월하고 창조적인 음악성을 지녔으며, 시인의 위대한 천성으로 몰입할 줄도 알았다. 또 섬세한 사랑의 황홀감 못지않게 거대하고 프로메테우스적인 영역에 감정을 이입할 줄도 알았으며, 삶에 도취하는 야성적 마력뿐만 아니라 명상의 고요한 깊이로 침잠할 줄도 알았다. 이 점에서 시인 괴테와 음악가 슈베르트는 가곡을 통해서 같은 기질의 예술가로서 만났다는 표현이 가능해진다.

슈베르트는 가정음악회를 넘어서서 콘서트홀 공연이나 출간을 통해 자신의 음악을 널리 알리고자 했다. 1819년 처음으로 슈베르트의 가곡 한 편이 대중 앞에서 노래가 되었고 1821년 첫 출판이 이뤄졌으나 그 성과는 미미했다. 그러다가 피아노 연주자이자 작곡가인 리스트가 슈베르트를 유럽의 음악 세계에 널리 알렸다. 리스트의 덕택으로 슈베르트의 가곡은 서서히 그 가치를 인정받을 수 있었고, 그의 가곡들은 국제적 인기를 얻었으며, 슈베르트의 위대한 선율들이 보편적으로 이해받기에 이른다. 다만 그렇다고 해서 이러한 명성이 그의 궁핍한 생활에 크게 도움이 되지는 못했다. 그의 생전에는 '슈베르티아데'를 제외하고는 그의 가곡이 공연 레퍼토리에 들어가는 일도 흔치 않아서 그의 가곡들은 낭만적 유토피아의 가치를 지니는 데 머물렀다.

여기서부터는 슈베르트가 그의 가곡에서 가장 중요하게 여긴 시인 괴테와 실러에 대해서 먼저 살펴보고, 그의 가곡들을 다루려고 한다. 시인 요한 볼프강 폰 괴테는 뛰어난 문학 능력을 지녔을 뿐만이 아니라 자연과학이나 음악 분야에서도 남다른 관심과 조예가 있었다. 이뿐만 아니라 괴테는 그 어느 문인보다도 음악과 관계가 깊은 시인이었는데, 유럽 및 독일어권 음악가들이 그의 수많은 서정시에 곡을 붙였다. 오늘날까지 그 가곡들이 노래 불림으로써 그는 불멸의 시인이 되었다. 게다가 그의 위대한 작품과 영혼에 자극을 받은 18세기 말 예술·문화사적 시대 운동은 예술가곡의 정착에 이바지했다. 이 점은 괴테의 주요한 공로 중 하나이기도 하다.

시인 괴테는 음악에 다양한 영향을 끼쳤으나, 생전에 한 번 만났던 베토벤은 그에게 큰 경탄을 불러일으켰지만 여전히 낯선 음악가로 남았다. 괴테는 슈베르트에 대해서는 특별한 관심을 보이지 않았다. 그럼에도 가곡은 평생 괴테에게 중요한 예술 가운데 하나였다. 괴테는 1823년 이후 첼터와의 교류를 통해서 가곡에 많은 관심을 보이기 시작했다. 베를린 가곡 악파 리더이자 오페라 작곡가였던 라이하르트와 집중적으로 음악 작업을 함께하기도 했으나 정치적 견해 차이로 사이가 멀어졌다. 이후 라이하르트의 몫을 첼터가 맡았는데, 그는 괴테 삶에서 친구이자 음악적 조언자로서 오랜 세월 함께한다. 첼터는 괴테보다는 아홉 살 아래이며, 실러와는 거의 동년배였다. 음악가 첼터와 시인 괴테의 서신 교류는 그들이 사망할 때까지 30년 가까이 이어졌고, 그 교류는 두 사람의 삶과 예술에 큰 영향을 끼쳤다.

괴테는 하이든, 모차르트, 베토벤의 교향곡들이 이미 많은 진전을 이뤘음에도 불구하고 기악곡의 많은 발전에는 큰 관심을 보이지 않았다. 장 파울이나 E. T. A. 호프만은 음악에서 기악곡의 우위를 인정하는 문인이었으나 괴테는 그렇지 않았다. 괴테는 음악이 말을 대신할 수는 없으나 말을 생생한 느낌이 들게 만들 수는 있다고 보았다. 그래서 말과 음의 상관성을 지닌 가곡, 오페라, 오페레타만이 그의 주 관심 대상이 되었다. 괴테의 시는 라이하르트를 시작으로 19세기 및 20세기의 많은 작곡가에 의해서 곡이 붙여졌다. 라이하르트는 약 110편의 괴테 시에 곡을 붙임으로써 당시에 가장 많이 그리고 처음으로 괴테의 시에 곡을 붙인 작곡가가 되었다. 이 점에서 그는 괴테의 시 선정에서 후대의 가곡 작곡가들에게 중요한 길잡이가 되었으며, 이것은 그의 중요한 공로 가운데 하나다.

라이하르트와 비슷한 시기에 작곡했던 첼터 또한 70편 넘게 괴테 시에 곡을 붙였고, 춤슈테크는 상대적으로 아주 적은 5편, 베토벤은 18편, 뢰베는 50편 이상, 슈베르트는 57편, 슈포어는 9편, 파니 헨젤은 약 30편, 슈만은 15편 이상, 리스트는 5편, 바그너는 『파우스트』에서 발췌한 7편에 곡을 붙였다. 안톤 루빈슈타인은 약 15편(이 가운데 『빌헬름 마이스터 수업 시대』에서 12곡), 브람스는 약 17편, 볼프는 약 60편, 슈트라우스는 약 10편, 쇤베르크는 7편, 안톤 베버른은 6편, 알반 베르크는 3편, 볼프강 림은 12편을 작곡했다. 소수의 괴테 시에 곡을 붙인 작곡가로는 모차르트, 루이제 라이하르트, 클라라 슈만, 파울 힌데미트, 한스 아이슬러, 오트마르 쇠크 등이 있다. 이 가운데 여러 작곡가가 그의 극작품『파우스트』나 장편소설『빌헬름 마이스터의 수업 시대』에서 발췌한 시 텍스트에 곡을 붙였다.

결과적으로 보면, 괴테의 시들은 가곡이 중요한 음악 장르가 되는 데 큰 역할을 했다. 또 그의 시 정신을 탁월하게 음악적으로 해석한 슈베르트 같은 작곡가를 통해서 괴테의 시들은 놀랍도록 새로운 생명을 얻기도 했다. 라이하르트나 첼터의 괴테-가곡들은 슈베르트의 훌륭한 가곡으로 인해서 빛을 잃기는 했으나, 괴테의 시를 음악적으로 해석한 이들의 시도는 결국 괴테가 음악에 끼친 영향에서 비롯된 것이었고, 그 영향은 20세기까지도 이어졌다.

한편, 프리드리히 실러(1759~1805)는 괴테의 친구이자 그와 더불어 독일 문학사에서 고전주의를 완성한 작가라고 평가된다. 괴테와 실러의 우정은 1794년 이후 서신 교환을 통해서 서서히 깊어갔는데, 이때 실러는 35세였고, 괴테는 그보다 열 살 위였다. 두 사람은 고전주의적 휴머니즘 이상을 형상화하고 독일에서 실천하는 데 대해 같은 생각을 가졌다. 특히 1797년은 두 사람 모두에게 담시 창작의 해가 되었고, 이후 그들의 담시에 슈베르트를 포함해서 많은 작곡가가 곡을 붙였다. 실러는 1798년경 예나 대학교의 무보수 교수직을 사퇴하고 바이마르에 정착해서 극작품 집필에 몰두한다. 하지만 평소 쉬지 않고 일하는 그의 작업 방식은 병의 원인이 되어 거의 죽음에 이르렀다가 회복되기도 했다.

실러와 음악과의 관계를 잘 알 수 있는 자료들은 독일 마인츠시립도서관에 소장되어 있는데, 이곳에는 주로 19세기와 20세기의 작곡가들이 실러의 작품을 수용해 곡을 붙인 귀한 악보들이 보관되어 있다. 실러의 작품에 곡을 붙이는 것이 음악가들에게 쉬운 일은 아니었으나 1800년경에는 실러의 시들에 동시대인의 음악가들이 빈번하게 곡을 붙였다. 그러다가 1825년 이후 실러의 시에 대한 음악적 관심이 감소했고, 하이네, 울란트, 아이헨도르프, 뤼케

르트, 가이벨의 시가 작곡가들의 관심을 주로 끌었다. 실제 셰익스피어 다음
으로 실러의 드라마에 오페라 곡이 많이 붙여지기도 했으나, 베르디, 차이콥
스키, 도니체티 등의 실러-오페라들을 제외하고는 실러의 시 작품에 대한 음
악적 관심이 줄어들었다.

그 밖에 실러의 시에 곡을 붙인 음악은 오늘날 슈베르트의 유명한 실러-가
곡들과 베토벤의 〈환희의 송가Ode an die Freude〉 이외에는 별로 많이 연주되지
않고 있다. 그러나 실러의 시가 괴테, 아이헨도르프, 하이네의 것처럼 음악적
으로 폭넓게 수용되지는 않았다 하더라도 라이하르트, 요한 고틀리브 나우
만, 춤슈테크, 첼터 같은 음악가들이 실러의 시에 곡을 붙였다. 또 이들 이외
에도 베토벤, 슈베르트, 슈만, 멘델스존, 리스트, 브람스, 로시니, 도니체티,
베르디, 스메타나, 드보르자크, 차이콥스키, 슈트라우스, 피츠너, 오르프 등
이 곡을 붙였다. 이 가운데서도 슈베르트는 40편이 넘는 실러의 시에 가장
많은 곡을 붙였고, 그의 담시 가곡들은 실러를 뛰어난 담시 시인으로 각인시
키는 계기가 되었다.

1785년 4월, 크리스티안 고트프리트 쾨르너가 라이프치히로 실러를 초대
했는데, 이때 실러는 만하임을 떠나 드레스덴에 있는 쾨르너의 집에서 행복
한 한 해를 경험했고, 이러한 그의 즐거운 기분이 〈기쁨에 부쳐An die Freude〉
를 쓰는 계기가 되었다. 이 〈기쁨에 부쳐〉는 1824년에 베토벤의 제9교향곡
의 마지막 합창 〈환희의 송가〉가 되었고, 이 교향곡은 같은 해 5월 7일, 빈의
케른트너토어 극장에서 아주 성공리에 초연되었다. 1930년대 스위스의 음악
학자 발터 리츨러가 지적한 것처럼, 동시대뿐만 아니라 후대의 어느 위대한
음악가도 베토벤의 제9교향곡만큼 세상에 감동을 일으킨 예는 없었다. 이 제
9교향곡 초연이 이뤄진 이후 〈환희의 송가〉 합창곡은 자유의 상징이 되었
다. 다만 나치 시대에는 베토벤의 제9교향곡이 뜻밖의 칭송과 존경을 받았는
데, 이것은 대단한 아이러니다. 실러의 〈기쁨에 부쳐〉에는 모두가 형제가 된
다는 뜻이 중요하지만, 나치의 입장에서는 유대인이나 열등한 족속(집시, 동성

애자 등)을 제외한 모두만이 형제가 되기 때문이다.

기쁨이여, 아름다운 신들의 섬광이여/ 엘리지움의 딸이여/ 천상의 존재여, 우리는 도취해서/ 그대의 왕국으로 들어간다./ 그대의 마력들이/ 시류가 나누어놓은 것을 다시 연결하고/ 그대의 부드러운 날개가 머무는 곳에서/ 모두가 서로 형제가 된다……..

이 점에서 본다면, 나치는 베토벤의 음악을 심하게 왜곡하고 남용한 것이라고 할 수 있다. 제2차 세계대전이 끝난 이후 이 기쁨의 멜로디는 자유와 희망의 상징으로 수용되어 1952년과 1966년 사이에는 양 독일 팀의 올림픽 찬가로도 쓰였다. 또 이 작품은 2002년에 유네스코 세계문화유산에 등재되었는데, 음악 작품으로서는 처음 있는 일이었다.

실러의 시들은 무엇보다도 슈베르트의 가곡으로 인해서 큰 빛을 발하고 있다. 슈베르트는 가곡의 기본이 되는 '텍스트와 음악의 일치'를 이뤄냈으며, 더욱이 시를 음악적으로 해석할 때 언어와 음악이 서로 분리되거나 이중적인 형태가 아니라 하나로 일치된, 곧 언어와 음의 일치를 이뤄냈다. 이것은 라이하르트, 첼터 및 다른 작곡가들이 실러 시에 곡을 붙인 수많은 작품으로도 이루지 못한 것인 동시에, 가곡 역사에서 가장 먼저 슈베르트가 이뤄낸 업적이다.

〈물레 잣는 그레첸〉
Gretchen am Spinnade

슈베르트의 〈물레 잣는 그레첸〉은 괴테의 「내 마음의 고요는 사라졌네」에 곡을 붙인 것으로, 이 가곡은 음악사에서 본격적으로 독일 예술가곡의 시작을 알리는 작품으로 평가된다. 이 시는 『파우스트』에서 발췌된 텍스트로서 슈베르트 이외에도 여러 음악가가 곡을 붙였다. 〈물레 잣는 그레첸〉은 슈베르트가 열일곱 살 때인 1814년에 작곡했다. 이것은 괴테의 시와의 첫 번째 만남이 가진 가장 가치 있는 결실이며, 1년 후 작곡된 담시 〈마왕〉과 마찬가지로 가곡 장르에서 매우 중요한 위치를 차지하고 있다. 『파우스트』에서 그레첸은 그녀의 방에서 혼자 물레를 돌리면서 "내 마음의 고요는 사라졌네"로 시작되는 10연 각 4행의 사랑시를 읊조린다. 이 시의 첫째 연, 넷째 연, 여덟째 연은 같은 내용으로, 마음의 고요는 사라지고 그 고요한 마음을 결코 다시 찾을 수 없다는 뜻을 담고 있다. 슈베르트의 곡에서는 피아노의 간주가 이 세 연을 감싸고 나오는데, 시가 지닌 가장 중요한 뜻에 작곡가는 피아노 간주를 삽입해 강조함으로써 놀라운 해석을 하고 있는 것이다.

슈베르트의 이 가곡에서는 물레 돌리는 소리를 묘사한 피아노의 서주와 함께 첫째 연에서 마음의 고요는 사라졌고 그 고요한 마음을 결코 다시 찾을 수 없다는 심정을 음울하게 노래한다. 그리고 슈베르트는 3행에서 "난 찾지 못한다"를 반복함으로써 시의 단조로움을 극복한다. 이어 물레 돌리는 소리를 묘사하는 짧은 피아노 간주가 있고 나서 둘째 연으로 넘어간다. 둘째 연은 사랑하는 사람인 파우스트가 없는 곳은 무덤과 같고, 온 세상이 쓰디쓴 담즙처럼 괴롭다고 노래한다. 이어 피아노의 간주 없이 셋째 연으로 넘어간다. 셋째 연은 사랑하는 마음 때문에 머리가 미칠 것 같고 마음은 갈기갈기 찢어진다고 높은 소프라노의 고양된 음으로 노래한다. 여기서는 전체적으로 고양된 톤으로 노래하다가 마지막 4행 "갈기갈기 찢는구나"는 하강하는 톤으로 노래하고는 피아노의 물레 돌리는 주요 모티브의 간주가 짧게 나온다. 그리고는 넷째 연으로 넘어간다.

넷째 연은 첫째 연과 같은 내용임에도 불구하고, 멜로디는 셋째 연의 흥분된 심정이 연속으로 느껴지게 노래한다. 다섯째 연에서 일곱째 연까지는 피아노의 간주 없이 노래하는데, 다섯째 연과 여섯째 연은 비교적 부드럽고 애잔하게 노래하다가 일곱째 연은 고양된 극적 톤이 들어가 있다. 다섯째 연에서는 파우스트를 기다리다가 창문으로 내다보고는 집 밖으로 나가서 기다리는 모습이 표현되고 있다. 이어 바로 여섯째 연으로 넘어가서 그레첸이 사랑하는 이의 고결한 걸음걸이, 우아한 모습, 입가에 떠도는 미소, 눈에 빛나는 광채를 기억하면서는 절정에 다가선 사랑의 느낌을 이 가곡에서 가장 높은 소프라노 음으로 노래하고 있다. 그리고 일곱째 연에서는 사랑하는 사람과 손을 꼭 잡고 그와 나눈 입맞춤에서 사랑의 기쁨이 절정에 달했던 것을 기억해 낸다. 그 절정은 일곱째 연의 3행과 4행 "그가 꼭 잡아준 손/ 아, 그의 입맞춤!" 부분에서 피아노의 물레 소리도 잠시 멈추고 가장 고조된 레시터티브로 표현하고 있다. 이어 피아노의 주요 모티브의 간주가 들어간 후 여덟째 연에서는 다시 고요는 사라지고 마음은 무겁다는 것을 거듭 느낀다. 이처럼 노래의 음울한 분위기가 세 번이나 반복됨으로써 그레첸이라는 인물의 비극적 특징이 강조되어 있다.

아홉째 연은 한결같은 마음으로 여전히 사랑하며, 사랑하는 사람을 꼭 붙잡고 놓지 않을 것이라고 전체적으로 고양된 톤으로 노래한다. 이어 피아노의 간주 없이 바로 10연으로 넘어간다. 10연 또한 고양된 톤으로 흐뭇한 마음으로 사랑하는 이와 입맞춤할 것이지만 그 입맞춤으로 인해서 그녀가 파멸될 수도 있다는 것을 예감하고 있음을 노래한다. 이어 10연을 반복 노래한 후, 다시 10연의 1행 "그에게 입맞춤할 텐데"와 2행 "내가 하고 싶은 만큼"을 반복 노래함으로써 사랑에 대한 동경을 강화하고 있다. 그러다 마지막으로 다시 고통이 시작되고 끝이 없다는 뜻을 강조하고자 첫째 연의 1행과 2행 "내 마음의 고요는 사라지고/ 마음은 무겁네"가 피아니시모로 노래 불린 후 피아노의 짧은 반주와 함께 노래가 끝난다. 이로써 슈베르트의 가곡에서는 사랑의 기쁨과 동경보다도 음울한 심정이 더 강조되고 있다. 또한 그레첸이 그녀의 의지와 상관없이 사랑에 이끌리는 마력적인 감정의 힘에 내몰리고 있음도 보여주고 있다. 이렇게 슈베르트의 그레첸은 어둡고 예정된 운명, 고독, 죄, 감옥과 죽음의 전체 모습을 담고 있다.

한편, 괴테의 같은 시에 곡을 붙인 첼터의 그레첸에서는 젊은 처녀의 에로틱한 마음이 강조되고, 그녀의 사랑이 비록 파멸을 예고하는 것이라 하더라도 그 사랑은 변함이 없으며, 위험을 느낄수록 오히려 사랑에 대한 기대감이 커지고 있고 또한 그에 비례해서 그 파멸도 커질 수밖에 없음이 강조되고 있다. 같은 연장선에서 슈베르트의 그레첸은 첼터보다도 더 마력적인 감정의 힘에 이끌리며 이로 인해 몰락의 어두운 운명을 예감하고 있다.

〈마왕〉

Erlkönig

괴테의 8연 각 4행시로 이뤄진 담시 「마왕」은 일종의 노벨레(전대미문의 놀라운 이야기를 풀어나가는 형식)이자 극적 줄거리를 가진 극시라 할 만큼 섬뜩하며 그러면서도 매혹적인 요소를 지니고 있다. 이런 시의 분위기가 슈베르트의 〈마왕〉을 통해서 멜로디가 있는 활기찬 담시 가곡으로 변모되었다. 괴테의 「마왕」의 첫째 연과 여덟째 연은 서술자의 말, 둘째·넷째·여섯째 연은 아버지와 아들의 대화, 셋째·다섯째·일곱째 연의 1행과 2행은 마왕, 일곱째 연의 3행과 4행은 아들의 말이다. 슈베르트의 〈마왕〉에는 서술자의 말, 아버지, 아들, 마왕의 네 목소리가 서로 분명하게 구분되며, 흘러가는 선율의 흐름 속에서 나타난다. 또한 〈물레 잣는 그레첸〉에서 피아노로 물레 돌리는 소리를 표현했듯이, 〈마왕〉에서는 말달리는 소리가 주 모티브로서 피아노 서주와 간주에서 표현되고 있다. 이 피아노의 울림은 말이 달리는 경쾌한 모습을 연상시키면서도 비극적 이야기를 한층 고조시킨다. 피아노가 말 달리는 울림의 긴 서주를 시작하고 난 후, 1연→간주→2연→간주→3연→4연→5연→6연→간주→7연→8연으로 노래가 진행되는데, 특히 8연에는 세 번의 간주가 들어 있으며 피아노의 후주 없이 곡이 끝난다.

누가 이렇게 늦게 밤에 바람을 뚫고 말 타고 가는가?/ 그는 아이를 데리고 가는 아버지다./ 아들을 품에 안고 있다./ 그를 따뜻하게 품고 단단히 붙잡고 있다.

아들아, 네 얼굴은 뭘 두려워하며 감추니?/ 아버지, 마왕이 보이지 않으세요?/ 왕관과 옷자락이 있는 마왕을요?/ 아들아, 그건 안개 자락이란다.

사랑하는 아이야, 오렴, 나와 함께 가자!/ 내가 너와 재미있는 놀이를 해줄게./ 해변에는 많은 예쁜 꽃들이 피어 있어./ 내 어머니는 많은 황금 옷을 가지고 있지.

아버지, 아버지, 들리지 않으세요?/ 마왕이 나지막하게 약속하는 말을요./ 진정해라, 침착하렴, 얘야/ 바람이 마른 나뭇잎에 스치는 소리란다.

멋진 소년아, 나와 함께 가겠니?/ 내 딸들이 널 기쁘게 기다리고 있단다./ 밤의 춤으로 안내하고/ 잠재우고 춤을 추고 너에게 노래 불러주게 된단다.

아버지, 아버지 저기 보이지 않으세요./ 저 어두운 곳에 있는 마왕의 딸들을요?/ 아들아, 아들아 난 정확히 보고 있다./ 늙은 버드나무들이 그렇게 잿빛으로 보이는 거야.

난 널 사랑한다, 네 아름다운 모습이 날 자극하는구나./ 네가 원하지 않으면 내가 힘을 쓸 수밖에/ 아버지, 아버지, 이제 그가 나를 붙잡아요./ 마왕이 날 아프게 했어요.

아버지는 무서운 생각이 들어서 재빨리 말을 달렸다./ 그는 품에 고통스러워하는 아이를 안고서/ 죽을힘을 다해 집에 도착했다./ 그런데 아이는 그의 품 안에서 죽어 있었다.

첫째 연은 서술자의 말로, 바람 부는 늦은 밤에 어린 아들을 태우고 아버지가 말을 타고 가는데, 팔에 아이를 따뜻하게 단단히 감싸 안고 가고 있다고 노래한다. 서술자는 특히 "단단히"라는 부분을 강하게 낭송하듯 노래하고, 다른 부분은 대체로 바리톤의 힘찬 목소리로 큰 감정의 기복 없이 담담하게 노래한다. 둘째 연에서는 아버지가 아들에게 뭐가 두려워서 얼굴을 가리느냐고 묻자 아들은 왕관을 쓰고 긴 옷자락이 끌리는 옷을 입은 마왕이 보이지 않느냐고 되레 반문하는데, 아버지는 그건 긴 옷자락처럼 보이는 안개일 뿐이라고 대답한다. 이처럼 아버지의 당당하고 용기 있는 베이스의 목소리가 두려움에 젖은 아들의 힘없는 목소리와 대비되면서 대화의 노래가 진행된다. 셋째 연에서는 마왕이 해변에 예쁜 꽃들이 피어 있고 황금 옷도 준비되어 있으며, 아이에게 재미있게 놀아줄 테니 함께 가자고 노래한다. 마왕은 아주 부드럽고 유혹적인 바리톤으로 속삭이듯이 노래한다.

넷째 연에서는 두려움에 빠진 아들이 마왕이 자신에게 약속하는 말을 아버지가 듣지 못했는지 묻자 아버지는 그건 마른 나뭇잎들이 바람에 살랑거리는 소리라고 아들을 진정시킨다. 여기서 아들의 두려움에 찬 목소리와 아버지의 여전히 당당한 목소리가 좋은 대비를 이루고 있다. 다섯째 연에서 다시 마왕이 가장 유혹적으로 아이에게 말한다. 여기서 춤추고 노래한다는 부분에 오면 마왕이 정말 매혹적으로 유혹하는 것을 슈베르트의 이 가곡을 통해서 생생하게 느낄 수 있다. 여섯째 연에서는 극도로 불안에 떨면서 고양되고 가늘고 높은 목소리로 아들이 멀리서 마왕의 딸들 모습도 보인다고 하자, 아버지는 그건 회색 버드나무들이라고 여전히 당당하게 말하면서 말을 빨리 몰고 간다. 이것은 말 달리는 모습을 연상케 하는 빠른 박자와 멜로디의 피아노 간주를 통해서 강조되고 있다.

일곱째 연의 1행과 2행에서 마왕이 드디어 유혹하는 부드러운 말로는 아이가 자신에게 오지 않을 것을 알고 마력의 힘으로 아이를 데려가려고 한다. 이것을 알아차린 아이가 3행과 4행에서 마왕이 자기를 붙잡기 때문에 아프다고 말한다. 여기서 비범한 반전을 주는 소년의 불안한 외침 소리는, 불협화음으로 인해서 들을 때 깜짝 놀래킨다. 특히 두려움에 떠는 아들의 모습은 기원전·후 1세기에 그리스 로도스 출신 세 명의 조각가가 만든 「라오콘」 조각상에서 아들이 뱀에 물려 고통스러워하면서 아버지를 올려다보는 시선을 연상시킨다(이 「라오콘」 조각을 앞에서 언급했었던 빙켈만은 그리스 미학의 절정이라고 보았다. 뱀에게 물려 죽어가는 공포가 아버지와 두 아들의 얼굴 조각에서 아주 절제된 모습으로 표현되어 있으며, 조각상 인물들의 신체적 비율과 모습 또한 가장 아름답게 조각되었다는 점에서 이 작품은 그리스 미학의 정점에 있다고 본 것이다).

여덟째 연에서 서술자는 무서움을 느낀 아버지가 신음하는 아들을 품에 안고 더욱 빨리 말을 몰아서 집에 도착했다고 노래한다. 그러나 이미 "아이는 그의 팔 안에서 죽어 있었다"라고 레시터티브로 괴로운 심정을 강조해서 피아노의 반주 없이 낭송하듯이 노래한다. 그리고 이 낭송에 대한 반향처럼 피아

노가 짧게 울리고는 노래가 끝난다. 이것은 극적 섬광처럼 파국을 보여주는 음악적 효과를 내고 있으며, 이 점에서 담시에 곡을 붙인 슈베르트의 놀라운 창조성과 극적 효과가 돋보이고 있다. 또 슈베르트의 〈마왕〉에서는 괴테의 담시가 지닌 섬뜩함과 노벨레적 특성이 음악으로 탁월하게 해석되고 있다.

괴테의 담시 「마왕」에는 라이하르트와 첼터, 뢰베를 포함해서 슈베르트, 슈포어, 오토 클렘페러가 곡을 붙였다. 라이하르트는 슈베르트보다 먼저 곡을 붙였다. 그의 〈마왕〉은 극적 효과가 크지 않은 담시 가곡이며, 피아노의 서주, 간주, 후주 없이 단순히 텍스트 내용 중심으로 곡을 붙였다. 뢰베는 슈베르트의 〈마왕〉보다 3년 뒤에 작곡했는데, 슈베르트의 〈마왕〉과 비교해서 분석할 만큼 흥미로운 작품이다. 그 이유는 묘사의 사실성으로 본다면 뢰베의 〈마왕〉이 압도적인 우위를 지니고 있으나, 예술성으로 본다면 슈베르트의 〈마왕〉이 훨씬 섬세하면서도 예술적으로 표현되어 있기 때문이다. 이런 두 작곡가의 다른 점은 예술가의 능력 차이에서 비롯하는 것이 아니다. 뢰베는 기본적으로 문학 텍스트의 내용을 가장 사실적으로 표현해 내서 시인의 의도를 반영하고자 했고, 슈베르트는 그 내용을 가장 음악적으로 해석해서 시인의 의도를 반영하고자 했다는 점에 그 차이가 있다.

이를 가장 대표적으로 보여주는 것이 〈마왕〉의 여덟째 연의 마지막 행에 나타나는데, 슈베르트의 경우 "아이는 그의 품 안에서 죽어 있었다"라고 레시 터티브로 괴로운 심정을 강조해서 피아노의 반주 없이 낭송한다. 이와 달리 뢰베의 곡에서는 아들이 죽어 있는 것을 보았을 때 도무지 믿을 수 없는 그의 심정을 단 한 마디로 나타낸다. 그 한 마디 "죽었다"를 강한 포르테 음으로 강조함으로써 뢰베는 아버지의 심정을 가장 사실적으로 절실하게 묘사한 것이다. 다시 말하면 자식의 죽음은 그 어떤 감정의 표현으로도 다 표현할 수 없다는 점에서 뢰베의 짧은 한 단어가 아주 사실적으로 느껴진다.

〈툴레의 왕〉

Der König in Thule

슈베르트는 〈마왕〉과 마찬가지로 18세 때인 1815년에 괴테의 6연 각 4행시 「툴레의 왕」에 곡을 붙였다. 이 시는 괴테의 『파우스트』 1부에서 그레첸이 저녁에 옷을 벗으며 부르는 노래이며, 이 시에는 약 28명의 작곡가가 곡을 붙였다. 슈베르트는 가곡 〈툴레의 왕〉에서 아주 드물게 피아노의 서주, 간주, 후주가 없이 오직 노랫말을 중심으로만 곡을 붙이고 있는데, 이 점이 아주 특징적이다. 노래는 전체적으로 느리게 불린다. 첫째 연에서 보면 섬나라 툴레를 다스리는 왕은 왕비가 죽으면서 그에게 선사한 금잔 하나를 죽을 때까지 잘 지켰고, 이것은 죽을 때까지 왕비에 대한 신의를 지키는 왕의 마음가짐을 상징하고 있다. 둘째 연에서는 왕은 연회 때마다 왕비가 준 술잔에 술을 따라 마신다. 그 술잔에는 항상 왕비를 그리는 마음과 슬픔의 눈물방울이 담겨 있었으며, 왕은 자주 그의 눈물이 담긴 그 술잔을 비웠다. 술잔을 볼 때마다 왕은 왕비에 대한 그리움이 생겨나서 눈물이 났고, 눈물방울인지 술인지 알 수 없이 서로 뒤섞인 잔을 다 마시곤 하면서 왕은 점점 술꾼이 되어간다.

셋째 연에서 왕은 죽음이 다가오자 자신이 다스리는 나라 안의 도시들을 다 헤아려 아들에게 넘겨주었으나 그 술잔만은 넘겨주지 않았다. 그것은 아들에게 넘겨줄 공공재산이 아니라 오직 자신만의 은밀하고 귀한 개인재산이었기 때문에 물려주지 않은 것이다. 넷째 연에서는 왕이 마지막 연회를 베풀자 기사들이 모두 그의 주위에 둘러섰고, 왕은 그의 조상들의 전당이자 바닷가에 인접한 성 위에 앉아 있다. 이것은 마치 최후의 만찬처럼, 왕의 죽음이 목전에 임박했다는 것을 알고 연회를 통해서 자신의 마지막 삶을 정리하는 것임을 보여주고 있다. 다섯째 연에서는 왕이 마지막 연회에서 왕비가 준 술잔으로 마지막 삶의 술을 마신 뒤 그 잔을 바다로 내던져 버린다. 이것은 그의 죽음과 함께 왕비와의 인연이 끝난다는 것을 뜻하고 있다. 또 첫째 연 2행의 의미대로, 그는 "죽을 때까지 왕비에 대한 신의를" 지켰음을 보여주는 것이기도 하다. 여섯째 연은 왕이 자신이 바다로 던진 술잔이 깊이 가라앉는 것을 지켜본 후, 그에게도 죽음이 찾아와서 이제는 더는 한 잔의 술도 마실 수가 없게 되었다고 노래한다. 그러니까 왕은 오직 왕비가 준 술잔에만 술을 따라 마셨고, 죽음이 다가오자 그 술잔을 버림으로써 삶과 마지막 하직 인사를 한 것이다. 이러한 시의 뜻을 슈베르트는 어떠한 음악적 장식이나 기교 없이 오직 노랫말을 읊조리듯 곡을 붙이고 있다.

〈들장미〉

Heidenröslein

슈베르트는 괴테의 3연 각 7행시 「들장미」에 곡을 붙였는데, 이 시에는 약 30명의 작곡가가 곡을 붙였다. 들장미 가곡으로 슈베르트 못지않게 한국에 잘 알려진 곡은 하인리히 베르너의 가곡이다. 베르너는 약 80편 가곡을 작곡했으며, 그 가운데 가장 유명한 가곡이 〈들장미〉다. 베르너의 곡은 느리면서 편안하게 따라 부르기 쉬운 민요풍으로 작곡되었으나 슈베르트의 곡은 경쾌

〈들장미〉의 첫 가절 악보

자료: Max Friedlaender(ed.), *Gesänge für eine Singstimme mit Klavierbegleitung, Band 1*(Original-Ausgabe) (Leipzig: Edition Peters, 1900).

하고 빠르다. 괴테의 시 「들장미」는 16세기부터 전래해 오는 어느 노랫말에서 유래했는데, 이 시는 21세의 괴테가 엘자스(알자스) 지방의 목사 딸인 프리테리케 브리온에 대한 사랑의 감정을 강하게 느낄 때 쓴 것이다.

슈베르트의 〈들장미〉는 유절 가곡이며, 이 곡은 그의 〈보리수〉와 더불어 가장 많이 알려진 곡이기도 하다. 〈들장미〉는 피아노의 서주 없이 바로 첫째 연의 노랫말로 시작되는데, 7행으로 이뤄진 첫째 연은 어느 소년이 한 송이 들장미가 아주 매혹적으로 들판에 피어 있는 것을 보고 재빨리 달려가서 기쁜 마음으로 그 꽃을 보았다고 노래한다. 후렴으로는 마지막 6행과 7행 "들장미, 들장미, 붉은 들장미야. / 들에 핀 들장미야"를 느리고 부드럽게 노래한다. 그리고 피아노의 가볍고 명랑한 분위기의 간주가 짧게 이어진다. 둘째 연은 소년과 들장미의 대화를 노래한다. 소년은 들장미를 꺾겠다고 말하고, 들장미는 가시로 소년을 찌를 거라고 하면서 그로 인해서 그 소년이 영원히 그 일을 기억하도록 만들겠다고 말한다. 후렴과 간주는 첫째 연과 같다. 셋째 연은 마침내 그 소년이 들장미를 꺾었고 들장미는 이에 저항하면서 가시로 그를 찔렀지만 아무 소용이 없다고 노래한다. 이제 들장미는 고통을 겪지 않을 수 없다고 노래하면서 짧은 피아노의 후주가 곡을 마감하고 있다. 이렇게 슈베르트의 곡은 노랫말의 뜻과는 달리 따라 부르기 쉽고, 빠르고 명랑한 멜로디가 흐르는 유절 가곡이다.

어느 소년이 한 송이 들장미가 피어 있는 것을 보았네. / 들판에 핀 장미는 / 아주 싱싱하고 정말 아름다웠네. / 그는 그걸 가까이 보기 위해 재빨리 달려갔고 / 즐거운 마음으로 그걸 보았네. / 들장미, 들장미, 붉은 들장미야. / 들판에 핀 들장미야.

소년이 말했지: 내가 널 꺾을 거야 / 들판에 핀 들장미야! / 들장미가 말했지: 난 널 찌를 거야 / 네가 영원히 날 생각하도록 / 그리고 난 고통받고 싶지 않아. / 들장미, 들장미, 붉은 들장미야. / 들판에 핀 들장미야.

야만적인 소년은 꺾었네. / 들판에 핀 들장미를! / 들장미는 저항하였고 가시로 찔렀

네./ 하지만 그 어떤 고통과 찌름도 그녀에게 도움이 되지 않았네./ 들장미는 이제 괴로움을 겪지 않을 수 없었네./ 들장미, 들장미, 붉은 들장미야./ 들판에 핀 들장미야.

그런데 노랫말의 뜻은 다양한 해석이 가능해서, 슈베르트의 쾌활하고 아름다운 단순 유절 가곡은 역설적으로 느껴진다. 다시 말하면, 이 시에 나오는 소년, 젊은이는 첫째 연에서 "싱싱하고 아름다운" 붉은 들장미로 상징되는 소녀에게 사랑의 욕정을 느끼고 달려간다. 그리고는 둘째 연 "내가 널 꺾을 거야"를 통해서 그녀에게 그 욕정을 드러내자, 그녀는 그러면 그가 "영원히 그녀를 생각하도록" 가시로 찌름으로써 그의 사랑 또는 욕정에 응답할 준비가 되어 있음을 드러내고 있다. 그러나 한편으로 그녀는 그로 인해서 마음의 "고통은 받고 싶지 않다"라고 말한다. 다시 말하면, 들장미로 상징되는 소녀 또는 여인은 순결하고 아름다운 존재이며, 배반하지 않을 진정한 사랑에는 응할 준비가 되어 있음을 알 수 있다. 그러나 셋째 연에서 그 젊은이가 "그 야만적 소년"이 순수한 사랑이 아니라 욕정으로 들장미를 꺾어버리자 이에 들장미는 "저항하였고" 가시로 그를 찌른다. 여기서 가시로 찌른다는 뜻은 앞서 둘째 연에서 영원한 사랑의 상징으로써 찌르는 것과는 아주 다른 차원이다. 여기서는 억지로 젊은이의 욕망에 응해야 하는 것에 대한 복수와 저항의 뜻을 담고 있다. 마침내 젊은이는 순수한 들장미의 아픔과 고통에는 아랑곳하지 않았고, 이로 인해 들장미는 "고통을 겪지 않을 수 없었다". 이렇게 괴테의 시를 해석한다면, 한 야만적인 젊은이가 순수한 처녀를 억지로 성폭행한 내용이 되는 것이다. 이러한 해석은 시인의 의도와는 상관없이 시 한 편이 지닌 다양한 해석 가운데 하나로는 충분히 설득력이 있다.

이와는 달리 이 시의 뜻을 아주 단순하게 해석해 볼 수도 있다. 어느 날 한 소년이 들에 피어 있는 예쁜 들장미를 발견하자 아주 기쁜 마음으로 그쪽으로 달려간다. 그리고는 들장미가 너무 예쁜 나머지 그냥 꺾어버렸는데, 그로 인해서 들에 예쁘게 피어 있던 들장미는 죽고 만다. 그러니까 무모한 소년이 아름다운 것을 무조건 소유하고자 하는 분별없음을 강조해서 해석해 볼 수도 있다. 그러나 이 경우에는 들장미와 관련해서 표현된 "싱싱하고, 정말 아름다운", "들에 핀 들장미", "붉게", "영원히 날 생각하도록", 가시로 "찌름", "고통", "저항하였고" 등의 뜻은 극도로 약화하거나 혹은 별 뜻을 지니지 않게 된다. 그런데 슈베르트의 들장미는 후자의 단순한 해석의 연장선상에서 평범한 유절 가곡의 민요적 성격을 지니고 있다고 할 수 있다.

〈담보〉
Die Bürgschaft

슈베르트의 가곡은 앞서 〈마왕〉과 〈툴레의 왕〉에서 보듯이, 담시 가곡에서 그의 음악성이 돋보이고 있다. 담시에는 상상력이 풍부하고 현실과 환상이 뒤섞인 사건들이 풍부하게 담겨 있어서 슈베르트의 관심을 끌었다. 괴테의 담시 이외에도 슈베르트는 실러의 담시에 곡을 붙였다. 그의 실러-담시 가곡들은 가장 분량이 많을 뿐만 아니라 전체 가곡 역사에서 가장 표현력이 풍부한 가곡에 속한다. 그는 실러의 시 약 42편에 곡을 붙였고, 이 가운데 15개의 가곡은 1815년에 집중적으로 작곡되었다. 실러는 「담보」를 '담시의 해'인 1797년에 썼고, 슈베르트는 1815년 20연 각 7행으로 이뤄진 이 담시에 곡을 붙였다. 〈담보〉에서는 대체로 각 연의 내용에 따라 음을 붙였지만 때로는 각 연과 상관없이 하나의 연 안에서도 피아노 간주를 통해서 그 내용을 서로 나누고 있다. 또 전체 20연을 1부와 2부로 나누고, 첫째 연에서 11연까지는 1부로, 12연에서 20연까지는 2부로 구성해 음악적 해석을 하고 있다.

이 곡은 피아노의 서주를 시작으로 첫째 연의 1행과 2행에서는 뫼로스가 비수를 옷에 감추고서 폭군 디오니스에게로 다가간다고 노래한 후 극적인 피아노의 간주가 들어가고, 3행에서는 추적자들이 뫼로스를 포박했다고 노래한다. 1행, 2행, 3행 다음에는 피아노 간주가 각각 들어가는데, 이 부분은 서곡과 같은 구실을 하면서 시의 의미를 강조하고 있다. 그리고 4행에서 7행까지는 왕의 심문과 뫼로스의 답변으로 이뤄져 있다. 그 비수를 가지고 무엇을 하려고 했느냐는 왕의 심문에 대해서 도시를 폭군으로부터 해방시키려고 했다고 뫼로스가 답하자, 화가 난 왕은 "넌 십자가형을 받아서 그 말을 뉘우쳐야 한다"라고 말하면서 가장 혹독한 벌을 명령한다. 이어서 피아노 간주가 들어가고, 둘째 연과 셋째 연은 폭군 왕과 뫼로스의 대화로 되어 있다. 둘째 연에서는 뫼로스가 죽을 준비는 되어 있으나 여동생이 결혼할 수 있도록 3일 동안의 시간을 달라고 청하면서 그 대신 자신의 친구를 담보로 맡기겠다고 제안한다. 만약 약속된 시간 안에 뫼로스가 돌아오지 못하면 그의 친구를 대신 교살해도 좋다고 말한다. 가곡에서 둘째 연 7행의 "교살하다"라는 부분은 레시터티브로 노래하고, 셋째 연에 앞서 짧은 피아노 간주가 들어 있다. 여기서는 왕이 그 제안을 수락해서 3일의 시간을 주는데, 만약 그 시간을 지키지 못한다면 그의 친구는 목숨을 잃고 그는 친구의 덕택으로 벌의 사함을 받을 것이라고 말한다. 왕의 조건은 두 사람이 모두 죽는 것보다 더 혹독한데, 그 이유는 살아 있다고 하더라도 자신으로 인해서 목숨을 잃은 친구 때문에 그에게는 삶이 죽음보다 더 힘들 것이기 때문이다. 이어서 피아노의 간주와 휴지부가 잠시 있고 나서 넷째 연의 노래가 시작된다.

넷째 연과 다섯째 연은 뫼로스와 그의 친구 사이의 대화가 주를 이루고 있다. 넷째 연에서는 뫼로스가 자신의 친구에게 왕이 내린 십자가 형벌과 여동생의 혼인 때문에 그를 담보로 삼아서 3일 동안의 시간을 왕으로부터 허락받았다고 말한다. 이어서 피아노의 느리고 부드러운 간주가 들어간다. 다섯째 연에서는 앞서 첫째 연과 마찬가지로 1행 "충직한 친구는 말없이 그를 포옹하고", 2행 "폭군에게서 풀려나게 하고" 다음 피아노 간주가 들어간다. 그리고 3행 "다른 친구는 끌려 나간다"라고 노래한 후 다시 휴지부와 더불어 피아노의 부드럽고 긴 간주가 들어가 있다. 이 길고 부드러운 피아노의 간주는 두 친구 사이의 우정은 조건 없이 목숨까지도 내줄 수 있는 관계임을 강조하고 있다. 4행에서 7행까지는 뫼로스가 충직한 친구가 풀려날 수 있도록 3일 이

내에 예정대로 서둘러 돌아오려 한다고 노래한다. 그러나 이어 피아노의 빠른 간주가 그의 귀향을 방해하는 장애 상황을 예고한다.

여섯째 연은 폭우가 쏟아져서 시냇물과 강물이 불어난 탓에 귀향하는 뫼로스는 강을 건너갈 수 없으며, 계속되는 궂은 날씨로 인해서 귀향에 방해받고 있다고 노래한다. 이어 아주 짧은 피아노 간주가 들어가는데, 이것은 뫼로스가 현재 처한 불가항력적 상황을 강조하고 있다. 일곱째 연에서도 뫼로스가 여전히 해안가를 서성이면서 강을 건너고자 하지만 그를 건네줄 나룻배도 뱃사공도 없으며, 거친 물살이 바다처럼 변하는 절망적 상황을 노래하고 있다. 이후 마찬가지로 짧은 피아노의 간주가 들어가는데, 이것은 절망적 상황을 강조하고 있다. 여덟째 연 1행과 2행에서는 뫼로스가 해안가에 주저앉아 울면서 제우스신에게 기도한다. 3행부터 7행까지에서는 뫼로스의 간절한 청에도 아랑곳하지 않고 물살의 포효가 더욱 커졌고, 시간이 흐르자 불안한 마음에 그가 용기를 내서 거친 물살 속으로 뛰어들자 신은 그에게 연민을 느낀다. 피아노 간주 없이 바로 10연과 11연의 노래가 이어지는데, 10연은 뫼로스가 신의 도움으로 해안에 어렵게 도착했으나 이번에는 숲에서 한 무리의 도둑 떼와 마주치고 그들이 몽둥이로 뫼로스를 위협한다고 노래한다. 11연은 뫼로스가 도둑들에게 원하는 것이 무엇인지 물으면서 그는 왕에게 바칠 자신의 목숨밖에 가진 것이 없으며, 게다가 담보로 잡혀 있는 친구를 구해야 한다고 노래한다. 그리고는 가까이 있는 도둑의 몽둥이를 빼앗아서 그들을 공격해 제압한다. 여기까지가 슈베르트 가곡의 첫 번째 부분을 구성하고 있다. 이어서 휴지부를 두었다가 다시 피아노의 간주가 있고 나서 12연으로 넘어간다.

12연에서는 신의 도움으로 거친 물살을 헤치고 강을 건넜고, 도둑 떼의 손에서도 자신을 보호했으나 이미 약속된 시간이 다 되었기 때문에 자신의 사랑하는 친구가 죽게 될지도 모른다는 불안과 염려를 노래하고 있다. 이어서 피아노의 간주가 들어가고 나서 13연으로 넘어간다. 13연에서는 여러 곤란을 극복하느라 심신이 지친 그에게 은빛 소용돌이가 보이고, 바위에선 신선한 샘이 솟구치고, 그로 인해서 그의 몸을 식힐 수 있는 안도의 상황이 전개된다. 이 곡은 슈베르트의 〈담보〉 가곡에서 가장 아름답고 평화로우면서도, 느리고 높게 그리고 편안하게 노래하는 부분이다. 이어서 휴지부와 피아노의 간주가 들어가면서 잠시나마 평화롭게 심신을 신선한 물에 식히는 내용이 강조되고 있다.

14연은 태양이 풀밭 위로 나무들의 거대한 그림자를 드리우고, 마침 지나가는 사람들로부터 그의 친구가 이제 막 십자가에 못 박히는 상황을 듣게 된다고 노래한다. 더욱이 7행 "이제 그는 십자가에 못 박히게 된다"를 레시터티브로 노래하면서 그 뜻을 강조한다. 그리고는 피아노 간주 없이 15연으로 넘어간다. 15연에서는 1행 "불안이 서두르는 발걸음을 재촉하고"와 2행 "근심으로 인한 고통이 그를 뒤쫓는다"고 노래한다. 다음 피아노의 빠른 간주가 불안한 마음에 걸음은 빨라지고 근심으로 고통스러워하는 것을 강조하고 있다. 이어 3행 "저녁노을이 빛나면서"와 4행 "멀리서 시라쿠스의 성벽들"을 노래한 다음, 다시 피아노의 빠르고 강한 간주가 이어지면서 예정된 시간은 다가오고 바로 목적지에 가까이 와 있음을 강조하고 있다. 5행부터 다음 16연과 17연 2행까지 피아노 간주 없이 노래만 이어진다. 15연 5행에서 7행에서는 충직한 하인이 주인을 마중하러 나오다가 군주를 보고는 경악한다.

16연에서는 뫼로스가 너무 늦게 왔기 때문에 친구를 구할 수 없으며, 그 자신의 목숨이나 구하라고 왕이 비아냥댄다. 그런데 뫼로스의 친구는 그가 돌아오지 못할 것이라는 왕의 조롱에도 친구가 돌아올 것이라는 믿음을 끝까지 가졌다. 피아노 간주 없이 바로 17연 1행과 2행에서 왕은 이미 예정된 시간이 지났고, 뫼로스가 구원자로 의기양양하게 환영받게 할 수는 없다고 말한다. 이어 피아노의 빠르고 긴 간주가 바로 왕의 마음, 뫼로스가 영웅처럼 왕보다 더 환대받는 모습은 결코 보고 싶지 않다는 점을 드러내고 있다. 17연의 3행부터 7행까지 왕은 뫼로스가 약속을 지키지 않아서 그 대신 담보로 잡혀 있던 친구가 죽는 것이므로 결과적으로 두 사람의 희생자가 생긴 것이라고 노래한다. 그리고 피아노의 빠른 박자의 긴 간주가 이어지고, 이 긴 간주는 되돌리기 어려운 상황을 강조하고 있다. 18연에서는 석양이 질 때 막 이곳에 도착한 뫼로스가 성문 곁에 서서 높이 세워진 십자가를 본다. 군중들은 놀라서 십자가 주위에 둘러 서 있으며, 십자가에는 뫼로스의 친구가 매달려 있다고 노래한다. 그때 뫼로스는 형리를 향해서 그 자신을 십자가에 매달아 달라고 소리치고 스스로 목을 매달면서 친구는 자신을 위해서 보증을 섰을 뿐이라고 말한다. 그리고 마지막 7행은 레시터티브로 노래하며, 이어 휴지부와 더불어 피아노의 느리고 낮은 음으로 뫼로스의 처절한 심정을 보여준다.

19연에서는 주위의 군중들이 이 장면에 놀라워하고 두 사람은 서로 고통과 기쁨의 눈물을 흘리며, 이로 인해 주변의 모든 사람이 감동의 눈물을 흘린다. 이들의 이야기를 왕에게 전하고, 이들을 왕에게로 데려가자 왕 또한 인간적으로 감격을 느낀다. 4행 "그때 눈물을 흘리지 않는 사람은 없다"라는 노래 다음 피아노의 간주가 들어가면서 주위 사람들의 감동 물결을 돋보이게 하고 있다. 19연 노래가 끝나면 휴지부가 짧게 있고 나서, 피아노의 가장 낮고 느리고 힘 있는 스타카토의 간주가 들어가 있으며, 이로써 감동과 반전된 상황을 강조하고 있다. 그리고 두 번째 부분의 마지막이자 담시의 마지막 20연에서는 폭군이었던 왕이 두 사람의 우정에 감동하고, 자신을 그들의 벗으로 삼아달라고 간청하면서 그들의 세 번째 친구가 되고 싶다고 노래한다. 그리고 피아노의 후주가 이 긴 담시의 해피엔딩을 장식한다. 전체적으로 슈베르트의 담시 가곡은 마치 연극처럼 극적이고 감동적으로 담시의 내용을 구성해 음악적 이야기시로 만들고 있다.

〈잠수부〉
Der Taucher

실러는 「잠수부」도 그의 담시 창작의 해인 1797년에 썼다. 이 담시에 나오는 왕과 앞서 언급한 「담보」의 왕은 서로 대조적인 모습으로 나타나고 있는 점이 흥미롭다. 슈베르트는 실러의 「잠수부」에 두 가지 곡을 붙였는데, 이 책에서는 두 번째 버전을 다루고 있다. 이것은 1813년 가을에서 1814년 4월까지 거의 반년 사이에 작곡되었다. 그 결과는 거의 작은 오페라에 비견될 만하며, 27연 각 6행시로 이뤄진 이 담시에 슈베르트는 각 연에 서로 다른 멜로디로 곡을 붙였다.

슈베르트는 이야기의 각 순간에 긴장감을 부여하는 조 편성을 하고 있으며, 첫째 연의 1행과 2행 "기사여, 사동이여/ 누가 이 심연으로 잠수하겠는가?"라고 힘찬 레시터티브로 왕이 노래를 시작한다. 이어 3행에서 6행까지, 왕이 금잔을 깊은 바닷속으로 내던지면 그걸 바다가 삼켜버리는데, 누가 그 잔을 다시 가져올 수 있는지, 그럼 그 잔은 가져온 자의 것이 된다고 노래한다. 첫째 연의 특징은 레시터티브로 힘차게 왕의 노래가 시작되고, 피아노의 짧고 부드러운 간주가 여러 차례 들어가 있다. 간주는 2행, 3행, 4행 다음에 나오고 첫째 연이 끝나면서 피아노의 부드럽고 짧은 간주와 더불어 둘째 연이 시작된다.

둘째 연에서 드디어 왕은 비탈지고 가파른 절벽의 꼭대기에서 금잔을 포효하는 바다를 향해 내던지면서 재차 이 심연으로 잠수할 용감한 자가 있냐고 묻는다. 4행 "소용돌이의 포효 소리 속으로" 다음 피아노 간주가 다소 길게 들어가고, 둘째 연이 끝난 다음 피아노 간주와 더불어 짧은 휴지부를 둔 후 셋째 연으로 넘어간다. 셋째 연에서도 왕의 주위에 있는 기사와 사동使童들이 왕의 권유를 들었으나 여전히 고요히 침묵을 지키면서 거친 바다를 내려다볼 뿐이다. 그러자 왕이 세 번째로 마지막 6행에서 "잠수할 용기를 지닌 자가 아무도 없는가?"라고 묻는다. 여기서는 4행 "아무도 그 잔을 얻으려고 하지 않는다"라고 한 다음 피아노의 부드럽고 느린 간주가 이어지는데, 이것은 기사들과 사동들의 주저함을 강조하고 있다.

넷째 연에서는 왕의 주위가 잠잠한 와중, 우아하고 용감한 한 사동이 주저하는 사람들 사이에서 걸어 나와서 혁대를 풀고 외투를 벗은 뒤 바다로 뛰어들

준비를 한다. 이때 주위의 모든 사람은 그 젊은이를 경탄하며 쳐다본다. 구체적으로 보면, 넷째 연 1행 다음에 피아노 간주가 들어가 있는데, 이것은 여전히 상황의 변화가 없고, 죽음의 위험을 감수할 사람이 없음이 강조된 것이다. 2행에서 "우아하고 용감한" 어느 고결한 사동이 앞으로 나온다는 부분에서 조 편성이 바뀌고, 5행과 6행에서 묘사되는 군중들의 놀라움은 높이 고양된 톤으로, 더욱이 6행 "그 훌륭한 젊은이를"이라고 노래하다가 다시 낮고 안정된 톤으로 음조가 바뀌면서 "놀라워서 쳐다본다"라고 노래한 후 피아노 간주가 이어진 후 다섯째 연으로 넘어간다.

다섯째 연에서는 그 사동이 바위의 비탈로 가서 깊은 바다를 내려다보고 삼킬 듯이 포효하는 바다의 소용돌이 물살 소리를 듣는다. 이 다섯째 연이 끝나면 피아노의 빠르고 극적인 간주가 들어가 있다. 더욱이 피아노의 이 간주는 깊고 거친 바다의 위력과 그것을 보는 사람의 두려움을 강조하는 역할을 하고 있을 뿐만 아니라 다음 연에서 묘사되는 거친 파도의 모습을 미리 예견케 하고 있다. 여섯째 연에서 잠수할 젊은이가 심연을 내려다볼 때 거친 물살의 음이 강조되고 있는데, 이것은 청각 효과를 담시에 부여하고 있다. 여기서는 바다가 파도치고, 부글거리고, 엄청난 파도의 부딪힘 소리가 마치 불과 물이 합쳐져서 내는 소리와 같으며, 물기둥은 하늘까지 치솟는 듯하고, 바다는 또 다른 바다를 낳듯 지칠 줄 모르게 움직이고 있다고 노래한다. 특히 1행 "바닷물이 파도치고, 부글부글, 쏴쏴, 쓰쓰 소리를" 낸다는 구절이 반복되고, 2행 "마치 물과 물이 합쳐지는 것처럼"도 마찬가지로 반복된다. 포말이 솟구치고 주 모티브로 반복되는 파도의 거친 출렁거림이 피아노의 16음표의 반주로 뒷받침되다가, 여섯째 연 다음 빠른 박자의 피아노 간주가 이어지면서 일곱째 연으로 넘어간다.

일곱째 연에서는 1행 "하지만 마침내 거친 힘도 잔잔해지고" 다음에 피아노 간주가 들어가 있으며, 이것은 이제 사동이 바다로 뛰어들 기회가 자연스럽게 주어진 것을 강조하고 있다. 이어 사동은 바다의 하얀 거품 사이 벌어진 틈새로 잠수 준비를 하고, 사람들은 부글거리는 파도를 긴장해서 쳐다본다고 노래한다. 그 후 느리고 짧은 피아노 간주가 이어지고 여덟째 연으로 넘어간다. 더욱이 소용돌이가 잔잔해지는 부분과 소용돌이 사이의 틈새는 어둡고 무거운 낮은 톤으로 노래한다. 여덟째 연에서 거친 바다를 내려다보던 젊은 사동은 신의 명령에 따라 다음 파도가 몰려오기에 앞서 얼른 바다 깊은 곳으로 잠수하고, 이에 놀라움의 외침 소리가 사람들 사이에 퍼졌으며, 이미 바다의 소용돌이가 그를 삼켰기 때문에 그의 모습은 보이지 않게 된다. 여덟째 연의 마지막 6행 "구멍이 닫히고, 그는 전혀 모습이 보이지" 않는다는 레시터티브로 비장한 상황을 노래하고 있다. 피아노 간주 없이 바로 아홉째 연으로 넘어가서, 협곡 위로는 바다의 포효 소리가 위협적으로 울려올 뿐이고, 사람들은 모두 그 용감한 젊은이가 무사하기를 바란다는 말을 읊조린다. 그러나 이들의 바람도 공허하며, 오직 두렵고 무서운 순간들이 있을 뿐이다. 이러한 기다림과 초조함은 조의 변화를 통해서 묘사되고, 아홉째 연 4행 "용감한 젊은이여, 무사하길!"이라고 바라는 사람들의 목소리는 아주 부드럽게 기도하고 애원하듯 노래된다. 이어 노래는 10연으로 넘어간다.

10연은 제삼자의 시각에서 왕은 스스로 권위를 내던지고, 누가 그것을 되가져 올 것인지를 물으며 그것을 가져오면 왕이 된다고 유도하지만, 저 아래 거친 바다에서 누구도 살아 돌아와 그곳의 경험을 얘기할 수 있는 사람은 없다고 노래한다. 전지적 제삼자의 4행 "난 값비싼 수고를 갈망하지 않는다" 다음에 짧은 휴지부가 들어가고 피아노의 간주가 이어진다. 10연의 5행과 6행에서 포효하는 바다의 깊이가 감추고 있는 것을 "살아 있는 행복한 영혼은 아무도 설명하지" 못한다는 노래가 끝나면 피아노의 극적으로 아주 짧은 간주가 들어가면서 11연으로 넘어간다. 10연은 이 담시 전체에서 유일하게 전지적 서술 관점에서 묘사된 내용이다.

11연에서는 소용돌이에 말려서 많은 선박이 바다 깊이 가라앉았고, 깃대와 돛대만이 부서진 채 모든 것을 삼켜버린 무덤에서 솟아오르고, 돌풍이 부

는 거친 바람 소리처럼 점점 가까이 파도의 부딪힘 소리를 듣는다고 노래한
다. 4행 "모든 것을 삼켜버린 무덤에서 깃대와 돛대가 솟아오르고" 다음에 피
아노의 간주가 들어가 있으며, 마지막 6행 "사람들은 가까이, 점점 가까이 찰
랑거리는 소리를 듣는다" 다음에 피아노의 강하고 빠른 격정적 간주가 들어
간 뒤 12연으로 넘어간다. 12연의 1행에서 4행까지는 여섯째 연의 1행에서 4
행까지 내용과 같고, 다만 5행과 6행의 내용이 바뀌고 있다. 12연은 16음표
로 다시 포효하는 심연이 묘사되고 격정적인 힘으로 고양된다. 거친 바다와
의 싸움은 점점 높아지는 음에서 묘사되고 있으며, 마치 젊은 사동이 엄청난
에너지로 심연에서 빠져나오기 위해서 애쓰는 것처럼 보인다. 5행과 6행의
내용은 마치 멀리 천둥이 포효하는 것처럼 어두운 품에서 떨어져 나오는 파
도의 물결이 묘사되어 있다. 그리고는 피아노의 간주가 이어지고 13연으로
넘어간다.

13연에서는 드디어 그 젊은이가 어두운 심연에서 빠져나와 백조처럼 물속
에서 솟아오르는데, 한쪽 팔과 빛나는 목이 먼저 보이고 열심히 헤엄치는 그
가 수면 위로 모습을 드러낸다. 그의 왼손은 왕이 바다로 내던진 금잔을 들고
있다. 마지막 6행 "기쁨의 표시로 잔을 흔들어대"면서 승리에 찬 몸짓으로 천
상의 빛에 인사를 전한다. 이어 피아노의 아주 느리고 편안한 간주는 살아서
귀향하는 젊은이의 기쁨을 함께 공유하는 느낌을 자아내고 있다. 14연은 젊
은이가 깊이 숨을 내쉬고 안도하는 사이 사람들 사이에서는 기쁨이 넘쳐흐르
며, 소용돌이치는 바다의 깊은 심연에서 그 용감한 자가 살아 돌아왔다고 노
래한다. 더욱이 1행 "오래 그리고 깊이 숨을 내쉬면서", 2행 "천상의 빛을 향
해 인사했다" 다음에 각각 피아노 간주가 들어가서 각 시행의 뜻을 강조하고
있다. 곧 길고 깊은 잠수 뒤에 내쉬는 호흡의 뜻과 지상으로 돌아온 기쁨의
뜻이 피아노 간주로 확인되고 있다. 마지막 6행 다음에 아주 짧게 피아노 간
주가 들어가면서 바로 15연으로 넘어간다.

15연에서는 젊은이가 다가오자 군중이 환호하고, 그가 왕의 발아래 절하면

서 무릎을 꿇고 잔을 그에게 건넨다. 왕은 사랑하는 딸에게 한 잔 가득 포도주를 그에게 건네도록 눈짓하고, 젊은이는 왕이 있는 쪽으로 몸을 돌린다. 피아노 간주 없이 바로 16연으로 넘어가서 젊은이는 자신이 경험한 바닷속 이야기를 전한다. 16연에서 젊은이는 왕에게 만수무강을 빌면서, 자신의 바닷속 경험은 끔찍했으며, 신들을 시험하거나 신들이 밤과 두려움으로 덮어놓은 것을 결코 보려고 해서는 안 된다고 노래한다. 4행 "인간은 신들을 시험하지 말아야 한다"라는 젊은이의 말은 왕의 노여움과 분노를 일으킬 수 있는 질책과 같다. 이 연이 끝나면 피아노의 짧은 간주가 이어지고 나서 17연으로 넘어간다.

17연에서 22연까지는 젊은이가 바닷속에서 겪은 고행 이야기다. 이 이야기는 담시 속의 또 하나의 담시라고 할 수 있다. 비밀스러운 화음이 바닷속 깊은 곳의 어둠을 반영하고, 상승하고 하강하는 음폭은 샐러맨더와 도롱뇽의 웅얼거림을 묘사하며, 16음표와 위협적인 베이스의 싱코페이션(당김음)은 수많은 관절을 가진 괴물이 기어가는 것을 묘사하고 있는데, 바로 그 앞에 젊은이가 소용돌이로부터 물 밖으로 솟구쳐 올라온다. 17연은 젊은이가 재빨리 바다로 뛰어들었으나 심연에서 엄청난 저항에 맞부딪쳤고, 성난 물살은 강력한 힘으로 그를 감싸서 회전하는 팽이처럼 몸을 돌렸기 때문에 현기증이 나고 도무지 저항할 수가 없을 정도였다고 노래한다. 이어 피아노 간주 없이 18연으로 넘어간다. 18연에서 젊은이는 죽음의 위협 속에서 간절히 신의 이름을 불렀고 신의 도움으로 죽음의 계곡에서 빠져나왔는데, 뾰족 솟은 산호에 잔이 매달려 있어서 그것을 잡을 수 있었다고 노래한다. 만약 산호에 잔이 걸리지 않았다면 그것은 끝 모를 바다의 심연으로 떨어져서 찾을 수 없었을 것이라고 노래한다. 이어 피아노의 간주 없이 바로 19연으로 넘어간다. 19연은 바닷속에는 산만큼 깊은 어둠이 놓여 있어서 영원히 그런 모습으로 잠들어 있는 듯했고, 두려움에 떨면서 그 심연에 사는 샐러맨더, 도롱뇽, 용을 보았다고 노래한다. 이어 짧은 피아노 간주와 더불어서 20연이 시작된다.

20연에서도 바닷속의 공포와 두려움을 일으키는 상황을 젊은이가 이어서 이야기하는데, 무섭고 끔찍한 바닷속의 여러 동물, 그중에서도 상어가 무섭게 이를 드러내면서 위협했다고 노래한다. 그리고 짧은 피아노의 간주가 이어지면서 21연으로 젊은이의 이야기가 넘어간다. 젊은이는 도움을 줄 인간의 손길은 요원하다는 것을 의식했고, 외롭고 슬픈 마음에 사로잡혀 있을 때 뭔가 사람의 소리 같은 것을 듣는 듯했다고 노래한다. 피아노의 짧은 간주에 이어 22연으로 넘어가서 젊은이의 이야기는 이어진다. 무언가가 극도의 두려움에 떨고 있는 그를 수면 위로 올려 보냈고, 그 덕분에 소용돌이 속에 휘말린 것 같은 상황 속에서도 무사히 수면 위로 올라올 수 있었다고 노래한다. 이때 22연의 노래들은 빠르고 높고 강한 음색으로 노래하다가, 노래가 끝나면 잠시 휴지부를 두고 안도와 여유를 보여주는 피아노의 간주가 이어진다.

23연에서는 왕이 젊은 사동의 이야기를 듣고 나서 이제 잔은 그의 것이며, 귀중한 보석들로 장식된 반지도 넘겨주면서 한 번 더 잠수해서 바다의 가장 깊은 해저에서 무엇을 보았는지를 이야기하도록 명한다. 사동이 죽음의 바다를 헤치고 잔을 들고 살아 돌아온 것은 왕의 기대에 일치하지 않는 것이어서 왕은 다시 그에게 가장 위험한 명령을 한 것이다. 23연 다음에 피아노의 간주가 들어가고 24연으로 넘어간다. 왕의 곁에서 얘기를 듣던 공주가 젊은이에게 깊은 연민을 느끼고, 아버지의 끔찍한 명령에 놀라서 제발 그 잔인한 놀이를 그만두도록 간청한다. 4행 다음에 피아노의 간주가 들어가는데, 이것은 아무도 해낼 수 없는 일을 그 젊은이가 해냈음을 강조하고 있다. 이어 공주가 노래하는 5행 "그리고 여러분들이 마음의 욕구를 잠재우지 못한다면"이 반복 되고, 마지막 6행 "기사들은 사동한테 부끄러움을 느끼겠지요"라고 노래한 후 피아노의 빠른 간주가 들어간 뒤 25연으로 넘어간다. 24연에서 왕이 다시 잠수해 잔을 가져오라고 요구하는 장면과 공주의 헛된 청원은 레시터티브로 노래가 되고 있다. 25연에서, 공주의 간청에 오히려 왕은 더욱 흥분해서 잔을 바다의 소용돌이 속으로 내던지며 젊은이에게 당장 그 잔을 가져오도록 명령한다고 노래한다. 만약 그가 잔을 가져오면 이제 사동이 아니라 왕의 기사로 만들 뿐만 아니라 공주를 아내로 주겠다고 왕은 약속한다. 25연에서는 왕의 잔인하고 광분한 비이성적 태도가 극명하게 나타나고 있으며, 이 점을 25연의 노래 다음의 피아노의 간주가 강조하면서 26연으로 넘어간다.

26연에서는 젊은이가 왕의 명령을 거역할 수 없는 상황에 빠지는데, 아름다운 공주를 아내로 얻을 수 있는 기회 앞에 스스로 왕의 명을 이행할 의욕과 용기가 생긴다. 그러면서 창백한 얼굴로 낙담해 있는 공주를 쳐다본 후 그는 귀중한 상을 얻기 위해서 삶과 죽음의 갈림길로 뛰어든다. 26연 1행 "그때 그 말은 거역할 수 없는 힘으로 그의 영혼을 사로잡는다"라는 말로써 그는 왕의 명령을 이행할 준비가 되어 있음을 보여주고 있다. 젊은이의 대사인 마지막 6행 "삶과 죽음의 기로로 뛰어내린다" 다음에 바로 이어지는 피아노의 간주는 극적이고도 음악적인 담시의 절정을 보여주고 있다. 이번 피아노 간주는 〈잠수부〉 전체에서 가장 극적이며, 이제 곧 불행이나 재앙이 다가오고 있음을 예감케 하고 있다. 그러면서도 재앙 이후의 잔잔함 같은 분위기가 덧붙여지고 있다. 이 간주는 슈베르트의 이 담시 가곡에서 가장 길게 연주되면서 지금까지 얘기된 모든 것을 압축해서 표현하고 있다. 다시 말하면 이 피아노의 긴 간주 연주는 담시의 절정과 파국을 동시에 보여주는 한 편의 드라마처럼 극적이면서도 격정적이다.

마지막 27연에서는 사람들이 우레와 같이 거센 파도 소리를 듣고 염려의 눈길로 허리를 수그려 바다를 내려다보지만, 소용돌이의 물살이 몰려오고 몰려가는 것을 볼 뿐이다. 이제 그 젊은이는 다시는 수면 위로 모습을 드러내지 않는다. 나지막하게 웅얼거리는 것 같은 깊은 바다의 물결처럼 16음표가 반향을 일으키면서 물의 찰랑거리는 소리가 높아졌다가 낮아진다. 젊은이의 비극적 죽음은 실러의 시에서는 아주 담담하고 짧게 묘사되어 있다. 이에 비해 슈베르트는 이 비극의 절정이자 결말 부분을 반복 노래하는데, 3행 "사랑스러운 눈길로 아래를 향해 몸을 수그리고", 4행 "몰려온다, 물살이 모두 몰려온다", 5행 "그것은 쏴쏴 소리를 내면서 몰려오다가" 물러난다는 가사가 각각 반복해서 노래된다. 그리고 마지막 6행 "어느 물살도 그 젊은이를 다시 떠올리지 않는다"라고 노래하고는 피아노의 후주가 이제 모든 비극이 끝났음을 정리하듯 담시 가곡을 마감하고 있다. 이 담시 가곡은 슈베르트가 심혈을 쏟았던 서정적·낭만적 리트와는 크게 다르다. 그는 일종의 극시 가곡을 만들어냈는데, 극적 줄거리와 내용, 반전과 클라이맥스, 비극적 결말이 들어 있는 극적 요소를 지닌 음악적 해석을 하고 있다.

〈아틀라스〉
Der Atlas

하이네의 『노래책』에 실린 「귀향」 중에서, 슈베르트는 여섯 편의 시를 발췌해 곡을 붙인다. 총 14곡짜리 연가곡인 〈백조의 노래Schwanengesang〉 중 8번에서 13번까지가 그것이다. 슈베르트는 괴테의 시에 곡을 붙이는 것을 시작으로 해서 가장 마지막에는 하이네의 시에 곡을 붙였는데, 이 하이네-가곡들로 인해서 독특하고 새로우면서도 비교할 수 없는 가곡 영역을 형성했다고 평가받는다. 독일의 성악가 디트리히 피셔-디스카우는 예술사에서 볼 때 일찍 사망한 예술가 가운데 그 누구도 슈베르트처럼 "삶의 마지막 몇 달 사이에 그토록 완벽하게 새로운 것을 세상에 내놓지 못했다"라고 슈베르트의 하이네-가곡에 대해서 평했다. 슈베르트는 하이네의 시가 지닌 낭만적 애수와 감정을 훌륭하게 표현했다. 이 곡들은 대체로 어둡고 음울한 노래들인데, 이러한 분위기는 그 자신이 죽음에 이른 시기의 음울함과 어두움을 반영한 것이었다.

　〈아틀라스〉는 하이네의 『귀향』의 무제 24번, 2연 각 4행시다. 그리스 신화 속 아틀라스는 거인족 신의 아들 라페토스와 바다의 요정 클리메네의 아들이다. 그의 형제로는 메노이티오스, 프로메테우스, 에피메테우스가 있다. 올림포스 신들과의 싸움에서 패배한 거인족들은 저승세계로 보내졌고, 아틀라스와 메노이티오스는 크로노스에게 충성했다는 이유로 제우스로부터 추가적인 벌을 받았다. 아틀라스는 땅의 여신 가이아의 서쪽 끝에 서서 우라노스의 폭력을 저지하는 임무를 받았다. 그 상징으로 후대의 여러 조각품에서는 아틀라스가 그 당시 알려진 세상의 가장 서쪽 지점에서 천공天空을 무겁게 짊어지고 있는 형상으로 조각되어 있다. 하이네의 시에는 제목이 없으나, 슈베르트는 자신의 곡에 〈아틀라스〉라는 제목을 붙였으며, 이 시를 그의 연가곡 〈백조의 노래〉 중 여덟 번째 곡으로 삽입했다.

〈아틀라스〉는 온 세상을 고통스럽게 짊어진 불행한 사람의 한탄이며, 슈베르트는 그의 가곡에서 하이네의 2연 각 4행시와는 달리 첫째 연을 반복함으로써 마치 3연 각 4행시처럼 노래하고 있다. 간결함, 장식 없는 단순함, 집중된 감정, 격정과 불안의 직접적인 표현이 두드러지고 있으며, 이 곡은 피아노의 격정적 서주로 첫째 연을 노래한다. 첫째 연의 1행 "난 불행한 아틀라스! 세상을"과 2행 "고통의 온 세상을 짊어져야만 하네"가 반복되며 비장하고 강한 톤으로 노래한다. 첫째 연에서 아틀라스는 고통으로 가득 찬 세상을 짊어져야만 하는 벌을 받고 있으며, 이 견디기 어려운 일로 인해서 가슴이 몸에서 떨어져 나갈 것 같은 고통을 느낀다고 한탄한다. 그다음 피아노의 격정적인 간주가 아틀라스의 한탄을 강조하면서 연주된 후 둘째 연으로 넘어간다.

둘째 연의 4행을 노래하고 3행의 일부분 "끝없이 비참한"은 반복 노래한다. 둘째 연에서는 아틀라스는 끝없는 행복을 동경했거나 혹은 비참하지만 자랑스러운 마음을 원했는데, 이제 그는 행복이나 자랑스러운 마음은 사라지고 오직 비참해졌을 뿐이라고 한탄하고 있다. 그리고 다시 첫째 연의 1행을 두 번 반복하고, 2행 "고통의 온 세상을 짊어져야만 하네"는 세 번 반복하며 점점 고양되는 톤으로 비장하게 노래한다. 이렇게 첫째 연을 반복한 것은 하이네의 시와는 달리 아틀라스의 고통과 심적 부담을 넘어서서 굴복하지 않으려는, 곧 둘째 연의 3행의 구절처럼 비참하지만 자랑스러운 내면의 단호함과 승리감을 크게 강조하고 있다고 할 수 있다. 그리고는 피아노의 후주가 이 부분을 다시 강조하면서 곡이 끝난다.

〈똑같이 닮은 사람〉

Der Doppelgänger

슈베르트의 〈똑같이 닮은 사람〉은 하이네의 「귀향」의 무제 20번, 3연 각 4행 시에 곡을 붙인 것이며, 연가곡 〈백조의 노래〉 중 마지막인 열세 번째 곡이다. 이 시에는 10명 이상의 작곡가가 곡을 붙였는데, 슈베르트는 하이네의 무제의 시에 〈똑같이 닮은 사람〉이라는 제목을 붙였다. 〈똑같이 닮은 사람〉은 슈베르트 가곡들 가운데 가장 섬뜩하다. 이 곡에서 임박한 죽음에 대한 불안한 꿈은 밤에 이미 오래전에 헤어진 연인의 집 앞에서 그의 유령 같은 두 번째 자아와 마주쳤다는 환영에서 나타나고 있다. 슈베르트는 이를 레시터 티브로 작곡했고, 목소리의 표현력은 유례없는 긴장과 불안의 휴지부로 인해서 중단되기도 한다. 피아노의 반주는 '두 개의 메아리 효과'를 제외하고는 고정된 화음으로 이뤄져 있다.

슈베르트의 이 곡은 무겁고 느리며, 잠시 쉼표가 들어간 피아노 서주로 시작된다. 첫째 연은 밤은 고요하고 골목들도 조용한데, 그(서정적 자아)는 오래전에 그 도시를 떠난 연인의 집 앞에 서 있다고 낮고 느리게 노래한다. 2행 "바로 이 집에 내가 사랑하는 사람이 살았었지" 다음에 오는 피아노의 간주는 노랫말의 느리고 나지막한 톤과는 대비적으로 투명하고 밝게 연주되고 있다. 또 2행의 일부 "이 집"과 4행의 일부 "같은 장소"에는 느린 바이브레이션이 들어가 작은 묘미를 더하고 있다. 첫째 연이 끝나면 피아노의 느리고 부드러운 짧은 간주가 들어가면서 둘째 연으로 넘어가고 있다.

둘째 연의 1행은 점점 고양된 톤으로 "거기 한 사람이 서서 높은 곳을 응시하네"라고 노래하고, 2행에서는 그는 "고통의 힘 앞에 손을" 비빈다면서 아주 높고 격앙되게 노래하고 있다. 3행과 4행에서, 더욱이 4행의 일부분 "내 얼굴을"에서는 가장 격앙된 음으로 노래한다. 둘째 연에서는 서정적 자아가 연인이 살았던 집 앞에서 자신의 또 다른 모습(창백한 자)을 보는데, 그 모습은 그곳에 서서 높은 곳을 바라보면서 괴로워하고 있다. 서정적 자아는 그 모습을 제 눈으로 보게 될까 두려워하고 있는데, 달빛이 그에게 그 또 다른 모습을 보여주고 있다. 둘째 연의 노랫말이 지닌 고양되고 격앙된 분위기는 그대로 피아노 간주 없이 셋째 연으로 이어진다. 셋째 연 역시 전체적으로 고양되고 강한 음색으로 노래한다. 4행 "그렇게 많은 밤, 옛날이었나?"를 가장 높은 톤으로 노래하다가 서서히 하강하는 톤으로 노래가 끝나고, 다시 느리고 나지막한 피아노의 후주로 곡이 끝난다. 셋째 연에서 서정적 자아는 자신과 똑같이 닮은 창백한 자에게 사랑의 고통을 조롱하고, 그 고통으로 괴로워했던 많은 날은 옛날 일이었나라고 묻는다. 이로써 서정적 자아는 유령처럼 나타난 자신의 또 다른 자아와 마주치고는 스스로 소스라치게 놀란다.

전체적으로 이 곡에서는 레시터티브의 목소리가 극적 기능을 맡고 있으며, 멜로디와 운율은 노래의 분위기와 갈등 상황을 강화하는 기능을 하고 있다. 이 점에서 본다면 나중에 바그너의 서사 가곡 및 악극들과 같은 극적 노래 스타일이 슈베르트의 이 가곡에서 선행적으로 전개되었음을 알 수 있다. 피셔-디스카우는 슈베르트의 이 곡에 대해서 그의 "천재성은 시 텍스트의 일그러진 자기 투영을 넘어서서, 죽음의 위협을 받는 그에게 끔찍스러운 두려움을 뜻하지 않을 수 없는 작품이 되게끔 한 점에 있다"라고 평한다. 슈베르트가 말년에 작곡하고 그가 사망한 이듬해인 1829년 4월에 출판된 하이네-가곡 중 〈똑같이 닮은 사람〉은 훌륭한 대작 가운데 하나라는 평가를 받고 있다.

연가곡 ≪아름다운 물방앗간 아가씨≫
Die schöne Müllerin

그리스어에서 유래한 '순환Zirkus'이라는 용어는 가곡에서 '연가곡Liederkreis, Liederzyklus'과 같은 의미이며, 이 형식은 주로 피아노 반주의 독창곡에서 특징적으로 나타났다. 일반적으로 연가곡은 연작시에 곡을 붙이거나 작곡가가 시를 선택해서 연작 형태로 작곡했는데, 후자의 경우라 하더라도 한 시인의 텍스트 또는 여러 시인의 텍스트에서 선택된 시가 작곡가의 연작 구상에 따라 연가곡으로 만들어졌다. 가곡 역사에서 최초의 연가곡은 베토벤의 ≪멀리 있는 연인에게An die ferne Geliebte≫이며, 그의 유일한 이 연가곡의 텍스트는 알로이스 야이텔레스의 여섯 편짜리 연작시에서 비롯되었다. 베토벤은 대담하게, 여느 음악가와 다른 새로운 여러 음악적 시도들을 했는데, 예를 들면 연가곡을 작곡한 것이나 교향곡에 합창을 삽입한 것에서 그 시도를 볼 수 있다. 그는 주제적으로 텍스트의 연작이라는 특성을 재수용해 시적이면서 음악적으로 좀 더 엄격한 연가곡 형태로 만들었는데, 이 연가곡은 당시로서는 완전히 새로운 양식이었다. 이후 그의 연가곡에 대한 콘셉트는 슈베르트, 슈만, 브람스, 쇤베르크, 오트마르 쇠크 및 여러 다른 가곡 작곡가들에게 이어져 나갔다. 연가곡에서 가장 중요한 작곡가는 물론 슈베르트와 슈만이다.

　슈베르트의 연가곡에는 빌헬름 뮐러Wilhelm Müller(1794~1827)의 연작시에 곡을 붙인 ≪아름다운 물방앗간 아가씨≫(1823)와 ≪겨울 여행≫(1827), 그리고 여러 시인의 시에 곡을 붙인 ≪백조의 노래≫(1828)가 있으며, 이 중에서 뮐러 시에 곡을 붙인 연가곡들은 오늘날까지도 자주 연주되고 있다. 슈베르트에게 작곡의 영감을 주었던 시인 뮐러는 그보다 세 살이 더 많기는 했으나 거의 동년배라고 할 수 있으며, 그 역시 슈베르트처럼 30세를 갓 넘기고 세상을 떠났다. 뮐러는 약 800편의 시를 남겼고, 슈베르트의 위대한 두 연가곡 이외에도 200명이 넘는 작곡가가 뮐러의 약 120편의 시에 곡을 붙였다. 뮐러의 시들이 사랑받은 것은 시인 자신이 시를 '노래'라 불렀고, 항상 가볍게 흘러가는 그의 시들 속에는 음악이 내재화되어 있었기 때문이다. "난 연주도 할 줄 모르고 노래도 할 수 없지만 내가 시를 지을 때면 난 노래하고 연주한다." 뮐러는 여느 시인들과는 달리 자신의 시에 곡이 붙여진 것을 생전에 들을 수 있는 행운을 누렸는데, 실제로 그 당시 유명했던 성악가 에두아르트 데브리엔트가 자신의 시에 곡을 붙인 노래들을 부르자 매우 자랑스러워했다. 또 슈베르트의 연가곡에 대해서도 알고 있었는데, ≪아름다운 물방앗간 아가씨≫ 작곡 소식은 신문을 통해서 1824년 시인이 사는 곳인 독일의 데사우까지 전해졌다.

밀러의 연작시 『아름다운 물방앗간 아가씨』의 주인공인 물방앗간 도제 또한 마이스터가 되려면 '편력遍歷' 시기를 거치지 않을 수 없다. 괴테의 『빌헬름 마이스터의 수업 시대Wilhelm Meisters Lehrjahre』와 『빌헬름 마이스터의 편력 시대Wilhelm Meisters Wanderjahre oder die Entsagenden』라는 제목이 보여주듯이, 마이스터가 되는 데 도제의 '수업 시대'와 '편력 시대'는 필수적인 과정이었다. 독일의 장인 전통문화에서는 도제가 장인이 되려면 여러 경험과 실습을 거쳐야만 했다. 그중에서도 여러 곳을 돌아다니면서 직업적 경험을 쌓고 다양한 장인들로부터 교육을 받는 일은 필수적이었다. 그래서 편력 시기는 중세 후기에서 산업화가 시작될 때까지 마이스터 자격을 얻으려는 도제가 반드시 거쳐야 하는 과정이었다. 도제의 편력 시기와 그 의무는 시대나 직업 분야와 길드에 따라 달랐지만, 그것은 규정으로 정해져 있었다. 편력 시기와 특정 몇 년의 방랑 수업이 끝나면 마이스터가 되었고, 그에 맞는 일자리를 얻는 것이 가능했다.

밀러는 연작시 『아름다운 물방앗간 아가씨』를 일종의 노벨레적 특성을 담은 극시 형태로 표현했다. 보통 시에서 볼 수 없는 실체가 분명한 주인공들이 등장하고, 극적 갈등 및 파국도 함께 들어 있다. 그래서 그의 연작시는 서정적 소설 또는 '서정적 연극이자 모노드라마'인 것이다. 밀러의 두 편의 연작시 『아름다운 물방앗간 아가씨』와 『겨울 여행』은 서사적인 것이 서정적으로 변모된 형상이라 할 수 있다. 이 점에서 슈베르트의 연가곡 또한 음악적 방식으로 시에 담긴 이야기를 서사적으로 설명하는 동시에 서정적 순간이 음악적으로 투시되고 있다.

슈베르트의 《아름다운 물방앗간 아가씨》는 1823년에 작곡한 그의 최초의 연가곡으로, 밀러의 연작시 25편 가운데 20편에 곡을 붙였다. 이 연가곡을 작곡할 당시 슈베르트는 심하게 병을 앓고 있었는데, 가곡 일부는 입원 중에 작곡되었으며, 이 연가곡은 1824년 출판되었다. 이 연가곡은 흔히 '가곡 노벨레'로 일컬어지며, 서정적 자아 고백의 일인칭 형식으로 어느 물방앗간 도제의 행복과 고통, 죽음을 표현하고 있다. 죽음은 낭만주의자들처럼 그에게 귀향의 의미였으며, 이로써 자신의 절망적인 삶을 끝내고 지상에서 얻을수 없었던 안식과 평온을 얻는다. 뮐러의 같은 제목의 연작시에서 시내는 도제가 방랑하는 동안 늘 동행했고, 그를 운명적인 물방앗간으로 안내했으며, 그의 명랑하고 슬픈 고백을 듣기도 한다. 시내는 유혹하고 위협하는 자연의 힘이며, 게다가 젊은이가 죽을 때 들려주는 시내의 노래는 마치 자장가와 같다. 이 젊은이의 운명에는 인간의 고통과 자연의 악마성이 서로 연결되어 있으며, 이것은 낭만주의 문학에서 자주 나타나는 주제이기도 하다.

뮐러의 서시와 에필로그에는 시인이 등장함으로써 서사극처럼 소외효과를 낳고 있으나, 슈베르트는 뮐러의 연작시 가운데 프롤로그와 에필로그 및 세 편의 시를 생략한 채 나머지 스무 편에 순서대로 곡을 붙였다. 이 세 편의 시는 평온한 휴식의 순간들을 묘사하고 있는데, 뮐러는 목가적 의미에서 평온한 휴식을 강조하지만, 슈베르트는 오히려 끝내 영원한 안식인 죽음으로 끝나는 편력에서는 그러한 휴식이 방해가 된다고 보았다. 또 뮐러의 서시와 에필로그는 아이러니와 거리감을 유지하기 위한 시적 수단인데, 슈베르트는 음악이라는 수단으로 그 거리감을 유지한다. 슈베르트의 연가곡에서 조 편성은 음악적 논리에 따르는 것이 아니라 시의 내용에 따르고 있다. 제1곡은 일종의 도입부로서 근심 없이 방랑하는 방앗간 도제와 더 나은 행복의 세계에 대한 동경을 표현하고 있다. 반면 마지막 곡 〈시내의 자장가〉는 절망적인 방앗간 도제의 죽음에 대해서 노래하는데, 그는 죽음에서 휴식, 평화 그리고 기쁨을 발견한다.

그 밖에 20곡으로 이뤄진 슈베르트의 연가곡 가운데 아홉 곡은 유절 가곡이다. 또 이 연가곡은 내적인 대칭 구조를 지니고 있으며, 두 부분으로 나뉜다. 제1곡에서 제10곡까지가 첫 번째 부분이고, 제11곡에서 제20곡까지가 두 번째 부분이다. 두 부분은 거의 대칭적 구조를 통해서 드라마의 전개, 절정, 파국의 완결된 구조를 보여주고 있다. 결론을 명확히 하고 있다는 점에서 개방연극이 아니라 폐쇄연극의 형태처럼 나타나고 있다. 그러니까 연가곡 ≪아름다운 물방앗간 아가씨≫는 연작시를 극적으로 설명하는 음악 형식인 동시에 완결된 줄거리를 가지고 있다. 이 책에서는 20곡 가운데 10곡을 다루고 있다.

제1곡은 뮐러의 5연 각 5행시 「편력 시기」에 붙여진 곡이며, 슈베르트는 제목을 다소 바꾸어 〈**편력** Das Wandern〉으로 명명했다. 이것은 명사 '편력 시기 Wanderjahre'에서 명사화된 '편력'(방랑)으로 뉘앙스가 바뀐 것이다. 슈베르트의 이러한 의도는 도제의 편력이 이 연가곡 전체에서 중요한 의미를 차지했기 때문이다. 이 곡은 거의 가절 가곡(유절 가곡)이며, 4분의 2박자에 명랑하고 빠른 피아노의 서주와 함께 노랫말이 나온다. 첫째 연에서는 편력은 방앗간 지기 도제의 기쁨이며, 편력을 생각하지 않는 도제는 장인이 될 수 없고, 나쁜 도제라고 노래하면서, 마지막 5행 "편력이여"를 세 번 더 반복하며 도제의 실습 기간을 의미하는 편력 또는 방랑의 뜻을 찬미하고 있다.

둘째 연에서는 도제가 편력의 뜻을 밤낮으로 쉼 없이 흐르는 물을 통해서 배운다고 노래하고 있다. 더욱이 5행 "물이여"를 세 번 반복함으로써 흐르는 물과 편력은 같은 의미라는 것이 강조되고 있다. 이어 피아노의 간주가 들어가고, 셋째 연으로 넘어가서 이번에는 물레방아의 바퀴가 쉼 없이 돌아가는 것 또한 편력과 같은 뜻이 되고 있다. 도제는 쉼 없이 돌아가는 물레방아의 바퀴를 통해서 편력을 보고, 또한 편력 중의 자신처럼 이 바퀴들은 멈춰 서는 것을 좋아하지 않는다고 노래한다. 1행과 2행에서 도제는 "우리는 물레방아의 바퀴들을 통해서도 본다./ 물레방아 바퀴들에서"를 반복 노래한다. 5행의 "물레방아 바퀴여"는 세 번 더 반복 노래되면서 계속 돌아가는 물레방아 바퀴가 편력과 동일시되고, 그 뜻이 강화된다. 이어 피아노 간주가 들어가고 넷째 연으로 넘어가고 있다.

넷째 연에서는 무거운 물레방아 돌이 계속 돌고 있는데도 그보다 더 빨리 돌려고 한다고 노래하고 있다. 여기서도 계속 돌아가는 방앗돌은 방랑을 의미하며, 방앗돌이 더욱 빨리 돌려고 하는 것은 편력의 뜻을 더욱 강조하기 위

▌제1곡 〈편력〉의 악보 일부

자료: Franz Schubert, "Die schönen Mülerin", Eusebius Mandyczewski(ed.), *Schubert's Werke, Serie XX: Sämtliche einstimmige Lieder und Gesänge Band 7*(Leipzig: Breitkopf & Härtel, 1894~1895). No.433-452 (pp.134~186).

해서이다. 피아노의 간주가 들어간 후에는 마지막 다섯째 연으로 넘어간다. 다섯째 연에서는 밤낮 쉼 없이 흐르는 물, 계속 돌아가는 물레방아 바퀴와 물레 방앗돌로 상징되던 편력의 뜻이 직접 나타난다. 1행에서 5행까지 "오 편력이여, 편력이여, 내 기쁨이여/ 오 편력이여/ 장인들이여/ 나를 평화롭게 계속 가게 하라./ 그리고 편력하게 하라"라고 노래한다. 그러니까 편력은 도제의 기쁨이고, 실습을 하는 도제는 지금의 실습장에서 또 다른 실습장으로 떠날 수 있도록 마이스터에게 허락을 구하면서 계속되는 편력을 강조하고 있는 것이다. 이것은 도제가 어느 날 장인이 되는 데 꼭 필요한 과정을 해내는 것을 의미할 뿐만 아니라 삶의 편력을 의미하고 있다. 이후 피아노의 밝고 명랑한 후주로 곡이 끝나고 있다. 이 곡에서는 다섯째 연을 제외하고 첫째 연에서 넷째 연까지 같은 음악적 형식을 취하고 있다.

제2곡 〈**어디로?**Wohin?〉는 뮐러의 같은 제목의 6연 각 4행시에 붙인 곡인데, 이 곡은 간단한 피아노의 서주만 있을 뿐 간주와 후주는 없다. 뮐러의 시에서 첫째 연에서 다섯째 연은 도제의 편에서 노래되며, 마지막 여섯째 연은 시내가 도제에게 말을 거는 것으로 시작되고 있다. 첫째 연은 도제가 바위 사이 샘에서 맑고 신선한 시냇물이 계곡 아래로 흐르는 소리를 듣고 있다고 노래한다. 둘째 연에서 보면 도제는 누가 조언을 해주었는지 모르지만, 시냇물 소리에 홀려서 그것을 따라 방랑 지팡이를 잡고 계곡 아래로 내려가고 있다.

셋째 연에서는 도제가 계속 계곡을 따라 내려가면서 맑고 신선한 시냇가에 가까이 가고 있음을 노래하고 있다. 넷째 연에서 도제는 이곳이 자신이 가야 할 길인지를 자문하면서 시냇물에게 어디로 가는지를 말해달라고 재촉한다. 다섯째 연에서는 시내의 찰랑거리는 소리가 이제는 물속 깊은 곳에 사는 요정들의 노래라고 도제는 생각한다. 그렇게 시냇물의 흐르는 소리는 요정의 노래가 되고, 이것은 도제의 감각을 홀릴 만큼 매력적이다. 마지막 여섯째 연에서는 요정이 노래하고 어느 맑은 시내에서 물레방아가 돌고 있는데, 시내는 도제에게 그곳까지 계속 방랑하도록 권유하고 있다. 그래서 실제로 시내는 도제가 당도할 곳을 일러주고 있으며, 시내의 동행은 더욱이 여섯째 연에 나오는 노랫말의 반복을 통해서 그 뜻이 강조된다.

제3곡 〈**멈추렴!**Halt!〉은 뮐러의 같은 제목의 3연 각 4행시에 곡이 붙여졌다. 여기서 보면 도제를 실습 장소인 물방앗간으로 이끈 것은 시내이며, 그 도제는 물방앗간에 이르자 방랑을 멈추고 여기에 머무른다. 첫째 연에서는 도제가 오리나무들 사이로 시냇물 흐르는 소리와 물레방아 도는 소리를 듣는다. 둘째 연에서는 도제가 물레방아의 환영 소리를 듣고, 물방앗간 집은 편안하고 창문에는 햇빛이 반사되어 반짝거리는 것을 본다. 마지막 셋째 연에서는 하늘에선 태양이 밝게 비추고, 도제는 시냇물에게 여기서 편력을 멈추라는 뜻이냐고 묻는다.

제4곡 〈**시냇물에게 감사** Danksagung an den Bach〉는 뮐러의 5연 각 4행시에 붙인 곡이다. 첫째 연에서 도제는 제3곡 마지막 행에서 했던 말을 반복하는데, 그는 시냇물에게 그 노래와 울림소리는 이제 방랑을 멈추라는 의미인가를 재차 묻는다. 둘째 연에서 시냇가의 방앗간 앞에 도제의 걸음을 멈추도록 한 것은 바로 물방앗간 아가씨에게로 가도록 하는 것이냐고 도제가 시냇물에게 묻는다. 셋째 연에서 도제는 시냇물더러 그녀가 보낸 것인지 아니면 자신의 환상인지를 알고 싶다고 말한다. 넷째 연에서 도제는 이제 자신이 원하던 것을 찾았고 그런 상태가 항상 가능할 것이라는 희망을 표현하고 있다. 다섯째 연에서는 도제가 물방앗간으로 가서 도제 실습을 할 수 있는지를 묻는데, 이제 그는 방랑을 멈추고 도제 실습을 할 모든 준비가 되어 있다. 이 제4곡에서도 도제의 기대, 희망, 쾌활함 등은 장조의 조 편성을 통해서 표현되고 있음을 볼 수 있다.

제7곡 〈**초조** Ungeduld〉는 뮐러의 같은 제목의 4연 각 6행시에 붙여진 곡이다. 이 곡에는 여태까지 자제하던 감정의 돌풍 같은 폭발이 나타나고 있으며, 슈베르트의 가장 인기 있는 곡 가운데 하나다. 제목 〈초조〉가 암시하듯 도제가 참고 자제하던 감정을 폭발적으로 드러내고 있다. 각 연의 6행 "너는 내 마음이고 그리고 영원히 그럴 것이다"는 마치 후렴과 같은 역할을 한다. 첫째 연에서 그녀는 영원히 도제의 사랑의 대상이며, 그는 그녀를 향한 자신의 마음을 나무껍질이나 조약돌에 새기거나 화단에 뿌리고, 하얀 종이 위에도 그 마음을 쓰고 싶어 한다. 둘째 연에서 도제는 그녀를 만나기 쉽지 않기 때문에 작은 찌르레기를 통해서 순수하고 맑은 사랑을 전하고자 한다. 셋째 연에서는 도제가 황야 너머에서 불어오는 아침 바람을 들이마시고, 꽃들의 향기가 바람에 실려 그녀에게 닿기를 바란다. 시내의 물결은 물레방아 바퀴만돌릴 뿐 그녀에게 그의 마음을 전하지 못한다며 안타까움을 표현하고 있다. 마지막 넷째 연에서는 눈, 뺨, 입을 통해서 그녀가 그의 연모하는 마음을 알아채기를 바라는데, 그녀는 아무것도 눈치 채지 못하고 있다. 이로 인해서 도제의 마음은 초조해진다.

제10곡 〈**눈물 비**Tränenregen〉는 뮐러의 같은 제목의 7연 각 4행시에 붙여진곡이다. 달과 별들이 은빛 시냇물에 반사되고, 도제는 물에 비친 연인의 모습을 본다. 여인은 고개를 수그려 시냇가에 피어 있는 푸른 꽃들을 쳐다보고, 꽃들은 그녀를 본다. 이때 유혹하는 물의 마력이 작용하는데, 시내는 도제를물속으로 끌어가려고 한다. 이 곡은 피아노의 느리면서도 맑은 서주로 시작된다. 첫째 연은 도제 젊은이와 아가씨가 저녁에 데이트하는 장면인데, 두 사람은 다정하게 함께 앉아서 찰랑거리는 시내를 쳐다보고 있다. 둘째 연에서두 사람은 시냇물에 비치는 하늘, 달과 별들도 다정하게 함께 들여다보고 있다. 셋째 연에서 사랑에 빠진 도제는 달도 별도 보이지 않고 오직 그녀의 모습, 그녀의 눈만 보일 뿐이다. 넷째 연에서 도제는 냇가에 핀 꽃들을 쳐다보는 그녀의 모습을 보았고, 반대로 꽃들이 그녀를 쳐다보는 것을 보았다.

다섯째 연에서는 시내의 마력적인 힘이 묘사되고, 도제는 그 마력에 이끌리는 것을 느낀다. 하늘이 시내에 비치고 시내는 그를 물속으로 끌고 들어가고자 한다. 하필이면 도제가 아가씨와 함께 즐겁게 시냇물, 냇가의 꽃들, 물에 비친 달, 별, 하늘을 보고 있는데 불현듯 시내로부터 마력적인 힘을 느낀다. 그것도 가장 즐거운 순간에 마력과 죽음의 그림자를 느낀 것이다. 여섯째 연에서는 다섯째 연의 악마적 힘이 구체적으로 나타나서 시내가 도제에게따라오도록 권유하고 있다. 일곱째 연에서는 "그때 내 눈에는 눈물이 가득고였다./ 그것은 거울 속에서 굽이쳤다./ 그녀가 말했다: 비가 오네./ 안녕,

난 집으로 가요"라고 노래하고는 피아노의 슬픈 후주로 곡이 끝난다. 여기 일곱째 연의 1행과 2행에서는 도제가 시내의 권유를 듣고 눈에 눈물이 가득 고이고, 이것이 시내에 떨어져서 굽이치고 있다. 그런데 물방앗간 아가씨는 이것을 비가 온다고 간주해 급히 집으로 가려고 작별 인사를 한 것이었다. 이 마지막 부분에서 아가씨의 무미건조한 마음과 젊은이의 눈물은 극적인 대비를 이루고 있다.

연가곡 두 번째 부분의 첫 곡인 제11곡은 "내 것"이라는, 물방앗간 도제의 세상을 향한 승리의 외침으로 시작되며, 도제는 모든 불확실성에도 아랑곳하지 않고 "사랑하는 물방앗간 아가씨는 내 것이다"라고 "행복의 찬가"를 보낸다. 제11곡 〈내 것!Mein!〉은 뮐러의 같은 제목의 15행시에 붙인 곡이며, 피아노의 빠르고 경쾌한 서주로 곡이 시작된다. 1행부터 5행에서는 도제가 시내의 찰랑거리는 소리, 물레방아 도는 소리, 새들의 크고 작은 지저귐도 멈추라고 한다. 이제 그는 중요한 말(9행)을 할 것이기 때문이다. 6행부터 8행에서는 모든 소리가 멈추고 오직 하나의 후렴만 울리게 하라고 요구하고 있다. 그 하나의 후렴은 바로 9행의 내용이다. 9행은 변용과 반복을 하면서 "사랑하는 물방앗간 아가씨는 나의 것, 나의 것이다"라고 격정적으로 노래하고 다시 반복해서 노래한다. 또 10행 "나의 것"은 두 번 노래가 되는데, 이 반복은 그의 승리에 찬 외침을 강조하고 있다.

11행부터 15행에서는 꽃들은 모두 봄의 것이며, 태양은 더 밝은 빛을 띠고 있는데 도제는 이제 '아가씨는 나의 것'이라는 말이 그녀로부터 공감을 얻지 못한다고 노래한다. 뮐러의 시는 여기에서 끝난다. 그러나 슈베르트는 다시 1행에서 10행까지를 처음처럼 반복 노래하고는 피아노의 후주와 함께 곡을 끝내고 있다. 뮐러의 시에서는 11행에서 15행까지 도제가 아무도 이해할 수 없는 말을 혼자서만 하는 독백의 쓸쓸함으로 끝나지만, 슈베르트 가곡에서는 오히려 도제의 사랑에 대한 기대감과 고조된 기쁨이 강조되어 있다.

제14곡 〈**사냥꾼**Der Jäger〉은 뮐러의 같은 제목의 2연시에 곡을 붙인 것이며,

이 시의 첫째 연은 10행, 둘째 연은 12행으로 이뤄져 있다. 이 곡에서는 제13 곡에 나타난 도제의 기쁨과 희망이 그의 경쟁자인 사냥꾼에 의해서 깨어진다. 사냥꾼이 등장하자 도제가 그에게 여러 가지를 경고한다. 10행으로 이뤄진 첫째 연에서는 도제가 물방앗간 근처에 나타난 사냥꾼에게 이곳은 그의 사냥 구역이 아닐뿐더러 사냥할 동물도 없으며, 오직 작은 노루 한 마리가 살 뿐이고, 그 노루라도 보고 싶다면 사냥 통이나 사냥개는 가져오지 말 것이며, 게다가 노루가 놀라지 않도록 턱수염을 깎고 오라고 말한다. 12행으로 이뤄진 둘째 연에서는 도제가 사냥꾼에게 그가 머물 곳은 사냥할 수 있는 숲이며, 물방앗간 아가씨의 마음을 무겁게 하는 것이 뭔지를 알면 그가 그녀의 호의를 얻을 수야 있겠지만 그녀와 자신을 그대로 내버려두고 밭을 황폐하게 만드는 수퇘지들이나 사냥하라고 말한다. 전체적으로 이 시는 도제가 사냥꾼에게 경고하는 말을 건네는 이야기시이며, 아주 극적이고 단호하면서도 빠르게 노래하고 있다.

제15곡 〈**질투심과 자부심**Eifersucht und Stolz〉은 뮐러의 같은 제목의 3연 각 4행시에 붙여진 곡이다. 이 곡은 제14곡과 같은 연장선에서 도제가 시냇물에게 건네는 말이며, 피아노의 아주 빠른 반주와 함께 시작된다. 첫째 연에서 물방앗간 도제와 시내는 일체가 되어 있는데, 도제가 시냇물에게 건네는 말은 바로 자기 자신에게 건네는 말과 같다. 그는 시냇물에게 사냥꾼을 그렇게 서둘러 쫓아갈 필요 없으니 돌아와서 물방앗간 아가씨의 변덕스러움이나 꾸짖으라고 말한다. 둘째 연에서는 지난 저녁 아무도 호기심을 보이지 않는데 오직 그녀만이 사냥길에서 돌아오는 사냥꾼을 창밖으로 내다본다. 그녀의 사냥꾼에 대한 호기심과 관심이 조심스럽지 못한 태도라는 것을 강조하기 위해서 3행과 4행, "사냥꾼이 사냥 길에서 즐겁게 집으로 갈 때/ 그때 조심스러운 사람이라면 누구도 창밖으로 머리를 내밀지 않지"를 반복해서 노래하고 있다. 셋째 연에서 보면 도제가 시냇물에게 자신의 슬픈 얼굴에 대해서 한마디도 하지 말고, 사냥꾼이 갈대 피리를 만들어서 그것으로 아이들에게 아름다운 춤을 추게 하고 노래를 불러주었다는 것만을 그녀에게 말하라고 한다. 그리고 다시 셋째 연의 3행과 4행을 반복해서 노래하는데, 이번에는 후렴처럼 "그녀에게 말하라"를 여러 차례 반복 노래하고 난 후 피아노의 짧은 반주와 함께 곡이 끝난다.

제19곡 〈**물방앗간 도제와 시내**Der Müller und der Bach〉는 뮐러의 같은 제목의 8연 각 4행시인 도제와 시내의 대화에 곡을 붙였다. 이 곡은 외형적으로 보면 도제와 시내의 마지막 대화다. 물결에서는 여전히 요정의 노래가 메아리치고, 수면 아래로 도제를 부르는 유혹은 승리한다. 시를 읽는 사람은 이를 도제와 시내 사이의 대화로 이해하고, 도제의 독백이 시냇물에 메아리처럼 반영된 것으로 간주할 수 있다. 도제의 노래는 첫째 연에서 셋째 연까지, 일곱째 연에서 여덟째 연까지고, 시내의 노래는 넷째 연에서 여섯째 연까지다. 먼저 첫째 연에서 도제의 충직한 마음은 사랑으로 인해 시들어버리고, 꽃밭에선 백합들도 시들어버린다. 둘째 연에서는 보름달이 구름 사이로 지나가고 사람들은 그의 눈물을 보지 못한다. 셋째 연에서 천사들은 눈을 감고 탄식하면서 그의 영혼이 쉴 수 있도록 노래한다. 이어 피아노의 반주가 먼저 들어가면서 시내의 노래가 나온다. 넷째 연에서 시내는 사랑의 고통에서 하나의 별이 생겨나서 하늘에서 반짝거린다고 노래한다.

다섯째 연에서 보면 별뿐만 아니라 붉고 하얀 장미 세 송이가 피어나고, 이 꽃들은 시들지 않는다고 시내는 노래한다. 여섯째 연에서는 천사들이 날개를 접고, 지상에는 아침이 온다고 시내가 노래한다. 일곱째 연과 여덟째 연은 다시 시내가 사랑의 고통 속에서 별이 생겨나고 장미가 피어나며 아침이 다시 온다고 좋게만 해석하는 것에 대해서, 도제가 사랑이 얼마나 고통스러운지 몰라서 그런 것이라 여긴다. 그래서 여덟째 연에서는 차라리 영원한 휴식을 찬미하라고 말한다. 그리고 3행과 4행을 반복 노래한 후 피아노의 후주가 곡을 마감하고 있다. 여기 3행과 4행 "아, 시내여, 사랑스러운 시내여/ 그렇게 계속 노래하렴"의 반복은 시내가 부르는 죽음의 노래, 영원한 안식과 평화를 강조하고 있다.

마지막 제20곡 〈**시내의 자장가** Des Baches Wiegenlied〉는 뮐러의 같은 제목의 5연 각 6행시에 곡을 붙였다. 이 곡은 시내가 부르는 노래이며, 자장가를 연상시키는 피아노의 느리고 편안한 서주와 함께 곡이 시작된다. 피아노의 간주와 후주 또한 서주와 같은 멜로디와 분위기를 반복해서 연주한다. 각 연은 유절 가곡으로서 같은 형식으로 노래된다. 첫째 연에서는 시내가 방랑에 지친 도제에게 이제 집에 왔으니 편안하게 쉬고, 그리고 바다가 시내를 다 삼켜버릴 때까지 곁에 누워서 잘 쉬라고 노래하고 있다. 둘째 연에서는 시내가 도제의 부드러운 잠자리를 푸른 크리스털의 작은 방, 즉 맑고 투명한 시냇물에 만들어주면서 도제를 영원한 휴식으로 데려오고 있다. 셋째 연에서 시내는 푸른 숲에서 사냥 나팔이 울려올 때면 그 소리를 도제가 듣지 못하도록 감쌀 뿐만 아니라 물소리를 더욱 요란하게 낼 것이라 말하고, 푸른 꽃들에게도 그의 잠을 방해하지 말라고 당부한다.

넷째 연에서는 물방앗간 아가씨가 와서 그를 깨우지 못하도록 하고, 다만 그의 눈에 덮게 수건만 던지게 하라고 시내가 말한다. 여섯째 연에서 시내는 도제에게 기쁨과 고통을 뒤로 하고 모든 것이 죽음에서 소생할 때까지 휴식을 취하라고 하면서, 보름달이 뜨고 안개는 엷어지는데 지상의 하늘은 아주 멀리 있다고 노래한다. 이로써 늘 도제와 동행해 온 시내는 그에게 영원한 안식을 제공하고, 도제는 지상이 아닌 저세상의 세계에서 실연의 고통을 잊고 안식을 얻는다. 이렇게 전원적인 것이 죽음의 영역으로 옮겨지면서 도제의 슬픈 이야기는 종결된다.

연가곡 ≪겨울 여행≫
Winterreise

뮐러의 『아름다운 물방앗간 아가씨』와 『겨울 여행』(『겨울 나그네』)을 비교해서 보면, 전자는 사랑의 시작에서부터 최종적으로는 죽음에 이르는 사랑 이야기를 다루고 있으나, 후자는 이미 끝난 사랑의 경험들에 대한 회상을 다루고 있다. 뮐러의 『겨울 여행』은 혁명 시기와 나폴레옹 시기 이후 좌절스럽고 어두운 분위기에서 나왔는데, 낭만적 문학의 전형적 특징들을 보여주고 있다. 독일의 낭만주의는 현실에 대한 심한 좌절에서 벗어나 과거의 정신적 세계로의 회귀를 통해서 고통과 좌절을 생산적으로 극복했는데, 뮐러의 연작시에는 그가 속한 시대 경향과 함께 왕정으로 회귀하는 현실에 대한 음울한 생각들이 반영되어 있다. 그 밖에도 뮐러는 낯선 존재로서의 경험을 표현하고 있는데, 그는 여러 편지에서 자신은 낯선 존재가 되어버렸고, 낯선 자로서 세상을 헤맨다고 말하기도 했다. 이것은 당대의 시대 현실에 동화될 수 없는 시인 자신의 모습임을 드러내고 있다.

슈베르트가 뮐러의 연작시에 곡을 붙인 같은 제목의 연가곡 ≪겨울 여행≫(1827)은 그의 마지막 창작 시기에 작곡된 두 번째 뮐러-연가곡이다. 뮐러의 『겨울 여행』은 작곡가 슈베르트의 삶의 마지막 시기의 음울한 분위기와도 일치한다. 슈베르트가 이 연가곡을 완성한 후 친구들을 초대해 노래를 들려주었을 때 친구들은 어두운 분위기 때문에 이 연가곡을 낯설어했는데, 그중 오직 〈보리수〉에만 찬사를 보냈다. 그러나 슈베르트는 이 연가곡이 다른 가곡들보다 특별하게 그의 마음에 들었다. 이 연가곡은 시의 특성을 자유로운 형식과 유절 가곡 및 변용된 유절 가곡을 통해서 음악적으로 섬세하게 해석하고 있다. 멜로디와 레시터티브 노래는 비장한 톤에다 주로 단조로 표현되어 있고, 장조는 가끔 낭만적이면서 아이러니하고도 비현실적인 꿈을 표현할 때 나타난다. 또 이 연가곡의 첫 곡에서부터 마지막 곡까지 완결된 통일성은 낭만적이고 알 수 없는 감정의 깊은 효과에서 나오고 있다. 이런 감정의 깊이는 슈베르트의 다양한 가곡 형식으로 흘러들어서, 어둡고 깊은 슬픔의 강물처럼 가곡 전체를 관통하고 있다.

슈베르트의 연가곡은 두 부분으로 나누어져 있는데, 첫 번째 부분은 1823년 출판된 『빌헬름 뮐러의 방랑 노래. 겨울 여행. 12편Wanderlieder von Wilhelm

Müller. Die Winterreise. In 12 Liedern』에 슈베르트가 곡을 붙여 1827년 봄에 발표한 것이고, 두 번째 부분은 1824년 출판된 뮐러의 시 24편으로 이뤄진 최종 연작시에서 12편을 발췌해 1827년 늦은 여름에 곡을 붙인 것이다. 이렇게 뮐러의 시 발표에 따라 작곡 시기가 같은 해의 봄과 가을 두 부분으로 나뉜다. 연가곡에서 뮐러의 첫 번째 시부터 다섯 번째 시와 마지막 24번째 시는 순서대로 수용되었고, 나머지 시들의 순서는 바뀌어 있다. 이 책에서는 24곡 가운데 12곡을 다루고 있다.

첫 번째 부분의 제1곡 〈**잘 자라**Gute Nacht〉는 뮐러의 같은 제목의 4연 각 8행시에 붙인 곡이다. 이 시에서는 서정적 자아의 절망과 고통이 그려져 있으며, 연인에 대한 상실감은 다음 이어지는 연가곡의 주제가 되고 있다. 편력자라고 자신을 소개하는 서정적 자아는 명랑하고 희망차게 자신의 목표를 향해 가는 것이 아니라, 삶의 행복과 사랑을 포기하고 목적과 희망 없이 겨울밤 어느 마을에 도착한다. 이 곡은 피아노의 애수에 찬 서주로 시작된다. 첫째 연에서 어느 마을로 들어온 방랑자는 꽃들이 만발한 5월에 만난 한 소녀와 사랑에 대해서 얘기하고, 게다가 그녀의 어머니와는 방랑자 자신과 소녀와의 결혼까지도 얘기했었는데, 이것은 이미 끝난 이야기가 되었다. 이제 세상은 그에게 너무 우울하고, 길은 눈으로 덮여 있다.

둘째 연에서는 방랑자가 언제든 새로운 곳으로 떠날 수 있으며, 어둠 속에서는 달빛 그림자가 동행하고 있다고 하면서, 눈에 묻힌 초지에서 야생동물의 발자국을 찾아보기도 한다. 셋째 연에서 보면 방랑자를 반기는 사람은 없고 개들은 미친 듯이 짖어대는 곳에서 그는 더 오래 머물 이유가 없다. 게다가 사랑은 방랑을 좋아하고 신은 방랑에서 방랑으로 이어지게 해놓았으니 그는 연인에게 잘 자라는 마지막 인사를 하고 방랑길을 계속 가려고 한다. 그러니까 젊은이에게 편력은 운명이다. 마지막 넷째 연에서는 나그네가 행여나 꿈속에서라도 그녀를 방해할까 조심하면서 그녀의 문으로 살금살금 걸어가서 나중에 그녀가 보도록 잘 자라는 인사말을 문에 쓴다. 이 인사는 방랑자의 작별 인사이자 그가 그녀를 생각했음을 보여주는 마음의 징표이기도 하다. 이 곡에서는 편력을 계속할 수밖에 없는 방랑자의 고독과 애수가 강하게 반영되어 있다.

제3곡 〈**얼어붙은 눈물**Gefrorene Tränen〉은 뮐러의 같은 제목의 3연 각 4행시에 붙인 곡이다. 서정적 자아는 자신의 뺨에서 흐르는 눈물이 얼어붙는 것을 깨닫고, 이 눈물은 연인에 대한 뜨거운 동경에서 흘러나오는데 왜 차가운 얼음으로 굳는지 의아해한다. 피아노의 스타카토는 눈물이 얼음으로 얼어버린 것을 표현하고 있으며, 성악가의 노래에서는 눈물이 한없이 흐르는 고통의 감정이 표현되고 있다.

첫째 연에서는 추운 겨울 자신도 모르게 눈물이 방랑자의 뺨에서 흘러내리는데, 그 눈물은 이내 얼어버린다. 둘째 연에서 방랑자의 눈물은 미지근하게 흐르다가 추운 날씨로 인해 아침 이슬처럼 차가운 얼음으로 응고된다. 셋째 연에서는 방랑자의 가슴속에 뜨겁게 솟구치는 열정이 모든 겨울의 얼음을 부술 것과 같다고 노래한다. 이어 셋째 연을 반복 노래하는데, 이 반복을 통해서 눈물은 추위에 얼어붙지만 그의 마음속 열기는 겨울의 얼음까지도 녹일 수 있을 만큼 타오르고 있음이 강조되고 있다. 그렇게 실연의 눈물은 얼어붙지만, 연인을 사랑하는 그의 열정은 이와 반대로 불처럼 타오르고 있다.

제5곡 〈**보리수**Der Lindenbaum〉는 뮐러의 같은 제목의 6연 각 4행시에 붙인 곡이다. 이 노래는 토마스 만의 소설 『마의 산Der Zauberberg』에도 등장한다. 이 작품에서 주인공 한스 카스토르프는 많은 정신적 편력을 거친 후 요양원에서 지내다가 마침내 제1차 세계대전이 터진 현실 세계로 돌아간다. 그는 전쟁에 참여했다가 심하게 몸을 다쳐 죽고 마는데, 죽기 직전 무슨 노래를 부르는지도 의식하지 못한 채 "난 그 나뭇가지에/ 많은 달콤한 말을 새겨 넣었지"라고 노래한다. 그리고 "보리수 가지들은 살랑거렸다/ 마치 나를 부르듯이"를 띄엄띄엄 노래하면서 죽어간다. 그러니까 그는 삶과의 이별가로서 보리수를 부르고, 보리수 나뭇가지들이 이 소설에서 카스토르프를 죽음으로 초

대한 것이다. 이렇게 토마스 만은 그의 소설에서 뮐러의 시와 슈베르트의 곡을 극도의 두려움을 극복하게 하는 힘이자 죽음의 안식으로 인도하는 힘이라고 해석하고 있다. 반면 뮐러의 시와 슈베르트의 곡에서는 방랑자인 도제가 보리수의 죽음에 대한 유혹을 멀리하고 방랑길을 계속한다.

성문 앞 우물가에/ 보리수 한 그루가 서 있네./ 난 그 그늘에서 꿈꾸었지./ 많은 달콤한 꿈을.

난 그 나뭇가지에/ 많은 달콤한 말을 새겨 넣었지./ 기쁠 때나 슬플 때나/ 항상 날 그리로 이끌었지.

난 오늘도 방랑을 떠나야만 했다./ 깊은 밤에/ 그때 난 어둠 속에서도/ 눈을 감았다.

보리수 가지들은 살랑거렸다/ 마치 나를 부르듯./ 도제여, 나에게로 와/ 여기서 너의 휴식을 찾을 수 있어.

찬바람들이 불었다/ 바로 내 얼굴로./ 모자는 머리에서 날아가 버렸고/ 난 몸을 돌리지 않았다.

이제 난 여러 시간/ 멀리 떨어져 있다./ 그런데도 항상 살랑거리는 소리를 듣는다./ 거기서 휴식을 찾으라고.

이 곡에서 보면 서정적 자아는 방랑을 하던 중 마지막으로 보는 도시의 성문 앞에 있는 보리수 곁을 지나간다. 그는 그 나무로부터 강한 이끌림을 느끼고 그 앞을 지날 때는 눈을 감고 되돌아보려 하지 않는다. 보리수가 엄청난 흡인력으로 그에게 작용하기 때문이다. 그곳에서 휴식을 찾는다는 것은 죽음에 대한 동경을 의미하며, 그런 유혹에 그는 저항하고 있다. 첫째 연에서 보면 서정적 자아는 방랑하다가 성문 앞 우물가에 서 있는 보리수 그늘에서 달콤한 많은 꿈을 꾼다. 흔히 보리수는 뮐러의 시에서 보여주듯이 고향과 은밀함을 상징하는 은유로 낭만주의 문학에 나타나곤 한다.

둘째 연에서는 방랑자가 보리수 나뭇가지에 많은 달콤한 말을 새겨 넣고,

즐거울 때나 슬플 때나 늘 저절로 끌려가듯 보리수에 다가간다. 셋째 연에서 보면 방랑자는 계속되는 깊은 밤이라 하더라도 방랑길에 나서야 하고, 보리수를 보지 않기 위해서 어둠 속임에도 이에 아랑곳하지 않고 눈을 감고 있다. 넷째 연에선 보리수 가지들이 살랑거리면서 도제에게 여기서 휴식을 찾으라고 유혹하고 있다. 여기서 휴식을 찾는다는 것은 곧 죽음을 뜻한다. 다섯째 연에서는 찬바람이 그의 얼굴 위로 불어왔고 모자가 바람에 날려갔지만, 그는 마력처럼 끌리는 보리수 쪽으로 몸을 돌리지 않았다. 그는 아직 휴식을 찾을 때가 아니었기 때문에 방랑길을 계속 간다. 여섯째 연에선 방랑자가 보리수가 있는 곳에서 아주 멀리 떨어져 있으나 여전히 그 나무 곁에서 휴식을 찾으라고 유혹하는 살랑거림을 듣는다. 그리고 여섯째 연 전체를 다시 반복해서 노래하고, 4행 "넌 거기서 휴식을 찾으라"라고 다시 반복되면서 피아노의 후주가 곡을 마무리한다. 이 4행의 반복은 죽음에 대한 동경을 강화하고 있다.

제7곡 〈**강 위에서**Auf dem Flusse〉는 뮐러의 같은 제목의 5연 각 4행시에 붙인 곡이다. 서정적 자아인 방랑자는 이제 눈에 얼어붙은 시냇물 위에 있다. 그리고 물 위 얼음판에 그는 연인의 이름을 새기고 있다. 여기서 서정적 자아의 마음은 시내에 비교되는데, 겉으로는 얼음으로 단단히 얼어붙어 있지만 그 수면 아래에 요동치는 움직임이 있는 것이 바로 그의 마음과 같다. 비록 연인과 헤어져 다시는 못 만나지만, 사랑의 마음은 그의 내면에서 끊임없이 잔영을 만들어내면서 사랑의 고통을 겪게 한다. 첫째 연에서는 강물이 명랑하게 찰랑거렸는데, 갑자기 작별의 인사도 없이 고요해진다. 둘째 연에 가서야 왜 강물이 고요해졌는지를 알 수 있다. 그건 강물이 얼어붙어서 찰랑거리는 소리가 들리지 않기 때문이다. 셋째 연에서 보면 방랑자는 꽁꽁 얼어붙은 강물 위에 예리한 돌로 연인의 이름을 계속해서 새겨놓고 있다. 넷째 연에서 그가 그녀와 인사를 나누었던 날, 그가 떠났던 날을 그녀의 이름과 함께 적어놓았고 그 주위로 쪼개진 반지 모양의 선이 휘감고 있다. 다섯째 연에서는 방랑자가 얼어붙은 강물 아래에서도 여전히 심한 동요가 이는 것을 그의 마음이 아는지를 묻고 있다. 다시 말하면 겉으로는 얼어붙은 것 같으나 여전히 사랑의 동요를 그는 마음으로 느끼고 있다.

제8곡 〈**회상**Rückblick〉은 뮐러의 같은 제목의 5연 각 4행시에 붙여진 곡이다. 서정적 자아는 방랑 중에 연인이 사는 도시에 도착했고, 그녀의 집으로 가고 싶었으나 가능치가 않다. 그는 까마귀에 쫓기면서 끝내 사랑에 대한 회상과 동경을 품고 다른 곳으로 길을 떠난다. 첫째 연에서 방랑자는 얼음과 눈 위를 걸어서 발에 불이 날 지경이고, 연인이 사는 도시의 탑들을 보자 마음의 동요를 느낀다. 둘째 연에서는 방랑자가 발에 돌이 자주 부딪칠 정도로 서둘러 그녀가 사는 도시로 가는데, 까마귀들이 각 집에 쌓인 눈과 우박 같은 눈송이를 그의 모자 위로 던졌다. 셋째 연은 회상 장면으로 이어지는데, 과거에 방랑자가 연인이 사는 도시에 도착하자 도시가 그를 반갑게 맞이했고, 밝은 창가에서 종달새와 나이팅게일이 환영하듯 노래했다.

넷째 연에서는 도시의 보리수가 풍성하게 자랐고, 그 나뭇가지들이 살랑거릴 때 소녀의 눈동자가 빛을 발하자 그의 마음에 사랑이 싹텄다. 다섯째 연에서는 방랑자가 방랑을 하다가 과거의 상념에 사로잡혀 다시 그녀의 집 앞으로 가고자 한다. 그러나 그녀에게 돌아가는 것은 현실적으로는 불가하다. 그래서 슈베르트는 다시 다섯째 연을 같은 방식으로 반복해서 노래하고는 마지막 4행 "그녀의 집 앞에 고요히 멈추어 서고 싶었다"라고 한 번 더 반복해서 느리게 노래하는데, 이것은 잃어버린 사랑에 대한 우수에 젖은 마음을 강조하고 있다. 이 곡은 피아노 후주 없이 4행이 후렴처럼 조용히 반복 노래하는 것으로 끝나고 있다.

제11곡 〈**봄의 꿈**Frühlingstraum〉은 뮐러의 6연 각 4행시에 붙인 곡이다. 서정적 자아는 아름다운 봄에 관한 꿈으로 인해 심하게 마음의 동요를 느끼고, 현실로부터 그의 꿈으로 되돌아가는 길을 찾고 있다. 꿈에 대한 기억으로 다시 돌아와서 그는 자신이 연인의 곁에 있다고 여긴다. 과거에 대한 기억을 내쫓을 힘이 없고 오히려 봄으로 되돌아가기를 동경하고 있기 때문이다. 이 곡에는 꽃, 새의 지저귐, 사랑과 축복에 대한 꿈, 수탉의 우는 소리에 깨는 잠, 까마귀 울음소리, 얼음으로 변한 꽃들에 대한 묘사가 나오고 방랑자는 헛되이 사라진 꿈을 붙잡으려 한다.

첫째 연에서 방랑자는 오월에 만발한 다양한 꽃들, 푸른 초원, 새들의 노래를 꿈꾸고 있음을 알 수 있다. 둘째 연에서 보면, 서정적 자아가 아름다운 봄의 꿈을 꾸다가 수탉의 울음소리에 잠이 깨어 현실 세계로 돌아오자 날은 춥고 어두운데다 까마귀들은 지붕에서 소리 지르고 있었다. 셋째 연에서는 창가에 나뭇잎들의 그림자가 비치는데, 겨울에 꽃들을 보았던 꿈을 꾸는 사람을, 그 방랑자를 나뭇잎들이 비웃는 듯하다. 넷째 연에서 방랑자는 사랑에 대해서, 한 아름다운 소녀에 대해서, 그녀와의 입맞춤, 기쁨과 축복에 대해서도 꿈을 꾸었다. 다섯째 연에서 방랑자는 수탉들이 아침을 알리면서 울어댈 때 아름다운 꿈에서 깨어나서는 홀로 앉아 그가 꾼 꿈에 대해서 생각한다. 여섯째 연에서 방랑자의 가슴은 여전히 두근거리고, 눈을 감고는 언제 다시 연인을 품에 안게 될 수 있을까 생각하면서 곡이 끝난다.

제12곡 〈**고독**Einsamkeit〉은 뮐러의 같은 제목의 3연 각 4행시에 붙인 곡이다. 서정적 자아는 맑은 하늘에 홀로 떠 있는 구름과 비교되고 있으며, 방랑하던 와중에는 휴식의 기쁨과 마주치기도 했으나, 그의 내면에는 여전히 외로움이 도사리고 있다. 첫째 연에선 전원적 풍경이 그려지고 있는데, 홀로 외롭게 떠 있는 구름이 쾌청한 대기를 꼬물꼬물 지나가는 것처럼 전나무 봉우리에 미풍이 분다. 첫째 연의 전원적 풍경에서처럼 둘째 연에서 방랑자는 그렇게 밝고 명랑한 거리를 아는 사람도 없이 외롭고 느린 걸음으로 지나가고 있다. 셋째 연에서는 대기는 고요하고 세상은 아주 밝으며, 돌풍이 불 때조차도 비참하게 느껴지지 않았으나 방랑자는 지금이 한없이 비참하다고 느끼고 있다. 이어 셋째 연을 반복해서 노래하는데, 특히 3행과 4행 "돌풍이 무섭게 불 때도/ 난 이렇게 비참하지, 이렇게 비참하지 않았다"는 폭발하듯 터져 나오는 고통의 절정이며, 이것은 아름다운 하모니의 전환과 함께 고요한 절망으로 가라앉고 있다. 여기 제12곡까지가 슈베르트 사망 1년 전인 1827년 봄에 작곡된 연가곡의 첫 번째 부분이다.

1827년 가을 작곡된 두 번째 부분의 제13곡 〈**우편 마차** Die Post〉는 뮐러의 4연 각 3행시에 붙인 곡이다. 서정적 자아는 우편 나팔 소리를 듣고 그 이유도 알지 못한 채 흥분되는 마음을 느낀다. 그 우편 마차가 연인이 사는 도시에서 왔다는 것을 알고 그의 마음은 부질없이 다시 그녀에게로 향한다. 이 곡은 우편 나팔이 울리는 것 같고, 우편 마차의 말발굽 소리를 암시하는 것 같은 피아노의 빠르고 경쾌한 서주로 시작되며, 첫째 연과 셋째 연, 둘째 연과 넷째 연은 같은 형식으로 되어 있다. 첫째 연에서는 우편 마차가 나팔을 울리면서 우편물을 가득 싣고 거리로 들어온다. 그런데 방랑자에게는 편지 한 통 온 것이 없다는 사실이 둘째 연에서 노래되고 있다. 셋째 연에서 보면 우편 마차는 방랑자의 연인이 사는 도시에서 온 것이다. 넷째 연에서 보면 방랑자는 자신에게 정말 편지 한 통도 오지 않았는지를 확인해 보고 싶지만, 실제 물어보지는 못한다. 그리고 넷째 연을 반복 노래한 것은 비록 헤어졌지만 연인으로부터 어떤 소식이라도 올까 기다리는 간절한 마음을 표현하고 있다.

제15곡 〈**까마귀** Die Krähe〉는 뮐러의 같은 제목의 3연 각 4행시에 붙인 곡이다. 도시를 떠나온 이후 까마귀 한 마리가 계속 서정적 자아를 따라오고 있다. 그는 새에게 자신의 삶은 곧 끝날 것이기 때문에 무덤까지 충직하게 따라오라고 한다. 이 곡에서 까마귀는 죽음의 상징이 되고 있으며, 방랑자는 새에게 친구처럼 말을 건네고 있다. 첫째 연에서는 까마귀가 도시에서부터 방랑자와 동행하고 있다. 둘째 연에서 까마귀가 그를 떠나지 않고 동행하는 것은 죽음에 가까이 이른 그를 전리품으로 여기기 때문이다. 셋째 연에서는 이제 방랑자가 더 이상 방랑용 지팡이를 짚고 가지 않을 것이라고 하면서, 까마귀에게 그의 무덤까지 신의를 다해 동행하라고 주문한다. 이로써 방랑자의 죽음이 가까이 오고 있음을 알 수 있다.

제16곡 〈**마지막 희망** Letzte Hoffnung〉은 뮐러의 같은 제목의 3연 각 4행시에 붙인 곡이다. 이 시에는 바람이 나무에 매달린 마지막 나뭇잎들과 놀고, 방랑자의 희망은 그 나뭇잎에 걸려 있으나 나뭇잎이 떨어짐과 동시에 그의 희망도 함께 떨어져 버린다. 이 곡은 대화하는 것 같은 느낌을 주는 피아노의 서주로 시작된다. 서주에서 가벼운 피아노의 스타카토 반주는 바람에 흔들거리는 나뭇잎들의 하강과 상승을 표현하고 있다. 첫째 연에서 방랑자는 여기저기 나무에 매달린 잎들을 보면서 생각에 잠겨 종종 나무 앞에 서 있곤 한다. 둘째 연에서는 방랑자가 나뭇잎에 자신의 희망을 걸어놓았고 나뭇잎에는 바람이 불고 있다. 셋째 연에서 나뭇잎이 땅으로 떨어지는 것은 그의 희망도 함께 떨어지는 것을 의미하며, 그 또한 땅으로 떨어진 희망의 무덤 위에서 울고 있다. 더욱이 4행 "난 내 희망의 묘지 위에서 운다"를 반복해서 노래하는 것은, 이제 희망은 사라지고 가까이 이른 죽음을 강조한 것이다.

제20곡 〈**길 표지판**Der Wegweiser〉은 뮐러의 같은 제목의 4연 각 4행시에 붙인 곡이다. 서정적 자아는 다른 사람과 마주치지 않기 위해 으슥한 길로 나서면서 왜 고독을 찾는지 자신에게 물음을 던진다. 그는 여러 길 표지판 이외에 죽음으로 가는 길을 보는데, 여기에는 서정적 자아의 죽음에 대한 동경이 강하게 반영되어 있다. 이 곡에서는 낭만적인 방랑 노래가 섬뜩하고 유령 같은 것으로 바뀌고 있다.

첫째 연에서 방랑자는 다른 방랑자들이 걸어간 길이나, 길 표지판이 가리키는 길들을 피하고 눈 덮인 바위 사이에서 숨겨진 계단을 찾고 있다. 둘째 연에서는 어떤 열망이 그를 황량한 그 길로 접어들게 하는지 의문을 제기한다. 셋째 연에서는 방랑자가 도시로 안내하는 길 표지판을 거리에서 보지만, 그 길로 가지 않는다. 그는 다른 방랑자와 달리 특이한 방랑을 하는데, 쉬지 않으면서도 쉴 곳을 찾고 있다. 넷째 연에서 보면 방랑자가 찾아 쉴 곳은 다름 아니라 아무도 돌아온 적이 없는 길, 바로 죽음의 길로 가는 것이다. 드디어 그는 그 길로 가는 표지판을 발견한다. 이제 방랑자는 아무도 돌아오지 않았던 길로 가야만 한다고 여긴다. 그리고 넷째 연의 반복을 통해서 방랑자의 죽음에 대한 동경을 강조하고 있다.

제21곡 〈**여인숙**Das Wirtshaus〉은 뮐러의 같은 제목의 4연 각 4행시에 붙인 곡이다. 서정적 자아는 묘지를 지나 방랑하다가 한 여인숙, 곧 죽은 자들의 집을 보았으나 무덤은 열려 있지 않고 자신은 배제되어 있다고 느낀다. 그래서 그는 방랑길을 계속 간다. 첫째 연에서 보면 이제 방랑자는 죽은 자들의 집, 동시에 자신의 집이라 여겨지는 곳으로 영원히 귀향하려고 한다. 둘째 연에 나오는 죽은 자들의 묘지에 놓인 화환이 그 집으로 가는 표시이며, 이제 지친 자신이 그곳으로 초대되었다고 여긴다. 셋째 연에서 방랑자는 그 집에 혹시 방이 없을까 해서 무엇보다도 자신이 지치고 다쳤음을 강조하면서 여하한 경우라 하더라도 그곳에서 쉬려고 한다. 넷째 연에서 보면 인정머리 없는 주인이 그에게 들어오는 것을 거절했고, 그로 인해서 방랑자는 지팡이를 벗 삼아 다시 방랑길을 계속 갈 수밖에 없다. 그래서 방랑자는 아직 죽음에 이르지 못한다.

마지막 제24곡 〈**칠현금 악사**Der Leiermann〉(흔히 〈거리의 악사〉로 소개되었음)는 뮐러의 마지막 시이자 같은 제목의 5연 각 4행시에 붙여진 곡이다. 서정적 자아는 아무도 주목하지 않는 늙은 악사를 주목하고 있다. 그의 음악은 완전히 무관심에 직면해 있고, 오직 개들만이 마치 그 음악에 반응하듯 으르렁 대고 있다. 하지만 칠현금 악사는 이에 아랑곳하지 않고 자신의 연주를 계속 하는데, 서정적 자아는 그에게 방랑자의 이야기를 계속 연주해 줄 것인가를 묻는다. 이 물음에는 서정적 자아의 희망 상실과 치유될 수 없는 상태가 계속 되는 것인가라는 의미가 들어 있다. 그래서 이 연가곡의 결말은 혹독한 낭만적 아이러니라 할 수 있다. 그 연주를 아무도 칭찬하거나 듣고자 하지 않지만 칠현금 악사는 이에 개의치 않고 계속 연주한다. 이로써 방랑자의 노래는 시대를 넘어 지속된다.

마을 뒤, 저 위에/ 한 칠현금 악사가 서 있다./ 굳어진 손가락으로/ 그는 최선을 다해 연주하고 있다.

얼음 위에 맨발로/ 이리저리 움직인다./ 그의 작은 접시가/ 빈 채 그의 곁에 놓여 있다.

아무도 그의 연주를 듣는 걸 좋아하지 않는다./ 아무도 그를 보지 않는다./ 개들은 으르렁댄다./ 그 노인의 주위에서.

그는 그것을 내버려둔다./ 그냥 그대로/ 그런 채 연주하고 그의 칠현금은/ 결코 그의 곁에 조용히 있지 않는다.

경이로운 노인이여/ 내가 그대와 함께 가야 하나?/ 그대는 내 노래에 맞춰/ 그대의 칠현금을 연주하고자 하나?

이 곡에서 첫째·셋째·다섯째 연이 같은 형식이고, 둘째 연과 넷째 연이 같은 형식으로 되어 있으며, 피아노의 연주에는 늘 하프 소리가 들어가 있다. 첫째 연에서는 칠현금 악사가 마을 뒤쪽 언덕에서 추위로 굳어진 손가락으로 열심히 연주하고 있다. 둘째 연에서 보면 이 거지 연주자는 얼음 위에서 칠현금을 연주하면서 맨발로 얼지 않기 위해서 분주히 움직이고, 그의 접시는 비어 있다. 더욱이 3행과 4행 "그의 작은 접시가/ 빈 채 그의 곁에 놓여 있다"를 반복해서 노래한 것은 그 칠현금 연주자의 가난을 강조하고 있다. 게다가 누구도 그의 연주를 좋아하지 않을 뿐만 아니라 아무도 그에게 관심을 보이지 않으며, 오직 개들만이 그의 주위에서 으르렁거리며 위협할 뿐이라는 것을 셋째 연에서 보여주고 있다.

넷째 연에서 보면 칠현금 주자 노인은 개가 짖어대는 것, 아무도 관심을 보이지 않는 것에 개의치 않고 그가 하고 싶은 대로 연주를 계속한다. 다섯째 연에서 거지 칠현금 주자에게 던지는 방랑자의 마지막 물음, "그대의 칠현금을 연주하고자 하나?"는 사실 죽어가는 방랑자의 마지막 말이 되고 있다. 또 이것은 병이 깊은 작곡가 자신의 마지막 말이기도 하며, 이로써 24곡으로 구성된 《겨울 여행》의 연가곡이 끝난다. 그리고 마지막 물음을 '슈베르트의 연가곡은 시대를 넘어 계속 연주될 것인가?'로 대치해 보면, 그 답은 시대를 넘어 그의 연가곡은 계속 노래되고 있다고 할 수 있겠다. 이렇게 슈베르트의 ≪겨울 여행≫은 단순한 여행 노래가 아니라 죽음에 이른 방랑자의 깊은 내면으로 회귀하는 노래가 되었다.

슈만의 가곡

▌로베르트 슈만
자료: Josef Kriehuber 그림(1839년).

로베르트 슈만Robert Schumann(1810~1856)은 독일 가곡에서 슈베르트 다음으로 또는 대등하게 평가받을 만한 업적을 남겼다. 그의 문학에 대한 폭넓은 관심은 베토벤과 마찬가지로 음악가들 가운데 보기 드문 사례에 속한다. 슈만은 텍스트에 단순히 곡을 붙인 것이 아니라 '문학이 된 음악'을 작곡했으며, 그에게 언어와 음은 별개가 아니라 하나였다. 슈만은 천성적인 자신의 이중 재능과 관심 덕택으로 민네장과 베를린 가곡 악파에서 강조되었던 '말과 음의 일치', 문학과 음악의 결합이라는 리트의 원래 의미를 자연스럽게 터득했다.

슈만의 일기 및 편지는 그가 대단한 문학 독자였음을 보여준다. '시인의 정원' 이외에도 1830년대 후반부터 작곡을 위해서 시를 필사해 두었고, 좌우명도 꾸준하게 필사해 두었다. 『작곡을 위한 시 필사집』에는 34명 시인의 시 169편이 수록되어 있고, 1840년 이후에 이 중에서 101편(이 가운데 일곱 편은 클라라 슈만에 의해 작곡됨)에 곡을 붙였다. 또 1825년부터 적기 시작한 『좌우명 모음집』에는 약 1200편의 문학적·철학적·음악적 글과 악보가 들어 있다. 여기에 가장 많이 글이 실린 예술가들로는 베토벤, 모차르트, 빌헬름 뮐러, 첼터, 장 파울, 괴테, 실러, 클롭슈토크, 샤미소, 뤼케르트, 바이런 등이 있다. 이 모음집에 실린 글들은 절반 이상이 훗날 음악 잡지의 표제어 등으로 사용되었다. 이것은 문학 수용자이자 문학을 재창조한 슈만의 모습을 특징적으로 잘 보여주고 있다.

슈만은 독일의 도시인 츠비카우Zwickau에서 김나지움을 마친 후 모친의 기대대로 라이프치히 대학교에서 법학 공부를 시작하기 전에, 친구 로젠과 함께 남독일로 여행을 갔다가 지인의 소개로 뮌헨에서 하이네를 만났다. 당시 30세의 하이네는 유명한 시인이었고 슈만은 이제 막 18세가 된 청년이었다. 하이네는 친절하고 호의적이었으며 슈만에게 뮌헨 안내까지 해주었는데, 입가에 쓸쓸하고 아이러니한 미소를 지었던 하이네의 모습은 젊은 슈만에게 강한 인상을 남겼다. 이후 슈만은 라이프치히로 돌아왔으나 법학 공부에는 여전히 흥미를 느끼지 못하고 있었다. 이 당시 슈만은 그의 일기에서 작곡이 시를 쓰는 일보다 더 성스럽다고 언급했는데, 이로써 그의 관심이 문학이나 법학 공부보다는 음악 쪽으로 더 쏠리고 있음을 알 수 있다. 그러나 그는 모친의 기대를 저버릴 수 없어서 1829년 하이델베르크 대학교에서 법학을 공부하다가, 같은 해 11월 그의 어머니에게 보낸 편지에서 법학은 빵을 벌기 위한 공부이며, 어떤 상상력도 가질 수 없게 한다고 토로했다. 이듬해 7월에 그는 모친에게 피아노 연주자의 길을 가고자 한다는 뜻을 알린 후 10월 다시 라이프치히로 돌아왔고, 프리드리히 비크로부터 피아노 교육을 받았다. 그러나 많은 연습으로 인해 손가락 마비가 심각해지면서 피아니스트의 길을 포기하고 음악 비평가이자 작곡가의 삶으로 전환한다.

슈만은 연주자의 길을 포기한 후 작곡 생활과 더불어 음악 비평가 활동을 활발하게 한다. 그는 음악 비평가로서 평하길, 바흐는 음악가로서의 근면함과 천성적으로 예리한 감각을 지닌 천재이고, 모차르트의 음악 세계에는 쾌활함과 고요함 그리고 우아함이 깃들어 있으며, 베토벤은 부단한 도덕적 힘으로 시적 자유에 이르렀고, 슈베르트는 베토벤 이후 언어와의 조화에서 가장 높은 단계의 음악을 성취한 탁월한 음악가이며, 베버는 오페라에서 불멸의 업적을 남겼으며 그의 작품들은 모두 재기발랄하고 대가답다고 했다. 쇼팽의 음악은 그 자신 내면에 있는 내적 창조력과 진실한 형상들의 표현이며, 멘델스존에 대해서는 마치 과일나무를 흔들어대면 잘 익은 달콤한 열매가 금방 떨어지는 것처럼 작곡과 연주를 했다고 평했다. 리스트는 파가니니 이후 뛰어난 연주자이며 그의 연주는 대가다운 솜씨 속에서 빛나고 불꽃을 발한다고 평했다. 브람스에 대해서는 피아노를 가지고 마치 탄식하고 기뻐하는 목소리를 가진 오케스트라처럼 연주하는 천부적 재능을 지녔다고 평했다.

위의 예에서 보여주듯이, 슈만의 음악가 평과 연주 평은 감성이 풍부한 음악 시인의 글이다. 그는 1834년 4월 창간한 『새 음악 잡지Neue Zeitschrift für Musik: NZfM』를 이끌어가면서도 꾸준하게 작곡을 했는데, 1830년대에는 주로 피아노곡을 작곡했고, 1840년은 그의 말처럼 '가곡의 해'가 되었다. 슈만의 문학과 음악의 이중 재능은 가곡 작곡에서 최종 합일을 이루었고, 이로써 그는 음악적 서정 시인이 되었다. 일반적으로 음악사에서 슈만은 낭만주의 전성기의 가장 뛰어난 가곡 작곡가라고 평가받는다. 그의 예술은 영혼의 음악, 끝없이 솟구치는 판타지와 내면의 생각, 감정이 풍부한 인식에서 나오는 음악인 것이다. 슈만은 독창 및 합창곡을 포함해서 약 290편의 성악곡을 남겼는데, 이 중 피아노 솔로 가곡 138편을 1840년에 작곡했다. 이것은 그의 전체 가곡의 절반 정도에 해당했으며, 그가 곡을 붙인 작가의 수는 약 60명에 이르렀다. 슈만은 가곡을 작곡하기 위해서 대단히 선별적으로 서정시를 골랐는데, 하이네의 시에 가장 많은 곡을 붙였다. 그가 선택한 주요 시인들을 보면 하이네 43편, 뤼케르트 28편, 케르너 20편, 괴테 19편, 아이헨도르프 16편, 샤미소 13편을 포함해서 약 260편의 피아노 반주 독창 가곡을 남겼다.

서정시와 음악의 관계에서, 특히 음악적 서정시의 형성에 슈만이 관심을 둔 것은 음악으로 시의 정서를 완전하게 반영하기 위해서였다. 그래서 그는 가곡에서는 시인과 작곡가가 일심동체이며, 작곡가는 시인이 되어야만 한다고 보았다. 가곡에서는 아름다운 영혼들인 시인과 작곡가가 서로를 잘 이해하는데, 시인은 음악가처럼 음악적 언어로 표현하고, 음악가는 시인처럼 문학적 음으로 표현하는 것이다. 사실 가곡 작곡에 들어가기 전인 1839년까지만 하더라도 슈만은 기본적으로 절대음악이라는 미학의 관점에서 성악곡보다는 기악곡에 더 예술적 가치를 두었다. 그러다가 1840년대 이후부터는 비평가로서 자신의 시대의 음악적 발전을 되돌아보고, 실질적으로 중요한 발전이 이뤄지고 있는 유일한 장르가 가곡이라는 것을 갈파했다. 그는 미래 지향적이고 고상한 음악 장르가 될 수 있는 가곡의 새로운 가능성을 보았다.

낭만주의 작가들인 노발리스, 슐레겔 형제, 티크, 브렌타노 등의 문학은 이미 가곡 작곡가들에게 잘 알려져 있었다. 그래서 하이네와 아이헨도르프를 비롯한 새로운 시인들의 등장을 슈만은 '새로운 시인 정신'이라고 지칭했으며, 이 시인 혼으로 인해서 가곡이 비약적 발전을 도모할 수 있었다고 보았다. 이 발전을 촉진하는 새로운 시인파가 바로 뤼케르트, 아이헨도르프, 울란트와 하이네 등이었다. 슈만이 지적한 '새로운 독일의 시인파'에 속하는 네 시인 중 울란트를 제외한 다른 세 사람의 시에 붙인 곡이 슈만의 전체 가곡에서 3분의 1을 차지한다.

그의 시적 음악 세계는 영혼의 고상한 언어, 시적 자유, 슐레겔이 말하는 '진보적 보편 시'로서의 낭만적 음악, 장 파울이 말하는 상상력으로 가득 찬 시적 힘으로서의 음악, 비밀스러운 꿈의 음악, 시와 작곡이 서로 긴밀히 교류되는 음악을 지향했다. 그것은 바로, 시는 시적 음악 작곡이 되도록 자극하고, 이와는 달리 시적 음악은 시가 되도록 자극하는 예술인 것이다. 이렇게 슈만의 문학과 음악의 이중 재능은 진정한 의미에서 '말과 음의 일치'를 가져왔고 그의 시적 음악 세계는 가곡 분야에서 화려하게 빛날 수 있었다. 슈만은 하이네의 시에 가장 많은 곡을 붙였는데, 시인 하이네에 대해서 간략하게 덧붙여 이야기하려고 한다.

사실 독일 가곡 역사에서 볼 때 괴테의 경우보다도 더 많은 곡이 하이네의 서정시에 붙여졌다. 실제 하이네는 현실 비판적 저널리스트였고, 현실 참여 시인인 동시에 유머와 아이러니가 풍부한 서정시를 발표했다. 일반적으로 하이네는 마지막 낭만주의자인 동시에 낭만주의를 극복한 시인으로 평가된다. 하이네의 서정시에는 뢰베, 슈베르트, 슈만, 프란츠, 마이어베어, 피츠너, 브람스, 리스트, 파니 헨젤과 멘델스존, 볼프, 바그너, 슈트라우스, 그리그, 차이콥스키가 곡을 붙였다. 여기서 흥미로운 점은 하이네의 시에 곡을 붙이고 파리에 사는 하이네에 대해 방문하기도 했던 사람이 바로 바그너였다는 사실이다. 그런데 그는 하이네를 유대인으로서 자신의 깊은 체험을 시적으로 형상화한 것이 아니기 때문에 거짓이고 흉내 낸 것에 불과한 아류 시를 썼다고 공격한 바 있다. 바그너는 하이네의 서정시와 관련해서 19세기 독일에 널리 퍼져 있었던 '위대한 예술의 기준은 예술가의 삶과 경험에서 나오며 작가와 작품은 분리될 수 없이 일치된 것'이라는 입장에서 하이네를 공격한 것이다. 그러나 유사한 비판을 바그너는 훗날 니체한테서 들었고, 바그너의 공격과 달리 하이네의 시는 오히려 자신의 직접 체험과 사회 비판적 입장과 현실을 반영했다고 평가받는다.

하이네의 『노래책Buch der Lieder』은 괴테와 실러의 시들을 제외하고 19세기에 가장 많은 인기를 얻었다. 하이네의 서정시에 나타난 민속적 특성들과 감성의 시어들은 일반 독자와 작곡가들을 매료했다. 그는 무엇보다도 빌헬름 뮐러(『아름다운 물방앗간 아가씨』와 『겨울 여행』을 쓴 시인)의 시들이 지닌 간단한 운율의 짧은 시행, 순수한 울림과 진정한 단순성을 지닌 형식에 대단히 경탄했다. 하이네는 뮐러의 시들을 통해서 오래된 민요 형식들에서 이전의 유치한 언어들이나 어색함을 흉내 내지 않으면서도 민속적인 새로운 형식을 어떻게 만들 수 있는가를 배웠다. 하이네의 시에는 사랑의 모티브 이외에도 항상 반복되는 언어들인 마음, 사랑, 밤, 눈물, 꿈 등의 언어가 나타나는데, 이것은 많은 작곡가에게 매력적이었다. 그래서 그의 시가 지닌 완성된 형식과 운율

이외에도 시어의 형상들과 표현의 단순성과 보편성이 많은 작곡가에게 하이네의 서정시와 일치되고, 그 표현을 음악적으로 재현하는 일을 가능케 했다.

하이네는 뒤셀도르프, 본, 베를린을 거쳐 괴팅겐에서 학업을 계속하던 1824년 9월에 하르츠로 향하는 도보여행을 했고, 이 경험은 나중에 『하르츠 여행기』에 반영되었다. 하이네는 하르츠 여행의 귀향길에 오른 1824년 10월 초순 바이마르에서 괴테를 만났다. 당시 괴테는 75세, 하이네는 26세였으며, 그는 독일 문학사에서 괴테를 가장 훌륭한 '가곡의 시인'으로 평가하고 있었다. 두 사람의 대화 내용에 대한 구체적인 보고나 기록은 없으나 괴테는 자신의 일기에 그냥 '괴팅겐의 하이네'라고만 언급했고, 하이네는 1830년 2월 하순 카를 아우구스트 파른하겐에게 보낸 편지에서 괴테의 문학을 "스스로 마지막 목적이 되고, 시대를 거스르는 위대한 천재의 편안한 예술"이라고 비판했다. 이처럼 괴테는 저무는 해로서 고전주의의 대가였고, 하이네는 뜨는 해로서 새로운 현대 서정시의 개척자 가운데 한 사람이었다.

하이네는 박사학위를 마치기 전인 1825년 6월 하순에 세례를 받았는데, 세례명은 크리스티안 요한 하인리히였다. 그리고 이후 문학사에서 하인리히 하이네라고 지칭되었다. 하이네는 당시 이 세례 증명을 유럽 문화로 편견 없이 진입할 수 있는 티켓이라고 여겼으며, 세례를 통해서 기독교-독일 사회에 뿌리내리려고 노력했다. 그러나 베를린이나 뮌헨에서의 교수직은 그에 대한 반대 여론 때문에 기회가 주어지지 않았는데, 나중에 하이네는 모저라는 이름의 친구에게 보낸 1826년 1월 편지에서 세례 받은 것을 아주 후회한다고 썼다. 한편, 1829년 12월 『여행문집』(「뮌헨에서 제노바로의 여행」 및 「루카의 목욕탕들」) 제3권이 출판되었는데, 이 역시 베스트셀러였다(여기에서 시인이자 동양학자인 아우구스트 플라텐-할러뮌데와의 논쟁이 크게 관심을 불러일으켰다). 이어서 1831년 1월 발표된 『여행문집 추록들』(『여행문집』 제4권)은 출간되자마자 프로이센 당국에 의해서 금서가 되었다.

이후 하이네에게 독일에서는 그 어떤 일자리도 주어지지 않았고, 그의 시

ㅣ 하인리히 하이네
자료: Moritz Daniel Oppenheim 그림(1831년).

들은 어디에도 실릴 수가 없었다. 1831년 봄, 그는 함부르크를 떠나 파리로 갔는데, 이후 그의 의도와 달리 파리는 그의 긴 25년간의 망명지가 되어버렸다. 하이네는 파리에 도착한 후 여러 분야의 유명 인사들을 사귀었다. 사실 그 어떤 외국 작가도 하이네처럼 쉽게 프랑스에서 수용되고 인정받은 사례가 없다. 예를 들어 발자크는 1844년 하이네가 독일 언론에 생생하고 지성적인 프랑스 비평을 올리는 동시에 파리에서는 독일의 정신과 문학을 대표한다고 보았다. 또 뒤마는 1839년 "만약 독일이 하이네를 원하지 않는다면 우리가 그를 즐겨 받아들이고자 한다. 하지만 불행하게도 그는 실제로 받을 만한 가치보다도 더 많이 독일을 좋아한다"라고 평했다. 보들레르는 1865년 "우리의 불쌍한 프랑스에는 아주 소수의 시인만이 있으며, 게다가 앙리(하인리히) 하이네에 버금가는 시인은 단 한 사람도 없다"라고 평했다.

하이네는 그 당시 파리의 수많은 독일 특파원 가운데 한 사람이었으며, 독일의 엄격한 언론 검열과 싸워야만 했다. 1830년 중반부터 하인리히 라우베가 처음 사용했고 루돌프 빈바르크에 의해서 널리 알려진 용어인 '젊은 독일'파에 속한 작가들의 작품이 금서가 되었다. 특히 하이네가 이 그룹의 핵심이라고 프로이센 당국은 간주하고 있었다. '젊은 독일'파의 경향을 지닌 작가들은 낭만주의와 비더마이어 사조 및 중세적인 것과 퇴행적인 시대 분위기에 반대했다. 이들의 작품들은 금서가 되었으나 그들의 이념은 널리 퍼져나갔다.

그리고 1844년에 프로이센은 파리에서 독일에 반대하는 활동을 하고 있다는 이유로 하이네, 카를 마르크스를 비롯해 독일을 비판하는 잡지에 관여하고 있는 사람들을 체포하도록 명령을 내렸다. 이로 인해서 하이네는 독일로 돌아가는 일이 더욱 어려워졌고, 아울러 독일에서의 책 출간도 쉽지 않아졌다. 그러나 파리에서 하이네는 계속 작품 활동을 했으며, 독일어로 글을 썼고, 항상 그의 참여하에 프랑스어로 번역되었다. 그는 파리에 사는 독일 시인이었으며, 하이네는 이 점에 긍지를 느꼈다. 하이네는 거의 8년간 누워 지내면서도 저술 및 출판, 번역 작업에 몰두했으며, 하이네의『로만체로Romanzero』출판은 큰 성공을 거두었다. 1856년 2월 17일 하이네는 뇌막염으로 사망했고, 2월 20일 파리 몽마르트의 묘지에 안장되었다. 그의 유언에 따라 종교의식이나 애도 연설 없이 약 100명의 추도객이 하이네의 장례를 지켜보았다.

하이네가 "내 요람 주위로 18세기의 마지막 달빛이 비치고, 19세기의 첫 여명이 비친다"라고 말했듯이, 그에게는 독일의 옛 서정시 전통과 맞닿아 있는 동시에 그에게 새롭게 다가온 현대 독일 서정시가 있었다. 그는 전통과 현대 사이의 역사적 중간자 역할, 파괴자이자 새로운 전통 수립자로서의 이중 과제를 짊어졌다. 그러면서도 과거의 모든 것을 비판하는 노력을 했고, 동시에 독일 전통의 더 나은 부분들이 현대 속으로 흘러들도록 함으로써 새로운 것의 토대를 구축했다. 그런데 1960년대까지도 하이네의 문학을 정치적인 하이네와는 별개로 다루는 경향이 주도적이었다. 다시 말하면, 하이네를 낭만주의 노래 작사자이자 아이로니컬한 여행기 저자로만 다루었고, 정치적인 하이네의 면모는 배제되었다. 그러나『노래책』의 제2판 서두에서 그는 대조적인 그 두 면모가 동시에 자신임을 다음과 같이 말했다. "나의 정치적, 신학적 그리고 철학적 글들과 마찬가지로 나의 시적 글들은 하나의 같은 생각에서 유래한다. 따라서 다른 쪽의 찬사를 뺏음이 없어야 하고, 또 다른 쪽을 저주함도 없어야 한다고 지적하지 않을 수 없다."

하이네의 시는 괴테의 시와 마찬가지로 독일 예술가곡의 주요한 원천이었다. 여기서는 슈만이 하이네의 시에 곡을 붙인 가곡과 아이헨도르프와 샤미소의 시에 곡을 붙인 연가곡들을 다루고 있다.

≪가련한 페터≫

Der arme Peter

슈만의 ≪가련한 페터≫는 세 편, 〈한스와 그레테〉, 〈내 가슴에〉, 〈불쌍한 페터가 비틀거리며 지나간다〉로 이뤄져 있다. 그는 하이네의 『노래책』에 실린 『젊은이의 고통』 중 네 번째 부분 「가련한 페터」에 곡을 붙였으며, 이 부분은 다시 무제의 세 편의 시로 나뉘고 있다.

슈만은 그의 '가곡의 해'에 "한스와 그레테가 춤을 춘다"로 시작되는 하이네의 3연 각 4행시에 곡을 붙였다. 〈**한스와 그레테**Der Hans und die Grete〉에서는 결혼하는 신부에게 연모의 정을 가진 페터의 마음을 노래하고 있다. 첫째 연은 한스와 그레테가 춤을 추면서 기뻐하고 환호하는데, 페터는 말없이 그곳에 조용히 서 있으며 그의 얼굴은 하얀 분필처럼 창백하다고 노래한다. 둘째 연은 결혼 장신구를 두른 한스와 그레테는 신랑과 신부이고, 평복을 입은 가련한 페터는 손톱을 깨물면서 걷는다고 노래한다. 셋째 연은 페터의 혼잣말 노래인데 그는 슬프게 두 사람을 쳐다보면서 본인이 이성적이지 않았더라면 자신의 마음에 상처를 주었을 것이라고 스스로 위로한다.

≪가련한 페터≫의 두 번째 곡 〈**내 가슴에**In meiner Brust〉는 "내 가슴에 고통이 자리 잡고 있네"로 시작되는 하이네의 3연 각 4행시에 붙인 곡이다. 첫째 연은 페터의 마음은 터질 정도로 고통에 차 있고, 그가 서 있는 곳, 가는 곳마다 그를 밀어내고 있다고 노래한다. 둘째 연에서 페터가 밀려나는 곳은 다름 아닌 연인 근처이며, 그녀는 이미 사랑의 고통으로부터 회복된 것 같지만 그녀의 눈을 쳐다보고 있노라면 견딜 수가 없어서 페터는 서둘러 나가버린다고 노래한다. 이어 셋째 연은 페터가 사랑의 고통을 잊기 위해서 혼자 산 정상으로 올라가서 그곳에 고요히 서 있으면 저절로 눈물이 난다고 노래하고 있다.

피아노의 후주는 페터가 산 정상에서 혼자 외롭게 있음을 강조하면서 곡을
끝내고 있다.

다음으로 〈**불쌍한 페터가 비틀거리며 지나간다**Der arme Peter wankt vorbei〉는
같은 문구로 시작하는, 하이네의 「가련한 페터」 중 세 번째인 3연 각 4행시
에 곡을 붙였다. 슈만의 이 곡에서는 피아노의 서주와 간주 없이 바로 첫째
연을 시작하는데, 페터가 실연으로 말미암아 시체처럼 창백한 얼굴로 비틀거
리며 거리를 지나가자 사람들은 놀라 걸음을 멈추고 그를 쳐다본다고 노래한
다. 이어 바로 둘째 연으로 넘어가서 길에서 그와 마주치는 소녀들이 페터의
초췌하고 창백한 모습을 보면서 무덤에서 나온 사람이라고 귓속말을 하자,
그게 아니라 이제 그는 무덤으로 들어가는 것이라고 노래한다. 셋째 연은 페
터가 최후의 심판 때까지 무덤에 조용히 누워 있는 것이 제격이라고 노래한
다. 이어 피아노의 후주가 그가 누워 있기에 가장 좋은 곳은 이제 무덤이라는
것을 강조하면서, 잔잔하게 곡을 끝내고 있다. 이렇게 이 세 편의 가곡은 페
터의 슬픈 사랑을 짧은 연가곡 형태로 노래하고 있다.

〈벨자차르〉

Belsatzar

하이네의 『젊은이의 고통』 가운데 열 번째인 21연 2행 담시 「벨자차르」에는
슈만을 포함해서 약 24명의 작곡가가 곡을 붙였다. 여러 문헌에 의하면, 벨
자차르는 바빌로니아의 황태자였으며 그의 아버지 네부카드네자르 2세가 자
리를 비운 사이 그를 대신해서 나라를 다스렸다. 어느 날 벨자차르는 궁궐 벽
에 묘한 글자가 나타난 것을 보고 바로 문헌 해석자를 불렀다. 그러나 누구도
그 뜻을 해독하지 못했다. 그래서 예언자 다니엘이 불려왔고, 그는 벨자차르
가 지배하는 날을 신이 계산하고는 멸망케 한다고 해독한다. 그리고 바로 그
날 밤에 벨자차르는 살해되었다. 다만 그가 정식으로 바빌론의 왕이 된 적은
없어서 바빌론 왕국의 마지막 왕은 아니었다.

슈만의 〈벨자차르〉는 피아노의 빠르고 짧은 서주로 곡이 시작된다. 첫째 연에서 셋째 연까지 보면, 바빌론은 정적에 감싸여 있다. 바빌론의 왕 벨자차르는 자정 가까운 시각에 궁전 홀에서 만찬을 벌이고 있다. 첫째 연에서 셋째 연까지 모두 6행을 노래하는데, 특히 셋째 연의 2행 "벨자차르가 만찬을 하고 있었다"는 힘찬 톤으로 노래하고는 아주 짧게 피아노의 간주가 이 뜻을 강조하고 있다. 이어 넷째 연에서 일곱째 연까지 노래 불리는데, 전체적으로 힘차고 강한 톤으로 노래한다. 여기에서는 시종들도 왕이 주는 술에 취해 흥겨운 기분이었으며, 바빌론의 왕 벨자차르는 포도주를 마시고 불손한 마음에 용기백배해서 신을 모독하기에 이른다. 여덟째 연의 1행 "그리고 그는 뻔뻔하게 뽐내면서 거칠게 신을 모독한다"라고 노래한 다음 피아노의 극적 간주가 신을 모독하는 그의 오만함을 강조하고 있다. 여덟째 연의 2행에서 왕의 곁에 있던 "시종의 무리는 그에게 찬사를 보낸다"라고 노래한 다음에 이어지는 피아노의 극적인 간주가 이 담시 전체에서 인간의 오만함과 경솔함을 극적으로 가장 잘 돋보이게 한다.

아홉째 연에서 13연까지 벨자차르의 오만함에 대한 묘사가 구체적으로 나오는데, 아홉째 연은 왕이 자랑스러운 눈길로 하인을 부르면, 하인은 시중을 들기 위해 서둘러 왔다 간다고 노래한다. 10연은 벨자차르가 야훼의 신전에서 훔쳐온 많은 황금을 머리에 쓰고 있다고 노래하고, 11연과 12연은 벨자차르가 훔쳐온 술잔에 포도주를 파렴치한 손으로 가득 채우더니 바닥까지 서둘러 비우고는 입에 거품이 묻은 채 큰 소리로 말한다고 노래한다. 여기서 12연 마지막 행 "거품 묻은 입으로 크게" 소리친다는 당당하면서 느리게 노래함으로써 그 뜻이 생생하게 와 닿는 효과를 내고 있다. 13연에서 벨자차르는 당당하고 도전적으로 "야훼여! 내가 영원히 조롱한다고 선포하노라./ 난 바빌론의 왕이다"라고 노래하는데, 바리톤의 가장 고음으로 마치 신과 대등한 존재라고 뽐내듯 노래한다. 이어 피아노의 빠른 간주가 그의 뽐내는 자세를 강조한다. 여기까지는 대체로 당당하고 힘차게, 때로는 느리게 때로는 높은 음을 이용해 다양하게 성악가의 역량으로 극적 효과를 내고 있다.

14연에서는 벨자차르의 "그 소름이 돋는 말이 울리자마자/ 왕은 마음속으로 은근히 두려움을 느끼게 되었다"고 느리게 노래한다. 더욱이 2행 "은근히"가 반복됨으로써 뜻밖에도 신을 향한 왕의 두려움이 생겨났음을 강조하고, 다시 피아노의 느린 간주는 이제 벨자차르에게 닥친 불행을 예고하듯 연주된다. 15연에서 마지막 21연까지 피아노의 간주 없이 이어서 노래가 되는데 이번에는 전체적으로 느리고, 아주 낮고, 때로는 작은 소리로 불안과 두려움을 일으키는 상황을 노래하고 있다. 15연에서는 "울려 퍼지던 웃음소리도 잠잠해지고/ 홀 안은 쥐 죽은 듯 조용해졌고"라고 노래하고, 16연에서는 왕의 주변에서 놀란 목소리가 아주 낮고 작게 "봐라! 봐라! 하얀 벽에/ 거기 사람의 손처럼 뭔가 솟아났다"라고 노래한다. 17연은 그 "하얀 벽에 뭔가 쓰여 있었고/ 그건 불의 글자인데 그것은 나타났다가 사라졌다"라고 느리게 노래함으로써 놀라움, 경악, 두려움, 호기심 등 다양한 감정의 변화가 배어나고 있다. 18연에선 이 갑작스러운 변화 앞에서 무력하게 "멍한 시선으로 왕은 앉아 있었고/ 무릎을 덜덜 떨면서 죽은 자처럼 창백하게" 있었다. 19연은 이젠 "시종의 무리도 두려움에 오싹해져서/ 아주 조용히, 아무 소리도 내지 않은 채 앉아 있다"라고 노래한다. 이제 두려운 분위기는 궁성 전체를 휘감고 있으며, 금방 무슨 일이 일어날 것 같은 몹시 긴장된 상황을 노래하고 있다.

20연은 벽에 새겨진 불꽃 글자를 해독할 마술사들이 왔지만 아무도 그 글자의 뜻을 해독하지 못한다고 노래한다. 마지막 21연 "벨자차르는 같은 날 밤/ 그의 하인들에게 살해되었다"라고 레시터티브로 노래한다. 더욱이 2행 "하인들에 의해서 살해"되었다는 레시터티브로 큰 감정의 기복 없이 노래하고는 피아노의 후주 없이 곡이 끝난다. 여기서 흥미로운 것은 하이네의 시에서 마지막 21연에는 클라이맥스이자 결말로서 가장 강조할 만한 뜻이 들어 있으나, 슈만은 오히려 아이러니컬하게도 차분하게 일어날 일이 드디어 일어난 것처럼 담담하게 해석하면서 피아노의 후주도 없이 간결하게 처리하고 있다는 점이다.

슈만의 이 가곡은 전체적으로 크게 1부와 2부로 나뉘어 있으며, 성악가의 두드러진 두 가지 톤의 대비를 통해서 시를 음악적으로 해석하고 있다. 첫째 연에서 13연까지는 벨자차르의 오만함을 돋보이도록 당당하고 강하게 노래하며, 때로는 느리게 변화를 주면서 대체로 자신감에 차서 노래한다. 반면 14연부터 마지막 21연까지는 그의 오만함에 대한 응징으로 죽음이 주어지는 결말까지 낮고 느리고 차분한 톤으로 그리고 마지막에는 레시터티브로 곡을 마감한다. 슈만의 하이네 담시 가곡에서 피아노는 시 해석의 동반자라기보다는 목소리를 뒷받침하는 반주의 소극적인 역할에 머무르기 때문에 성악가의 곡 해석이 아주 중요하게 자리 잡고 있다.

〈보물 찾는 사람〉
Der Schatzgräber

하이네의 4연 각 4행시 같은 제목에 곡을 붙인 슈만의 〈보물 찾는 사람〉은 피아노의 극적이면서 느리고 강한 서주로 시작되고 있다. 첫째 연의 1행과 2행, 모든 숲이 잠들었을 때 보물 찾는 사람이 땅을 파 들어가기 시작했다고 단호하면서도 강한 톤으로 노래한다. 이어 피아노의 간주가 서주와 비슷하게 강하고 느리게 산에서 땅을 파서 보물을 찾는 사람의 동작을 강조한다. 3행과 4행, 쉼 없이 깊은 산속에서 그는 보물을 찾아서 땅을 팠다고 여전히 강하고 느리게 노래한다. 이어 피아노의 간주는 느리고 강하다가 다시 부드러워지면서 둘째 연으로 넘어가고 있다. 둘째 연은 고요한 밤에 신의 천사들이 노래하고, 갱도에서 붉은 눈동자처럼 보물들이 쏟아져 나왔다고 노래한다. 특히 4행 "갱도에서 금속들이 쏟아져 나왔다"는 가장 고음으로 느리고 부드럽게 노래한다. 이어 피아노의 간주 없이 바로 셋째 연으로 넘어가서 아주 음악적인 극적 효과를 최대로 강화하고 있다.

셋째 연의 1행 "넌 내 것이야!"는 강한 레시터티브로 노래하고, 이어 피아노의 강한 간주가 그 뜻을 강화하고 있다. 다시 1행이 반복되는데, "내 것, 내 것이야"를 반복하다가 1행의 마지막 말 "격렬하게"를 덧붙인다. 그리고 2행 "그는 땅을 헤집어서 내려간다"라고 노래한 후 이어지는 피아노의 격정적이고 빠른 반주가 보물 찾는 사람의 탐욕스러운 마음을 반영하고 있다. 이어 다시 1행 "넌 내 것이야"를 두 번 반복하고, 다시 피아노의 격정적이고 빠른 간주가 그의 탐욕과 보물 발견에 대한 기쁨을 강조한다. 3행과 4행 "거기 보석과 잔재들이/ 그 바보 위로 쏟아져 내렸다"라고 행진곡풍으로 노래하다가 진정되는 톤으로 바뀐다. 이로써 이제 상황이 예사롭지 않게 되었음을 목소리의 톤으로 바로 짐작할 수 있다. 마지막 넷째 연에서 보면 마침내 보물 찾는 사람은 땅을 파서 보물을 찾아냈지만, 그것이 묻혀 있던 갱도가 무너져 내리면서 목숨을 잃어버리는 파국이 생생하게 음악적으로 해석되고 있으며, 이런 파국의 분위기를 피아노의 짧고 느린 스타카토가 표현하면서 곡이 끝나고 있다. 슈만의 이 곡은 담시 가곡으로서 극적 분위기가 셋째 연에서 가장 음악적으로 설득력 있게 표현되고 있다.

<h3 style="text-align:center">〈두 명의 척탄병〉</h3>

Die beiden Grenadiere

슈만의 〈두 명의 척탄병〉은 하이네의 『젊은이의 고통들』의 여섯 번째 담시 「척탄병들Grenadiers」에 붙여진 곡이다. 이 곡은 전형적인 행진곡풍으로 힘차고 당당하게 연주되고 노래 불린다. 행진곡풍의 피아노 서주를 시작으로 9연 각 4행시의 첫째 연은 두 명의 프랑스 척탄병이 고국으로 가다가 러시아군의 포로가 되었고, 이들은 다시 독일 진영으로 넘겨졌는데, 이곳에서 그들의 머리가 잘려 거리에 매달리게 될 처지에 놓였다고 노래한다. 이어 둘째 연은 프랑스의 두 척탄병이 용감한 프랑스 군대가 패배했다는 소식과, 황제는 포로로 잡혔다는 말을 들었다고 노래한다. 슈만은 둘째 연 3행에서 하이네의 시 구절인 "위대한 군대"를 "용감한 군대"로 바꿈으로써 척탄병들이 비록 패전국의 군인이지만 용맹에 대한 그들의 자부심을 보여주고 있다. 둘째 연 다음에 피아노의 슬프고 비장한 간주가 들어가 있다. 이어 셋째 연에서는 황제가 포로로 잡혔다는 소식을 들은 두 명의 군인은 이 개탄스러운 소식에 같이 울었고, 그들 가운데 한 명이 자신의 옛 상처가 확확 달아오르듯 얼마나 마음이 아픈지 모르겠다고 말한다.

이어 넷째 연에서 다른 한 군인이 그들이 부르던 군가도 끝났고, 그도 친구와 함께 죽고 싶은데, 다만 자신 없이는 살 수 없는 아내와 아이가 집에 있다고 노래한다. 다섯째 연에서 그 군인은 비장한 마음으로 아내와 아이 걱정을 버리고 더 큰 갈망을 품는다. 그래서 지금 자신의 황제가 포로로 잡혀 있으니, 그들이 굶주리면 구걸하게 내버려두라고 노래한다. 이제 그는 돌봐야 할 가족에 대한 염려보다도 황제를 더 염려하면서 개탄스러워하고 있다. 여섯째 연에서는 자신이 죽으면 그 시체를 프랑스로 가져가서 고국의 땅에 묻어 달라고 다른 한 군인에게 부탁하는 노래가 불린다. 일곱째 연에서도 그는 자신의 소망을 말하는데, "붉은 끈으로 명예의 화환을 매달고/ 내 가슴에 얹어 놓아 주게/ 소총을 손에 쥐게 하고/ 칼을 혁대에 매주게"라고 당부하는 내용의 노래가 불린다. 여덟째 연 "그러면 난 누워서 조용히 듣지./ 보초병처럼 무덤에서/ 대포의 포효 소리와/ 히힝거리는 말의 속보 말발굽 소리를 들을 때까지"라고 노래한다. 이쯤에서 보면 왜 그가 그런 당부를 하는지 알 수 있다. 그는 무덤에 조용히 누워서 보초병처럼 대포의 포효 소리와 군대의 말발굽 소리를 들을 때까지 그곳에 있겠다고 비장하고 장엄하게 노래한다.

아홉째 연에서 그 이유가 더 분명하게 나온다. 척탄병은 "그러면 내 황제는 아마도 말을 타고 내 묘지 위를 지나가고/ 많은 칼이 철렁거리면서 빛나지./ 그러면 난 무장해서 무덤에서 일어나지./ 황제를, 황제를 보호하려고"라고 노래한다. 곧 황제가 말을 타고 그의 묘지 위를 지나가면 많은 칼이 쩔렁거리면서 빛나고, 그는 황제를 보호하고자 무장한 채 다시 무덤에서 일어날 것이라고 비장하고 단호하게 노래한다. 더욱이 아홉째 연 2행에서 "많은 칼이 쩔렁거리면서 빛을” 발한다고 장중하게 반복한다. 그 아홉째 연이 끝나면 피아노의 느린 후주가 비장한 군인의 마음을 누그러뜨리면서 곡을 마감하고 있다.

아이헨도르프 ≪리더크라이스≫(op.39)
Liederkreis(op.39)

슈만은 그의 주요 연가곡들, 하이네 연작시에 곡을 붙인 ≪리더크라이스≫(op.24), 여러 시인의 텍스트에 곡을 붙인 ≪미르텐≫(op.25), 아이헨도르프 텍스트에 곡을 붙인 ≪리더크라이스≫(op.39), 샤미소 연작시에 곡을 붙인 ≪여자의 사랑과 삶≫(op.42), 하이네 텍스트에 곡을 붙인 ≪시인의 사랑≫(op.48)을 그의 ‘가곡의 해’에 집중적으로 작곡했다. 이 연가곡들이 베토벤이나 슈베르트의 작품과 다른 점은 슈만이 독자적으로 시를 선별해서 연작 형태의 가곡으로 만들었다는 것이다. 이것은 기본적으로 시인에 버금가는 문학적 안목을 요구하는 일이었는데, 슈만의 경우 문학과 음악의 이중 재능 덕택으로 그것이 가능했다. 특히 슈만은 1840년 가곡을 집중적으로 작곡할 때 무엇보다도 연가곡 작곡에 큰 관심을 보였는데, 그의 이런 경향은 어느 작곡가에게서도 유사하게 나타난 경우가 없었다. 그리고 오늘날은 연가곡 전곡이 노래 불리는 것이 당연하지만 슈만의 시대에는 거의 생각할 수 없는 일이었고 19세기 말까지도 실험적인 일이었다.

아이헨도르프는 슈만에게 하이네와 더불어 새로운 시인 혼이자 가곡의 발전에 이바지하는 ‘새로운 독일의 시인파’ 가운데 한 사람이었다. 슈만은 아이헨도르프의 22편에 곡을 붙였는데, 16편의 피아노 독창곡은 ‘가곡의 해’인 1840년에 작곡했고, 나머지 6편은 합창곡으로 1847년과 1852년 사이 그의 두 번째 가곡 창작 시기에 작곡했다. 슈만은 아이헨도르프 ≪리더크라이스≫(op.39)를 완성한 직후 그 감격을 가장 먼저 클라라에게 알렸는데, 1840년 5월 22일 편지에서 “아이헨도르프 ≪리더크라이스≫는 나의 가장 낭만적인 작품”이라 했다. 음악 및 문학 비평가 테오도어 아도르노가 “위대한 서정적 연가곡 가운데 하나"라고 했듯이, 이 작품은 독일 가곡에서 슈만과 아이헨도르프라는 이름을 늘 함께 떠올리게 한다. 또 이는 많은 청중에게 독일 낭만주의의 훌륭한 가곡 예술에 대한 감명을 주는 사례이며, 오늘날까지도 중단 없이 성악가들에 의해서 노래 불리고 있다. 이런 점에서 아이헨도르프의 사후 명성이 돈독해진 것은 그의 시에 곡이 붙여짐으로써 가능했다고 할 수 있다.

아이헨도르프 ≪리더크라이스≫는 아이헨도르프의 산문들과 1837년 출간된 그의 서정 시집에서 발췌된 시들에 곡이 붙여졌으며, 여러 시와 산문 중 최종 12편을 선택해서 각 편에 제목을 붙인 연작 형태로 만들어졌다. 이것은 슈만의 의도와 해석에 따라 새롭게 연가곡이라는 형식으로 재창조된 것이다. 슈만은 종종 음악을 자신의 개인적 생각과 삶에 일어난 사건들을 반영하는 수단으로 삼았다. 그의 편지 및 여러 사정과 기록들에 따르면, 아이헨도르프 ≪리더크라이스≫의 형성 과정은 그의 개인적 상황과 밀접하게 연관되어 있다. 1839년 7월 15일 슈만과 클라라는 그들의 결혼을 극단적으로 반대하는 그녀의 아버지 프리드리히 비크에 대해서 라이프치히 법원에 소송을 제기했는데, 이때부터 판결이 나올 때까지 삶에서 가장 힘든 순간들을 겪지 않을 수 없었다. 특히 한때 스승과 제자 사이였을 뿐만 아니라 정신적 우정을 쌓았던 비크 선생과의 갈등은 슈만에게 큰 부담이었고, 이로 인해서 그가 겪은 정신적 고통은 이루 말할 수 없이 컸다. 한편, 비크는 딸의 결혼을 끝까지 허락하지 않기 위해서 심지어 슈만이 알코올 중독자라는 허위 사실을 만들어서 1840년 1월 법원에 판결 유예 신청을 했는데, 이것은 비크가 슈만에게 가한 가장 혹독한 처사였다.

이런 상황은 그의 가곡 작곡에 그대로 반영되어서 음울한 분위기가 지배하는 시들이 먼저 작곡되었다. 슈만의 『노래책』 1권과 2권에 따르면, 그 작곡 순서는 〈숲의 대화Waldesgespräch〉로 시작해 〈산성에서Auf einer Burg〉로 끝났다. 마지막 곡 〈산성에서〉의 나이 든 기사는 바로 비크의 자화상으로 풀이될 수 있으며, 클라라와의 결혼에 대한 불확실성이 반영되어서 비관적인 시행 "아름다운 신부가 울고 있다"라고 끝맺음했다. 이후 1842년 8월 ≪리더크라이스≫ 초판에서는 12편 노래의 순서가 〈낯선 곳에서〉로 시작해서 〈봄밤〉으로 끝나고 있다. 이것은 1840년 8월 법원의 최종 판결 이후 9월 12일 클라라와 결혼했던 개인적 상황이 반영되어 그 순서가 바뀌었다고 해석할 수 있다. 특히 〈봄밤〉의 마지막 행 "그녀는 너의 것, 그녀는 너의 것!"이라는 끝맺음은 모든 어둠을 물리친 당당함과 승리감을 반영하고 있다. 이 책에서는 슈만의 아이헨도르프 ≪리더크라이스≫ 12편 가운데 일곱 편을 다루고 있다.

제1곡 〈**낯선 곳에서**In der Fremde〉는 8행시이며, 이 시에는 유년 세계의 상실을 평생 안타까워했던 시인의 심정이 잘 반영되어 있다. 서정적 자아가 고향으로 돌아왔으나 그의 부모는 이미 오래전에 죽었고, 아무도 그를 알아보는 사람이 없는 상황에서 이제 곧 그에게도 "고요한 시간"이 다가오고 그곳에서 쉴 것이라고 노래하고 있다. 이 곡은 유절가곡으로, 템포는 빠르지 않으면서도 애잔하게 노래한다. 또 낱말 순서 바꾸기와 부사 생략을 통해서 중립적 의미가 강조되거나, 시행 반복을 통해서 죽음의 동경이 강조되고 있다. 그러면서 피아노의 후주가 외로움과 죽음을 동경하듯이 부드럽게 곡을 마무리한다.

번개가 이는 곳 뒤쪽으로 고향에서 붉게/ 구름이 이곳으로 몰려오지만/ 아버지와 어머니는 이미 오래전에 돌아가셨고/ 이제 아무도 그곳에선 날 알아보는 사람이 없네./ 이제 곧 고요한 시간이 오네./ 그때 나도 쉬게 되리, 내 위로/ 아름다운 숲의 고독이 살랑거리네./ 여기선 더는 아무도 나를 알아보는 사람이 없네.

제3곡 〈**숲의 대화**Waldesgespräch〉는 아이헨도르프의 소설 『예감과 현재』의 15장에서 대화 형식으로 두 사람이 노래한 로렐라이에 관한 내용이다. 아이헨도르프 역시 헤르더의 민요적 특성을 반영해 옛날부터 전해오는 민담처럼 자신의 아름다움으로 남자들의 넋을 빼앗고 목숨을 잃게 만드는 로렐라이를 다루고 있는데, 여기에서 로렐라이는 숲의 마녀로 등장한다. 반면, 브렌타노와 하이네의 로렐라이는 물의 마녀인데, 브렌타노는 그녀를 '여자 마술사'로, 하이네는 '가장 아름다운 처녀'로 묘사했다. 또 하이네의 민요시에 나오는 로렐라이는 뱃사공을 홀려서 라인강에서 익사하게 하는 물의 요정으로 묘사되어 있다. 한편, 브렌타노는 1801년 처음으로 로렐라이 민담을 시로 썼는데, 담시 「라인강 강변 바하라흐」는 소설 『고드비』에 들어 있다. 담시에서 로렐라이는 마술사로서 자신의 아름다움으로 남자들의 넋을 빼앗고 목숨을 잃게 했기 때문에 사형을 선고받을 상황이었는데, 그녀에게 연민을 느꼈던 주교가 그녀에게 사형을 선고하는 대신에 수도원으로 보내는 판결을 내렸고, 그곳으로 가는 도중에 그녀는 라인강에 스스로 목숨을 던진다는 내용이다. 아이헨도르프의 로렐라이는 앞에서 말했듯 하이네와 브렌타노와는 다르게 숲의 마녀로 등장한다.

이미 늦은 시각이고 날도 춥다. / 넌 왜 외롭게 숲을 지나 말 타고 가니?/ 숲은 길고 넌 혼자다. / 너, 아름다운 신부여! 내가 너를 집으로 데려다주마.

남자들의 꾀와 계책은 크고/ 내 마음은 고통으로 무너졌다. / 숲속 사냥 호른이 이리저리 헤매고/ 오 달아나라! 넌 내가 누구인지 모르는구나.

말과 여자는 아주 훌륭하게 치장했구나. / 젊은 여인은 정말 아름답구나. / 이제 난 널 안다. ― 신이여, 나와 함께하시길!/ 넌 마녀 로렐라이구나.

넌 나를 잘 알아보는구나. ― 높은 돌 위에서/ 내 성이 고요하게 라인강을 깊이 내려다본다. / 이미 너무 늦었고, 추워졌다. / 넌 결코 숲에서 빠져나가지 못한다.

슈만의 곡에서는 서술자 없이 바로 서정적 자아가 4연 각 4행으로 이뤄진 담시를 노래하는데, 서정적 자아는 분열되어서 기사와 로렐라이가 되고, 그들의 대화는 서로 다른 음역에서 진행된다. 첫째 연과 셋째 연의 기사는 활기차고 힘찬 목소리의 남성적 음으로, 둘째 연과 넷째 연의 마녀 로렐라이는 높고 부드러운 섬세한 여성적 음으로 노래한다. 마지막 행에서 "결코 숲에서 빠져나가지 못한다"라는 로렐라이의 위협은 단호하면서 아주 강한 남성적 음역에서 표현되고 있다. 이 곡에는 피아노의 서주, 간주, 후주가 들어 있다.

첫째 연은 어느 기사가 숲에서 늦고 추운 날 혼자 말을 타고 길을 가는 여자에게 그녀를 집으로 데려다주겠다고 노래한다. 3행에서 슈만은 "숲이 크다" 대신에 "숲이 길다"라고 단어를 변경하고 있다. 그리고 아이헨도르프는 4행 숲에서 만난 여자를 "아름다운 신부"라고, 기존의 로렐라이와는 다르게 표현함으로써 숲에서 만난 젊은 여성을 향한 기사의 호감과 관심을 적극적으로 드러내고 있다.

둘째 연에서, 로렐라이는 남자들은 꾀와 계책이 많은데 여자는 그로 인해서 고통을 겪는다고 말한다. 그때 숲에선 여기저기 사냥 호른 소리가 울려 퍼지고, 그녀가 다름 아닌 숲속 마녀라는 것을 모르고 집으로 데려다주겠다는 기사에게 마녀는 오히려 달아나라고 말한다. "오 달아나라"를 반복 노래한 것은 마녀가 지닌 위험한 힘을 강조하고 있다. 4행에서는 단어 반복이 이뤄져 "오 달아나라, 오 달아나라, 넌 내가 누구인지 모르는구나"라고 노래한다. 셋째 연에 와서야 기사는 자신이 만난 여인이 마녀 로렐라이라는 것을 깨닫지만, 이에 개의치 않고 그녀의 아름다운 모습과 훌륭하게 치장된 말에 감탄할 뿐이다. 기사는 셋째 연 전체를 노래하는데, 2행에서는 단어를 반복해서 "젊은 여인은 정말 아름답구나, 정말 아름답구나"라고 노래한다. 넷째 연은 로렐라이가 늦은 저녁에 춥고 어두운 숲으로 들어온 기사에게 결코 이곳을 빠져나갈 수 없다고 노래하고는 피아노의 격동적인 후주가 다소 길게 연주되면서 곡이 끝난다. 이렇게 기사는 끝내 숲에서 빠져나오지 못한 채 로렐라이에 의해 목숨을 잃는다.

제5곡 〈**달밤**Mondnacht〉은 아이헨도르프의 3연 각 4행시에 곡을 붙인 것이다. 첫째 연에서는 접속법을 사용함으로써 민요시의 단순성을 보여주고 있다. 이 〈달밤〉은 독일 예술가곡 중에서 가장 아름답고 많이 알려진 노래 가운데 하나다. 슈만은 클라라의 친모에게 이 곡을 감사의 뜻에서 1840년 5월 그녀의 생일 선물로 헌정하기도 했다. 〈달밤〉은 음악과 시가 아주 특이하게 상호 보완적이며, 어느 비평가는 "음악이라는 수단을 통해서 텍스트의 내용을 내적으로 환기시키는 새로운 창조"를 했다고 호평했다.

하늘이 은밀하게/ 대지와 입맞춤하는 듯하였다./ 대지는 꽃들의 희미한 빛 속에서/ 하늘을 꿈꾸지 않을 수 없는 듯하였다.
바깥바람이 들판을 지나갔고/ 이삭들은 살포시 고개를 수그리고 있었다./ 숲들은 나지막하게 살랑거리는 소리를 냈고/ 밤은 별들로 아주 밝았다.
그리고 내 영혼은/ 그 날개를 활짝 펼쳐서/ 고요한 나라들을 지나/ 마치 집으로 날아가는 듯하였다.

아이헨도르프의 「달밤」은 3연 각 4행시로 되어 있고, 첫째 연 1행과 2행에서 "하늘이 은밀하게/ 대지와 입맞춤하는 듯하였다"라는 접속법을 사용함으로써 민요시의 단순성을 보여주는 동시에, 하이네의 시 「로렐라이」에 나오는 "옛날부터 전해오는 이야기"처럼 비밀스러운 비현실 세계를 뜻하고 있다. 아이헨도르프의 시는 하늘과 대지의 입맞춤으로 시작하고 있는데, 이것은 고대 신화에서 분리되었던 하늘과 땅이 신비하게도 일심동체로 낭만화되고 있다. 그리고 4행에서는 꿈과 연결되어 땅은 하늘을 꿈꾼다.
첫째 연은 전체적으로 비현실화법으로 표현되고 있지만, 둘째 연에서는 직설법으로 바람의 작용에 의한 땅 위의 움직이는 자연 현상들이 묘사되어 있다. 이것은 하늘과 땅의 입맞춤으로 빚어진 결과라고 볼 수 있다. 바람이 들판을 지나갔다는 것은, 곧 하늘과 땅의 중간자인 바람이 대지 위로 내려온 것을 뜻한다. 이어 바람에 의해서 이삭은 부드럽게 물결쳤고, 숲은 나지막하게 살랑거리는 소리를 냈다. 이 현상들은 땅 위에서 벌어지고 있으며, 물결치는 시각적 묘사와 살랑거리는 청각적 묘사를 통해서 더욱 감각적으로 다가온다. 셋째 연에서는 서정적 자아가 처음으로 등장하고, "내 영혼은 날개를 활짝 펼쳐서" 집으로 날아가는 형상으로 묘사되어 있다. 4행의 마지막 단어 '집Haus'은 첫째 연에서 말한 '하늘Himmel'을 뜻하며, 이것은 두운법으로 서로 연결되어 분명히 같은 곳임을 시사하고 있다. 그래서 이제 하늘은 영혼의 집인 것이다.

또 아이헨도르프의 시에서는 자연이 정지된 모습이 아니라 움직임의 과정으로 나타나고 있다. 바람이 불고, 이삭들이 물결치고, 숲이 살랑거리고, 영혼은 날아간다고 하는 표현들이 대표적으로 자연의 움직임을 보여주고 있다. 그런데 그 움직임의 방향이 첫째 연에서는 하늘이 땅과 입맞춤함으로써 아래로 향해서 수직적으로 되었다가, 둘째 연에서는 바람의 작용에 따라 땅 위의 수평적 상태가 되었다가, 셋째 연에서는 하늘의 집으로 귀향하는 뜻이 되어서 위를 향해서 수직적으로 바뀌고 있다. 그러니까 부호로 표시하면 자연의 모습은 ↓, ↔, ↑로 움직이고 있다. 여기서 '귀향한다'는 것은 죽음을 뜻하며, 집이 죽음의 뜻을 함축하고 있는 것은 그의 연작시『내 아이의 죽음을 기리며』에서 "넌 이미 집으로 가는 길을 찾았구나"에서도 잘 드러나고 있다. 또한 노발리스의 시「밤의 찬가들」, 뮐러의 시『겨울 여행』중 "너 지친 방랑자여, 넌 집에 있구나"에서도 같은 맥락으로 표현되고 있다. 이 점에서 아이헨도르프의「달밤」에는 그보다 앞선 낭만주의 시인들의 특징인 집과 죽음을 동일시하는 점이 수용되어 있다. 그런데「달밤」의 서정적 자아는 셋째 연 4행의 가정법 "마치 집으로 날아가는 듯하였다"라는 표현처럼, 귀향하는 것이 아니라 마치 귀향하는 것 같은 단계에 머물러 있다. 이것은 현실이 아니라 서정적 자아의 상상력 또는 그의 소망을 뜻함으로써 열린 공간과 열린 결말을 지향하고 있다. 이 점에서 아도르노는 그냥 '비현실적 상태에 머무르고 있다'라고 해석했다.

한편, 슈만의 음악적 서정시에서는 오히려 서정적 자아의 소망이 현실로 묘사되고 있다. 셋째 연은 둘째 연에 바로 이어서 노래한다. 그러니까 그 구성이 '피아노의 서주 → 1연 → 피아노의 간주 → 2연과 3연 → 피아노 후주'로 되어 있다. 이렇게 둘째 연에서 바로 셋째 연으로 연결된 것은 3연 1행의 접속사 "그리고"의 언어적 의미대로 이행된 셈이다. 이것은 첫째 연의 하늘과 땅의 입맞춤은 비현실이 아니고 현실이며, 그 효과로서 둘째 연의 바람의 작용이 지상에서 이뤄졌고, 바로 셋째 연으로 연결되어 영혼의 집으로 귀향하는 것으로 해석할 수 있다. 이 음악적 효과는 귀향의 의미로서 낭만화된 죽음을 강조하고 있다. 이렇게 슈만의 음악적 시 읽기는 원래 텍스트에 나타난 비현실화법을 음악적 직설법이자 현실 화법으로 바꿈으로써 아이헨도르프 서정시의 은밀한 본질인 귀향, 즉 죽음에 대한 동경을 나타내고 있다.

요약해서 음악적 시 해석의 차이점을 이야기하면, 아이헨도르프 「달밤」의 서정적 자아는 셋째 연 4행의 가정법 "마치 집으로 날아가는 듯하였다"라는 표현을 통해서 귀향하는 것이 아니라 마치 귀향하는 것 같은 단계에 머물러 있다. 이것은 현실이 아니라 서정적 자아의 상상력 혹은 그의 소망을 뜻한다. 반면에 슈만의 음악적 시 읽기는 원래 텍스트에 나타난 비현실화법을 음악적 직설법(현실 화법)으로 바꿈으로써 죽음의 동경을 강조하고 있다. 그리고 그 피날레는 피아노의 후주로 천천히 길고 아주 부드럽게 마무리되는데, 이것은 모든 절망과 모든 고통을 넘어서 화해의 우주를 펼치고 있다.

제7곡 〈**산성에서**Auf einer Burg〉는 가장 어두운 내용인 같은 제목의 4연 각 4행시에서 가져왔다. 담시 성격을 지닌 이 시에서, 산성 암자에 있는 늙은 기사의 마음은 이미 돌처럼 굳어 있고, 산상 아래에서는 결혼식이 벌어지고 즐거운 음악이 흘러나오는데, "아름다운 신부는 울고" 있다. 슈만의 곡에서는 둘째 연 이후 피아노의 짧은 간주가 들어가고, 첫째 연과 셋째 연의 음이 같다. 특히 피아노 파트는 조용하게, 거의 들리지 않을 정도로 아주 낮게 연주된다. 피아노는 짧은 간주를 제외하고는 처음으로 서주와 후주 없이 목소리를 뒷받침함으로써 슬픈 이야기시를 낭송하는 느낌을 자아낸다.

이 곡에서는 피아노의 반주가 극도로 자제되어 있으며, 서주와 후주 없이 아주 느린 간주가 둘째 연 다음에 한 번 나올 뿐이다. 첫째 연은 어느 나이 든 기사가 망을 보면서 성에서 잠들었고, 소낙비가 지나가자 숲은 살랑거린다고 노래한다. 둘째 연은 그 기사는 수백 년을 그렇게 산성의 고요한 암자에 앉아 있으며, 그의 수염과 머리카락은 다 자랐고 가슴과 곱슬머리는 돌처럼 굳어 있다고 레시터티브로 느리게 노래하고는 피아노의 간주가 들어간다. 셋째 연에서 보면 성 밖은 고요하고 평화로우며, 모든 것이 계곡으로 모여들고, 새들은 외롭게 비어 있는 창틀에서 노래한다. 넷째 연에서 보면 햇빛이 비치는 라인강 강변에서 결혼식이 열리고 있다. 음악가들은 경쾌하게 결혼 축하곡을 연주하지만, 무슨 일인지 아름다운 신부는 울고 있다. 그러니까 이 마지막 연에서 보면, 산성의 고요함과 평화로운 자연 풍경이나 기사의 엄숙함과 달리 저 아래 라인강 강변에서는 결혼식이 열리고 있고, 음악가들은 축가를 연주하고 있는 반면에 아름다운 신부는 울고 있는 것이다. 마지막 4행 "아름다운 신부가 울고 있다"라는 표현을 통해서 지금까지의 평화, 엄숙함, 새들의 노래는 빛을 잃어버리고, 오직 신부의 슬픔만이 강조되고 있다.

제9곡 〈**비애**Wehmut〉는 3연 각 4행시로 되어 있고, 서정적 자아는 나이팅게일처럼 명랑하게 노래할 수 있지만 그 노래 속에 깃들어 있는 내적 고통을 아무도 느끼지 못한다는 내용으로 되어 있다. 슈만은 피아노 반주를 아주 간단한 음으로 처리하면서 텍스트와 멜로디를 표면에 내세우고, 마지막 행 "노래 속에 깃든 깊은 고통"이라는 노랫말이 끝나면서 저음의 피아노 후주로 곡을 마감한다. 특히 둘째 연 4행에서 '새장'을 '감옥'이라고 단어를 바꿈으로써 동경의 노래는 이제 '새장의 무덤'이 아니라 '감옥의 무덤'으로부터 울린다고 표현하고 있다. 이것은 아주 강하게 닫히고 또 갇힌 상황을 의미하는데, 이 단어 변경에는 1840년 당시 슈만의 몹시 괴로운 개인 상황이 깊이 반영되어 있다고 할 수 있다.

이 곡은 피아노의 짧은 서주가 먼저 들어가면서 첫째 연은 서정적 자아가 종종 명랑한 것처럼 노래하지만 마음속으로는 슬픔을 느끼고, 그로 인해 눈물이 흐르면 오히려 마음이 자유로워짐을 느낀다고 노래한다. 피아노의 간주 없이 바로 둘째 연으로 넘어가서 나이팅게일은 서정적 자아가 노래하는 것을 허락하고, 밖에는 봄기운이 완연한 가운데 자신의 감옥과 같은 무덤에서 동경의 노래가 울려 나온다고 노래한다. 3행 "동경의 노래가 울려 퍼진다"
와 4행 "내 감옥의 무덤에서"는 다소 격앙되게 노래한다. 셋째 연에서 보면
모두가 노래에 귀를 기울이면서 기뻐하지만, 그 노래 속에 깃든 깊은 고통과
아픔은 아무도 느끼지 못한다. 이어 피아노의 후주가 곡을 마무리한다. 슈만
은 이 곡에서 피아노 반주를 아주 간결하게 하면서 텍스트를 표면에 내세우
고, 마지막에 가서 독자적으로 변화된 피아노의 후주는 깊은 고통을 보여주
기 위해서 아주 낮은 음으로 처리된다.

제10곡 〈**황혼**Zwielicht〉은 『예감과 현재』의 17장에서 발췌되었고, 4연 각 4
행시로 되어 있다. 이 곡은 거의 유절 가곡에 가깝지만 이 연가곡에서 가장
훌륭한 작품 중 하나이며, 가장 깊고 가장 어두운 감정의 지점을 묘사하고 있
다. 이 곡에서는 사방에서 몰려오는 위험, 심지어 가장 가까운 친구에게서 오
는 위험도 경고하고 있다. 〈황혼〉은 〈달밤〉의 목가적 평화로움이 악마적으
로 바뀐 작품이라고 할 수 있다. 첫째 연은 〈달밤〉에서 묘사된 하늘과 땅의
일치가 이번에는 분열의 의미로서 "황혼이 그 날개를 펼치려고 한다"라고 저
음으로 노래를 시작한다. 황혼 때 나무들이 두려움에 전율하고, 구름이 느리
게 흐르는 것을 보면서 서정적 자아는 이것이 두려움의 표시인지 물으면서
첫째 연 전체가 느리고 부드럽게 노래된다.

둘째 연에서 보면 심상치 않은 분위기가 나타난다. 노루 한 마리가 혼자 풀
을 뜯는 것조차 조심해야 하는데, 사냥꾼들이 사냥 나팔을 불면서 사냥 길에
나섰기 때문이다. 게다가 셋째 연에서 보면 친구도 믿지 말라고 경고하는데,
그 이유는 다정하게 말하더라도 그는 머릿속에서 전쟁을 생각하고 있기 때문
이다. 넷째 연에서는 오늘 힘을 잃은 것이 다음날 새로 힘을 얻고, 밤에 많은
것을 잃기 때문에 4행 "조심해라, 용감하게 깨어 있으라"라고 노래한다. 이
마지막 행은 레시터티브로 경고하듯 또박또박 힘차게 노래하는데, 이 낭송은
서정적 자아에게 위협에 맞서도록 격려하는 동시에 순간의 위험을 경고하고
있다. 피아노의 후주 또한 같은 분위기를 짧은 스타카토로 연주하면서 곡을

끝내고 있다.

제12곡 〈**봄밤**Frühlingsnacht〉은 3연 각 3행시로 구성되어 있다. 정원에는 봄 내음이 가득하고, 바로 앞의 제11곡에서 무서워 떨던 마음은 이제 모든 것을 극복한 승리의 기쁨으로 바뀐다. 셋째 연 마지막 행 "그녀는 너의 것, 그녀는 너의 것!"이라고 나이팅게일이 노래함으로써 지금까지 연가곡에 나타났던 모든 비관적 분위기를 반전시키고, 서정적 자아의 극적인 기쁨의 절정과 당당한 승리감을 보여주고 있다. 이것은 『예감과 현재』에서 주인공이 이루 형언할 수 없는 사랑의 황홀감에서 "그녀는 나의 것! 그녀는 나의 것이라고 잇달아 마음속으로 외쳤던" 것과 똑같은 상황이다. 연가곡의 마지막 곡에서 피아노의 화려하고 빠른 서주, 간주, 후주는 연가곡을 완결된 형식으로 만들고 있다.

이 곡은 피아노의 밝고 경쾌한 서주가 들어가면서 첫째 연이 밝게 노래된다. 여기에서 보면, 서정적 자아는 공중으로 날아다니는 새들의 소리를 들으면서 지상에 꽃이 피는 봄이 왔음을 알게 된다. 그리고 둘째 연을 노래하고는 피아노의 간주가 들어간다. 여기서는 그가 너무 기쁜 나머지 눈물을 흘리고, 옛 기적이 달빛과 함께 다시 비치는 것처럼 지금 자신에게 일어난 일에 대해서 감격하고 있으며, 그 감격을 피아노의 간주가 강조하고 있다. 셋째 연에서는 달, 별들, 초원, 나이팅게일들이 "그녀는 너의 것! 그녀는 너의 것!"이라고 노래하고는 피아노의 승리에 찬 후주로 곡이 끝나고 있다. 이 셋째 연에서 보면 모든 자연이 그녀는 서정적 자아의 것이라고 노래함으로써 서정적 자아의 지금까지의 모든 고통은 사라지고, 그는 연인을 얻는다. 이로써 기쁨과 승리를 만끽하는데, 이 연가곡은 보기 드물게 해피엔딩으로 끝나고 있다.

≪시인의 사랑≫(op.48)

Dichterliebe(op.48)

슈만은 1833년 3월 자신의 일기에 하이네의 노래에 곡이 붙여진 음악적 시들을 쓰고 있다고 기록했는데, 이것은 하이네의 시를 피아노곡으로 쓰려고 했던 그의 의도를 보여주고 있다. 그러나 슈만은 하이네의 시에서 영감을 받은 것을 실제 피아노곡으로 작곡하지는 않았고, 그 대신 그로부터 7년이 지난 1840년 하이네의 시집 『노래책』(1827)에 근거해서 두 편의 연가곡으로 작곡했다. 슈만은 맨 처음 하이네의 9편 연작시에 곡을 붙인 그의 첫 연가곡인 하이네 《리더크라이스》를 작곡했고, 이것을 파리에 있는 시인에게 헌정하기 위해서 1840년 5월 23일 편지를 보냈으나 회신을 받지 못했다. 여러 연구에 의하면, 1843년 파리에 있던 하이네가 자신의 시에 곡이 붙여진 독일 가곡을 본 적도, 들은 적도 없다고 언급한 것으로 봐서 슈만의 편지를 받지 못했던 것으로 추정된다.

1828년 18세의 슈만이 30세쯤에 이른 하이네를 뮌헨에서 처음으로 만났는데, 당시 『여행집』과 『노래책』을 쓴 베스트셀러 시인이었던 하이네는 젊은 슈만에게 깊은 인상을 주었고, 평생 그의 가곡 창작열을 자극했다. 그래서 슈만은 하이네의 시에 가장 많은 곡을 붙였고, 그의 시 45편 중 43편이 '가곡의 해'인 1840년에 작곡되었다. 이는 그 시기에 작곡한 가곡들의 약 3분의 1에 해당하는 분량이었다. 덧붙이자면, 하이네의 시를 바탕으로 뢰베, 슈베르트, 슈만, 브람스, 리스트, 바그너, 슈트라우스, 멘델스존, 볼프가 곡을 붙인 것 이외에도 수많은 작곡가에 의해서 수천 곡이 작곡되었다. 1910년 초기까지 파악된 바에 따르면, 하이네 시에 곡이 붙여진 작품은 2750편 정도라고 알려져 있다.

하이네의 시들이 슈만의 관심을 끈 것은 여러 이유가 있으나 그 가운데서도 가장 큰 이유는 시에 내재된 상반된 감정의 표현으로서의 아이러니 때문이었다. 이 점에 대해서 성악가 피셔-디스카우는, 하이네의 번민과 종종 병적인 민감성으로 일그러진 표현의 특징들까지도 슈만의 곡에는 반영되어 있고, 그와 같은 사례는 어느 작곡가의 가곡에서도 보지 못했으며 "슈만은 의도적인 과장에서부터 감정 몰입까지 하이네의 시들을 음악 정신으로 부활시켰다"라고 평했다. 오늘날 일반적으로 슈만과 하이네의 관계를 연결 짓는 대표 작품은 연가곡 《시인의 사랑》이다. 이 연가곡은 1827년 출간된 하이네 『노래책』

에 실려 있는 65편의 시로 구성된 「서정적 간주곡」에서 20편의 시를 발췌해 슈만이 연작시 형태로 작곡했다. 이후 4편의 시가 제외되는데, 이 20편에서 최종 16편으로 언제 줄였는지 정확하지는 않지만, 연가곡 주제가 너무 비관적이라는 클라라의 의견에 따라 1843년 12월 27일 출판 교정을 요청받았을 때 이뤄진 것으로 추정된다. 그렇게 최종 16편으로 구성된 연가곡 ≪시인의 사랑≫은 1844년 출간되었다.

특히 이 작품은 약 10년이 지난 후 전문가 그룹에서 상반된 반응을 일으켰는데, 1852년 바그너로부터 시작된 반유대주의 정서가 뒤늦게 다시 점화되었고, 1856년 같은 해에 하이네와 슈만이 이미 사망한 상황에서 두 사람은 여론의 도마 위로 올려졌다. 한쪽에서는 유대인인 하이네의 시임에도 불구하고 낭만주의 작곡가인 슈만이 성공적으로 ≪시인의 사랑≫을 작곡했다고 추켜세웠고, 다른 한쪽에서는 하이네의 시이기 때문에 음악적으로 실패하지 않을 수 없었다고 비판했다. 슈만의 연가곡은 하이네 시에 곡이 붙여졌다는 이유만으로 본질과 전혀 상관없는 정치적 해석을 동반했는데, 아마 독일 문학사에서 생전에 그리고 사후에 그토록 많은 지지와 반대의 격렬한 소용돌이를 체험한 작가는 하이네가 유일무이하다고 할 수 있다. 무엇보다도 나치 시대에 독일 가곡이 가장 독일적인 것으로 주목받으면서 그 가곡에 가장 많은 시를 제공한 하이네는 민요처럼 작자 미상으로 처리되는 비운을 겪기도 했다.

반면 오늘날은 슈만의 연가곡 ≪시인의 사랑≫이 슈베르트의 연가곡들과 더불어 유럽 가곡 예술의 절정으로 평가받고 있다. 슈만이 1840년 폭발적으로 가곡을 작곡한 데는 여러 가지 이유가 있을 수 있겠으나, 적어도 목소리와 피아노의 결합을 통해서 음악을 풍부하게 할 수 있다는 생각에서 비롯되었다는 것이 가장 클 것이다. 슈만은 19세기 모든 음악 장르에 다 적용되었던 절대음악의 관점처럼, 언어로 표현할 수 없는 것을 음악으로 표현하는 것이 가능하다고 생각했으며 그 표현 수단이자 음악적 해석의 동반자로서 피아노를 주요하게 다루었다. 그래서 그의 가곡에서는 피아노와 음성이 대등하게 때로는 피아노가 목소리보다 더 주도적으로 나타나는데, 이로써 낭만적 피아노 곡을 듣는 것 같은 인상을 주기도 한다.

하이네의 65편으로 이뤄진 연작시 『서정적 간주곡Lyrisches Intermezzo』에서 주요 내용인 사랑의 시작, 사랑의 고통과 단념은 16편으로 구성된 슈만의 연가곡에서도 핵심 내용으로 압축되어 나타난다. 낭만적 핵심어들인 꽃, 새, 사랑, 노래, 눈물, 꿈과 같은 어휘들이 돋보이며, 언어의 연상 작용을 통해서 음악시들은 서로 절묘하게 연결되고 있다. 하이네는 자신의 작품에서는 시 제목을 붙이지 않았고, 슈만도 마찬가지로 그의 노래에 별도의 곡명을 사용하지 않았다. 그래서 슈만의 연가곡에서는 각 시의 첫 행을 곡명으로 쓰고 있다. 슈만은 하이네의 연작시의 외형적 틀을 그대로 가져가서 그의 연작시 중 1편과 65편을 각각 연가곡의 시작 곡과 마감 곡으로 삼았다. 하지만 하이네의 시 편성과 연작 형태를 슈만은 완전히 새롭게 구성했다. 연작시는 제3곡을 제외하고는 4행시로 이뤄져 있고, 제15곡과 제16곡의 6연시를 제외하고는 2연시와 3연시로 되어 있다. 슈만의 연가곡은 주로 변용 가절(유절가절을 변형해서 각 절을 조금 다르게 표현하는 방식)이나 각 절마다 다른 음으로 이뤄진 가곡이다. 16편 가곡의 조 편성은 대체로 시의 내용과 관점에 맞게 장조와 단조가 적절하게 섞여 있고, 종종 한 곡에 장조와 단조가 같이 들어 있기도 하다. 이 책에서는 16편 가곡 가운데 8편을 다루고 있다.

제1곡 〈**아름다운 오월에**Im wunderschönen Monat Mai〉는 민요조의 2연 각 4행시이며, 유일하게 첫째 연과 둘째 연의 음이 같은 유절 가곡이다. 우아하게 피아노의 섬세한 서주가 노래의 시작을 알리고, 이 음은 간주와 후주에서도 거의 같게 반복된다. 원작자 하이네가 지은 같은 제목의 시는 「너는 한 송이 꽃과 같구나Du bist wie eine Blume」와 함께 우리에게 가장 잘 알려져 있으며, 그를 영원한 서정 시인으로 기억하게 한다.

아름다운 오월에/ 모든 꽃봉오리가 피어났을 때/ 그때 내 마음속에서/ 사랑이 싹텄다.

　아름다운 오월에/ 모든 새가 노래했을 때/ 그때 난 그녀에게 고백했지/ 내 동경과 소망을.

　이 곡은 첫사랑의 감동적인 순간을 기억하는 과거의 내용으로 되어 있으며, 시인이 아름다운 5월에 사랑을 느끼기 시작하고 드디어 고백하는 단계로까지 연역적으로 고양된다. 첫째 연 4행 "사랑이 싹텄다"와 둘째 연의 마지막 행 "내 동경과 소망을"은 가장 높은음으로 고양된 의미를 살리고 있는데, 이로 인해서 앞을 지향하는 동경의 감정이 지배적인지 혹은 멜랑콜리한 회상이 지배적인지가 열려 있다.

　제4곡 〈**네 눈을 보면**Wenn ich in deine Augen seh'〉은 하이네의 무제 2연 각 4행 시에 붙여진 곡이다. 이 곡에서는 연인의 눈을 보면 모든 고통과 아픔이 사라진다고 시인이 천천히 노래를 시작하면서 눈, 입, 입맞춤, 가슴 등의 감각적 시어를 통해서 사랑이 고조되는 것을 표현함과 동시에 사랑한다는 말을 들으면 "심하게 울지 않을 수 없다"라고 하며 이율배반적 심정을 드러내고 있다. 이 곡에는 피아노의 후주만 들어 있는 것이 특징이다. 피아노의 느린 반주와 함께 첫째 연은 시인이 연인의 눈을 보면 모든 고통이 사라지고 게다가 입맞춤까지 하면 그는 완전히 건강해진다고 노래한다. 둘째 연에서는 시인이 그녀의 가슴에 기대면 천상의 기쁨이 엄습하는 듯하고, 게다가 그녀의 사랑 고백은 시인에게 감격의 눈물을 흘리게 한다고 노래한다. 더욱이 3행 "게다가 네가 '난 널 사랑해'라고 말할 때면"은 아주 부드럽게 마치 '사랑해'라는 말을 실제로 듣고 있는 것처럼 노래한다.

　제6곡 〈**라인강에서, 성스러운 물결에서**Im Rhein, im heiligen Strome〉는 하이네의 무제 3연 각 4행시에 붙여진 곡이다. 제5곡에서 꽃에 투사된 감각적인 작은 내밀함과는 대조적으로 제6곡에서는 라인강에 비친 거대하고 성스러운 쾰른성당을 향하던 시인의 높은 시선은 서서히 그 거리감이 좁혀지다가 성모 마리아의 모습에서 자신의 연인을 발견한다. 첫째 연은 거대하고 성스러운 쾰른성당이 라인강의 물결에 반사되고 있다고 장엄하고 힘차게 노래한다. 둘째 연은 쾰른성당 안에는 황금색 가죽에 그려진 한 형상이 있는데 이것은 시인의 황량한 삶에 다정하게 비친다고 다소 부드럽게 노래하고는 피아노의 간주가 들어간다. 이어 셋째 연에서 보면 둘째 연의 형상이 구체적으로 되면서 신비롭게 변한다. 이 형상은 바로 성모 마리아상으로, 그 주위로 꽃들과 천사들이 움직이고, 그 형상의 눈, 입술, 뺨이 연인의 것과 닮았다고 여겨지면서 마리아상에 연인의 모습이 투사되고 있다. 이와 같이 셋째 연을 부드럽게 노래하고는 피아노의 길고 아름답고 낭만적인 후주가 곡을 끝내고 있다.

제7곡 〈**난 원망하지 않는다**Ich grolle nicht〉는 이 연가곡에서 가장 유명한 곡 중 하나로, 하이네는 자신이 사랑하던 사촌 아말리에가 결혼한 해인 1821년에 이 시를 썼다. 하이네의 2연 각 4행시에서 시인은 그의 연인이 겉으로는 화려함을 지녔으나 내면에는 슬픔이 도사리고 있음을 알았기 때문에 떠난 사랑을 원망하지 않는다. 반면 슈만은 "영원히 잃어버린 사랑"과 "원망하지 않는다"를 강조함으로써 그의 가곡에서는 시인이 떠나버린 사랑을 향한 원망이나, 원망하지 않기 위한 반항적 자부심, 혹은 양자의 감정을 모두 내보이고 있다. 특히 마지막 부분에서 "원망하지 않는다"를 반복 노래함으로써 더욱 그 이율배반성이 강하게 나타나고 피아노의 후주에 의해서 그것이 메아리처럼 강조되고 있다. 게다가 "영원히 잃어버린 사랑"에서 음이 우울하게 하강하는 것이 아니라 오히려 기쁘게 고양되는 것은 아이러니한 음악적 표현이다. 여기서 재미있는 점은 하이네의 경우에는 정말 떠나버린 사랑이었기 때문에 체념이나 단념이 쉬웠던 반면, 슈만의 경우 사랑을 얻기 위해서 오랫동안 고군분투했다는 것인데, 이 점에 비추어본다면 이 곡에서 서정적 자아의 단호함과 의지는 그대로 슈만 자신의 것임을 알게 해준다.

제11곡 〈**한 청년이 한 처녀를 사랑한다**Ein Jüngling liebt ein Mädchen〉는 피아노의 명랑하고 짧은 서주를 시작으로 3연 각 4행시를 피아노의 간주에 따라서 두 부분(첫째 연과 둘째·셋째 연)으로 나뉘고 있으며, 시인을 그냥 방관자이자 관찰자로 만들고 누군가가 엇갈린 사랑을 경험하면 "가슴이 무너진다"라고 표현하고 있다. 이런 내용에 비해서 곡의 멜로디는 아주 명랑하고 밝고 힘이 있는 것이 오히려 과장된 표현이자 역설로서 나타나고 있다. 이 곡은 피아노의 명랑하고 짧은 서주로 노래가 시작되면서 첫째 연에서는 엇갈린 사랑을 표현하고 있는데, 어느 청년이 한 처녀를 사랑했으나 그 처녀는 다른 남자를 좋아하고, 그 다른 남자는 다시 또 다른 여자를 사랑해서 그 여자와 결혼했다고 명랑하고 빠르게 노래하고는 피아노의 간주가 이어진다. 둘째 연에서 보면 처녀는 자신을 좋아하는 남자 가운데 첫 번째 사람과 결혼했는데, 그 사람은 시인이 아니었다. 그래서 시인은 그녀의 결혼에 화가 나 있다고 노래한다. 셋째 연에서 보면 그 시인의 짝사랑은 이미 지난 일임에도 여전히 그녀를 보면 새롭게 고통이 되살아난다.

제13곡 〈**난 꿈속에서 울었네** Ich hab' im Traum geweinet〉는 하이네의 무제 3연 각 4행시에 곡을 붙이고 있다. 이 곡은 2도 음정의 차이를 두고 노랫말이 피아노의 서주 없이 바로 시작되고 있다. 이 곡에서는 레시터티브로 노래가 불릴 때는 피아노가 침묵하고, 목소리가 쉬면 피아노가 노래하는 방식으로 엇갈려서 마치 장송곡처럼 연주되고 있다. 무엇보다도 이 시에서는 하이네의 전도傳導된 표현이 대표적으로 잘 드러나고 있다. 그러니까 연인이 죽었을 때는 눈물이 뺨으로 고요히 흘러내렸고, 연인이 떠났을 때는 씁쓸하게 오랫동안 울었으며, 그의 곁에 연인이 다정하게 있을 때는 눈물바다가 된다는 점에서 그러하다. 또 "꿈속에서 울었네"와 "꿈을 꾸었다"는 각 연의 1행과 2행에서 반복되면서, 연역적으로 그 내용이 깊어지는 특징을 보인다. 처음에는 눈물이 뺨에서 흘러내렸고, 다음은 오랫동안 울었고, 마지막은 눈물이 홍수를 이룬 것으로 슬픔이 고조되고 있다.

이 민요처럼 단순하고 자연스러운 하이네의 3연 각 4행시가 그대로 슈만의 음악으로 전이되어서 첫째 연과 둘째 연은 같은 방식으로 피아노 반주 없이 목소리가 노래하다가, 그다음 피아노가 짧은 반주로 화답하면서 진행된다. 일인칭 시점으로 진행되는 첫째 연에서 서정적 자아는 그녀가 죽는 꿈을 꾸면서 꿈속에서 울다가 잠이 깨었으나 여전히 그의 뺨에서는 눈물이 흐르고 있다. 여기 둘째 연에서 서정적 자아가 이번에는 그녀가 그를 떠나는 꿈을 꾸면서 꿈속에서 울었고 깨어나서도 오랫동안 심하게 울고 말았다. 그러다가 셋째 연에 이르면 슬픔이 더욱 커지지만 목소리는 더욱 작고 부드러우면서도 슬프게 노래하고, 피아노도 그 슬픔을 강조한다. 여기서 서정적 자아는 그 사랑이 변함이 없다는 것을 알자 꿈속에서 울었고 깨어나서는 밀물처럼 많은 눈물을 흘린다. 그런 자제할 수 없는 기쁨의 눈물을 피아노의 스타카토 후주가 휴지부를 두어 연주하면서 곡을 끝내고 있다.

제14곡 〈**밤마다 꿈속에서**Allnächtlich im Traume seh' ich dich〉는 하이네의 무제 3연 각 4행시에 붙인 곡이다. 슬픔의 극복은 시인이 날마다 꿈속에서나마 그의 연인을 만날 수 있는 것을 통해서 가능하다. 이 곡은 그런 의미에서 연인의 다정함이 강조되는데, 하이네의 시와는 달리 죽음, 곧 작별의 뜻은 중요하지 않다. 그것은 각 연에서 피아노의 간주로 인해서 꿈에서 깨어남과 동시에 그 꿈이 금방 잊히는 모습을 통해서 강조되고 있으며, 피아노의 후주도 그것을 뒷받침하듯 간주보다도 짧게 끝나고 있다.

이 곡은 피아노의 서주 없이 바로 시작한다. 첫째 연은 일인칭 화자인 시인이 밤마다 꿈속에서 다정하게 그에게 인사하는 연인을 보자 큰 소리로 울음을 터뜨리면서 그녀의 발아래로 쓰러진다고 느리게 노래한다. 둘째 연은 꿈속 연인이 시인을 슬프게 쳐다보면서 머리를 흔들고, 진주같이 굵은 눈물방울이 그녀의 눈에서 흘러나온다고 노래한다. 여기서는 두 사람의 상반된 모습을 볼 수 있는데, 시인은 그녀가 꿈속에서 다정하게 대해주는 것에 감격해서 눈물을 흘렸고, 그녀는 그와의 작별을 염려하면서 눈물을 흘리고 있다는 것이다. 셋째 연에서 보면 그녀는 꿈속에서 그에게 뭔가를 은밀하고 나지막하게 말하면서 측백나무 다발을 준다. 그런데 꿈에서 깨어나자, 나무 다발도 그녀가 했던 말도 다 사라져버린다. 그리고 현실에서는 동그마니, 시인은 혼자 남아 있다.

제16곡 〈**오래된 사악한 노래들**Die alten, bösen Lieder〉은 6연 각 4행시로서, 제15곡 〈**옛 동화에서 손짓하다**Aus alten Märchen winkt es〉와 한 쌍을 이루고 있다. 제15곡에서는 시인이 자신의 마음을 무겁게 하던 모든 꿈에서 벗어나고, 그의 사랑 이야기는 옛 동화이자 옛 노래가 되어서 연인에 대한 구체적인 동경이 낭만적 신비의 나라에 대한 일반적인 꿈으로 변화된다. 슈만은 하이네의 시에서 셋째 연과 넷째 연의 내용을 완전히 새롭게 바꾸어서 가장 낭만적인 어휘들을 만들어낸다. 그것들은 황금빛 저녁노을에서 피어난 꽃들, 태고의 멜로디, 노래하는 나무들, 춤추는 안개, 흩날리는 불빛과 찰랑거리는 샘물들이다. 음악적으로도 춤추는 것 같은 8분의 6박자의 활기찬 리듬과 피아노의 명랑하고 쾌활한 서주를 시작으로 "옛 동화에서/ 하얀 손이 손짓하며" 신비의 나라에 대해서 노래한다.

이어 제16곡은 연가곡의 절정으로, 피아노의 짧은 서주를 시작으로 "오래된 사악한 노래들"이라는 노랫말과 더불어 결국 시인은 꿈, 낭만적 환상들, 사랑을 모두 관에다 묻고 그 고통도 함께 묻어버린다. 시인은 자신의 사랑과 고통을 담기 위해서는 하이델베르크성에 있는 세계에서 가장 큰 포도주 통(약 20만 리터짜리 통)보다도 더 크고, 마인츠의 다리(길이 475미터)보다 더 긴 관이 필요하다고 노래한다. 또한 그 관을 운반하는 데 쾰른성당에 있는 큰 석상 크리스토프(높이 3.73미터)보다 더 키가 큰 거인 12명이 필요하고, 워낙 관이 크니까 바닷속에 수장해야 한다고 노래한다.

라인 지역과 관련한 여러 비유를 통한 수사학적 과장은 이 연작시를 종결하는 마지막 시로서 그 과장됨이 압권이다. 이에 걸맞게 슈만 역시 팡파르처럼 피아노 서주가 울리게 하고, 상징적 매장을 뜻하는 부분에서는 그로테스크하게 낮은음으로 표현한다. 이어서 낮은 소리로 그 관을 가져오는 목적과 기능을 설명하는데, 그것은 자신의 사랑과 고통을 그 안에 놓기 위해서다. 이 연가곡에서 가장 유명한 피아노 후주는 지금까지의 모든 어둠을 물리치고 희망찬 분위기로 전환해 연가곡을 마감하고 있다. 음악에서 보통 장조는 명랑하게, 단조는 슬프게 울리는데, 이러한 피아노의 역할은 기악 서정시로서 '말이 없는 가운데서' 말을 하고 있다.

조금 더 자세히 살펴보자. 첫째 연에서 보면 시인에게는 지금까지 오래되고 사악한 노래와 꿈들이 있었는데, 이제 이것들을 커다란 관 속에 묻어버리려고 한다. 둘째 연에서 시인은 관 속에 많은 것을 집어넣으려 하지만 그것이 무엇인지는 말하지 않은 채 그 노래를 담을 관은 하이델베르크성에 있는 엄청나게 큰 포도주 통처럼 커야 한다고 말한다. 관의 크기에 빗대어서 그의 고통스럽고 오래된 노래의 무게와 크기를 가시화하고 있다. 셋째 연에서는 시인이 묻을 노래는 엄청나게 크기 때문에 그에 걸맞게 마인츠 다리만큼 길거나 혹은 그보다 더 길고 단단하고 두꺼운 판자로 된 들것을 가져오라 한다. 넷째 연에서는 관과 들것을 들고 갈 거인이 12명이나 필요한데, 그 거인은 쾰른성당에 있는 거대한 성상 크리스토프보다도 더 커야 한다.

다섯째 연에서는 그 거인들이 관을 들고 가서 물속으로 수장시켜야 하는데, 그 관의 크기가 육지에 묻기에는 너무 크기 때문에 물속에 수장해야 한다고 노래한다. 그리고 여섯째 연, "너희들은 아는가, 왜 관이/ 그토록 크고 무거운지를?/ 내가 내 사랑과/ 그리고 내 고통을 그 안에 놓았다"라고 느린 장송곡 풍의 레시터티브로 노래한다. 여기서 보면 왜 그 관이 그토록 무거운지가 드러나는데, 그것은 시인의 사랑과 고통을 담고 있기 때문이다. 이렇게 과장된 하이네의 표현은 폭소를 터뜨리게 하지만 슈만의 음악적 해석을 통해서 서정적 자아의 사랑과 고통의 뜻을 되짚어 보게 하고 있다. 이어 느린 피아노의 후주와 함께 지금까지 장송곡 같은 레시터티브의 분위기는 사라지고, 피날레 피아노곡처럼 낭만적이고 아름답게 독자적으로 곡을 끝내고 있다.

슈만의 《시인의 사랑》 연가곡은 그 자신의 개인적 체험이 반영된 작품 해석이 이루어졌다는 점에서 음악적 서정시임을 알 수 있다. 슈만의 1840년은 그의 개인사에서 절정의 순간들로 점철된 한 해였다. 이전 해까지 그를 몹시 고통스럽게 만들었던 환경에서 벗어나 창작에 몰두하게 하는 힘을 신년 초부터 느꼈고, 그것은 폭발적인 창조 에너지로 나타났다. 그 결과가 그의 연가곡들이다. 특히 슈만 자신의 혹독한 개인 체험을 음악으로 이야기하는 데 연가곡 형식보다 더 좋은 수단은 없었으며, 아이헨도르프의 서정시와 하이네의 민요조를 띤 『서정적 간주곡』은 결과적으로 그의 연가곡 작곡에 최상의 조건을 제공했다.

≪여자의 사랑과 삶≫(op.42)

Frauenliebe und-leben(op.42)

슈만은 아델베르트 폰 샤미소Adelbert von Chamisso(1781~1838)가 1830년에 쓴 연작시 『여자의 사랑과 삶』에 곡을 붙였는데, 슈만보다 먼저 1836년 카를 뢰베가 이 연작시 전체에 곡을 붙였다. 이 작품에는 소녀와 같은 사랑, 결혼, 엄마로서의 행복에서부터 남편의 죽음까지를 경험하는 한 여성의 삶이 묘사되어 있다. 묘사된 여성의 삶은 19세기의 충직하고 헌신적인 아내의 도덕적 규범, 그리고 비더마이어 사조의 여성적 미덕과 일치하고 있다. 샤미소는 아홉 편의 시로 이뤄진 연작시를 썼으나 슈만은 그 가운데 마지막 시, 즉 나이가 든 그 여성이 손녀에게 여성의 삶을 얘기하는 시를 제외한 나머지 여덟 편의 시에 곡을 붙였다. 슈만의 이 연가곡은 여성 성악곡이며, 노랫말과 피아노 파트는 서로 조화를 이루면서, 때로는 피아노의 후주가 매번 노랫말을 승화시키듯 아름답고 우아하게, 때로는 정열적으로 다양하게 분위기를 바꾸는 특징이 돋보이고 있다. 이 책에서는 여덟 곡 가운데 여섯 곡을 다루고 있다.

　슈만의 ≪여자의 사랑과 삶≫의 제1곡 〈**내가 그를 본 후**Seit ich ihn gesehen〉는 2연 각 8행시로 되어 있다. 피아노 반주를 시작으로, 첫째 연은 서정적 자아인 그녀가 사랑을 발견하는 내용으로서 사랑하는 사람을 만난 이후 그녀가 쳐다보는 곳마다 그가 보이고, 그의 모습이 아른거리며, 아주 어두운 곳에서

▌아델베르트 폰 샤미소
자료: Robert Reinick 그림(1864년).

는 더 밝게 그의 모습이 보인다고 느리고 부드럽게 노래한다. 둘째 연의 7행과 8행은 각각 첫째 연의 1행 "내가 그를 본 이후"와 2행 "난 눈멀어버렸다고 생각한다"와 내용이 같다. 둘째 연은 만약 그가 없다면 그녀 주위의 모든 것은 빛을 잃고 색도 바래버리며, 이제 다른 자매들과의 놀이도 재미가 없을 뿐만 아니라 오히려 조용히 방에서 사랑의 감동으로 울고 싶다고 노래하고 피아노의 긴 후주가 곡을 마무리한다. 이 후주는 그녀가 첫사랑을 발견하고 감격하는 것을 강조하고 있다.

제2곡 〈그, 모든 이 가운데 가장 훌륭한 사람Er, der herrlichste von allen〉은 샤미소의 6연 각 4행시에 곡을 붙인 것으로, 마지막에 첫째 연을 반복 노래함으로써 마치 7연 각 4행시인 것처럼 노래하고 있다. 첫째 연은 그녀는 연인이 누구보다도 훌륭하고, 부드럽고 좋은 사람이며, 성스러운 입술, 맑은 눈, 밝은 감각과 확고한 용기를 지닌 사람이라고 격정적으로 노래한다. 둘째 연은 그가 높은 하늘에 뜬 밝고 훌륭한 별처럼 그녀의 하늘에 밝고 높게, 멀리까지 훌륭하게 빛을 비추고 있다고 노래한다. 셋째 연은 그녀가 오직 겸손하게 자신의 삶의 빛인 그만을 관찰하며, 그와 더불어 성스러움과 슬픔도 경험할 것이라고 노래한다. 이것이 그녀가 따라야 할 길이자 삶의 궤적이다. 넷째 연에서는 그에게 바치는 자신의 고요한 기도보다는 위대하게 높이 떠 있는 별과 같은 존재인 그를 알아야만 한다라고 하면서, 다시 4행 "위대한 높은 별"을 반복해서 노래한다. 이러한 반복을 통해서 그가 위대하고, 존경스러운 존재라는 점이 강조되고 있다.

　다섯째 연은 그는 모든 사람 가운데 가장 위엄 있는 자이고, 수천 번이나 축복을 받는 자여서 그녀는 기쁘고 행복한 선택을 제대로 한 것이라고 노래한다. 여섯째 연은 그녀가 너무 기쁜 나머지 눈물이 나고 자신이 정화되고 있다고 느끼면서 어떤 고통에 직면하더라도 수용할 마음의 준비가 되어 있음을 노래한다. 샤미소의 시는 여기까지이지만 슈만은 첫째 연을 반복 노래하면서 피아노의 후주가 이어진다. 이렇게 슈만은 첫째 연 "그, 모든 이 가운데 가장 훌륭한 자/ 얼마나 부드럽고, 얼마나 좋은지!/ 성스러운 입술, 맑은 눈/ 밝은 감각과 확고한 용기"를 반복 노래함으로써 그가 훌륭한 존재라는 점을 다시 강조한다.

　제4곡 〈**너, 내 손가락에 끼워진 반지여**Du, Ring an meinem Finger〉는 샤미소의 4연 각 4행시에 붙여진 곡이다. 첫째 연은 느리고 평화롭게 노래하는데, 여기서는 그녀가 손가락에 끼고 있는 금가락지에 입맞춤하고 가슴에 갖다 대면서 사랑의 뜻을 되새기고 있다. 둘째 연에서 보면, 그녀는 유년 시절의 평화로운 꿈을 늘 기대해 왔었는데 현실의 황량하고 끝없어 보이는 공간에서 자신을 잃어버렸다고 생각한다. 그러다 셋째 연에서 보면 그녀가 끼고 있는 결혼반지를 통해서 자신이 가야 할 길과 삶의 무한한 가치를 깨닫는다. 넷째 연에서는 결혼한 여성의 삶이 분명하게 나타나고 있다. 그녀는 남편에게 봉사하고, 그를 위해 그에게 속한 존재로서 헌신하며 그라는 광명과 같은 존재 속에서 자신을 발견할 것이라고 다짐하듯 다소 격정적으로 노래한다. 이로써 비더마이어 문화의 전통적인 아내의 미덕을 여기서 고스란히 나타낸다. 슈만이나 샤미소는 실제로도 그러한 여성을 아내로 두었고, 그 모습이 노랫말과 음악으로 재현되고 있다. 그리고 다시 첫째 연 "너, 내 손가락에 끼워진 반지여!/ 난 경건하게 널 입술로 누른다./ 경건하게 널 내 가슴으로 누른다"라고 다시 부드럽고 평화롭게 노래하고는 피아노의 후주가 곡을 마무리한다. 첫째 연의 반복은 후렴처럼 이어지며 반지로 상징되는 결혼의 뜻을 재차 강조하고 있다.

제6곡 〈**달콤한 친구여, 그대는 보는가**Süßer Freund, du blickest〉는 샤미소의 5연 각 8행시에 곡을 붙였는데, 슈만이 그중 셋째 연은 생략하고 곡을 붙였기 때문에 실제로는 4연 각 8행시로 노래되고 있다. 첫째 연은 달콤한 친구인 남편이 그녀의 눈물이 무엇을 뜻하는지 이해하지 못한다면, 그냥 그녀의 기쁨에 젖은 눈물이 흘러내리게 내버려두라고 아주 느리게 노래한다. 둘째 연은 그녀의 가슴은 한편으로는 두렵고 다른 한편으로는 기쁨을 느끼는데, 그것을 언어로는 표현할 길이 없어서 그의 모습을 가슴에 새기고, 그러다가 그녀가 그의 귀에다 모든 기쁨을 속삭일 것이라고 노래한다. 이어 샤미소의 셋째 연은 생략되고 넷째 연으로 넘어가서 곡이 붙여지고 있다.

넷째 연에서는 남편이 그녀가 왜 눈물을 흘리는지 모르는 것에 대한 원망이 들어 있으면서도 그녀는 마음속 두근거림을 그가 느낄 수 있도록 단단히 그를 껴안고 싶어 한다. 무심한 남편의 마음과 그녀의 섬세한 사랑의 마음이 대비되고 있다. 마지막 다섯째 연에서 그녀의 침대는 요람이며, 거기에는 그녀의 성스러운 꿈이 들어 있고 아침이 오면 그는 그녀를 향해서 미소 짓는다고 노래한다. 여기선 행복한 일상이 강조되고 있다. 이 다섯째 연에서는 피아노 후주가 이어지다가 맨 마지막에 "그대 모습"이라는 노랫말이 고요하고 느리게 겹치면서 곡이 끝나고 있다. 이러한 기법은 가곡에서 매우 드문 사례일 뿐만 아니라 특이하게도 노랫말이 마치 기악곡의 일부처럼 장식이 되는 동시에 시어의 뜻을 강조하는 데 적용되고 있다.

제7곡 〈**내 가슴에, 내 마음에**An meinem Herzen, an meiner Brust〉는 샤미소의 7연 각 2행시에 붙여진 곡이다. 이 곡은 피아노의 강렬한 반주와 함께 첫째 연에서 "내 가슴에, 내 마음에/ 그대 나의 기쁨, 그대 나의 즐거움"이라고 빠르게 노래하고는, 둘째 연으로 넘어간다. "행복은 사랑, 사랑은 행복/ 난 그것을 말했고 거둬들이지 않는다"라고 노래하고는 바로 셋째 연으로 넘어간다. "난 행복이 과하다고 생각했다./ 하지만 지금 너무 행복하다"라고 노래한다. 여기 셋째 연의 1행에서 너무 행복하다는 것을 슈만은 행복이 과하다는 뉘앙스로 바꾸고 있다. 그것은 그냥 행복한 것이 아니라 너무 행복해서 과연 그래도 되는지, 오히려 믿기지 않는 마음을 내보이고 있다. 여기까지 보면 그는 그녀의 기쁨이자 즐거움이며, 행복은 사랑이고 사랑은 행복이며, 지금 그녀는 진심으로 아주 행복하다고 여기고 있다. 넷째 연에서 일곱째 연까지, 이제 그녀는 어머니로서의 기쁨을 누리고 있는데, 아이에게 젖을 먹이고, 아이를 사랑하며 오직 여성만이 어머니로서의 사랑과 행복을 느끼기 때문에 그 점에서 남편은 모성애의 행복을 느낄 수 없다는 점을 안타깝게 여긴다. 그러면서도 그녀를 향해 미소를 짓는 남편을 사랑스러운 천사라고 여긴다. 일곱째 연에서 그녀는 "그대 사랑스럽고, 사랑스러운 천사, 그대여!/ 그대는 나를 보고 미소까지 짓는다"라고 노래한다. 이어 다시 첫째 연을 반복하고는 피아노의 후주가 곡을 끝내고 있다.

제8곡 〈**이제 그대는 나에게 첫 고통을 주었다**Nun hast du mir den ersten Schmerz getan〉는 샤미소의 3연 각 4행시에 붙여진 곡이다. 이 곡은 피아노의 강렬한 스타카토 반주가 선행되면서 노랫말이 나온다. 첫째 연에서 보면 이제 그녀는 남편의 죽음 앞에서 비탄에 잠겨 한탄을 하는데, 이때 처음으로 충격적인 고통을 겪게 된다. 버림받은 존재로서 멍하니 앞을 바라보며 세상은 공허하고 자신이 사랑하면서 살았다는 것은 과거의 일이며 지금은 더는 살고 싶지 않아하는 그녀의 심정이 둘째 연에서 절실하게 표현되고 있다. 셋째 연에서 보면 그녀는 내면의 세계로 고요히 물러나면서 한때 나누었던 행복을 회상하고 있다. 그리고 죽음으로 인해서 남편과 헤어졌다 하더라도 이에 개의치 않고, 그녀에게 온 세상이었던 남편과의 행복을 기억할 것이라는 다짐으로 이 연가곡은 끝나고 있다.

슈만이 샤미소의 아홉 번째 시에 곡을 붙이지 않은 점은 연가곡의 흐름과 내용으로 볼 때 훨씬 설득력이 있다. 어머니의 죽음을 통해서 그녀의 삶이 딸에게로 이어짐으로써 여성의 삶과 사랑, 행복과 고통이 연속되고 있음을 표현하는 샤미소의 마지막 시는 큰 의미 없이 추가적 뜻을 줄 뿐이기 때문이다. 긴장감과 시적 줄거리에서 볼 때 첫째 시에서 여덟째 시까지가 가장 적절하다고 슈만은 보았고, 실제 그러하다고 볼 수 있다.

샤미소는 이 연작시 이외에도 흥미로운 전대미문의 이야기를 산문 형태로 쓴 특이한 장르인 '노벨레Novelle'를 1813년 여름에 썼는데, 그것이 바로『페터 슐레밀의 경이로운 이야기Peter Schlemihls wundersame Geschichte』다. 1813년은 프로이센을 중심으로 나폴레옹에 맞선 해방전쟁이 막 시작된, 세계사적 사건이 일어났을 때였다. 프로이센에 사는 프랑스 태생의 샤미소는 평소 나폴레옹을 반대하고 있었으나 이 전쟁에 참여할 수는 없었다. 그는 독일에 살면서 활동하고는 있지만 여전히 조국이 없는 상황이었다. 샤미소는 그런 자신의 상황을 그림자 없는 사람에 빗대어서『페터 슐레밀의 경이로운 이야기』를 썼다. 이 작품은 자신의 그림자를 팔아버린 어느 남자의 이야기를 다루고 있으며, 발표되자마자 유럽에서 아주 유명해졌고, 그림과 음악에서 여러 피드백을 낳기도 했다.

이 작품에서 주인공 페터 슐레밀은 힘든 바다 여행을 마치고 오늘날 북독일 슐레스비히-홀슈타인 주에 있는 항구도시인 플렌스부르크에 들른다. 그곳에서 부유한 상인 토마스 존을 알게 되고, 그의 집 정원에서 특이한 노인을 만난다. 이 노인은 그에게 그림자를 파는 대가로 절대 고갈되지 않는 금이 가득 찬 자루를 주겠다고 제안하고, 슐레밀이 그 제안을 수락함으로써 두 사람 사이에 거래가 성립된다. 그러나 슐레밀은 자신의 그림자가 없다는 것은 바로 인간 사회로부터의 추방을 의미한다는 것을 이내 깨닫는다. 사람들은 그가 그림자가 없다는 것 때문에 그를 두려워하기도 하고, 멀리하기도 하고, 멸시하기도 한다. 그래서 그는 아무도 모르는 곳으로 향하고, 거기서 그의 충직한 하인 벤델의 도움으로 그가 그림자가 없다는 사실을 숨기고 잘 지낸다. 그러다가 그곳에서 아름다운 여인 미나를 만나 사랑을 하지만 슐레밀의 두 번째 하인 라스칼로 인해서 그의 비밀은 마침내 들통난다. 그러자 미나의 아버

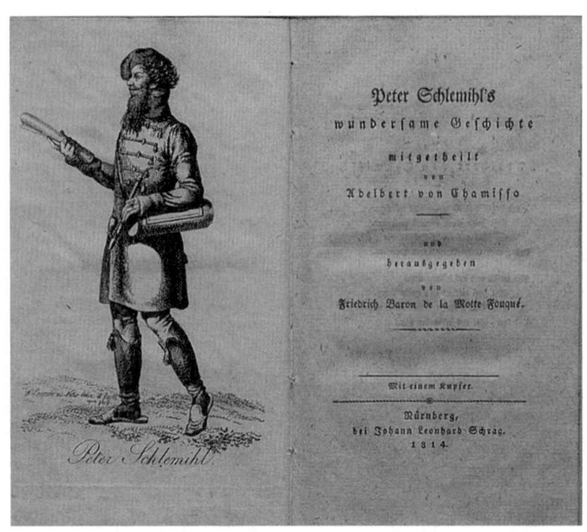

『페터 슐레밀의 경이로운 이야기』 1814년 초판본

게오르게 크루익스한크의 『페터 슐레밀의 경이로운 이야기』 판화

자료: George Cruikshank 그림(1823년).

루트비히 키르히너의 『페터 슐레밀의 경이로운 이야기』 삽화

자료: Ernst Ludwig Kirchner 그림(1915년).

지는 슐레밀이 자신의 그림자를 다시 찾아와야만 딸과의 결혼을 승낙하겠다고 말한다.

그즈음 노인이 다시 나타난다. 슐레밀은 노인의 진짜 모습을 알게 되자 그에게 자신의 그림자를 돌려달라고 요구한다. 그 노인의 정체는 악마였다. 악마는 슐레밀에게 대가로 영혼을 자신에게 넘겨준다면 그림자를 돌려줄 것이라고 말한다. 슐레밀은 그에게서 도망치려고 하지만 항상 다시 그가 나타난다. 악마는 이번에는 슐레밀에게 빌려주는 형식으로 그림자를 돌려주겠다고 하면서, 그렇게 되면 그가 얼마나 많은 특권과 명예를 얻을 수 있는지를 눈앞에 보여주면서 설득한다. 그러나 슐레밀은 그 제안을 거절하고, 그림자를 팔아서 악마에게서 받았던 금 자루를 심연으로 내던져버린다. 이로써 악마와 맺은 거래의 마지막 끈을 잘라버린다. 그리고 마지막 남은 돈으로는 낡은 지벤마일렌 장화(전래해 오는 이야기에 따르면 짧은 시간 안에 먼 곳으로 이동시켜 준다는 장화) 한 켤레를 산 슐레밀은 혼자 외롭게 자연을 연구하면서 삶을 살아간다는 것으로 이야기가 끝난다.

이 이야기의 주인공 슐레밀은 많은 화가의 그림 소재가 되는가 하면, 슐레밀 이야기를 재치 있는 담시로 압축해서 곡이 붙여진, 4연 각 4행 담시로 된 작사자와 작곡가 미상의 민요도 나왔다. 호프만의 작품 세 편을 드라마로 개작한 것을 다시 개작한 자크 오펜바흐의 오페라 ≪호프만의 이야기들≫에서도 슐레밀의 잃어버린 그림자 모티브가 나온다. 호프만은 『그믐날 밤의 모험』의 네 번째 장으로 「사라진 거울 모습」을 썼고, 이것이 오펜바흐의 5막극 판타지 오페라의 4막에 수용되었다.

옛날에 슐레밀이란 이름을 가진 사람이 있었지./어느 날 한 사람이 그에게 말을 걸었지./자기에게 그 그림자를 팔지 않겠냐고?/그는 당장 부자가 될 것 같았지!

잠시 생각하다가 그는 동의했고, 그 대가로 자루를 하나 받았지./ "이 자루, 이건 절대 비는 일이 없어"라고 그림자를 산 어두운 표정의 사람이 한껏 조롱하면서 말했지./ "네. 전 좋은 거래를 했다고 생각해요"라고 우리의 슐레밀이 즉시 답했지./ "난 성, 땅과 농가를 살 수 있어요, 그따위 그림자를 가지고 뭘 하겠어요?"

슐레밀은 다른 곳으로 이사 가서 성, 땅과 농가를 샀지./ 그리고 바로 결혼도 하려고 했어. 아주 훌륭한 배필이 있었거든. / 그는 사랑하는 사람의 집으로 가서 "날 남편으로 받아주겠소?"라고 물었지. / "제가 '네'라고 말할 수 있기 전에 먼저 3일간 생각할 시간을 주세요."

해가 그녀의 모습에 비쳤고, 그는 거기 그림자 없이 서 있었지. / "난 결코 당신을 남편으로 맞이할 수 없어요. 그림자가 없다는 것은 당신 영혼도 없다는 것이니까." / 실제로 슐레밀은 그림자를 팔았고, 그로 인해 영혼을 잃어버렸지. / 그 후 사람들은 그에 대해서 아무것도 듣지 못했고, 아무도 그가 한때 존재했었다는 것도 알지 못했지.

_ 슐레밀 이야기에 곡을 붙인 민속적인 노래, 4연 각 4행 담시

여기 노벨레의 주인공 슐레밀은 바로 작가 자신으로 대체해도 손색이 없다. 그의 작품에서 그림자가 없는 것은 곧 영혼이 없다는 것을 뜻하는데, 샤미소는 바로 자신의 존재가 그러하다고 느꼈기 때문이다. 그런 심정을 그는 다음과 같이 자신의 자아 인식에서 함축적으로 내보인다. "난 독일에서는 프랑스인이고, 프랑스에서는 독일인이며, 프로테스탄트에게는 가톨릭 교인이고, 가톨릭에서는 프로테스탄트이며, 귀족들에게는 자코뱅 당원이고, 민주주의자들에게는 귀족이다." 이처럼 샤미소는 어디에도 속하지 못한 채 어디서나 이방인이라 느꼈다(실제로 그는 프랑스에서 프로이센으로 귀화한 독일인이면서 유명한 식물학자이자 탐험가였고, 또한 낭만주의 사조의 문인이었다).

클라라 슈만의 가곡

클라라 슈만Clara Schumann(1819~1896)은 로베르트 슈만의 피아노 선생이기도 했던 프리드리히 비크의 딸이다. 비크는 피아니스트로서의 재능을 일찍부터 보였던 딸을 위해 피아노 교육에 남다른 관심을 보였다. 이 점은 펠릭스 멘델

클라라 슈만

스존의 누나 파니 헨젤의 경우와 크게 달랐다. 파니 헨젤은 비더마이어 시대의 대표적인 가정교육인 현모양처 교육을 받았기 때문에 음악 재능이 뛰어났으나 음악가로서 대중 앞에 나설 수는 없었다. 그래서 결혼 이후에야 간신히 남편의 지원으로 작곡 작품을 출판할 수 있었지만 40대 초반의 이른 죽음으로 인해서 음악가로서의 명성은 크게 얻지 못했다. 이와 달리 클라라는 예외적으로 아버지 비크의 피아노 교육과 지원을 받은 덕분에 유년 시절부터 명실상부한 피아노 연주의 신동이었다.

예술가로서의 초기 성공들은 그녀에게 예술가로서의 자의식을 일깨웠고, 그 결과 아버지의 강력한 반대에도 아랑곳하지 않고 슈만을 남편으로 선택하는 용단을 내릴 수가 있었다. 클라라와 로베르트 슈만의 결합은 그 자체로 놀라운 사랑의 증거였다. 클라라는 로베르트를 대단히 신뢰했으며, 그에 대한 사랑은 그녀를 행복하게 했다. 그러나 두 사람의 결혼은 프리드리히 비크의 반대에 부딪혀서 법정 다툼까지 겪고 난 다음인 1840년에야 이뤄질 수 있었다. 결혼 초기부터 예술가의 역할과 아내이자 어머니의 역할은 그녀에게 내면적 갈등을 일으켰으나 강한 의지와 열정이 이 두 가지 노릇을 잘 해내게 했고, 그럼으로써 그녀는 19세기의 탁월한 음악가 중 한 사람이 될 수 있었다. 클라라는 당시 거의 유일한 여성 작곡가이자 연주자이기도 했다.

클라라는 약 30편의 가곡을 썼는데, 이 가운데 하이네, 뤼케르트, 가이벨의 시 각 6편에 곡을 붙였고, 괴테의 「패랭이꽃」에도, 무명작가 헤르만 롤레트의 텍스트 6편 등에도 곡을 붙였다. 그녀는 1833년 맨 처음 가곡을 썼으며,

▌프리드리히 비크
자료: 작자 미상(1830년).

로베르트 슈만과 결혼하고서는 본격적으로 여러 가곡을 썼다. 특히 뤼케르트의 『사랑의 봄』에서 발췌한 12편의 시에 곡을 붙인 작품을 남편과 공동으로 발표하기도 했다. 이 12편 가운데 세 편이 그녀의 작품이다. 그러나 그녀로서는 가곡 작곡가의 자부심을 스스로 발견하는 일이 쉽지 않았다. 남편인 슈만의 격려와 자극에 따라서 가곡을 작곡하기는 했으나 슈만에게 보낸 편지를 보면 그녀는 가곡 작곡 자체를 부담스러워했음을 알 수 있다. "난 작곡을 할 수 없어요. 그것은 종종 나를 불행하게 만들기도 하는데, 난 정말 작곡에는 재주가 없는 것 같아요." 그러나 그녀의 자기평가와는 달리 가곡 역사에서 클라라 슈만의 곡은 그 가치를 충분히 지니고 있다.

1830년 가을 클라라가 11세 때, 스무 살이 된 로베르트 슈만이 비크 선생의 집으로 피아노를 배우기 위해서 왔고 2년 동안 그 집에 기거했다. 슈만은 비크의 자녀들에게 자신이 지어낸 아름다운 동화들을 얘기해 주었고, 그들은 슈만과 함께 행복한 유년 시절을 보냈다. 이 시기, 슈만의 비크 선생에 대한 평가는 분열되어 있었다. 비크를 존경하면서도 그가 돈에만 관심을 보인다고 여긴 것이다. 그러다가 슈만은 지나친 피아노 연습 때문에 손가락 마비가 심해지면서 피아니스트의 길을 포기하고, 비크 선생의 집을 떠난다. 한편, 클라라는 일찍부터 슈만을 마음에 두고 있었고, 1835년 4월 이후 클라라 역시 슈만에게 여성으로 다가왔다. 그러나 비크는 1836년 2월 슈만이 드레스덴에서 클라라를 만나는 것을 알고 이들의 만남을 금지했다. 그렇지만 두 사람은 같은 해 8월 중순에 비크 몰래 약혼했다. 슈만은 그다음 달인 9월 13일 클라라의 생일에 즈음해서 그녀와의 결혼 승낙을 얻기 위해서 비크 선생에게 서신을 보냈으나 아무런 회신도 받지 못했다.

클라라가 18세가 되던 1837년에 그녀는 피아노 신동으로서가 아니라 탈베르크, 리스트, 쇼팽에 버금가는 세계적 연주자로서 명성을 얻었다. 같은 해 12월 중순 빈의 무직페어라인Musikverein에서의 연주 이후, 그녀는 빈 궁정으로부터 연주 초청을 수십 번 받기도 했다. 특히 1838년 2월 빈에서 열린 여섯 번째 연주에서는 베토벤의 〈열정〉을 연주했는데, 오스트리아의 최고 문인 가운데 한 사람인 프란츠 그릴파르처는 그녀의 연주에 크게 감명을 받았다고 한다. 또 리스트는 가장 흥미로운 연주자라고 그녀를 평가하면서 피아노 연주의 기술적 완벽함, 감정의 깊이와 진실, 고상한 태도에 크게 감명을 받았다. 이러한 클라라의 음악적 성공을 접하면서 비크는 이제 클라라의 시대가 왔고, 그녀가 더욱 많이 작곡과 연주를 할 수 있을 것이라 기대하고 있었다. 그러던 차에 슈만과의 일로 부녀 사이의 관계가 소원해진 것이다. 그 이후 클라라의 라이프치히 연주 때인 1838년 5월에 부녀가 재회했으나 두 사람은 여전히 긴장 관계에 있었다.

이즈음 클라라는 슈만과 편지를 교환하면서 새로운 삶을 기대하고 있었다. 1839년 1월부터 클라라는 7년 만에 다시 파리에서 연주를 하고 엄청난 갈채를 받았다. 클라라와 소원해진 아버지 비크는 신문을 보고 그녀가 거둔 성공적인 연주 소식을 접했다. 비크는 이후 그녀에게 자신의 품으로 돌아오도록 편지를 보냈으나 그녀가 거절함으로써 딸에 대한 실망감은 더욱 커졌고, 슈만과의 결혼을 더욱 완강하게 반대하기에 이르렀다. 1840년 클라라와 비크의 법정 다툼에서 마침내 법원이 클라라의 결혼을 승낙함으로써 그녀와 슈만은 9월 12일 라이프치히에서 결혼했다. 이 해에 슈만은 폭발적으로 가곡을 창작했고, 클라라도 그와 더불어 가곡 작곡에 관여해서 나중에 하이네, 가이벨, 뤼케르트의 시에 곡을 붙였다. 그러나 클라라는 일찍이 성악 및 작곡

┃ 슈만의 자녀들(1854년)

공부를 했고 어린 시절부터 자신이 지은 노래를 선보였음에도 불구하고 앞서 언급한 것처럼 내심 가곡 작곡을 부담스러워했다.

슈만과 결혼하자마자 클라라는 마음속에서 분열된 감정과 갈등을 느꼈다. 슈만과 함께 여러 음악 연구나 작업을 하는 것에 행복을 느끼면서도 아내 구실로 인해서 과거와는 달리 자유로운 연주 활동이 제한되었고 아울러 생계에 대한 불안도 함께 생겨났기 때문이다. 결혼 전까지 클라라는 작곡가이자 연주자로서의 삶에만 익숙해 있었는데, 결혼 후에는 슈만의 작곡 활동을 방해하지 않기 위해서 자신의 피아노 연습 시간을 단축해야 할 정도였다. 그렇지만 1841년 3월 31일 라이프치히 게반트하우스에서 멘델스존의 지휘 아래 피아노 협연을 해냈고, 이듬해 1월 다시 게반트하우스에서 해낸 연주는 그녀가 잊힌 피아니스트가 아니라는 사실을 확인시켜 주었다. 이후 무려 60여 년 가까이 연주자로서 활동했으며, 그녀의 연주 모습은 늘 청중들에게 강하고 진지하며 음악에 무조건 헌신하고 있다는 인상을 남겼다. 이처럼 예술은 그녀에게 가장 성스러운 것이기도 했다.

클라라와 비크는 1843년 2월 이후 관계가 회복되었다. 그런데 1842년부터는 슈만이 신경쇠약 증세를 자주 보이게 되었다. 한때 슈만은 클라라의 연주 여행에 동행하기도 했으나 건강 상태 때문에 그마저도 점점 어려워졌다. 그리고 1844년 8월 남편이 쓰러지고 나서 클라라는 자신의 연주를 통해서 벌어들인 수입으로 가족을 보살폈다. 슈만은 1854년 2월 27일 자살을 시도한 이후 같은 해 3월 본 근교의 엔데니히 병원에 입원하기 전까지 음악 활동을 줄

곧 이어갔고 일정 부분 가장 노릇도 했으나, 주로 클라라가 가족의 삶을 이끌지 않을 수 없는 상황이 되었다. 1856년 7월 26일 슈만이 46세의 나이로 엔데니히 병원에서 사망하자, 클라라는 신에게 그가 없이도 살아나갈 수 있도록 힘과 용기를 달라고 기도하면서 "그의 떠남과 함께 내 모든 행복도 사라져 버렸구나!"라고 탄식했다. 이제 그의 죽음으로 클라라는 일곱 자녀의 양육을 혼자 책임져야만 했다. 더욱이 두 살에서 열다섯 살 사이의 어린 자녀들을 양육하는 일은 연주 여행을 해야 하는 클라라에게 쉬운 일이 아니었고, 이후 자녀들은 대부분 기숙사 또는 가까운 친척과 친지 집에서 기거하다가 어머니를 가끔 만나면서 지냈다. 로베르트가 사망한 이후 클라라는 생계를 위해서 연주 활동을 더 많이 해야 하기도 했지만, 한편으로는 오히려 이제야 비로소 자유롭게 연주 활동을 할 수 있게 됨으로써 뛰어난 피아니스트로서의 절정기를 맞이할 수 있었다.

슈만 부부는 1853년부터 젊은 바이올린 연주자 요제프 요아힘, 요하네스 브람스와 친분이 있었고, 더욱이 브람스는 클라라가 연주 여행을 갔을 때 그녀의 자녀들을 돌봐주기도 했다. 로베르트가 자살 시도를 한 이후 엔더니히 병원으로 옮겨져 사망할 때까지 브람스는 슈만 부부와 가까이 있기 위해서 뒤셀도르프로 이사를 왔고, 무엇보다도 많은 위로와 지원이 필요했던 클라라와 더욱 가까운 사이가 되었다. 두 사람은 슈만의 사망 이후에도 서로 음악적 자극을 주면서 예술가로서의 교류를 평생 이어갔다. 훗날 클라라의 죽음이 임박해 있는 사실을 알고 있던 브람스는 1896년 4월 친구 요아힘에게 그녀가 우리를 떠나간다면 앞으로는 기쁨으로 빛날 일이 없을 것이라고 했다. 그로부터 한 달 후인 1896년 5월 20일, 클라라가 심장마비로 사망했다는 소식을 들은 63세의 브람스는 서둘러 본으로 갔다. 그녀의 장례식은 그가 도착할 수 있는 일요일에 맞춰 집행되었으며, 그녀는 슈만 곁에 합장되었다. 브람스는 이후 본 근교의 본네프에서 클라라를 추모하는 음악회를 나흘 동안 열었고, 그 자신도 이듬해인 1897년 4월 3일에 64세로 세상을 떠났다. 클라라가 평생

▌ 슈만 부부

자료: *Famous Composers and their Works*, 작자 미상 (1906년),

이어간 피아노 교육자로서의 삶(그녀는 73세까지 프랑크푸르트 음악원 교수로 활동했다)과 공개 연주 활동 (1828년부터 1891년까지)은 노년의 나이까지 계속되었다.

클라라의 삶은 정열, 책임과 의무, 그리고 사랑으로 압축할 수 있다. 그녀는 어머니로서 여덟 아이를 출산했는데, 그중 한 아이는 태어난 지 1년 만에 죽었고, 다른 네 자녀는 성인이 된 후 질병과 죽음을 맞았으며, 가장 사랑했던 뛰어난 음악가이자 남편인 슈만은 우울증을 앓다가 죽음에 이르렀다. 그녀는 이 모든 고통과 슬픔을 겪었다. 한편으로는 본인보다 약 열네 살 연하의 음악가 브람스와 특별한 사랑과 인연을 맺기도 했다(한번은 브람스가 그녀에게 "이 진지한 사랑으로 뭔가 위로를 얻으십시오. 나는 나 자신보다도, 그 누구보다도, 그 무엇보다도 그대를 사랑합니다"라고 고백하기도 했다). 그리고 음악에 대한 정열은 9세 때 데뷔한 이후 평생 유지되었다.

그녀가 쉬지 않고 유럽의 전 지역에서 줄곧 연주를 할 수 있었던 것은 오직 그녀의 음악에 대한 초인적인 의지와 열정에서 비롯되었다고 볼 수 있다. 더욱이 그녀는 자신이 연주자로서 생전에 잊히는 것을 대단히 두려워했다. 예술가에게 나이가 든다는 것은 특히 고통스러운 일이었다. 그것은 예술가로서의 느낌과 감성의 힘이 물리적 나이와 상관없이 여전히 살아 있기 때문이었다. 그러나 그녀는 당대에도 잊히지 않았고 또한 후대에도 그녀의 작곡과 연주를 통해서 기억되고 있다. 평생 슈만의 음악을 널리 알리는 데 온 심혈을 쏟았던 클라라는 남편의 위대한 그늘에 가린 존재가 아니라 19세기 뛰어난 여류 음악가로서 슈만과 함께 늘 나란히 기억되고 있다. 여기서는 클라라의 하이네-가곡들 가운데 〈그녀의 초상〉, 〈로렐라이〉와 뤼케르트의 가곡 세 편을 살펴본다.

〈그녀의 초상〉
Ihr Bildnis

클라라 슈만은 "난 어두운 꿈속에 서 있었네"로 시작되는 하이네의 『귀향』중 23번째인 3연 각 4행시에 곡을 붙였다. 〈그녀의 초상〉은 두 가지 버전이 있는데, 여기서는 첫 번째 버전을 분석하고 있으며, 슈베르트가 작곡한 다른 버전의 곡과도 비교·분석할 것이다. 클라라 슈만의 〈그녀의 초상〉에는 피아노의 서주, 간주, 후주가 있다. 피아노의 편안하고 아름다운 서주에 뒤이어 첫째 연은 서정적 자아가 어두운 꿈속에서 연인의 모습을 응시하자 그녀의 얼굴이 은밀하게 살아 움직이기 시작했다고 노래한다.

이어 피아노의 간주가 들어간 다음 둘째 연에서 그녀의 입술 주위로 미소가 번져나갔고 그녀의 눈동자에선 눈물방울이 반짝였다고 노래한다. 이번에는 피아노의 간주 없이 바로 셋째 연으로 넘어가서 서정적 자아도 눈물을 흘렸고 그 눈물이 뺨을 타고 흘러내렸으며 사랑하는 사람을 잃었다는 것을 도무지 믿을 수 없다고 한탄한다. 더욱이 셋째 연의 1행 "내 눈물도"는 소프라노의 고음으로 노래함으로써 애절함이 강조되고 있다. 그다음 피아노의 후주가 곡을 마감한다. 클라라의 가곡은 전체적으로 극도로 감정이 절제된 채 애잔하게 노래하는 특징을 지니고 있다.

클라라 슈만의 〈그녀의 초상〉과 슈베르트의 같은 곡을 비교해서 보면, 두 곡 다 피아노의 서주가 들어가 있는 점은 같으나, 클라라의 곡에는 첫째 연 다음에 피아노의 간주가 있는 반면에 슈베르트의 곡에는 첫째 연의 2행 "그녀의 초상을 응시하였고" 다음에 아주 짧은 피아노의 간주가 들어가 있어서 연인의 얼굴을 바라보는 모습이 강조되고 있다. 또 슈베르트의 경우는 첫째 연과 둘째 연 사이에 피아노의 간주가 없고, 클라라의 경우는 둘째 연과 셋째 연 사이에 피아노의 간주가 없다. 슈베르트의 곡에는 둘째 연을 애잔하게 노래하고는 피아노의 아주 낮고 부드러운 간주가 들어가 있는데 이것은 연인의 눈물 맺힌 눈망울이 소리 없이 반짝이는 것 같은 장면을 강조하는 것이다.

셋째 연의 1행 "또한 내 눈물도 흘러내렸다"에서 클라라 슈만은 그 애절함을 강조하지만, 슈베르트는 오히려 2행 "내 뺨을 타고" 다음에 피아노의 나지막하고 짧은 간주가 있어 눈물이 뺨에서 흘러내리는 모습을 강조하고 있다. 또 사랑하는 사람을 잃었다는 것을 정말 믿을 수가 없다는 것을 비장하고 강한 음색으로 노래하고는 피아노의 후주가 강하게 이러한 상실감을 강조하면서 곡이 끝난다. 반면 클라라의 가곡에선 대체로 슬픈 감정이 극도로 절제되어서 중립적으로 묘사되고 있다.

〈로렐라이〉
Lorelei

클라라 슈만은 "그것이 무엇을 뜻하는지 모르겠네"로 시작되는, 하이네의 『귀향』 중 두 번째인 6연 각 4행시에 곡을 붙였다. 하이네는 원래 이 시에 제목을 붙이지 않았으나, 나중에 여러 작곡가에 의해서 〈로렐라이〉라는 제목으로 널리 알려졌다. 하이네의 이 시에는 클라라 슈만, 리스트, 질허를 포함해서 약 55명의 작곡가가 곡을 붙였다. 더욱이 프리드리히 질허의 〈로렐라이〉를 통해서 하이네의 이 담시는 우리나라에도 널리 알려졌는데, 그 이유는 일본이 메이지 유신 때 독일 문화를 적극적으로 수용하고, 그 후에 우리가 일본의 식민 지배를 거치면서 자연스럽게 이 가곡에 친숙해졌기 때문이다. 질허의 곡은 독창이나 합창으로 따라 부르기 쉬운 유절 가곡(여기서는 두 개의 연이 하나의 가절)으로 되어 있으며, 피아노는 노랫말을 반주하는 제한된 기능만을 맡고 있다. 여기서는 클라라 슈만과 리스트의 곡을 비교해 볼 것이다.

클라라 슈만의 〈로렐라이〉는 아주 흥미로운 곡이다. 이 곡에서는 빠른 피아노의 연주가 극적으로 로렐라이의 이야기를 돋보이게 하고 있다. 클라라의 곡은 피아노의 서주 없이 바로 첫째 연의 노랫말로 들어간다. 서정적 자아는 옛날부터 전해오는 슬픈 이야기가 도무지 머리에서 떠나지 않는 것이 왜 그런지 모르겠다고 노래한다. 여기서 2행 "무슨 뜻인지 모르겠네" 다음에 피아노의 빠르고 다소 격동적인 간주가 들어가 있으며, 가사의 내용을 강조하고 있다. 첫째 연에 이어 노랫말이 바로 둘째 연, 옛날이야기의 시점으로 돌아가서 고요하게 라인강이 흐르고 공기는 선선하고 날은 어두워져 가는데 산 정상은 저녁노을 속에 빛난다고 노래한다. 둘째 연 다음에 피아노의 빠른 주 모티브의 간주가 들어가 있다.

셋째 연에서는 로렐라이는 아주 아름다운 처녀이며, 저녁노을 빛을 받으면서 머리를 빗고 있다. 게다가 아름답고 강력한 멜로디를 지닌 노래까지 부르고 있다. 이어 넷째 연은 저녁노을에 반사되어서 그녀의 머리빗이 황금색으로 변했고 바로 그 빗으로 그녀가 머리를 빗으면서 노래를 부르는데, 그건 정말로 아름답고도 강한 멜로디를 지녔다고 노래한다. 넷째 연 2행 다음 피아노의 빠른 간주는 저녁노을에 반사된 아름다운 황금빛 머리를 빗으면서 로렐라이가 노래 부르는 장면을 연상시키고 있다. 이어 다섯째 연 1행과 2행에서는 "조그만 배에 탄 뱃사공은/ 알 수 없는 고통에 사로잡힌다"라고 고양된 톤으로 노래한 후 피아노의 간주가 들어간다. 이로써 뱃사공이 배를 제대로 조정하지 않고 갑자기 마음의 흔들림에 빠지는 것을 강조하고 있다. 이어 3행과 4행 "그는 암초를 보지 않고/ 저 높은 곳을 쳐다볼 뿐이다"라고 노래한다.

피아노의 간주 없이 바로 여섯째 연으로 넘어가서 마침내 뱃사공과 나룻배를 파도가 삼켜버렸는데, 이는 로렐라이가 한 짓이라고 서정적 자아는 생각한다. 여기서 3행과 4행 "그것은 그녀의 노래가/ 로렐라이가 했다"를 가장 고양된 톤으로 반복 노래하고는 피아노의 후주가 이어진다. 하이네의 시에서 가장 핵심이자 클라이맥스는 로렐라이의 유혹으로 인해서 뱃사공이 물결에 휩쓸려 빠져 죽는다는 부분인데, 클라라 슈만 곡에서는 이것을 그대로 음악적으로 강조해서 해석하고 있는 점이 두드러진다. 그녀의 〈로렐라이〉는 담시의 특징을 목소리와 피아노가 서로 양분해서 효과를 극대화하고 있다. 예를 들면 줄곧 피아노의 빠르고 다소 격정적인 연주로 인해서 예사롭지 않은 이야기가 전개되고 있음이 암시되고 있는데, 마지막 여섯째 연 3행과 4행에서 마침내 이 예사롭지 않은 일이, 곧 로렐라이가 노래를 불러 뱃사공을 유혹해서 사고가 일어났음을 강하고 높은음으로 반복 노래함으로써 대미를 장식하고 있다.

클라라 슈만과 리스트의 〈로렐라이〉를 비교해서 보면, 리스트와 달리 클라라 슈만의 곡에는 피아노의 서주 없이 바로 노랫말이 들어가 있다. 첫째 연 2행 "내가 이토록 슬픈 것이"는 두 작곡가 모두 피아노의 간주를 통해서 강조한다는 점에서 일치한다. 하지만 리스트의 경우 2행의 뜻을 더 다양하게 반복함으로써 강조한다. 리스트는 둘째 연에서도 반복과 레시터티브를 동원해 역시 다양하게 표현하지만, 클라라 슈만은 둘째 연에서 비교적 담담하게 노랫말을 이어가고 있으며, 그다음 피아노의 빠른 간주가 들어가 있다. 셋째 연과 넷째 연 사이에 피아노 간주 없이 노랫말이 이어지는 데에는 두 작곡가가 일치하고 있으나, 넷째 연 2행 다음에 클라라 슈만은 피아노의 간주를 삽입하면서 "노래 한 곡을 부르네"를 강조하는 반면 리스트의 경우 마지막 4행 "강력한 멜로디로"를 강조하고 있다.

다섯째 연에서 클라라 슈만은 1행과 2행을 고양된 톤으로 노래한 후 피아노의 간주가 들어가면서 뱃사공의 알 수 없는 슬픔을 강조한다. 이에 비해서 리스트는 1행 "조그만 배에 탄 뱃사공에게" 다음에 피아노의 빠른 반주가 들어가 있다. 이를 통해서 뱃사공에게 닥칠 일을 강조하고 있으며, 더욱이 4행은 아주 고양된 톤으로 힘차게 노래한다. 그리고는 이 곡에서 가장 극적인 피아노의 간주가 들어간다. 여섯째 연에서는 두 작곡가 모두 "로렐라이가 했다"는 고양된 톤으로 반복한다는 점에는 일치하지만, 클라라 슈만은 후주를 통해서 여운이 남게 한 반면에 리스트는 로렐라이가 행했음을 여러 차례 반복하고 피아노 간주를 통해서 강조하면서 피아노의 후주 없이 극적 효과를 내고 있다. 이러한 리스트의 가곡은 하이네의 시와 달리 서정적 자아의 모습은 후면으로 물러나고 직설적으로 로렐라이가 뱃사공을 유혹해서 마침내 그와 배를 침몰하게 한 것을 강조하고 있다. 이 점에서 리스트의 음악적 해석은 로렐라이가 '행했다고 여기는' 것이 아니라 로렐라이가 '행했다'는, 직접성이 강하게 배어 있다.

잠시 리스트 이야기로 전환해 보자면, 그는 80편 이상의 가곡을 작곡했는데, 슈만과 달리 문학적 관심에서 텍스트를 선별한 것이 아니라 슈베르트와 모차르트처럼 스스로 감명받은 텍스트에 곡을 붙였다. 그는 예술적 인상과 자신의 감정 및 경험에 일치하는 텍스트에 곡을 붙였으며, 그래서 그의 가곡들은 다른 시인의 언어를 빌린 자신의 내적 고백들과 같다. 그는 우아하고 황홀하며 몽상적인 사랑 노래들에서 그리고 정신적이고 신비로운 경건함으로 가득 찬 노래들 속에서 가장 개인적인 것을 표현했다. 특히 리스트가 실러의 『빌헬름 텔』 제1막 1장에 나오는 어부 소년의 노래, 목동의 노래, 알프스 사냥꾼의 노래에 곡을 붙인 3부작에서는 그만의 특징이 잘 드러나고 있다.

리스트의 가곡에서는 피아노가 독주 악기로서 화려하고 때로는 웅장하면서도 노랫말보다도 돋보인다. 리스트의 3부작을 보면, 제1곡 〈**어부소년**Der Fischerknabe〉에서 주인공은 잠에 취해서 그를 사랑하는 요정 같은 존재에게 유혹되어 끌려가다가 물에 빠져 익사하고, 제2곡 〈**목동**Der Hirte〉에서 주인공은 이제 초원을 떠나면서 이듬해 봄에 다시 올 것이라고 노래하고, 제3곡 〈**알프스 사냥꾼**Der Alpenjäger〉에서 주인공은 천둥이 몰아치는 위험한 산길을 걸어가는데 아직 봄이 오지는 않았으나 들판이 푸르러 가는 것을 본다. 세 곡의 분위기는 제각기 다른데, 〈어부소년〉에서는 천상의 기쁨을 경험하는 듯 유혹적 분위기가 표현되고, 〈목동〉에서는 알프스의 들판과 같은 초원에서 자연과 작별하는 모습 등이 목가적이면서 평화로운 분위기에서 묘사되고 있다. 한편 〈알프스 사냥꾼〉에서는 열정적이고 빠르며 다소 위협적으로 느껴지는 분위기가 압도적으로 나타나 있다. 그리고 실러의 시가 담고 있는 뜻보다도 피아노의 반주가 전체적으로 극적이고 열정적인 음악적 해석을 하고 있다. 리스트의 가곡에서는 여느 가곡 작곡가들보다도 피아노의 역할이 훨씬 적극적이며, 마치 피아노곡에 노랫말이 덧붙여진 것 같은 인상을 주는 해석을 하고 있다.

〈그는 비바람 부는데 왔다〉
Er ist gekommen, in Sturm und Regen

클라라 슈만은 뤼케르트-가곡 다섯 편을 썼는데. 이 중 세 편은 1841년 남편 슈만과 함께 공동으로 출판한 ≪뤼케르트-12편 가곡≫에 들어가 있다. 그 곡이 바로 〈그는 비바람 부는데 왔다〉(2번), 〈넌 아름다움 때문에 사랑하니〉(4번) 그리고 〈왜 넌 다른 사람에게 물으려고 하니〉(11번)다.

　클라라 슈만의 〈그는 비바람 부는데 왔다〉는 뤼케르트의 시집『사랑의 봄 Liebesfrühling』에 실린『두 번째 화환』중 일곱 번째인 3연 각 7행시에 곡을 붙인 것이다. 뤼케르트의 시 각 연의 1행과 2행은 같은 내용이며, 그것은 "그는 왔다./ 비바람 속에"다. 클라라의 가곡은 격정적인 피아노의 서주로 곡이 시작되는데, 첫째 연의 1행에서 4행까지를 보면 불안한 마음에서 그가 비바람 속에 서정적 자아인 그녀를 찾아왔다고 노래한다. 그런데 3행과 4행에서 서정적 자아가 그를 불안케 했다는 부분은 1행과 2행 비바람 속에 그가 온 것보다 더 고양된 톤으로 노래하고 있다. 이런 고양된 톤은 그대로 유지되어 피아노의 격정적인 간주로 바뀐다. 이어 5행에서 7행까지 그의 삶의 길들이 서정적 자아의 길과 하나가 되어야 하는 것을 어떻게 미리 알 수 있을지 의문을 제기하고, 그 물음은 피아노의 간주를 통해서 강조되고 있다.

　둘째 연의 1행에서 4행은 처음부터 고양된 톤으로 노래하는데, 그는 비바람 속에 왔고 서정적 자아의 마음을 대담하게 받아들였다고 격정적으로 노래한다. 더욱이 이번에는 1행과 2행의 그가 비바람 속에 왔다는 것을 고양되고 격정적인 강한 톤으로 노래하고, 이어 피아노의 간주가 그의 존재를 격정적으로 돋보이고 있다. 다음 5행에서 7행까지 보면 두 사람은 서로 마음이 통했는지를 묻고는 그들은 마음으로부터 서로 환영했다고 노래한 후 피아노의 간주가 들어간다. 셋째 연에서 클라라 슈만은 시의 내용을 변용하고 있다. 뤼케르트의 시 3행과 4행의 봄의 축복이 타오르고 있다는 내용을 클라라의 곡에서는 "봄의 축복이 이제 왔다"라고 시의 내용을 다소 바꾸어서 노래하고 있다.

클라라의 곡에서 셋째 연은 그는 비바람 속에 왔고 이제 봄의 축복도 왔으며 그는 자신의 길을 계속 가고, 서정적 자아는 그에 관한 기억을 남겼기 때문에 그의 가는 모습을 명랑하게 본다고 노래한다. 그런데 여기에서 시행이 반복되고 있다. 그녀의 가곡에서는 셋째 연 1행과 2행 "그는 왔다./ 비바람 속에"를 반복하는데, 반복할 때마다 더 격앙되고 높은 톤으로 힘차게 노래하고는 피아노의 간주가 들어간다. 이어서 그가 온 것이 아니라 봄의 축복이 이제 왔다고 시의 뜻을 바꾸어 노래한다. 여기서 좀 더 깊이 생각해 보면 클라라의 곡에서 '비바람 속에 온 그'는 바로 '봄의 축복'이라는 것을 알 수 있다. 이는 클라라 슈만이 뤼케르트의 시의 뜻을 심층적으로 해석하고 있다고 할 수 있다. 그다음 마지막으로 셋째 연의 3행에서 7행까지를 다시 반복해서 노래한 다음에, 피아노의 후주는 축하의 뜻을 담아 격정적이면서도 아름답게 곡을 마감하고 있다.

〈넌 아름다움 때문에 사랑하니〉

Liebst du um Schönheit

클라라 슈만의 〈넌 아름다움 때문에 사랑하니〉는 뤼케르트의 4연 각 4행시 「탠델라이Tändelei」에 곡을 붙인 것이다. 이 시에는 그녀와 말러를 포함해서 7명의 작곡가가 곡을 붙였다. 뤼케르트의 「탠델라이」는 무척이나 재미있는 시인데, 아름다움만을 기준으로 사랑한다면 오히려 황금빛 머리를 지닌 태양을 사랑하는 편이 낫고 젊음을 기준으로 사랑한다면 오히려 해마다 오는 봄을 사랑하는 편이 나으며 보물을 기준으로 사랑한다면 오히려 많은 진주를 가진 인어공주를 사랑하는 편이 낫지만, 사랑만을 기준으로 한다면 제발 서정적 자아만을 사랑하라고 주문하면서, 그러면 그도 그 사랑에 대해서 늘 화답할 것이라고 응수하고 있다.

클라라의 가곡은 아름다운 피아노의 부드러운 서주와 함께 시작된다. 첫째 연에서 서정적 자아는 아름다움 때문에 사랑한다면 제발 그 사람을 사랑하지 말고 황금빛 머리를 가진 태양을 사랑하라고 노래한다. 첫째 연 1행의 끝부분 "아름다움"은 더욱이 고양된 톤으로 올려 노래하고, 2행은 여전히 높은 톤을 유지하다가 끝부분에서 하강하면서 3행 "태양을 사랑하라"라는 안정된 톤으로 바뀐다. 그리고 4행은 서서히 하강하는 톤으로 노래하면서 둘째 연으로 넘어간다.

둘째 연에서는 젊음을 사랑한다면 차라리 해마다 오는 봄을 사랑하고, 셋째 연에서는 보물을 사랑한다면, 많은 진주를 가진 인어공주를 사랑하라고 노래하고 있다. 그리고 클라이맥스가 되는 넷째 연으로 넘어간다. 이 가곡에서도 시의 뜻이 지닌 절정을 반영해서 시행 반복이 이뤄지고 있다. 그다음 넷째 연의 1행과 2행 "너는 사랑 때문에 사랑하니/ 그래 제발 날 사랑하라"를 노래하는데, 더욱이 "그래 제발"이라는 부분에서는 그 말뜻이 실감날 정도로 목소리에 감정을 표현하고 있다. 그리고 다시 1행과 2행을 반복 노래할 때는 강조점을 특별히 두지 않고 있다. 이어 3행과 4행 "날 항상 사랑하라./ 나도 널 항상 사랑한다"라고 노래하는데, 더욱이 4행은 가장 고양된 레시터티브로 노래한다. 그리고는 피아노의 낭만적인 후주가 곡을 끝내고 있다.

〈왜 넌 다른 사람에게 물으려고 하니〉

Warum willst du and're fragen

클라라 슈만의 〈왜 넌 다른 사람에게 물으려고 하니〉는 뤼케르트의 『사랑의 봄』에 실린 『다섯 번째 화환』 중 40번째 3연 각 4행시에 곡을 붙인 것이다.

클라라의 이 가곡에는 피아노의 서주, 간주, 후주가 다 들어 있으며, 피아노의 편안한 서주로 마치 조용히 물음을 던지듯 느리게, 서정적 자아는 상대에게 신의를 보이지 않는 사람에게 묻지 말고 그의 두 눈을 보고 믿으라고 노래하고 있다. 특히 둘째 연 4행 "대신 눈을 보렴"은 고양된 톤으로 노래하는데, 이것은 낯선 사람이나 자신의 망상 그리고 서정적 자아의 행동을 해석하는 것을 그만두고 오직 그의 눈을 보고 판단하라는 강한 메시지를 담고 있다. 이어 피아노의 간주가 들어가 있다. 셋째 연 4행의 마지막 부분 "난 너를 사랑한다"는 가장 강한 톤으로 노래하면서 피아노의 간주가 그 톤을 그대로 유지한 채 그의 입술들이 말하는 것보다 그의 눈을 보면 그가 정말로 사랑한다는 것을 알 수 있음을 표현하고 있다. 이어 3행과 4행이 반복되는데, 이번에는 전체적으로 진정된 톤으로 "내 입술들이 말하는 것/ 내 눈을 보렴, 난 널 사랑한다"라고 반복 노래하고는 피아노의 후주가 다시 부드럽고 편안하게 곡을 마감하고 있다.

브람스의 가곡

요하네스 브람스Johannes Brahms(1833~1897)는 작곡가, 피아니스트, 지휘자였으며, 19세기 후반기에서 가장 중요한 작곡가 가운데 한 사람이다. 브람스는 흔히 마지막 고전주의자로 평가되지만, 엄밀히 보면 그는 고전주의와 현대 사이 또는 음악적 전통과 낭만주의 사이에 놓여 있다고 할 수 있다. 1853년 브람스는 자신보다 두 살 위인 23세의 유명한 바이올린 주자 요제프 요아힘을 하노버에서 알게 되었고, 이들의 우정은 평생 계속된다. 브람스는 요아힘과 함께 다니며 리스트를 만나기도 했고, 또 당시 뒤셀도르프에 있는 슈만을 방문하기도 했다. 이후 10월 하순 슈만은 라이프치히에서 창간한 자신의 음악 잡지 『새 음악 잡지』에 처음으로 브람스의 음악적 천재성을 알리는 기사

요하네스 브람스

를 썼다. 그는 브람스의 대가다운 점을 이야기하면서, 음악을 단계적으로 전개하는 것이 아니라 처음부터 완숙한 표현을 할 줄 아는 사람, 겉모습에서부터 음악적 소명을 가진 사람임을 알 수 있는 함부르크에서 온 젊은이이며, 그의 피아노 연주는 마력처럼 청중을 사로잡는 힘을 지니고 있다고 평가했다. 또 슈만은 적극적으로 브람스의 작품들이 출판될 수 있도록 도왔는데, 이런 노력은 당시 20세였던 브람스를 하룻밤 사이에 일약 유명하게 만들었다.

처음부터 브람스는 슈만에게서 내밀한 친밀감을 느꼈고, 당시 뛰어난 여류 피아니스트로서 유럽 전역에서 큰 명성을 얻고 있었던 클라라와도 가까이 지냈다. 슈만이 1854년 봄 라인강에서 투신자살을 시도했다가 실패하고 본 근교의 엔데니히 정신병원에 입원한 이후, 브람스의 클라라에 대한 호감은 열정으로 바뀌었다. 1855년에는 클라라와 단치히(오늘날 폴란드의 그단스크 시)로 연주 여행을 다녀오기도 했으며, 때로는 브람스가 뒤셀도르프에 있는 슈만의 집에 기거하면서 그 자녀들을 돌봐주기도 했다. 더욱이 브람스는 로베르트 및 클라라와 맺은 내적이면서도 음악적인 정신적 관계를 자신의 피아노 변주곡 9번에서 표현하기도 했다. 특히 브람스는 병원에서 두 사람, 클라라와 죽어가는 슈만의 재회를 경험하고 감동한다. 슈만은 말은 하지 못한 채 오랫동안 눈을 감고 누워 있었고, 클라라는 고요한 마음으로 그의 앞에 무릎을 꿇고 있었다. 슈만 부부의 재회는 브람스의 마음에 깊이 남았다. 그러다 1856년 7월 29일 슈만이 사망한 후 브람스와 클라라 두 사람의 관계는 소원해졌으며,

이후 브람스는 뒤셀도르프를 떠나고 만다. 이후 둘은 평생 서로를 가장 잘 아는 음악동료이자 삶의 동반자로서 감동적이고 아름다운 관계를 유지했다.

브람스는 1859년 독일의 데트몰트에서 함부르크로 이사한 후 그곳에서 1861년에서부터 1년 사이에 연가곡 15편으로 이뤄진 ≪아름다운 마겔로네, 로만체Die schöne Magalone, Romanze≫를 작곡했다. 이 노래들에서 브람스는 모든 집중된 힘과 멜로디의 달콤함으로 원작자 루트비히 티크가 쓴 이 시의 뜻에 부합되게 곡을 붙였다. 1862년 9월 초순에는 처음으로 빈으로 갔고, 이곳에서 연주를 통해 많은 명성과 인정을 받았다. 브람스는 1872년 가을부터 1875년까지 합창단인 '비너징페어라인Wiener Singverein'의 악장이자 콘서트 지휘를 맡았다.

브람스는 1862년부터 교향곡 작곡을 시작해 1884년까지 교향곡 네 편을 작곡했으며, 그의 교향곡들은 흔히 고전적인 음악으로 분류된다. 삶의 마지막 20년 동안 브람스는 국제음악계의 주도적 인사였으며, 피아니스트이자 지휘자로서, 그리고 작곡가로서의 명성이 돈독했다. 클라라 슈만은 성공한 음악가로서의 브람스에 대해서, 어느 작곡가도 거의 경험하지 못한 승리를 그는 유럽 곳곳에서 만끽하고 있다고 여겼다.

브람스는 오늘날도 기악곡 분야에서는 베토벤의 후계 음악가로 인정받고 있다. 다만 브람스 자신은 생전에 이러한 분류에 회의적이었다. 이러한 평가의 계기는 보수적인 절대음악을 신봉하는 그룹과 진보적인 '새로운 독일음악파' 그룹과의 논쟁이었다. 1860년에는 전통을 고수하는 절대음악의 옹호자들과 리스트가 설립한 '새로운 독일 음악파'의 신봉자들 사이에 공개적인 논쟁이 있었는데, 이 다툼은 근본적으로 음악에 대한 서로 다른 관점과 인식에서 비롯한 것이었다. 리스트와 바그너는 교향시와 악극, 이른바 '말하는 표제'가 들어있는 음악의 발전을 옹호했고, 그것이 계속 발전해야 한다고 생각했다. 반면 전통주의자들 그룹에는 브람스, 요제프 요아힘, 음악 비평가이자 빈 대학교의 교수였던 에두아르트 한슬리크가 속했는데, 이들의 목표는 브람스가 표현한 '항구적인 음악'이었다.

브람스는 보수적이고 회고적인 정신을 존중했고, 그의 음악은 그 시대 음악의 새로운 변화를 이끌었던 리스트, 바그너, 브루크너 못지않은 생명력을 지니고 있었다. 브람스의 음악적 창조력의 비밀은 고전주의 시대를 넘어서 음악의 먼 과거로까지 뻗어 있으며, 잊힌 형식, 울림, 작곡 방식들을 다시 생생하게 만드는 순수한 재생 능력에 있었다. 브람스는 항상 음악적 유산을 지키려는 책임감에 차 있었으며, 그것을 생생하게 유지할 수 있는 가치를 만들기 위해서 노력했다. 이러한 자세는 가곡에서 가장 분명하게 볼 수 있으며, 그의 많은 가곡은 청중에게 민네시에서부터 현대 가곡에 이르는 가곡의 발전 과정과 그 근원을 일깨우고 있다. 브람스는 가곡에 깊은 내면성을 주기 위해서 자신의 창조력을 바쳤으며, 그것은 보조 영역이 아니라 그의 작품이 지닌 본질인 서정적 영역이기도 했다. 그의 멜로디는 민요와 닿아 있고, 그의 가곡 창작은 기악곡으로 넘어가는 교량이기도 했다. 그래서 가곡은 브람스에게 중요한 역할을 하고 있으며, 그것은 본질적 영역과 대가다운 작곡 작업의 요람이기도 했다.

브람스는 약 330편의 가곡을 작곡했으며, 다성곡이나 개작곡을 제외한 피아노 독창 가곡은 약 190편 정도가 있다. 그리고 그는 무엇보다도 음악이 텍스트보다 더 우선하는 가곡을 만들었다. 브람스는 시인이나 작품을 고를 때 특이한 점이 있었는데, 끊임없이 훌륭한 시를 찾으면서도 잘 알려진 시인들의 작품보다는 알려지지 않은 시인들의 작품을 선호했다. 그가 가장 좋아한 시인은 게오르크 프리드리히 다우머였으며, 그의 시 19편에 곡을 붙였다. 그 밖에 티크, 횔티, 괴테, 울란트, 아이헨도르프, 플라텐, 하이네의 시에 곡을 붙였고, 파울 하이제, 고트프리트 켈러, 뫼리케, 헤벨, 가이벨의 텍스트 등에 도 곡을 붙였다. 브람스에게 시는 음악적 묘사나 해석의 대상이 아니라 자신 의 음악적 표현을 위한 자극이었을 뿐이다. 그의 가곡들 가운데 많은 작품은 개인적인 감정과 경험을 표현한 것이었고, 대체로 부드러우면서도 멜랑콜리 하거나 폐쇄적인 북독일 특유의 특성이 들어 있기도 하다. 그렇게 브람스는 평생에 걸쳐 가곡을 작곡했는데, 이후 시기의 가곡들은 외로운 사람의 가장 내적이고 은밀한 감정과 명상을 표현한다고 평가받고 있다.

≪아름다운 마겔로네, 로만체≫
Schöne Magelone, Romanze

브람스의 유일한 연가곡 ≪아름다운 마겔로네, 로만체≫(이하 ≪마겔로네, 로만 체≫) 창작 과정은 슈베르트나 슈만의 연가곡들과는 다르다. 브람스는 완결 된 형태의 연가곡을 작곡할 의도를 처음에는 가지지 않고 있었다. 성악가이 자 지휘자이던 율리우스 슈토크하우젠의 격려로 루트비히 티크의 대표적 연 작시 『아름다운 마겔로네와 페터 폰 프로방스 백작의 사랑 이야기』(이하 『마 겔로네』)에서 발췌한 네 편의 시에 1861년 처음 곡을 붙였고, 두 편은 그 이듬 해에 작곡했으며 나머지 아홉 편을 다 작곡할 때까지 7년가량 걸렸다.

한편, 티크는 18세기 말 옛 독일 문학과 민중본을 수집하는 일을 시작했다 가 이 마겔로네 이야기를 알게 되었다. 그는 1797년 프랑스 민중본(1453)의 이야기를 현대적이고 낭만적 요소가 압도적으로 지배하는 이야기로 개작했 다. 티크는 페터와 마겔로네의 낭만적 사랑 이야기 이외에 페터의 모험과 위 험, 사랑의 동경과 고통, 선상의 곤경, 포로 생활을 거쳐 마침내 행복으로 가 는 기사knight 소설을 썼다.

┃ 루트비히 티크
자료: Vogel, C 그림(1932년).

다시 브람스의 연가곡으로 돌아와서, 1869년 함부르크 초연에서는 바리톤 슈토크하우젠이 ≪마겔로네, 로만체≫를 노래했고, 브람스가 피아노를 쳤다. 그런데 브람스는 마겔로네 이야기에 담긴 중세적 분위기와는 거리를 두어서 오히려 독일 가곡 창작에서 지금까지 아무도 하지 않은 대담한 음악적 시도를 했다. 그것은 서사적 담시와 같으면서도 서정적인 음악으로 표현하기 위해서 오케스트라의 한 파트와 같은 피아노 연주, 여러 울림의 풍부하고 조화로운 연결, 낭만적인 표현의 풍성함을 동반하고 있었다. 브람스의 연가곡은 서정 시인으로서의 브람스가 서사적 서술자로 나타나고 있다. 그는 놀라운 이야기를 그림처럼 아름다운 일련의 음의 형상으로 보고하고, 생생한 음색으로 기쁨과 장소들을 묘사하며, 다양한 개별 형상들로부터 낭만적인 기사 세계를 장식하고 있다. 그리고 흥미로운 점이 있는데, 브람스가 이 연가곡의 제목에 덧붙인 '로만체'(민요조 설화 시)라는 단어와 다르게, 이야기시 같은 분위기라기보다는 오히려 가장 서정적인 분위기의 시적 형상들로 표현되고 있다.

브람스의 연가곡에는 단 하나의 유절 가곡도 들어 있지 않다. 브람스는 로만체를 서정적 분위기의 형상들을, 피아노가 반주로뿐만 아니라 독자적인 표현을 통해 나타낼 수 있도록 작곡했다. 그러면서 브람스는 티크의 18장의 이야기로 구성된 『마겔로네』 가운데 15편의 시에 곡을 붙였다. 제1장에서 시인이 옛날이야기를 새롭게 노래하는 시, 제16장에서 마겔로네를 그리워하는 페터의 노래, 제17장에서 오두막 문 앞에서 부르는 마겔로네의 노래를 제외하고, 제2장에서 제15장까지와 마지막 18장에 실린 시에 곡을 붙여 ≪아름다운 마겔로네, 로만체≫로 곡명을 정했다. 여기에서는 15곡 가운데 10곡을 다루고 있다.

≪마겔로네, 로만체≫의 제1곡은 티크의 『마겔로네』 제2장에 나오는 가인의 노래에 붙인 곡이다. 이 시는 7연으로 되어 있으며, 각 연의 행은 불규칙하다. 한번은 프로방스의 궁정으로 세상 경험을 많이 한 가인이 왔고, 그는 프로방스 기사들에게 다른 나라로 교양 여행을 떠나보도록 조언을 한다. 그러면서 류트를 들고 〈그건 **누구도 후회하게 하지 않았다**Keinen hat es noch gereut〉라고 노래 부르기 시작한다. 평소 먼 곳에 대한 동경심을 지니고 있던 프로방스 백작의 아들인 젊은 페터는 이 노래를 조용히 듣고 생각에 잠겼다가 자신에게 지금 부족한 것이 무엇인지를 깨닫는다. 그래서 그는 세상 경험을 결심하고 부모에게 여행 허락을 구한다. 처음에 아들의 여행을 염려하던 부모는 마침내 그의 청을 수락한다. 그의 어머니는 축복과 함께 3개의 반지를 건네주면서 그가 정말 사랑하는 사람을 만나면 그 반지를 주라고 말한다. 페터는 아침이 오자 부모와 작별한다.

브람스의 제1곡은 피아노의 힘찬 팡파레 서주를 시작으로 첫째 연의 1행과 2행에서 말을 타고 세상 여행을 떠나는 사람은 후회하지 않는다고 행진곡풍으로 노래하고는 피아노의 간주가 들어간다. 피아노 반주의 주 모티브는 말이 속보로 가볍게 움직이는 모습을 그리고 있으며, 특히 "말에 올라탔다" 부분에서는 실제로 말을 탄 것 같은 리듬이 나와 노래 전체를 역동적으로 만든다. 4행으로 이뤄진 첫째 연에서는 이 세상 경험을 다양하게 하려고 말을 타고 길을 떠나는 사람은 이 여행을 후회하지 않는다고 가인이 노래한다. 6행으로 이뤄진 둘째 연에서는 여행 중에 마주치는 자연 초목, 화려한 옷과 장신구를 두른 여인네들, 이 모든 아름다운 모습이 여행자를 기쁘게 한다. 4행으로 이뤄진 셋째 연에서는 가인이 만난 사람들은 묘하게도 그에게서 멀어지고, 그의 유년 시절의 소망들은 꿈처럼 생생하게 되살아난다.

5행으로 이뤄진 넷째 연에서 젊은 시절의 가인은 여행 중에 여러 명성을 얻었고 장미꽃 선물을 받았으며, 그에 대한 칭송은 계속 높아간다. 5행으로 이뤄진 다섯째 연에서는 여행자 가인이 주위로부터 기쁨과 부러움을 얻고, 게다가 자신의 맘에 드는 소녀를 택하자 적들조차도 그를 영웅으로 간주하고 부러워한다. 6행으로 이뤄진 여섯째 연에서 가인은 그가 지나온 산들, 들판들, 숲들을 헤아려보고 눈물로 작별한 부모를 생각하면서 그들의 모든 동경이 자신의 행복을 통해서 하나가 된다고 여긴다. 7행으로 이뤄진 일곱째 연에서는 많은 세월이 흐른 뒤 아들에게 자신의 경험을 들려주는데, 가인은 아직도 여명의 한 줄기 빛으로 그 젊은 나이를 기억하고 있다. 이 제1곡은 줄거리의 흐름을 미리 암시하는 일종의 서곡의 역할을 하고 있으며, 가인의 노래를 통해서 페터의 운명이 예시되고 있다.

브람스의 제2곡은 티크의 작품 제3장에 들어 있는 8행시에 붙여진 곡이다. 이 장에서는 페터가 말에 오르자 아버지가 그에게 축복과 당부의 말을 한다. 페터는 용기를 얻고 말에 박차를 가한다. 그의 머릿속에는 옛 노래가 떠올랐고, 〈**믿으렴! 활과 화살은**Traun! Bogen und Pfeil〉이라고 큰소리로 노래하기 시작한다. 여러 날 여행 끝에 그는 기사 시합이 열리는 나폴리에 당도했고, 이곳으로 오는 도중 나폴리 왕과 그의 아름다운 딸 마겔로네에 대해서 많은 이야기를 들었다. 이 곡은 브람스 연가곡에서 가장 간단하고 가장 규칙적인 가곡 가운데 하나이며, 피아노의 서주 없이 바로 노랫말이 나온다. 1행에서 8행은 적을 맞추는 데 유용한 활과 화살이 도움이 되지 않을 때는 슬프지만, 이와 상관없이 이제 페터의 고결한 마음에는 평화가 찾아든다고 노래한다. 또 밝은 곳에선 암벽들이 가팔라서 험난해 보이지만 결국 행운이 그에게 친구처럼 찾아온다는 행복한 결말을 암시하는 가사로 노래가 끝나고 있다.

브람스의 제3곡은 티크의 작품 제4장에 나오는 6연시에 붙여진 곡이다. 여기에서 보면, 기사 시합에서 페터가 우승하자 왕은 그가 누구인지 사람을 시켜 알아보도록 했으나 페터는 자신의 신분을 밝히지 않는다. 두 번째 시합에서도 그는 승리했고, 이번에는 마겔로네를 가까이 볼 기회도 얻었다. 이후 그는 정원을 산책하면서 생각에 잠겨 있다가 여러 차례 그녀의 이름을 읊조린다. 그러면서 나지막하게 그녀를 사랑하는 것이 〈**고통인가, 기쁨인가**Sind es Schmerzen, sind es Freuden〉를 노래하기 시작한다.

이 곡은 피아노의 아주 낭만적이고 아름다운 긴 서주로 시작된다. 첫째 연에서 넷째 연까지는 각각 4행시로 되어 있다. 다섯째 연은 6행시로, 여섯째 연은 7행시로 되어 있다. 브람스는 특히 다섯째 연과 여섯째 연에서 다양한 시구의 변화를 음악적으로 재현하고 있다. 첫째 연에서는 서정적 자아의 가슴을 스쳐 가는 것이 사랑의 고통인지 아니면 기쁨인지 의문을 제기하면서 모든 옛 소망들이 분리되어 수천 개의 꽃으로 피어난다고 애잔하게 노래한다. 이에 비해서 바로 이어지는 피아노의 간주는 아르페지오 화음으로 낭만적이고 화려하게 나온다. 둘째 연에서는 페터가 눈물로 흐려진 틈새로 멀리 태양이 뜬 것을 보면서, 그 자신에게 어떤 갈망과 동경이 있는지 그리고 좀 더 가까이 그것에 다가가도 되는지 자문하고 있다. 셋째 연과 넷째 연은 같은 멜로디로, 셋째 연에서는 페터가 미래에 대한 불확실성을 노래하는데, 이때 그는 눈물을 흘리고 있으며 그로 인해 주위가 어두워지고 있다. 넷째 연에서 페터는 즐거움은 더 깊은 고통이고 삶은 어두운 무덤이라 여긴다. 다섯째 연에서는 페터가 삶을 잘 견뎌야 하지만 그렇지 못하고 이런저런 생각들로 마음이 흔들리는 자신이 누구인지 알 수 없다고 여긴다. 이어 6행으로 이뤄진 다섯째 연 전체가 반복되고는 피아노의 빨라지는 간주가 들어간다. 반복 노래할 때 5행의 부사 "이리저리"가 다시 반복되는데, 이로써 마겔로네의 마음을 아직 모르기 때문에 페터의 사랑이 크게 동요하고 있는 점이 생생하게 표현되어 있다.

여섯째 연에서는 페터가 별들, 푸른 초원, 그리고 연인에게 그의 성스러운 맹세를 들으라고 노래한다. 그러면서 그녀의 눈빛에는 삶, 희망, 행복이 깃들어 있는데, 그런 그녀와 멀리 떨어져 있을 바에야 차라리 죽는 것이 낫다고 노래한다. 이어 피아노의 아주 짧은 간주가 들어간 후 4행에서 7행을 반복하는데, 이번에는 7행에서 단어 반복이 들어가서 "아, 그녀의, 그녀의 눈빛, 눈빛 속에" 삶, 희망, 행복이 있다고 노래한다. 노랫말의 분위기와는 달리 피아노의 후주는 담담하게 연주되면서 곡이 끝난다. 이 곡에서는 첫사랑의 혼란, 고통과 즐거움 사이의 동요, 절망과 불확실하고 멀리 있는 희망 사이의 동요가 음악적으로 잘 표현되고 있다.

브람스의 제6곡은 티크의 작품 제7장에 나오는 6연시에 붙여진 곡이다. 이 7장에서 보면 페터는 다음 날 아침 다시 교회로 갔는데, 그곳에서 마겔로네의 유모는 그를 정원 문을 통해 몰래 마겔로네에게로 안내하기로 약속한다. 그는 유모에게 들은 말에 한동안 감격하다가 류트를 들고 〈**어떻게 내가 이 기쁨을**Wie soll ich die Freude〉이라고 노래하기 시작한다. 그리고 가장 훌륭하고 음악성이 풍부한 가곡 가운데 하나인 이 곡은 작은 소나타에 비교되기도 한다. 이 제6곡은 피아노의 밝은 서주와 함께 시작된다. 4행으로 이뤄진 첫째 연에서 페터는 마음이 설레고 영혼은 함께하는 기쁨과 환희의 벅찬 감격을 느끼고 있다고 경쾌하게 노래한다. 이어 피아노의 간주가 들어간 후 3행과 4행은 단어 반복이 들어가면서 노래 불린다. 4행으로 이뤄진 둘째 연에서 페터는 사랑의 시간이 사라졌을 때, 해안가에 꽃이 한 송이도 피지 않을 때, 욕망은 황량한 곳에서 무엇 때문에 기쁨 없는 삶을 영위해야 하는지를 묻는 노래를 하고는 피아노의 간주가 들어간다. 4행으로 이뤄진 셋째 연에서 페터는 무거운 발걸음으로 그녀와 헤어져 걸어가지만, 그녀의 발걸음은 가볍다고 노래하고, 4행의 "그녀의 발걸음은 깃털처럼 가볍게 날아간다!"를 다시 반복한 후 피아노의 간주가 들어간다.

6행으로 이뤄진 넷째 연에서 동경은 충직한 페터의 가슴에서 류트 연주 소리처럼 울려 퍼지는데, 그녀와의 헤어짐으로 인해서 그는 기쁨과 환희를 거의 느낄 수 없다. 특히 넷째 연에서는 단어가 자주 반복된다. 이어 8행으로 이뤄진 다섯째 연에서는 시간의 강물은 계속 흐르고 때는 내일에서 오늘로 바뀌었으며 장소도 옮겨지는데 지금까지 페터는 시간의 흐름에 실려 즐겁고 때로는 고요하게 살아왔다고 느리게 노래한다. 8행으로 이뤄진 마지막 여섯째 연에서 보면, 연인의 손짓으로 인해 페터의 사랑은 끝나지 않았으며 그의 삶도 영위되는데, 시간의 강물은 점점 더 넓어지고 하늘은 점점 맑아지며, 그는 즐거운 마음으로 노를 저어 가면서 사랑과 삶을 동시에 무덤까지 가져갈 것이라고 노래한다. 여섯째 연의 1행에서 4행 "난 자신을 비참하게 주목할 필요는 없다./ 그때 유일한 사람이 손짓한다./ 사랑은 나를 죽게 하지 않는다./ 이 삶이 가라앉을 때까지"는 빠르게 노래하고, 4행을 다시 반복한 후 피아노의 간주가 들어간다.

5행과 6행 "아니, 강물은 점점 더 넓어진다./ 하늘은 내게 점점 더 명랑해진다"를 노래한 후 6행은 다시 반복된다. 이어 7행과 8행 "난 즐겁게 노 저어 내려간다./ 사랑과 삶을 동시에 무덤으로 데려가라!"라고 노래하고는 8행에서 단어 반복이 들어간 후 피아노의 간주가 이어진다. 그리고는 5행에서 8행이 반복되는데, 이번에는 여러 가지 변용을 하면서 노래 불린다. 5행에서 7행을 이어 노래하고 다시 7행을 반복한 후 8행을 노래한다. 이어 피아노의 짧은 간주가 들어간 후 다시 8행을 두 번 더 반복한다. 8행을 반복하는 곳에서는 단어 반복이 들어가서 "사랑과 삶을 동시에, 동시에 무덤으로 데려가라!"라고 노래하고는 피아노의 후주가 곡을 끝내는데, 이로써 단호하게 그의 사랑은 죽을 때까지 변함없다는 것을 강조하고 있다.

브람스의 제7곡은 티크의 작품 제8장에 나오는 3연시에 붙여진 곡이다. 이 장에서는 유모의 주선으로 페터는 드디어 마겔로네를 만난다. 두 사람은 같은 마음으로 사랑을 느꼈고, 그는 그녀에게 그의 세 번째 반지를 선물한다. 그녀는 그의 충직한 마음에 감명받고, 자신의 목에 걸고 있던 황금 목걸이를 그에게 걸어준다. 그녀와 작별한 후 페터는 자신의 방으로 돌아와서 큰 감격으로 〈**이 입술을 떨게 했던 사람이 너였나**War es dir, dem diese Lippen bebten〉를 노래하기 시작한다. 브람스의 제7곡에서는 첫 만남의 행복이 표현되어 있다. 이 곡은 피아노의 서주 없이 5행으로 이뤄진 첫째 연을 노래하면서 시작한다. 여기서는 빛과 광채가 페터의 눈앞에서 흔들거리듯, 마겔로네의 입맞춤을 통해서 지상의 즐거움을 경험한다고 격정적으로 노래한다. 그리고 다시 5행 "입술에 대한 모든 감각을 추구하듯!"을 반복한 후 피아노의 짧은 간주가 들어간다. 둘째 연에서 보면, 페터는 그녀의 맑은 눈에서 그를 향한 동경을 보았고, 그의 가슴은 두근거렸으며, 수줍음으로 그의 눈길은 아래로 향했고 대기 중엔 사랑의 노래가 울려 퍼졌다. 마지막으로 셋째 연은 감각적인 사랑에 대한 묘사가 중심을 이루는데, 그녀의 눈은 한 쌍의 별처럼 빛났고, 그녀의 뺨들에 금발 머리가 찰랑거렸고, 눈빛과 웃음이 날개를 흔들거리게 했으며, 달콤한 말들은 그의 가장 깊은 열망을 깨웠다. 그리고 그녀의 입은 입맞춤으로 붉어졌고, 페터는 사랑의 절정에서 마치 죽음과 같은 동경을 표현한다.

브람스의 제8곡은 티크의 작품 제9장에 나오는 7연시에 붙인 곡이다. 첫째 연에서 다섯째 연까지는 4행시, 여섯째 연은 6행시, 일곱째 연은 5행시로 되어 있다. 이 장에서 나폴리의 왕은 딸을 기사 하인리히 카르포네와 결혼시키려 하고, 이 때문에 마겔로네는 페터에게 몰래 성을 함께 빠져나가자고 제안한다. 페터는 고향인 프로방스로 가서 그녀를 아내로 맞이하려고 한다. 이제 그녀와 함께 도주하면서, 이곳과도 작별해야 한다고 여기고 〈**우리는 헤어져야만 한다**Wir müssen uns trennen〉를 류트에 맞춰 노래하기 시작한다. 이 곡은 피아노의 느린 서주로 시작되는데, 첫째 연에서 페터는 나폴리를 떠나 비록 멀더라도 원하는 목적을 위해서 가야 할 시간이 되었음을 노래하고 있다. 둘째 연에서 페터는 그녀를 빼앗기지 않기 위해서, 마치 싸우러 나가는 기사처럼 의연한 자세를 보이면서 그녀를 데리고 자신의 성으로 가려 한다고 비장한 레시터티브로 노래하고는 피아노의 간주가 들어간다. 셋째 연에서는 두 사람이 저녁노을이 질 때 나폴리 성을 빠져나가면 창과 갑옷이 그들을 보호해 준다고 비장하게 노래한다.

넷째 연에서는 창과 갑옷과 같은 무기들을 종종 재미로 사용했지만 이제 새로운 삶의 길에서는 페터의 행복을 보호하는 무기가 된다고 노래하고는 피아노의 간주가 들어간다. 다섯째 연에서는 삶의 거친 물결에 빠지게 되더라도 물에 가라앉지 않고 용감하게 수영하는 사람처럼, 페터는 좌절하지 않겠다는 자신의 의지를 노래한다. 여섯째 연에서는 고상한 혈통은 즐거움을 누리고, 자신의 귀한 자산은 바로 기쁨을 보호하는 것이며, 용기가 부족한 사람은 조롱의 고통도 느끼지 못한다고 노래한다. 5행으로 이뤄진 일곱째 연에서는 앞으로 일어날 일에 대해서, 즉 그들이 말에서 내려 행복한 밤을 맞이하고, 아침은 그들에게 미소를 짓게 될 것이라면서 도주의 성공과 행복을 부드럽고 느리게 노래한다.

브람스의 제10곡은 티크의 작품 제11장에 나오는 4연 각 4행시에 곡을 붙인 것이다. 이 장에서는 두 사람의 사랑이 시험을 받는데, 그들이 숲에서 쉬고 있을 때 까마귀 한 마리가 그녀의 반지 주머니를 재빨리 낚아채서 날아가 버린다. 페터는 까마귀를 쫓다가 바다 한가운데로 오게 되었고, 그녀에게로 돌아갈 수 없게 되자 불안과 절망에 사로잡힌다. 마침내 그는 모든 희망을 잃고 큰 소리로 "포말이 이는 파도여, 그렇게 울려라!"라고 노래하기 시작한다. 그러다 나룻배를 탄 채 자포자기 상태 속에 잠에 빠져든다. 브람스의 제10곡의 제목 〈**절망**Verzweiflung〉은 작곡가에 의해 붙여졌으며, 이 곡은 우아한 브람스의 연가곡 중에서도 드물게 거칠고 어두운 톤으로 노래되며, 회오리바람불 듯 빠르고 드라마틱한 피아노의 서주로 시작된다.

첫째 연에서는 불행이 페터에게 엄습하고, 바다의 물결은 거칠게 일고 있다. 둘째 연에서는 페터가 폭풍 부는 날씨에도 용기를 잃지 않고, 만조의 성난 물결에도 개의치 않으며, 바위가 자신을 내동댕이친다 해도 견딜 수 있다고 빠르게 노래한다. 셋째 연에서 페터는 좌절은 하지만 비탄에 빠지지 않으며, 물속에 잠길 것 같은 위험을 느끼면서 사랑의 별을 볼 수 없을 것 같다고 느리게 노래하곤, 피아노의 느린 간주가 빠르게 전환되면서 넷째 연으로 넘어간다. 넷째 연에서는 궂은 날씨에 돌풍까지 부는데 페터는 바위에 이리저리 부딪히면서 바닷속에 가라앉아 버리는 실패한 사람이라고 노래한다. 넷째 연의 1행과 2행 "그렇게 궂은 날씨에 아래로 굴러간다. / 너희 돌풍이여, 나를 쉬게 하라"를 빠르게, 다시 2행을 반복해서 노래한다. 3행도 반복한 후 4행을 노래하는데, 이때 단어 반복이 이뤄져 "난 실패한 사람이다, 실패한 사람"이라고 정열적으로 비탄에 젖어서 노래하고는 피아노의 후주가 곡을 마무리 짓고 있다.

브람스의 제11곡은 티크의 작품 제12장에 나오는 7연 각 4행시에 붙여진 곡이다. 이 장에서는 마겔로네가 잠에서 깨어났을 때 자신의 곁에 페터가 없는 것을 알고 난 뒤에 탄식을 하던 중, 그의 말이 숲에 그대로 있는 것을 보고 그가 의도적으로 그녀를 떠난 게 아니었음을 알게 된다. 그러면서 그녀는 어떤 적대적 운명이 그들을 헤어지게 했는지 의문을 제기하지만, 이제 아버지에게로 돌아갈 수도 없으니 어디 조용한 집이 없는지 찾아본다. 그녀는 가까운 언덕 위에 있는 작은 오두막을 하나 발견했으며, 오두막 주인인 나이 든 목동 내외는 기꺼이 그녀에게 안식처와 도움을 준다. 이번에는 마겔로네가 외로움을 느끼며 문가에 앉아 물레를 감으면서 〈**얼마나 빨리 사라져 버리는 가**Wie schnell verschwindet〉를 노래하기 시작한다.

브람스의 제11곡에서 처음으로 마겔로네의 노래가 나오는데, 이 곡은 우아하고 비가와 같은 단조의 멜로디를 지니고 있다. 이 연가곡에서 제1곡은 가인의 노래, 제11곡은 마겔로네의 노래, 제13곡은 술리마의 노래이며 나머지 열두 곡은 모두 페터의 노래다. ≪마겔로네, 로만체≫ 연가곡에서 이 세 곡이 페터가 부르는 목소리와는 완전히 다른 톤으로 노래되었다면 아마 브람스의 연가곡은 좀 더 역동적이고 오페라에 가깝게 되었을 것이다. (그러나 실제 브람스는 오페라를 한 편도 쓰지 않았는데, 이 장르는 작곡가인 그에게는 어울리지 않았기 때문이다.) 제11곡은 피아노의 애잔하고 낭만적 서주로 시작된다. 첫째 연에서 마겔로네는 광명은 빨리 사라지고 아침에는 시든 꽃다발을 발견하게 된다고 애잔하게 노래한다. 둘째 연에서는 어제 화려하게 빛났던 것이 하룻 밤 사이 모두 시들어버린다고 노래한다. 셋째 연에서는 삶의 파도가 꿈틀거리고 밝게 색이 변하나 그녀에게 이로운 것은 아니라고 노래한다.

넷째 연에서는 태양은 서산에 지고, 어둠이 몰려오고 있다고 노래한다. 다섯째 연에서는 비록 사랑이 곤경에 처해 있다 하더라도 그들의 사랑은 무덤까지 가게 될 것이라고 잠시나마 낙관적으로 노래한다. 여섯째 연에서 마겔로네는 절망으로부터 깨어나고 싶어 하지만, 다시 깊은 고통의 나락으로 빠져들고, 밤이 오면서 빛은 사라진다고 노래한다. 일곱째 연에서는 아름다운 고향에서 멀리 떨어져 황량한 해변으로 왔으며, 그녀의 주위에는 밤이 지배하고 있다고 슬프게 노래한다. 이어 다시 3행과 4행 "황량한 해변으로/ 우리 주위로 밤이 지배하는 곳에"를 반복 노래한 후 피아노의 후주가 곡을 끝내고 있다. 이 마겔로네의 노래에서는 재회에 대한 희망에도 불구하고 현실은 그녀를 절망과 고통에 잠기게 하는 것을 알 수 있다.

브람스의 제13곡은 티크의 작품 제14장에 나오는 8연 각 4행시에 붙인 곡이다. 페터가 낯선 술탄의 나라에서 크게 자유를 누리자 술탄의 시종들은 그의 처지를 부러워한다. 그러나 그는 혼자 정원을 산책할 때면 한숨을 쉬고 큰소리로 탄식한다. 그러면서 거의 2년이 지났으나 그는 연인에게도 고향으로도 돌아갈 수 없다고 노래한다. 한편 술탄에게는 아름다운 딸 술리마가 있었고, 그녀는 페터를 사랑하고 있었다. 페터는 고향으로 가고자 하는 마음에서 술탄의 나라를 떠나자는 술리마의 제안을 수락한다. 페터는 마겔로네가 그 사이 사랑의 고통으로 죽었을 것이라 여겼으나 정원의 나무 그늘에서 잠시 졸다가 꿈에서 마겔로네를 보고 그녀에 대한 신의를 잃어버렸음을 깨닫는다. 그러다 시작되는 제13곡, 〈**연인이여, 어디에서 주저하나**Geliebter, wo zaudert〉라는 술리마의 노래를 듣자, 그 노래는 마겔로네에 대한 신의를 저버린 것과 그의 흔들린 마음을 표현한 것이라는 생각이 들어서 페터는 혼자서 바다로 노를 힘껏 저어 나아가 탈출한다.

피아노의 이국적인 멜로디 반주가 눈에 띄는 이 곡은 빠르고 경쾌한 서주로 시작된다. 첫째 연에서는 술리마가 페터에게 어디에서 그의 발걸음이 멈추었는지 물으면서 나이팅게일은 동경과 입맞춤에 대해서 재잘거린다고 노래하고 있다. 둘째 연에서는 저녁노을 속에 나무들이 속삭이고 그녀의 꿈들은 창가로 스며든다고 노래하고는 4행 "창가로"가 반복된 후 피아노의 간주가 들어간다. 셋째 연에서 술리마는 페터를 기다리는 마음으로 자신의 초췌해지는 모습과, 가슴이 두근거리는 자신의 마음과 노력, 고통과 기쁨을 그가 아는지 묻는다. 이어 피아노의 간주 없이 바로 넷째 연으로 넘어가서 페터가 서둘러 와서 자신을 데리고 가주기를 바라는 술리마의 초조한 마음을 노래하고 있다.

다섯째 연에서는 그들이 함께 타고 갈 돛단배의 돛이 부풀어 오르면 공포도 없어지고, 파도 너머에는 정착할 수 있는 또 다른 조국이 있을 것이라고 술리마는 노래한다. 여섯째 연에서 술리마의 고향은 멀어져 갈 것이고, 자신의 마음은 사랑의 힘에 강력하게 이끌리게 된다고 노래한다. 일곱째 연에서는 파도가 기쁨에 차서 출렁이는데, 그것은 그녀의 마음처럼 용감하게 파도치고 있다. 여덟째 연에서 보면 고향의 바다는 그녀를 부르면서 한탄하는데, 그녀의 사랑은 이제부터 무거운 짐을 짊어져야만 한다는 것을 바다는 알고 있다. 이어 3행과 4행을 반복 노래한 후 피아노의 후주가 곡을 끝내고 있다. 여기서는 술리마의 페터에 대한 강한 사랑이 단어 및 문장 반복이나 피아노의 연주를 통해서 음악적으로 강조되고 있다.

브람스의 연가곡 마지막 제15곡은 티크의 작품 중 마지막 장인 제18장에 나오는 5연시에 붙인 곡이다. 이 장에서는 술탄의 나라에서 혼자 탈출한 뒤 고향 프로방스로 가는 길에 우연히 육지에 당도한 페터가 노래의 강력한 힘에 이끌려 어느 오두막으로 간다. 이곳에서 마겔로네는 페터를 보자마자 그가 누구인지를 알아보았고, 그녀의 모든 근심은 눈 녹듯 사라진다. 그녀가 오두막으로 돌아가서 옷을 갈아입고 옛 모습을 드러내자 페터도 그녀를 알아본다. 두 사람은 재회의 기쁨을 누린 후 프로방스로 가서 결혼식을 올리고, 모든 것은 큰 행복과 기쁨 속에 놓인다. 페터는 그녀를 다시 발견한 곳에다 화려한 여름 별장을 지었고, 그녀에게 도움을 준 목동을 그 관리인으로 삼았다. 또 페터와 마젤로네는 함께 그 궁성 앞에 나무 한 그루를 심고 나서 함께 〈**충직한 사랑은 오래 지속된다** Treue Liebe dauert lange〉라고 사랑의 미덕을 노래하기 시작한다. 이로써 지고의 사랑이 승리하는 해피엔딩으로 이 노래는 끝난다.

브람스의 제15곡은 티크의 작품에서 보면 이중창으로 노래하는 것이 적합할 것 같은데도 이것을 독창곡으로 작곡한 것이 특징이다. 이 곡은 피아노의 편안한 서주로 시작된다. 첫째 연에서는 진실한 사랑은 많은 시간을 견디어내면서 계속되고, 사랑에 대한 의심도 두려운 일이 아니며, 사랑의 용기는 늘 건강하다고 노래한다. 둘째 연에서는 폭풍우와 죽음과 같은 위험들은 무리를 지어 들이닥치고, 사랑에 대한 의심을 초래하지만 사랑은 그런 위험들에 맞설 힘을 준다고 노래하고는 피아노의 간주가 들어간다. 셋째 연에서는 마음에 부담을 주던 것들은 안개처럼 뒤로 물러나고, 명랑한 봄의 시선에 새로운 세계가 나타난다고 격정적으로 노래한다.

넷째 연에서는 여러 가지 변용이 이뤄지는데, 1행에서 3행을 노래한 후 피아노의 간주가 들어간다. 그러니까 행복은 사랑으로부터 나오며, 그것을 쟁취할 것을 요구한다. 4행에서 14행까지 불행의 시간은 멀리 사라지고 성스러운 기쁨이 두근거리는 가슴을 채우는데, 그것은 고통으로부터 영원히 분리되어 사랑스럽고, 성스러운 천상의 기쁨은 영원해진다고 노래하고는 다시 14행은 반복 노래가 된다. 그리고 15행 "사랑스럽고, 성스러운 천상의 기쁨이 사라지지 않는다"라고 노래한 후 브람스는 티크의 작품에서와는 달리 첫째 연과 넷째 연의 내용을 혼합해서 연가곡의 피날레를 보여준다. 그러니까 천상의 기쁨은 영원히 고통으로부터 분리되고, 그 기쁨은 절대로 사라지지 않는다는 내용을 반복하면서 다시 "진실한 사랑은 오래 계속된다. / 많은, 많은 시간을 견디어낸다. / 천상의 기쁨이여!"라고 노래하면서 이 연가곡의 절정을 장식하고 있다는 것이다. 이 행복한 결말에서 제15곡의 찬가는 그들의 사랑이 영원할 것임을 보여주고 있다. 이것은 낭만주의 문학에서 좀체 볼 수 없는 지상에서의 행복한 결말이기도 하다. 그래서 브람스의 이 마지막 곡은 특별한 크기와 복잡한 형식을 지니고 있으며, "충직한 사랑은 오래 계속된다"라는 주 멜로디는 처음이자 종결로서 가곡의 중요 부분을 감싸고 있다. 그리고 이 곡은 즉흥적인 서정적 분출이 아니라 형상화된 예술 작품이자 화려한 찬미가로서 진정한 사랑의 승리를 표현하고 있다.

브람스의 연가곡에는 페터와 마겔로네의 낭만적인 사랑이 티크의 문학 작품에서보다도 더 함축적이고, 더 인상적이며, 더 집약적으로 표현되어 있다. 페터의 운명을 예시하는 가인의 노래로 시작하는 이 연가곡은 가인, 마겔로네, 술리마의 노래를 제외하고는 모두 페터가 부르는 노래로 구성되어 있다. 페터의 노래에서는 첫사랑의 혼란, 고통과 즐거움 사이의 동요, 마겔로네를 향한 사랑, 죽음에 대한 동경, 도주와 휴식, 예기치 않은 불행, 좌절을 겪은 뒤 행복한 결말로 이르는 모험이 그려져 있다.

한편 마겔로네의 노래에서는 페터의 행방불명에 직면해서 탄식과 한탄을 하면서도 사랑의 영원성을 강조하고 있다. 술리마의 노래에서는 페터를 초조하게 기다리면서 그와 함께 삶의 무거운 짐을 짊어진다고 노래한다. 그러다 마지막 제15곡은 천상의 기쁨과 같은 페터와 마겔로네의 진실한 사랑은 영원하다고 노래한다. 이렇게 브람스의 연가곡은 티크의 작품을 압축시켜 행복한 재회를 보여주고 있으며, 낭만적 사랑의 의미를 음악적으로 극대화하고 있다. 아울러 그의 가곡에서는 말과 음의 일치가 이뤄지고 있을 뿐만 아니라 단어 및 문장을 음악적으로 반복해 의미를 강화함으로써 티크의 문학을 함축적이면서 생생하게 되살리고 있다.

후고 볼프Hugo Wolf(1860~1903)는 오스트리아-슬로베니아계 음악가다. 1888년에서 1891년 사이 그는 230편이 넘는 가곡을 작곡했으며, 이로써 가곡 작곡가로서의 명성이 돈독해졌다. 이 3여 년의 시기는 그가 집중적으로 가곡 작곡가로서의 창작력을 발휘했으나 정신적·신체적으로 피로가 누적되면서 건강이 나빠진 때이기도 하다. 게다가 그의 까다롭고 예민한 성품은 직업적 성공에 크게 방해가 되기도 했다. 그는 친구들이나 가까운 주변의 음악인들로부터 도움을 받아 생계를 꾸렸다. 또 그의 가곡들이 알려지면서 빈 아카데미 바그너 협회의 지원이 있었고, 1897년에는 볼프협회가 만들어졌으며, 볼프협회 회원들의 집이 비는 경우 그곳에 기거하기도 했다. 그의 가곡들은 출판되기는 했으나 원고료는 얼마 되지 않아서 늘 가난했다. 그는 개인적이고 독자적인 음악 스타일, 깊은 문학적 통찰력과 상상력의 결과로 후기 낭만주의 음악에서 특별한 위치를 차지했다. 그의 가곡은 신선하고 독창적이었으며, 슈트라우스, 피츠너, 레거 등 여러 다른 작곡가들에게 큰 자극과 영향을 주었다. 볼프의 이러한 자극들은 너무나 강하고 깊어서 전통에 묶이지 않은 완전히 새로운 시작인 동시에 전통적 가곡 작곡 기법에서 벗어나 있는 것으로 평가받는다.

원칙적으로 볼프는 바그너의 영향을 받았고 가곡 작곡의 새로운 형식을 추구했다. 그래서 그의 많은 가곡은 바그너적 음악 원칙에 바탕을 둔 예술가곡일 뿐이라는 오해를 낳기도 했다. 그러나 실제로 그는 시에 단순히 음을 붙이는 것이 아니라 시로부터 하나의 음악을 만들어내어서 텍스트에 밀착시키고, 텍스트의 뜻을 그대로 지닌 음악을 만들고자 했다. 그에게 시는 음악적 언어의 근원이며, 그래서 음악의 문학화를 위해 새로운 가곡 유형을 창조하고자 했다. 이 점에서 볼프는 슈만과 아주 비슷한 특성을 보인다. 또한 큰 범위에서 볼 때 볼프의 음악 형식이 갖는 특징이 있는데, 음악적 형식과 스타일이 시가 형상화한 시적 이념들과 밀접하게 연관되어 있어서 텍스트를 분석하는 일로부터 크게 벗어나 있지 않는다는 점이다.

또한 가장 위대한 가곡 작곡가들 가운데 한 사람이라는 그의 위치는, 작품이 지닌 독자성과 진실성, 레시터티브의 섬세함, 그가 표현해 내는 생생한 표현력 덕택이다. 이러한 결과들은 그의 비범한 음악적 재능의 결과일 뿐만 아니라 서정시에 대한 남다른 비판적 이해의 결과였다. 볼프는 자신이 곡을 붙인 시에 대해서 아주 세심한 경외감을 가졌으며, 심지어 가곡에서 악센트를 잘못 준다는 것은 텍스트가 지닌 본질적 뜻을 건너뛴 것으로 여기기까지 했다. 또한 볼프는 자신의 가곡을 시학의 대변자로 만드는 것을 좋아했는데, 그의 손에서 나온 작품은 분명 자화상과 같은 모습을 지니면서도 그만의 정체성이 들어 있었다.

볼프는 1888년 뫼리케의 시에 영감을 받아 50편 이상의 가곡들을 작곡했다. 볼프의 뫼리케-가곡은 연가곡이 아니라 개별 가곡으로 작곡되었으며, 볼프는 시 한 편마다 지닌 내밀한 감정을 제각기 다르게 독자적으로 음악적 해석을 하고 있다. 뫼리케의 시들은 볼프로 하여금 마치 화산이 폭발하듯 가곡 작곡에 몰두하게 했다. 음악적 착상들은 마치 열병처럼 그에게 엄습했는데, 볼프는 이와 유사한 경험을 이전에는 한 번도 한 적이 없었다. 그래서 뫼리케의 시들은 볼프의 핵심적 영감의 근원이 되었다. 볼프는 뫼리케의 시들을 암기하고, 그 분위기를 자신의 것으로 만들 때까지 그의 시들을 수십 차례 읽었다. 또 볼프는 시인 뫼리케의 세계관에서 볼프 자신의 삶의 감정과 병행하는 것을 보았다. 여성과의 만남 및 공동생활의 어려움과 관련해서 더욱이 그러했다. 그뿐만 아니라 쇼펜하우어를 통해서 표현된 바 있는 '사랑은 일차적으로 행복이 아니라 고통'이라는 뫼리케의 기본 입장이 볼프에게서 강화되기도 했다.

볼프는 뫼리케의 시에 집중해서 작곡한 이후 괴테의 시 51편과 아이헨도르프의 시 약 30편에도 곡을 붙였다. 또한 하이네, 파울 하이제, 가이벨, 니콜라우스 레나우, 로베르트 라이닉 등의 텍스트에 곡을 붙였다. 볼프는 개별적인 시인에 초점을 맞춘 곡들을 작곡했으나 이러한 곡들에서 하나의 그룹이나 연가곡을 만들어내지 않고, 각각의 시가 지닌 본질에 대해 그가 찾을 수 있는 다양한 분위기를 탐구했다. 시와 음악의 통합은 예술가곡 작곡의 핵심이지만 볼프는 자신이 지닌 감수성의 비중을 무엇보다도 가사에 집중시켰다. 리스트의 표제음악이나 교향시, 바그너의 악극 등과 같이 19세기의 음악은 언어의 시대였으며, 볼프는 이러한 움직임의 핵심을 구체화했다. 다만 그의 가곡들은 시의 뜻과 음악적 표현이 매우 긴밀하게 연계되어 있었으나 가사와 음악에 대한 그의 표현법은 라이하르트나 첼터처럼 가곡 안에서 가사에 지배적인 몫을 주지는 않았다. 여기에서는 괴테, 하이네와 뫼리케의 시에 곡을 붙인 가곡들을 다루고 있다.

〈하프 주자 III〉
Harfenspieler III

볼프는 괴테의 「눈물에 젖은 빵을 먹어보지 않은 사람은Wer nie sein Brot mit Tränen aß」에 곡을 붙였고, 여기에 〈하프 주자 III〉라는 제목을 지었다. 슈탄체Stanze 형식의 이 시는 2연 각 4행으로 되어 있고, 소설 『빌헬름 마이스터의 수업 시대』 2편 13장에 들어 있다. 이 작품에서 주인공 빌헬름은 가슴을 후비는 애수에 찬 노래를 듣는데, 그것은 바로 하프 타는 노인이 부르는 노랫소리였다. 괴테는 이 작품에서 빌헬름이 이 노래를 듣고 보인 반응에 대해서 다음과 같이 설명하고 있다.

구슬프고 비통한 탄식이 듣는 사람의 심금을 울렸다. 여러 차례 눈물로 인해서 노인은 노래를 더 이어갈 수 없는 것처럼 보였고, 그리고는 하프 연주 소리만 들리다가 이내 더듬거리는 낮은 목소리가 섞여 들렸다. 빌헬름은 기둥에 기대어 서 있었고, 그의 영혼은 깊이 감명을 받았으며, 이 낯선 노인의 탄식이 억눌려 있었던 그의 마음을 활짝 열어주었다. 빌헬름은 연민의 감정을 억누르지 않았으며, 노인의 애절한 슬픔으로 인해서 마침내 눈물이 흘러나왔지만, 그는 그것을 참으려고도 하지 않았고, 또한 참을 수도 없었다. 그리고 그의 마음을 내리누르고 있던 모든 고통도 동시에 사라졌다.

더욱이 작곡가 볼프는 하프 타는 노인의 멜랑콜리한 모습에서 자신의 모습을 보는 듯했는데, 예를 들면 "눈물을 흘리면서 빵을 먹어보지 않은 사람은, 고통으로 밤을 울면서 지새워 보지 않은 사람은 천상의 힘들을 알지 못한다"라는 구절은 바로 볼프 자신의 이야기이기도 하다. 볼프는 평생 고독함과 가난 그리고 궁핍을 겪었기 때문이다.

볼프의 〈하프 주자 III〉은 피아노의 애잔한 긴 서주를 시작으로 첫째 연부터 가난으로 인해서 눈물에 젖은 빵을 먹어보지 않은 사람이나 근심에 차서 울면서 밤샘을 해보지 않은 사람은 천상의 힘들을 알지 못한다고 구슬프게 노래한다. 첫째 연은 전체적으로 애절하고 슬픈 레시터티브로 노래하고, 이어 4행의 마지막 부분 "천상의 힘들"을 강조라도 하듯이 피아노가 높은 톤으로 연주되면서 서서히 하강하는 느린 간주가 이어진다. 둘째 연에서는 천상의 힘들이 인간을 삶으로 불러들여서 죄를 짓도록 내버려두고 또한 고통을 겪도록 내버려두는데, 세상의 모든 죄악은 지상에서 죗값을 치른다고 노래한다. 더욱이 3행과 4행 "그리고 나서 그가 고통을 겪도록 방임한다./ 왜냐하면 모든 죄는 지상에서 처벌되니까"라는 부분은 이 가곡에서 가장 강하고 격정적으로 노래함으로써 고통과 벌의 뜻을 강화하고 있다. 마지막으로 피아노의 후주는 오히려 이러한 격정을 잠재우기라도 하듯 담담하고 중립적이며 느리고 부드럽게 곡을 마감한다.

〈늙은 왕이 있었다〉

Es war ein alter König

볼프는 "늙은 왕이 있었다"로 시작되는 하이네의 3연 각 4행시에 곡을 붙였다. 이 시에 볼프, 페터 코르넬리우스, 오토 클렘페러, 카를 오르프, 아르투르 루빈스타인을 포함해서 130명 이상의 작곡가가 곡을 붙였다. 이 시는 왕과 사동의 동성애를 다루는 파격적인 작품인데, 그들이 살던 시대에는 동성애는 용납되지 않았을 뿐 아니라 나이 든 왕이 아주 젊은 아랫사람인 사동을 사랑했다는 것은 궁정과 민중들로부터 도저히 인정받을 수 없는 일이기도 했다. 그래서 하이네의 이 시에서는 두 사람 다 죽음으로 사랑의 대가를 치렀다는 어느 슬픈 옛날이야기를 아는지 물으면서 그 사랑의 파격적인 면을 객관화시키고 있다.

볼프의 〈늙은 왕이 있었다〉는 피아노의 서주 없이 레시터티브로 노래가 시작된다. 첫째 연은 한때 늙은 왕이 있었는데, 그의 마음은 무거웠고 머리는 잿빛이라고 노래한다. 이 왕은 젊은 아내를 얻었는데, 왜 왕의 마음이 무겁고 가련한지 알 수 없으나 다음 둘째 연에 보면 그 답이 나온다. 첫째 연 4행의 "젊은 아내"가 아주 부드럽게 노래되면서 피아노의 짧은 간주가 들어간 뒤 다음 연으로 넘어가는데, 둘째 연은 그 왕비가 여자가 아니라 여성의 비단 옷자락을 걸치고 있는 금발 머리의 아름다운 사동이라고 노래한다. 왕의 마음이 무거워지고 가련해진 것에 비해서 왕비가 된 사동은 마음이 가볍다. 그래서 둘째 연은 사동의 입장이 강조되어서 대체로 명랑하고 쾌활하게 노래하고 있다. 사동은 이제 음지에서 양지로 나와 왕의 사랑을 받고 있으니 마음이 가벼워진 것이다.

그런데 둘째 연 다음부터 빠르고 극적으로 고양되다가 다시 부드럽게 바뀌는 피아노의 긴 간주가 들어가고 있다. 이것은 왕에 관한 이야기가 예사롭지 않을 뿐만 아니라 다음 이야기 또한 상서롭지 않음을 암시하고 있다. 셋째 연에서는 서정적 자아가 "넌 그 옛 노래를 아니?"라고 물으면서 그 노래는 아주 달콤하고, 동시에 아주 우울한 것이라고 말한다. 우울하고 달콤한 이유는 3행과 4행에서 나오는데, 3행에서는 "그들은 둘 다 죽어야만 했기" 때문에 몹시 우울하고 슬픈 것이라고 노래하면서, 격앙된 톤으로 그 뜻을 강조하고 있다. 또한 4행 "그들은 너무나 사랑했다"에서 둘의 사랑이 아주 달콤했다는 것이 다 드러난다. 이어 피아노의 후주는 마치 모든 비극적 이야기가 끝이 나서 홀가분하다는 듯 느리고 부드럽게 연주되면서 곡이 끝나고 있다.

<h3 style="text-align:center">〈희망으로 병이 나은 사람〉</h3>

Der Genesene an die Hoffnung

볼프는 뫼리케의 2연 각 8행시 「희망으로 병이 나은 사람」에 곡을 붙였다. 이 곡은 53편으로 이뤄진 뫼리케-가곡의 제1곡이다. 뫼리케-가곡들 가운데 가장 먼저 작곡된 것은 아니지만 작곡가가 이 곡을 첫 번째 곡으로 삼은 이유는, 뫼리케의 시처럼 볼프 자신이 긴 좌절의 수렁과 회의감에서 벗어날 수 있었기 때문이다. 뫼리케의 시에 1888년 집중적으로 곡을 붙임으로써 자신을 예술가라고 스스로 인정할 수 있는 새로운 삶의 활력이 일깨워진 것이다. 이런 의미에서 이 첫 번째 곡은 바로 볼프 자신의 심정을 드러내는 음악적 표현이라 할 수 있다.

볼프의 곡에서는 아주 느린 피아노의 서주와 함께 노랫말이 나온다. 첫째 연에서 보면 아침마다 두려움을 느꼈지만, 서정적 자아는 병이 다 나을 때까지 연인의 가슴에 감추어진 희망에 의지했다. 또한 서정적 자아는 모든 신들에게 자신의 소망을 빌었지만, 그녀는 그가 낫는 것만큼 절실한 것이 없어서 신들에게 무심한 채 세상일에 관심을 보였다. 첫째 연의 1행에서 4행까지 아주 느리게 노래하고, 4행 "승리가 이겼다고 할 때까지"는 반복 노래가 되며, 이때 아주 고양된 레시터티브로 노래한다. 이어 피아노의 격정적이고 느린 간주가 나온다. 이후 5행에서 8행까지를 노래하는데, 7행 "영원한 구원자들로부터 비켜나서"는 고양된 톤으로 노래하고 8행 "넌 축제 쪽을 쳐다보았지"

라고 노래한다. 이어 피아노의 부드러운 간주가 들어간다.

둘째 연에서는 서정적 자아가 연인에게 달빛처럼 밝은 그녀의 얼굴을 볼수 있도록 그녀에게 흐릿한 빛으로부터 나오라고, 그리고 고통을 잊을 수 있도록 동정 어린 마음으로 자신을 팔에 안아달라고 청하고 있다. 이제 그녀는 그의 희망이며, 그녀에게 안기면 그의 모든 고통이 사라질 것이라고 여긴다. 둘째 연은 전체적으로 부드럽고 느리게 노래하지만 7행 "아, 한 번만 고통 없이"는 애절하게 노래하다가 8행 "너의 팔에 나를 안으렴"에서 "너의 팔에"는 아주 느리고 낮은 레시터티브로 시를 읊조리듯 노래한다. 이어 피아노의 느리고 낮은음의 후주로 곡이 끝난다.

〈기도〉
Gebet

볼프의 〈기도〉는 뫼리케-가곡의 제28곡으로, 볼프는 뫼리케의 같은 제목의 2연시에 곡을 붙인 것이다. 볼프의 곡은 피아노의 기도하는 듯 느리고 서서히 고양되는 긴 서주로 시작된다. 4행으로 이뤄진 첫째 연에서는 서정적 자아가 신의 뜻에 따른 것이라면 사랑이든 고통이든 다 만족한다고 종교적으로 지극히 겸손한 자세를 보인다. 이 점은 시인이 시골 목사로서 가졌던 마음 자세를 보여주는 표현이기도 하다. 5행으로 이뤄진 둘째 연의 1행에서 3행까지, 신은 서정적 자아가 기쁨이나 고통으로 흔들리는 것을 바라지 않는다고 노래한다. 여기서 피아노의 간주는 잠시 노랫말의 뜻을 반추하도록 쉬어가는 뜻을 지니고 있다. 그리고 나서 4행 "하지만 그 가운데"를 노래하고 다시 노랫말이 쉬면서 피아노의 짧은 간주가 들어간 후 4행을 반복 노래한다. 마지막 5행에서는 "성스러운 겸손이 있다"를 노래하고는 피아노의 우아하고 조용한 후주가 곡을 끝내고 있다. 여기에서 볼프는 뫼리케의 특별한 표현인 "성스러운 겸손"을 강조하는 것이 아니라 그 앞에 있는 4행 "하지만 그 가운데"를 반복 노래함으로써 중용의 뜻을 부각하고 있다. 다시 말하면 기쁨이든 고통이든 성스러운 겸손으로 맞이하겠다는 자세가 강조되는 셈이다.

〈불의 기사〉
Der Feuerreiter

볼프는 뫼리케의 5연 각 10행시 「불의 기사」에 곡을 붙였으며, 이 시는 뫼리케
-가곡 제44번째 노래다. 뫼리케는 화재를 예감하고 냄새를 맡는 사람에 관한
민속 신앙인 '불의 기사' 설화와 같은 제목의 시를 썼는데, 그의 시에는 기독교
적 특징이 덧붙여졌다. 뫼리케의 담시에는 불의 기사가 성스러운 십자가를 가
지고 불을 끄는 신성모독을 범함으로써 죽고 만다는 이야기로 이뤄져 있다.

볼프가 쓴 담시풍의 〈불의 기사〉는 말이 급하게 달리듯 빠른 피아노의 서
주로 시작한다. 첫째 연의 1행에서 4행은 사람들이 창가에서 붉은 모자를 쓴
기사가 이리저리 바쁘게 움직이는 모습을 본다. 그것은 섬뜩한 일이 일어났
다는 것을 뜻한다고 빠르면서도 다급하게 노래한다. 여기서는 목소리와 피
아노가 대화하듯 빠른 박자로 노래하고 연주되는데, 이로 인해서 시행의 뜻
이 여운을 남기는 효과를 내고 있다. 이어 피아노의 간주가 들어간 후 5행에
서 10행은 사람들이 밭으로 가는 다리 옆에서 갑자기 혼잡한 소리를 들었고,
드디어 화재의 종소리가 울리면서 산 너머 방앗간에서 불이 났다는 것을 알
린다고 노래한다. 사람들은 갑자기 혼잡한 소리를 듣고, 화재의 울림소리를
듣는다. 8행에서 10행까지는 후렴으로 "산 너머/ 산 너머/ 방앗간에서 불이
타고 있다"라고 노래하면서 산 너머에 화재가 발생했음을 외치고 있다. 이어
피아노의 간주는 후렴의 멜로디와 같게 연주되는데, 이 간주에는 다급하게
화재의 발생을 외치는 절박함이 표현되어 있다.

둘째 연에서는 2행 다음, 7행 다음에 노랫말보다 길게 피아노의 반주가 이
어지면서 각 시행의 의미에 대한 여운을 남기고 있다. 둘째 연에서는 사람들
이 불의 기사가 드디어 화재를 알아차리고 서둘러 성문을 통해 달리는 것을
보는데, 그가 소방 사다리 삼아서 데려온 삐쩍 마른 말을 타고 드디어 불타는

장소에 도착한다고 노래한다. 이어 후렴과 같은 멜로디를 연주하는 피아노의 빠른 간주가 들어간다. 둘째 연의 8행에서 10행은 첫째 연의 같은 행의 내용과 같으며, 여전히 빠르게 노래된다. 셋째 연의 1행에서 4행까지, 불의 기사는 아주 멀리서도 불에 타는 닭의 냄새를 맡을 수 있으며, 서둘러서 성스러운 나무 십자가로 불손하게 불을 끄려 했다고 느리게 노래한다. 여기서 보면 불의 기사는 아주 멀리서도 타는 냄새를 잘 맡는 인물이며, 다급한 나머지 십자가를 불을 끄는 수단으로 사용함으로써 그에게 닥칠 파국을 예감케 한다. 그리고 5행에서 7행 "슬프다! 지붕 뼈대가 너에게 비웃음을 머금고 있다. / 거기 지옥의 빛 속에 적이 있다. / 네 영혼에 신의 은총이 있기를"이라고 격정적으로 노래하고는 같은 분위기로 피아노의 격정적인 간주가 들어간다. 결국 불의 기사는 신성모독을 범해서 불타는 방앗간 화재로 인해 죽고 마는데, 역설적으로 서정적 자아는 그의 영혼에 신의 은총이 있기를 바라고 있다. 말할 것 없이 이것은 그의 죽음 이후 신의 은총을 바라는 의미다. 8행과 9행은 후렴이며, 10행에서는 "그는 방앗간에서 쉬고 있다"라고 노래한다. 이로써 불의 기사가 화재로 목숨을 잃었음을 알 수 있으며, 여기에는 여전히 불이 심하게 타는 장면을 연상시키는 피아노의 빠른 간주가 들어간다.

넷째 연의 1행과 2행에서는 방앗간이 잿더미가 될 때까지 한순간도 불타는 것이 멈추지 않는다고 노래하고는 피아노의 느린 간주가 들어간다. 이어 3행에서 7행은 사람들은 방앗간이 잿더미로 변한 이후 용맹한 기사를 그 시간 이후 결코 보지 못했고, 혼잡 속에 사람들과 마차들은 이 모든 화재로 인한 놀람으로부터 벗어나 집으로 돌아갔으며, 화재의 종소리도 이제는 울리지 않는다고 노래한다. 8행과 9행은 후렴 노래이지만 상황이 종료된 가운데 부르는 노래이기 때문에 "산 너머"에서 10행 "불타고 있다"를 앞의 연들과는 달리 체념한 듯 부드럽게 노래한다. 이러한 볼프의 음악적 해석에서는 8행에서 10행까지의 뜻이 '산 너머에 화재가 발생했는데, 이제 다 타버렸다'는 안도의 느낌을 강하게 주고 있다. 그 밖에 볼프의 곡에서는 피아노의 간주와 더불어

긴 휴지부가 들어간 후 마지막 다섯째 연으로 넘어가는데, 이것은 방앗간이 무너지고 난 이후 모습을 보이지 않는 불의 기사에 대한 궁금증과 파국을 강조하는 효과를 내고 있다.

다섯째 연의 1행에서 4행은 얼마 후 방앗간 주인이 창고 벽에 꼿꼿하게 뼈가 앙상한 말 위에 앉아 있는 모자를 쓴 해골을 발견했다고 슬프고 느리게 노래한다. 피아노 간주 또한 같은 분위기로 연주하고는 5행 "불의 기사여, 얼마나 춥게"를 노래하는데, 여기서는 다양한 변용을 주고 있다. 그리고 6행 "너는 네 무덤에서 말을 타고 있는가!"를 아주 낮은 톤으로 노래하고는 피아노 간주가 또한 짧지만 느리게 들어간다. 그리고 7행 "쉿! 저기서 재가 떨어진다"라고 가장 낮은 톤으로 노래하는데, 여기서 "쉿!" 다음 피아노의 간주가 들어가고, 7행의 노래가 끝나면 잠시 휴지부가 있다. 이러한 볼프의 음악적 해석에는 불의 기사가 죽은 채 말 등에 올라타 있다가 이제 재가 되어 땅으로 뿌려진다는 뜻이 강조되어 있다. 8행과 9행은 같은 내용으로 "잘 쉬렴"이라고 기도하듯 느리고 낮게 노래한다. 그리고 마지막으로 10행 "저 아래 방앗간에서"라고 느리게 노래하고는 피아노의 느린 후주가 곡을 끝내고 있다. 볼프의 뫼리케-가곡들의 특징은 더욱이 마지막 연에서 음악적 해석과 변용, 강조가 다양하게 이뤄진다는 데 있다. 특히 마지막 연의 5행과 7행의 경우, "불의 기사여", "쉿!" 다음에 피아노의 간주가 들어감으로써 기사에게 말을 거는 듯 사실적으로 표현되고 있으며, '쉿'과 같은 의성어를 통해서 담시의 극적 효과를 극대화하고 있다.

〈뭄멜제의 혼령들〉
Die Geister am Mummelsee

볼프의 〈뭄멜제의 혼령들〉은 뫼리케-가곡의 제47곡이며, 같은 제목의 뫼리케 담시 6연 각 6행시에 곡을 붙였다. 뫼리케의 담시는 슈바르츠발트에 있는 뭄멜제에서 호수의 유령들이 왕의 장례식을 거행하는 장면들을 묘사하고 있다. 볼프는 뫼리케-가곡의 마지막 담시로 「뭄멜제의 혼령들」에 곡을 붙였는데, 이 곡은 어둡고 음산한 피아노의 서주로 시작되고 있다. 6행으로 이뤄진 첫째 연에서 보면, 자정 늦게 산에서 횃불을 들고 내려오는 행렬을 서정적 자아는 처음에 연회장으로 가는 무리라고 여겼고, 그들이 부르는 노래가 명랑하다고 느꼈으나 이내 그것이 아니라는 것을 알아차리고는 저것이 무엇인지 물으면서 엄숙하게 노래를 시작한다. 목소리의 톤이 크게 바뀌는 부분은 5행 "오, 아니야"다. 질문에 대한 답은 둘째 연에서 나오는데, 피아노의 간주 없이 1행에서 6행까지 보면 그것은 장례 행렬이며, 서정적 자아가 들은 것은 비탄의 소리이고, 호수의 혼령들이 그들의 왕을 짊어지고 호수로 장례 지내러 가는 길에 나온 것이다. 여기서도 5행 "오, 슬프다"는 아주 사실적으로 노래되고 있다.

셋째 연에서 보면 호수의 유령들이 뭄멜제 계곡으로 내려가서 왕의 장례를 치르려 하고 있다. 그들은 호수의 유령들이기 때문에 호수의 물을 밟아도 젖지 않으며, 기도 소리로 소란한 가운데 관 옆에는 왕비가 있다. 그리고 5행 "오, 봐라!"는 마찬가지로 사실적으로 표현되고 있다. 넷째 연 "이제 호수가 초록색이 반사된 문을 연다. / 조심해라, 이제 그들이 아래로 내려온다. / 살아 있는 계단이 흔들린다. / 그리고 저 아래에선 노래들이 울린다. / 듣고 있니?/ 그들은 그의 명복을 노래하고 있다"를 노래한다. 마지막 6행 "그들은 그의 명복을 노래하고 있다"가 이 곡에서 처음으로 반복 노래가 되고, 또한 처음으로 피아노 간주가 나온다. 이 간주의 고음 멜로디는 마치 하프 소리와 같은 효과를 내면서 호수의 유령들이 왕의 명복을 비는 노래를 부르고 있음을 연상시키고 있다.

다섯째 연에서 보면 호수에선 왕의 시신이 잠기면서 불타고 있고, 해변에 있는 안개도 어느 사이 호수 유령들의 무리가 되면서 이제 호수는 바다로 흘러들고 있다. 그러면서 조용히 하라고 하는데 아무것도 움직이지 않는다. 여섯째 연 1행 그런데 "가운데에서 움찔거린다. 오, 맙소사, 도와줘요!"를 고양된 톤으로 노래한다. 2행에서 6행까지, 아무것도 움직이지 않는 것 같았으나 호수 한가운데서 유령들이 움직이고 갈대밭에서 음악 소리를 내면서 돌아온다. 서정적 자아는 재빨리 그곳으로부터 도망치려 했으나 그들이 그를 날쌔게 붙잡는다. 이로써 그 또한 호수의 유령들의 대열에 합류한다. 여섯째 연의 노래는 대체로 아주 고양된 톤으로 노래하면서, 마지막 6행의 노래 다음에는 태풍이 몰아치듯 피아노의 빠르고 격동적인 멜로디에서 하강하는 음의 후주로 곡이 끝나고 있다. 전체적으로 섬뜩하고 어두운 극적 분위기가 마지막 연을 통해서 극대화되고 있다.

<h3 style="text-align:center">〈황새의 소식〉
Storchenbotschaft</h3>

볼프는 뫼리케의 7연 각 4행시 「황새의 소식」에 곡을 붙였고, 이는 뫼리케-가곡의 제48곡이다. 뫼리케의 시에서는 두 마리의 황새가 목동에게 그가 쌍둥이의 아버지가 될 것을 알린다. 볼프의 〈황새의 소식〉에서는 다양한 목소리 톤으로 시어의 뜻을 강조하는 점이 돋보이고 있다. 이 곡은 피아노의 평화롭고 전원적인 분위기의 서주로 시작되며, 이런 분위기가 피아노의 주 모티브를 이루고 있다.

첫째 연은 전체적으로 부드럽게 노래하는데, 목동의 집은 초원 위 높은 곳 수레바퀴 위에 서 있고, 목동은 자신의 집에서 여럿이 함께 숙박해야 할 때라 하더라도 자신의 잠자리를 왕과도 바꾸지 않는다고 노래한다. 이어 피아노의 주 모티브의 멜로디 간주가 들어간다. 둘째 연은 어느 날 밤 목동에게 이상한 일이 일어났는데, 유령, 마녀, 난쟁이가 그의 집 문을 요란스레 두드렸지만, 그는 여전히 잠자리에 누워 격언을 외면서 기도하며 문을 열어주지 않았다고 노래한 후 피아노의 간주가 들어간다. 셋째 연의 1행과 2행은 빠르게 노래하고, 3행과 4행은 점점 느려지다가 아주 부드럽고 느린 톤으로 이어가서 서로 대비를 이루고 있다. 1행에서 4행 "하지만 한번, 그에게 그 일은 정말로 너무 혼란스러웠다./ 덧문에서 덜컹거리는 소리가 나고, 개들이 짖어댄다./ 이제 목동은 빗장을 연다. 이런, 봐라!/ 거기엔 두 마리 황새가 서 있다, 수컷과 암컷이"라고 대비적인 톤으로 노래한다. 그러니까 마음이 혼란스럽고, 덧문이 덜컹거리고 개들이 짖어대는 어수선한 분위기는 빠르게 노래가 되는데, 이때 빗장을 연 목동이 거기에 황새 한 쌍이 서 있는 모습을 보고 느끼는 놀람을 반영하면서도 부드럽고 느리게 노래한다. 이어 변용된 주 모티브의 피아노 간주가 들어가고 있다.

넷째 연에서는 명랑한 황새 한 쌍이 뭔가 기쁜 소식을 전하려는 것을 목동이 알아챈다. 특히 3행에서 황새가 목동에게 무엇을 원하는지를 물을 때는 고양된 톤으로 노래하고, 4행에서 그에게 기쁜 소식이 주어질 때는 부드럽게 노래한다. 그리고 이와는 달리 그다음에는 피아노의 빠른 간주가 들어간다. 다섯째 연에서도 대비적인 톤이 들어가는데, 1행과 2행은 빠르게 노래되고 3행과 4행은 느리게 노래된다. 목동은 황새 한 쌍에게 라인강 강변 집에서 해산 소식이 있는지, 그래서 그는 집으로 돌아가야 하는지를 묻는 노래를 부르고, 이어 피아노의 격동적이고 짧은 간주가 들어간다. 여섯째 연에서 목동은 황새 한 쌍이 전하는 소식이란 자신이 아들을 얻었다는 것이라고 이해하고, 언제 산모와 아이를 보러 가야 하는지를 말하라고 노래한다. 독일에서 보통 황새는 아기(아들)의 탄생을 알리러 오는 새인데, 여기서는 황새가 한 마리가 아니라 암컷과 수컷 한 쌍이 그의 집에 나타났다. 이 예사롭지 않은 방문에 대한 답은 다음 일곱째 연에서 나오고 있다. 여섯째 연 또한 대비적인 톤이 들어 있으며, 더욱이 3행의 그가 언제 가야 할지를 말하라고 묻는 부분은 아주 고양된 톤으로 노래하고, 피아노의 간주 또한 고양된 톤으로 연주한다.

마지막 일곱째 연에서 보면 목동은 쌍둥이를 얻게 될 것임을 황새들을 통해서 알게 된다. 일곱째 연은 두 가지 톤으로 노래하는데, 1행과 2행은 아주 느리고 부드러운 톤으로 노래하고, 3행과 4행은 밝고 명랑한 톤으로 노래한다. 그리고 4행의 황새가 쌍둥이 소식을 목동에게 전하고 떠나는 부분인 "고개를 끄덕이고 절을 하고는 그 자리에서 날아간다”는 반복 노래한다. 이때는 황새의 축하를 전하듯 아주 고양된 톤으로 노래하다가 마지막은 레시터티브로 노래한다. 그리고는 피아노의 고양되고 명랑한 톤의 후주로 곡이 끝나고 있으며, 이 후주를 통해서 쌍둥이를 얻은 목동에게 황새가 그 소식을 기쁘게 전하는 점이 강조되고 있다.

〈작별〉
Abschied

볼프의 〈작별〉은 뫼리케-가곡의 마지막 곡인 제53곡이다. 볼프는 뫼리케의 같은 제목의 2연시에 곡을 붙였으며, 그의 곡은 피아노의 서주 없이 바로 노랫말로 시작된다. 먼저 11행으로 이뤄진 첫째 연의 1행 “한 신사가 저녁에 문도 두드리지 않고 내 집에 들어선다”를 빠르게 노래한다. 피아노의 반주는 노랫말과 달리 오히려 문을 두드리고 있다는 인상을 주고 있다. 그리고 2행 “난 당신의 비평가가 되는 영예를 누리고 있습니다”라고 이제 바로 노크도 없이 집안으로 들어선 낯선 비평가가 연극 대사처럼 노래한다. 피아노는 노래의 연극적 톤을 잠시 이어가다가 느리고 무거운 간주를 연주한다.

3행에서 5행은 “그는 급히 손으로 램프를 잡는다. / 오랫동안 벽에 비친 내 그림자를 쳐다본다. / 가까이 갔다 멀리 갔다 하면서”라고 부드럽게 노래한다. 이 부드러운 노래 속에서는 비평가가 벽에 비친 서정적 자아의 그림자를 여러 각도에서 살펴보고 있음을 잘 상상할 수 있다. 5행의 마지막 부분에서부터 7행까지는 “친애하는 젊은이 / 옆에서 그대의 코를 잘 보세요! / 그게 이상 발육이라는 것을 인정하겠지요”라고 연극 대사를 하듯, 그러나 빠르게 노래한다. 그 비평가에 따르면 서정적 자아는 기형적 코를 가지고 있다. 비평가의 말을 들은 그는 8행 “그것이오? 이런, 확실하군요!”라고 빠른 레시터티브로 확인해 준다. 9행에서 10행 “아, 난 생각하지 않았다. / 내 평생에”는 느리게 노래한 뒤 11행 “이상한 코를 내 얼굴에 달고 있다는 것을”이라고 강한 톤의 레시터티브로 노래한다. 이처럼 비평가가 지적하기 전까지 그는 기형적 코를 가지고 있다고 의식한 적이 없었다. 노랫말에 이어 피아노의 격정적 짧은 간주와 휴지부가 들어간 후 둘째 연으로 넘어간다.

13행으로 이뤄진 둘째 연의 1행에서 4행까지 그 남자가 이런저런 것을 더 얘기했지만, 서정적 자아는 그 비평가에게 자신의 코에 대해서 먼저 정보를 주어야 했는지에 대해서 알지 못했으며, 비평가가 자리에서 일어서자 그의 가는 길에 빛을 비추어준다고 느리게 노래한다. 이어서 피아노 또한 느리게 간주를 연주한다. 다만, 3행의 경우 피아노 반주가 느린 노랫말과는 달리 빠르게 연주되면서 "내가 그에게 고해해야만 하는 것을 뜻했는지"라는 내용이 강조되고 있다. 그리고 5행에서 7행 "우리가 계단에 있게 되자/ 그때 난 그에게 아주 기쁜 마음으로/ 작은 발길질을 한다"라고 느리게 노래한다. 반면 피아노의 반주는 경쾌한데, 이 경쾌함 속에는 남의 불행을 기뻐하는 마음이 표현되어 있다. 그다음 8행 "뒤로 엉덩이에도 함께"라고 노래하는데, 특히 "엉덩이에"는 폭발하듯 터지는 고양된 톤으로 노래한다. 피아노 또한 고양된 톤의 간주가 들어간다. 이 간주는 비평가의 엉덩이를 걷어찬 것을 기뻐하는 서정적 자아의 마음을 잘 드러내고 있다.

이어서 서정적 자아는 9행에서 13행까지 "이런 맙소사, 그것은 덜컹거리는 소리가 되었다./ 쿵 넘어지는 소리, 절뚝거리는 소리/ 난 그런 것을 본 적이 없었다./ 내 삶 전체를 통틀어/ 그렇게 빨리 계단을 내려가는 사람을"이라고 노래한다. 9행과 10행은 고양된 톤으로 노래하고, 11행과 12행은 왈츠 곡처럼 부드러우면서도 느리게, 13행은 다시 빠르게 노래하고는 피아노의 후주가 빠르고 화려하게 승리한 듯 연주되면서 곡이 끝난다. 여기서 서정적 자아가 자신의 집을 나서는 비평가의 엉덩이를 걷어차서 그가 넘어지면서 계단을 굴러가는 모습을 보며, 그의 생전에 그렇게 계단을 빨리 굴러 내려가는 사람을 본 적이 없다고, 독일의 전형적인 뱅켈송Bänkelsang(장돌뱅이 노래)처럼 상대의 약점을 보고 즐거워하는 모습을 노래로 보여준다. 볼프는 이 승리감과 기뺌을 피아노의 후주를 통해서 비엔나 왈츠 곡처럼 환호하면서 춤추고 기뻐하는 모습으로 표현하고 있다.

53편으로 이뤄진 볼프의 뫼리케-가곡에서 볼프는 좌절과 회의감에서 벗어나 새로운 삶의 활력을 얻는 제1곡 〈병이 나은 사람〉에서부터 뒤에서 엉덩이가 걷어차여 계단을 굴러가는 모습에 환호하는 악동의 노래인 마지막 제53곡 〈작별〉에 이르기까지 다양한 내용의 시들을 골라 곡을 붙였다. 제1곡과 제53곡 사이에 있는 가곡들은 민속적이고 신비적 황홀감을 지닌 시, 다양한 형태의 사랑시, 아이 같은 명랑함 속 절망의 외침이 담긴 시, 유머와 풍자가 담긴 시, 담시, 간결한 격언시 등에 곡을 붙인 것이다. 이 점에서 볼프에 대해 '시인 뫼리케 그 자체를 음악화했다'고 표현한 음악 비평가 한슬리크의 다음과 같은 평가는 적절해 보인다. "후고 볼프는 시에만 곡을 붙인 것이 아니라 이른바 말하는 시인 그 자체에 곡을 붙인 것이다."

말러의 가곡

구스타프 말러Gustav Mahler(1860~1911)는 후기 낭만주의에서 현대로 가는 전환기의 오스트리아 음악가였으며, 19세기 후반에서 20세기 초 가장 중요한 지휘자이자 작곡가 가운데 한 사람이었다. 말러는 1877년 10월 빈 대학교에 입학해서 1880년 봄까지 고고학, 역사학을 공부하기도 했고, 에두아르트 한슬리크에게서 음악사 강의를, 안톤 브루크너에게서 음악 이론 강의를 듣기도 했다. 그가 빈에서 학창 시절을 보낼 즈음 빈 음악계는 바그너파와 브람스파로 나뉘어 음악가들 사이에서 의견이 극명하게 대립하고 있었는데, 바그너파는 자신들을 진보적인 음악가라고 여겼다. 반면 브람스파의 대표적인 이론가이자 빈 대학교의 교수였던 한슬리크는 진보적 음악가에 속해 있던 바그너를 포

구스타프 말러

함해서 리스트, 베를리오즈, 슈트라우스, 브루크너, 차이콥스키 등의 작품에 대해 대단히 비판적이었다. 그러나 비록 바그너가 반유대주의 입장을 지니고 있었음에도 말러는 바그너파 쪽으로 마음이 기울어져 있었다. 바그너는 그의 음악적 우상이었다. 그는 바그너를 셰익스피어, 베토벤 다음가는 천재적인 예술가로 여겼다. 그래서 바그너의 선례에 따라 시를 짓고 작곡을 했으며, 바그너의 악극을 탁월하게 평가했고, 그의 문학 작품들을 연구했다.

빈에서 말러는 1897년 2월 하순에 세례를 받고 유대교에서 가톨릭으로 개종했는데, 그 이유는 당시 반유대주의 정서가 두려웠기 때문이다. 그는 반유대주의 정서를 유럽 여기저기에서 느꼈으며 빈, 베를린, 드레스덴, 뮌헨 어느 곳도 예외가 없다는 것을 느꼈다. 말러 이전에는 유대교 집안에서 자란 하이네가 '기독교로의 개종이 곧 유럽행 티켓'이라고 여겼기 때문에 세례를 받았고, 멘델스존 역시 어릴 때 부모에 의해서 다른 형제들과 함께 유대교에서 기독교로 개종했다. 이 사례는 중세 때부터 유럽에서 유대인으로 산다는 것은 아주 힘든 일이어서 자유로운 공기를 마시려면 기독교로 개종하는 것이 유럽 사회 적응을 위해서 불가피한 선택이었음을 보여주고 있다.

말러는 오케스트라 가곡과 피아노 가곡을 약 50편 썼으며, 민요시, 동화와 설화적 소재, 프란츠 그릴파르처Franz Grillparzer와 니체의 시, 중국의 서정시, 괴테의 「파우스트」에 곡을 붙이기도 했고, 자신이 쓴 시에 곡을 붙이기도 했다. 또한 『소년의 마술피리』와 뤼케르트의 시에도 곡을 붙였다. 그는 뤼케르트에게 마음 깊이 끌렸는데, 그 이유는 그가 뤼케르트와 정신적으로 비슷했고 그 자신과 같은 내성적 기질을 시인에게서 보았기 때문이다. 말러는 뤼케르트 『죽은 아이들을 위한 노래들』(다섯 곡으로 이뤄짐)을 작곡하고 또 그의 다른 시 다섯 편을 골라 곡을 붙였는데, 이것은 '뤼케르트-가곡'이라고 불린다. 이 다섯 편의 가곡들 가운데 네 편은 1901년 여름에, 다른 한 편은 이듬해에 곡을 붙였다. 그로부터 이삼 년 후 이 피아노 가곡들 가운데 네 편이 오케스트라 가곡으로 개작되어 1905년 1월 29일 빈에서 말러의 지휘로 초연되었다. 말러의 뤼케르트-가곡은 〈난 부드러운 향기를 마셨다!〉, 〈넌 아름다움 때문에 사랑하니〉, 〈내 노래들을 보지 마라!〉, 〈난 세상에 없는 존재였다〉, 〈한밤중에〉로 이뤄져 있다. 여기에서는 뤼케르트-가곡만을 다루고 있는데, 이 곡들은 볼프의 뫼리케-가곡처럼 연가곡이 아니라 독립된 낱개의 가곡이다.

〈난 부드러운 향기를 마셨다!〉

Ich atmet' einen linden Duft!

말러의 〈난 부드러운 향기를 마셨다!〉는 뤼케르트의 2연 각 6행시에 곡을 붙인 것이다. 이 시에는 말러만이 곡을 붙였다. 그의 곡은 피아노의 낭만적이고 아름다운 짧은 서주와 함께 느리게 노래가 시작된다. 첫째 연에서 서정적 자아는 방에 있는 보리수 나뭇가지에서 부드러운 향기를 맡았는데, 이것은 사랑하는 사람이 보내온 선물이다. 그래서 그 보리수 향기는 무척이나 사랑스럽다고 노래하고 있다. 더욱이 5행과 6행 "사랑의 손이 보내온/ 보리수 향기는 얼마나 사랑스러웠는지!"는 고양된 톤으로 시작해서 하강하는 톤으로 노래함으로써 시의 뜻이 강조되고 있다. 이어 피아노의 느리고 부드러운 간주가 들어간 후 둘째 연으로 넘어간다.

둘째 연의 1행은 첫째 연의 6행과 같은 내용이지만 과거형이 현재형으로 바뀌어 "보리수 향기는 얼마나 사랑스러운지"라고 이번에는 아주 부드럽게 노래하고는 피아노의 간주가 들어간다. 이 간주는 정말 보리수 향기를 연인을 보는 것처럼 감미롭게 느끼고 있음을 강조하고 있다. 둘째 연은 전체적으로 느리고 아주 부드럽게 노래하는데, 다만 마지막 6행 "사랑의 부드러운 향기"는 고양된 톤으로 노래하다가 다시 하강하면서 부드럽고 느리게 노래하고 있다. 이어 피아노의 후주는 서정적 자아가 편안한 마음으로 연인이 보내준 보리수 나뭇가지로부터 사랑의 향기를 맡으면서 흡족해하는 마음을 잘 드러내고 있다.

말러의 이 가곡은 큰 장식 없이 단순하면서도 서정성이 흠씬 묻어나고 있으며, 피아노는 노랫말을 적절하게 뒷받침하면서 시의 뜻을 대등한 위치에서 함께 해석하고 있다. 또 이 가곡에서는 음과 시의 관계가 마치 사랑하는 두 영혼 사이에는 한마디 말이 필요치 않은 것처럼 행복하고 조화로운 느낌을 주고 있다. 반면 오케스트라 가곡에서는 목관악기 반주가 먼저 들어가면서 노랫말이 나오는데, 이러한 목관악기 중심의 오케스트라 반주는 노랫말의 뜻을 극대화하고 있다. 오케스트라 후주 또한 행복한 느낌과 편안함을 부드럽게 표현하고 있다.

〈넌 아름다움 때문에 사랑하니〉
Liebst du um Schönheit

말러의 〈넌 아름다움 때문에 사랑하니〉는 뤼케르트의 4연 각 4행시 「탠델라이」에 붙여진 곡이다. 이 가곡은 사랑의 노래이며, 1902년 말러는 자신의 아내 알마를 위해 이 곡을 작곡했다. 이 곡의 특징이라면, 말러가 만든 뤼케르트-가곡 가운데 유일하게 오케스트라 가곡으로 작곡하지 않았다는 것이다. 그래서 이 곡은 피아노 가곡으로만 존재한다. 말러의 뤼케르트 가곡에서는 무엇보다도 전체적으로 절제된 음으로 표현하고 있는 점이 두드러진다. 곧 피아노의 서주, 간주, 후주는 길지 않지만 적절하게 노랫말과 함께 시의 뜻을 돋보이게 하는 역할을 하고, 목소리 파트 또한 적절하게 강조점을 두면서 전체적으로 아름다움과 편안함을 부여하고 있다.

이 곡은 피아노의 부드러운 짧은 서주와 함께 노래가 시작되는데, 첫째 연과 둘째 연을 하나의 가절로, 셋째 연과 넷째 연을 또 하나의 가절로 묶어서 노래하고 있으며, 그 분기점은 둘째 연 다음의 피아노 간주와 넷째 연 다음의 피아노의 후주다. 또한 같은 가절로 노래하지는 않지만, 일부 변화를 준 멜로디로 노래하고 있다. 첫째 연 3행의 마지막 단어 "태양"은 강한 톤으로 노래함으로써 아름다움을 사랑할 바엔 서정적 자아가 아니라 차라리 태양을 사랑하라는 메시지를 강조하고 있다.

마찬가지로 둘째 연 3행의 끝 단어 "봄"을 강한 톤으로 노래하는데, 이것은 젊음을 사랑할 바엔 차라리 봄을 사랑하라는 뜻을 강조하고 있다. 첫째 연과 둘째 연에서와 마찬가지로 셋째 연 3행의 끝부분 "인어공주"는 강한 톤으로 노래하면서 보물을 사랑할 바엔 차라리 인어공주를 사랑하라는 뜻을 강조하고 있다. 그리고 넷째 연으로 넘어가서, 같은 연 2행과 3행 "제발 날 사랑하라 / 날 항상 사랑하라!"는 아주 부드럽고 높은 톤으로 기도하듯 노래함으로써 앞서 태양, 봄, 인어공주와는 대비되는 톤으로 노래하고 있다. 그리고 같은 연 4행의 마지막 부분의 "항상"은 처음으로 반복 노래가 되고 있다. 이것은 사랑의 영원성과 변함없음을 강조하는 뜻을 담고 있다. 그리고는 피아노의 후주가 곡을 끝내고 있다.

말러의 곡과 클라라 슈만의 같은 제목의 가곡을 비교해서 보면, 클라라 슈만은 첫째 연에서 "아름다움 때문에" 부분에 강조점을 두지만, 말러는 아름다움의 상징이 되는 "태양"에 강조점을 두고 있다. 이런 방식은 말러의 경우 둘째 연, 셋째 연, 넷째 연에서도 마찬가지로 나타나지만, 클라라 슈만의 곡에서는 셋째 연은 첫째 연과 같은 멜로디와 노래 형식으로 되어 있으며, 그뿐만 아니라 넷째 연에서는 시행의 반복이 나타나고 있다. 이것은 시의 의미가 절정으로 치닫고 있음을 보여주는데, 넷째 연 1행과 2행 "너는 사랑 때문에 사랑하니?/ 그러면 제발 날 사랑하라!"에서 "그러면 제발"이라고 하는 부분에서 아주 사실적으로 그 감정의 표현이 드러나고 있다. 또 클라라의 경우 4행 "나도 널 항상 사랑한다"는 가장 고양된 레시터티브로 노래함으로써 서정적 자아도 연인을 사랑한다는 뜻을 강조하고 있는 반면, 말러의 경우 넷째 연 4행의 마지막 부분 "항상"을 반복 노래함으로써 사랑의 영원성과 변함없음을 강조하고 있다.

〈내 노래들을 보지 마라!〉
Blicke mir nicht in die Lieder!

말러는 뤼케르트의 2연 각 6행시에 곡을 붙였는데, 이 시에는 말러만이 곡을 붙였다. 말러의 〈내 노래들을 보지 마라!〉는 마차가 굴러가는 듯 빠르고 짧은 피아노의 서주와 함께 곡이 시작된다. 첫째 연에서는 서정적 자아가 그의 노래들을 보지 말라고 하면서 나쁜 행동을 하다 들킨 것처럼 눈을 아래로 내리깐다. 그리고 노래가 퍼지는 모습을 쳐다보는 것은 해서는 안 되는 일이라고 스스로 자제하고 있다. 그러나 호기심 때문에 그의 자제가 무너진다. 노래는 1행에서 5행까지 진행한 후 피아노의 간주가 들어가고, 다시 1행 "내 노래들을 보지 마라"를 반복 노래한 뒤 다시 피아노의 간주가 들어간다. 그리고 6행 "너의 호기심은 배반이다"는 고양된 톤으로 바뀌는데, 다시 "배반이다"를 반복할 때는 강한 톤으로 노래한다. 그리고 피아노의 간주가 들어가고 있다.

이제 둘째 연에서는 첫째 연의 노래들을 벌들에 빗대서 노래가 완성되기 전까지는 기다려야 함을 예시하고 있다. 둘째 연의 1행에서 5행은 벌들도 집을 지을 때 남은 물론 자신들조차도 보지 못하게 하지만, 꿀이 많이 있는 벌집이 완성될 때는 사정이 달라져서 자신들도 그 집을 스스로 바라보고 또 남에게 보여주기도 한다고 노래한다. 5행 다음의 피아노 간주는 바로 풍부한 꿀이 들어 있는 벌집이 완성되는 것을 강조하고 있다. 그리고 마지막 6행에서 "그러면 네가 가장 먼저 군것질하게 된다"라고 노래하고는 피아노의 간주가 들어가는데, 이 간주는 기다림 끝에 꿀이 풍부하게 들어 있는 벌집에서 꿀을 꺼내 먹는 모습을 강조하고 있다. 그다음에는 다시 6행과 함께 6행의 일부인 "네가 군것질하게 된다"를 반복 노래하고는 강하고 드라마틱한 피아노의 후주가 곡을 끝내고 있다. 이 후주는 드디어 꿀을 먹는 데 대한 성취감과 그때까지의 기다림을 강조하는 뜻이 들어 있다. 이 곡의 노랫말은 말러의 성향과 잘 맞아서 마치 말러 본인이 직접 이 시를 쓴 것 같다고 여겨질 정도였다. 그러니까 시인 뤼케르트와 음악가 말러는 둘 다 작품이 완성될 때까지 좀체 세상에 내보이지 않는 타입이라는 점에서 유사성이 크다고 볼 수 있다.

덧붙여, 말러의 오케스트라 가곡에서는 오케스트라의 여러 악기 중에서도 현악기가 피아노를 대신하고 있을 뿐 노래의 분위기와 멜로디는 같다. 다만 곡이 같다 하더라도 목소리와 현악기의 반주가 서로 대화하듯 음을 주고받는 점이 피아노 가곡에 비해서 두드러지고 있다.

〈난 세상에 없는 존재였다〉

Ich bin der Welt abhanden gekommen

말러는 뤼케르트의 시집 『사랑의 봄』에 나오는 연작시 『네 번째 화환』의 29번째 3연 각 4행시에 곡을 붙였다(이 시에는 말러를 포함해서 세 명의 작곡가가 곡을 붙였다). 말러의 〈난 세상에 없는 존재였다〉는 피아노의 무겁고 아주 느린 긴 서주와 함께 곡이 시작된다. 첫째 연의 1행에서 3행을 노래하고는 피아노의 조용하고 길고 느린 간주가 들어간다. 이 긴 간주는 서정적 자아가 세상에 없는 사람이나 마찬가지였으며, 세상에서 그는 많은 시간을 망쳤고, 세상 또한 그에 대해서 오랫동안 아무것도 듣지 못했다는 것을 음미하게 해준다. 그리고 4행에서 "세상은 내가 죽었다고 믿을 수도 있다"라고 노래한 후 다시 피아노의 간주가 들어가고 있다. 이 간주는 서정적 자아는 세상에 없는 존재나 다름없음을 강조하고 있다.

둘째 연은 첫째 연의 노래의 톤과는 달리 대체로 격정적으로 노래한다. 1행과 2행에서 "나에겐 그것이 도무지 중요치 않았다. / 세상이 나를 죽었다고 생각하든 말든"이라고 격정적인 톤으로 노래하고 피아노의 짧은 간주가 들어가고 있다. 여기서는 서정적 자아가 세상이 자신을 죽었다고 여기든 말든 상관없다는 마음을 단호하게 보여주고 있다. 그리고 3행과 4행에서 "난 그것에 반대하는 그 어떤 말도 할 수 없다. / 왜냐하면 난 정말로 세상에서 죽었기 때문이다"라고 노래한다. 여기 4행의 한 단어 "죽었다"가 반복되는데, 4행의 "정말로"라는 부분에서까지 사실적인 느낌을 주면서 서정적 자아는 세상의 생각에 대해서 어떠한 말로도 사실이 아니라고 반박할 마음이 없음을 보여준다. 그 이유는 서정적 자아 자신이 스스로 세상을 등지고 있기 때문이다. 둘째 연의 격정적인 노래의 톤과는 대조적으로 피아노의 간주는 다시 고요하고 길고 느리게 이어진다. 이 간주는 다음 셋째 연의 분위기가 바뀌는 것을 미리 암시하는 역할을 하고 있다.

셋째 연의 내용은 서정적 자아는 세상에서는 죽은 존재와 같지만, 자신은 고요한 곳, 곧 그의 내면에, 그의 하늘에, 그의 사랑 속에 그리고 그의 노래 속에 존재하고 있다는 것이다. 이 점에서 시인 뤼케르트는 외부 세계로부터 등을 돌리고 내면으로 향하는 독일의 내면주의를 극대화하고 있다. 한편 뤼케르트의 시에 나오는 서정적 자아는 바로 말러 자신이라고도 할 수 있다. 말러의 이 가곡은 여느 가곡들에 비해서 노랫말을 최대한 길게 늘여서 노래하고, 피아노 또한 천천히 그리고 길게 연주하는 특징을 내보이고 있다. 더욱이 피아노의 반주가 가곡에서 이렇게 길게 연주되는 것은 리스트의 가곡에서 가끔 볼 수 있을 뿐 아주 드문 사례다. 그래서 피아노의 연주는 독자적인 프롤로그와 에필로그를 가진 것 같은 분위기를 주고 있다.

같은 가곡을 피아노가 아닌 오케스트라의 목관악기가 연주할 때는 그 분위기가 더욱 강하게 드러난다. 전체적으로 오케스트라 가곡에서는 애잔함이 깔려 있으면서도 서주, 간주, 후주 부분에서 여러 악기가 같이 연주함으로써 가곡이 입체적으로 바뀌고 있다. 곧 목소리와 오케스트라의 여러 악기의 합주는 서로 대화를 나누듯 시의 뜻을 살리고 있으며, 오케스트라의 서주와 후

주는 평화로우면서도 전원적인 분위기의 서곡과 에필로그와 같다는 느낌을
부여하고 있다.

〈한밤중에〉
Um Mitternacht

말러는 뤼케르트의 「한밤중에」라는 5연 각 6행시에 곡을 붙였다(이 시에는 말러를 포함해서 11명의 작곡가가 곡을 붙였다). 뤼케르트의 시에서는 반복 시행이라는 특징이 두드러지고 있는데, 각 연의 1행과 6행에는 "한밤중에"라는 부사가 들어가 있으며, 이것은 각 연의 시작과 끝을 같게 함으로써 각 연의 내용을 감싸고 있다. 말러의 〈한밤중에〉에도 각 연 사이에 간주가 들어감으로써 마치 각 연의 내용이 완결되는 느낌을 강하게 주고 있다.

말러의 가곡은 한밤중 달빛을 연상시키는 피아노의 느리고 낭만적이며 부드러운 서주로 시작된다. 첫째 연에서는 서정적 자아가 한밤중에 잠이 깨서 하늘을 쳐다보았으나 어느 별도 자신에게 미소를 보이지 않았다고 노래하고 있다. 그리고 피아노의 느린 간주는 이제 잠에서 깨어나 하늘을 쳐다보면서 상념에 잠기는 목가적 분위기를 보여주다가, 갑자기 반전을 주듯 번뜩 강한 톤의 연주를 잠시 하다가 다시 부드러운 분위기로 전환되면서 둘째 연으로 넘어간다. 둘째 연의 1행에서 3행까지, 한밤중에 잠이 깬 서정적 자아는 여러 가지 생각도 해보고, 어두운 벽 쪽으로 내다보기도 하지만 어떤 생각도 그에게 위로가 되지 않는다고 강한 목소리로 노래한다. 더욱이 3행 "어두운 차단벽들 쪽으로 내다봤다"를 격정적으로 노래하고는 피아노의 간주가 들어가 있다. 그리고는 1행 "한밤중에"를 진정된 톤으로 반복 노래하고, 다시 피아노의 짧은 간주가 들어간다. 이어 4행과 5행 "어떤 생각의 빛도/ 나에게 위로를 가져다주지 않았다"를 격정적으로 노래하는데, 특히 5행을 격정적인 레시터티브로 느리게 노래한다. 그 후 6행 "한밤중에"는 진정된 톤으로 노래하고, 이어서 피아노의 부드러운 간주가 들어간다. 이처럼 둘째 연에서는 "한밤중

에"만 진정된 톤으로 노래하고, 그 사이에 있는 시행들은 강하고 격정적인 톤으로 노래함으로써 그 대비가 두드러지고 있다.

셋째 연은 "한밤중에/ 난 주목했다./ 내 심장의 두근거림을/ 고통의 유일한 맥박이/ 고동쳤다./ 한밤중에"라고 노래한다. 이를 통해 왜 서정적 자아가 한밤중에 잠에서 깨어 하늘을 올려다보고 여러 가지 생각을 하는지, 그리고 왜 그의 심장이 두근거리고 그것을 고통의 맥박이라고 노래하는지 등에 대한 청자의 물음을 초래한다. 이런 청자의 물음과 상념은 피아노의 부드럽고 편안한 간주를 통해서 강화된다. 이어 넷째 연은 서정적 자아가 잠이 깬 한밤중에 삶과 죽음을 결정하는 전투를 했는데, 그의 힘으로는 그것을 결정할 수 없었다고 회상하고 있다. 여기서 눈에 띄는 점이 있는데, 4행의 "결정하다"는 최대한 늘임음으로 노래하고 있으며, 이 4행의 끝부분에서는 피아노의 스타카토 반주가 두드러지고 있다는 것이다. 이런 피아노의 분위기는 그대로 넷째 연의 노랫말이 끝나면 나오는 피아노의 긴 간주에서 이어지다가 다시 주 모티브의 낭만적인 연주로 돌아오고, 뒤이어서 다섯째 연이 시작되고 있다. 마지막 다섯째 연에서는, 서정적 자아가 삶과 죽음을 결정하는 것이 아니라 신이 결정하며, 신은 죽음과 삶을 초월해서 파수를 보고 있다고 노래한다. 이어 클라이맥스를 진정시키듯 6행 "한밤중에"는 다시 하강하는 톤으로 안정되게 노래하고는 피아노의 격동적인 긴 후주가 곡을 마감하고 있다.

오케스트라 가곡에서는 관악기와 하프가 주요 악기로 등장한다. 오케스트라의 서주와 함께 노랫말이 시작되는데, 노랫말 도중에 틈틈이 들어 있는 목관악기의 낭만적인 주 모티브의 반주와 간주가 두드러지고 있다. 다만 넷째 연의 피아노 간주의 다양한 분위기는 오케스트라 가곡에서는 두드러지지 않고 있다. 그런데 5행의 반복 부분은 오케스트라 가곡에서는 그 반주로 인해서 마치 합창곡 같은 장엄한 분위기를 주고 있으며, 마지막 후주 또한 오케스트라의 장엄한 반주로 곡의 전체 분위기를 다시 고양하면서 곡을 끝내고 있다.

리하르트 슈트라우스

리하르트 슈트라우스Richard Strauss (1864~1949)는 1864년에 태어났는데, 이 해는 여러 모로 의미가 있는 해였다. 같은 해 음악가 자코모 마이어베어Giacomo Meyerbeer가 사망했고, 루트비히 2세가 바이에른의 왕으로 등극함으로써 바그너의 새로운 삶이 시작되었다. 무엇보다도 가장 뜻깊은 일은, 첫 번째 아내와 두 자녀가 콜레라로 사망한 후 슈트라우스의 아버지가 재혼을 하고, 42세 때 리하르트를 얻은 것이었다. 1874년 슈트라우스는 뮌헨에서 루트비히 김나지움을 다녔고, 특히 고대 안티케 문화와 역사에 관심을 가졌다.

슈트라우스는 1882년 뮌헨대학에서 철학, 미학, 예술사 공부를 시작했다가 음악가로서의 경력을 쌓기 위해서 학업을 중단했다. 그 후 1886년부터는 베를리오즈와 리스트의 표제음악이자 교향시를 본받아 처음으로 오케스트라곡 ≪돈 주앙≫을 작곡했고, 또 바그너의 음악 형식에 토대를 두고 그의 첫 번째 오페라 ≪군트람≫(슈트라우스의 창작으로, 중세 기사 이야기를 다룸)을 작곡했다. 1894년부터 이후 4년 사이에는 표제음악인 ≪틸 오일렌슈피겔의 재미있는 장난≫, ≪그리고 차라투스투라는 이렇게 말했다≫, ≪돈키호테≫와 함께 오페라인 ≪살로메≫(대본: 오스카 빌데), ≪엘렉트라≫(대본: 후고 폰 호프만스탈)를 작곡했으며, 1924년부터 오페라 ≪인터메초≫(대본: 슈트라우스), ≪침묵하는 여인≫(대본: 슈테판 츠바이크), ≪카프리치오≫(대본: 츠바이크와 요제프 그레고어), ≪평화의 날≫(대본: 그레고어), ≪다프네≫(대본: 그레고어), ≪다나에의 사랑≫(대본: 그레고어) 등을 작곡했다.

한편, 히틀러가 권력을 잡은 이후 나치는 국제적 명성을 얻고 있던 슈트라우스를 자신들의 목적에 맞게 이용하기 위해 '제국음악회Reichsmusikkammer' 회장으로 그를 임명했다. 슈트라우스는 나치의 임명을 받아들였고, 1933년 11월부터 제국음악회 회장직을 수행했다. 그러나 그의 오페라 ≪침묵하는 여인≫의 대본을 쓴 유대인 작가 슈테판 츠바이크와 같이 작업한 것 때문에 슈트라우스는 나치로부터 미움을 샀다. 나치의 비밀경찰인 게슈타포는 1935년 6월 중순 츠바이크에게 보낸 슈트라우스의 편지를 압수했고, 나치는 그의 제국음악회 회장직을 박탈했다. 대외적으로는 슈트라우스가 일신상의 이유로 회장직을 물러나는 것처럼 하려고 7월 중순 언론에 다음과 같이 발표했다. "제국음악회 회장 리하르트 슈트라우스는 제국문화장관 괴벨스 박사에게 그의 고령과 나빠진 건강으로 인해서 제국음악회 회장직과 독일 작곡가협회 의장직을 사임하겠다고 요청해 왔다. 괴벨스 박사는 이 요청을 허락했고, 리하르트 슈트라우스는 개인 편지에서 감사를 표했다." 나중에 슈트라우스는 이 제국음악회 회장직을 수락한 것 때문에 독일의 '반나치법'에 따라 기소되었으나 1948년 무죄를 선고받았다.

슈트라우스는 200편 남짓의 가곡을 작곡했는데, 이것들은 피아노 독창 가곡과 오케스트라 가곡이다. 그는 많은 가곡을 그의 아내 파울리네를 위해서 작곡했으며, 또 이 곡들을 그녀와 함께 종종 연주했다. 그는 민요를 개작하기도 했는데, 1906년에는 『남성 합창곡을 위한 민요집』을 출간했다. 또한 1948년에는 헤르만 헤세와 아이헨도르프의 시에 곡을 붙인 그의 마지막 가곡 〈네 개의 마지막 노래들Vier Letzten Lieder〉을 작곡했다. 슈트라우스의 피아노 가곡들은 시민계급의 가정음악회와 폐쇄적인 음악살롱의 친밀한 분위기에서 생겨났으며, 오페라와 같은 음악적 효과가 극대화되는 무대 가곡을 펼쳤다.

그래서 기악곡 색채의 대가인 슈트라우스는 오케스트라 가곡을 특별히 선호해서 다루었는데, 일련의 피아노 가곡들을 오케스트라 가곡으로 개작하거나 담시 형식의 가곡들을 오케스트라 가곡으로 작곡하기도 했다. 슈트라우스는 '노래로 낭송되는 말'의 대가였으며, 오케스트라 음악조차도 문학과 연관시키곤 했다. 이 점에서 프랑스의 문학가 로맹 롤랑은 슈트라우스를 '시인이자 동시에 음악가'라고 칭했다. 그러면서 "이 두 개의 천성은 동시에 그 안에 존재하며, 각각 다른 쪽을 지배하려고 노력하곤 한다. 이 균형은 종종 깨어지기도 했지만 같은 목적을 향한 이 두 개의 힘을 통일하려는 의지가 성공할 때면 바그너 이후에는 알지 못했던 놀라운 효과들이 나타난다"라고 호평했다.

슈트라우스의 가곡 작곡은 뮌헨과 베를린에서 보낸 25년 동안 주로 이뤄졌다. 실러, 괴테, 뤼케르트, 하이네, 셰익스피어, 브렌타노, 헤세, 아이헨도르프 등의 시에 곡을 붙였으나 그가 특별하게 선호한 시인은 없었으며, 슈베르트처럼 음악적 영감을 주는 시에 곡을 붙인 대표적인 작곡가였다. 여기에서는 하이네와 뤼케르트의 시에 곡을 붙인 가곡들을 다루고 있다.

〈그건 고르지 않은 날씨다〉

Das ist ein schlechtes Wetter

슈트라우스는 "그건 고르지 않은 날씨다"로 시작되는, 하이네의 『귀향』 중 29번째인 4연 각 4행시에 곡을 붙였다. 슈트라우스의 〈그건 고르지 않은 날씨다〉는 피아노의 빠르고 경쾌한 짧은 서주로 곡이 시작된다. 첫째 연에서는 서정적 자아가 비가 오고 바람이 불며 게다가 눈까지 오는 궂은 날씨에 창가에 앉아서 어둠 속을 쳐다보고 있다. 둘째 연은 밤에 가물거리는 등불을 들고 나들이하는 어느 어머니의 걸어가는 모습을 노래하고 있으며, 이어 피아노의 간주 없이 셋째 연으로 넘어간다. 셋째 연에서는 서정적 자아의 생각으로는 그 어머니가 장성한 딸에게 과자를 구워주기 위해서 장 보러 가는 것이라고 여긴다. 더욱이 3행에서부터 고양된 톤으로 노래하다가 4행 마지막으로 가면서 서서히 하강하는 톤으로 바뀌면서 이어 피아노의 간주가 들어간다.

마지막 넷째 연은 딸의 상황을 묘사하고 있는데, 어머니가 딸에게 과자를 구워주기 위해서 장 보러 가고, 다 자란 딸은 아픈 것인지 그냥 게으른 것인지는 알 수 없지만 안락의자에서 쉬고 있다. 피아노의 후주가 부드럽게 높이 고양되다가 나중에는 스타카토로 곡을 마무리한다. 슈트라우스의 가곡에서는 오페라처럼 바이브레이션이 많이 들어간 극적인 아리아처럼 노래가 된다. 이러한 방식은 기존의 가곡과는 다른 모습을 보인다. 그러니까 피아노 반주와 더불어 가곡의 노랫말을 서정적·낭만적 분위기로 묘사하기보다는 오페라의 한 소절처럼 노래 부르는 방식을 택하고 있다.

〈봄의 향연〉

Frühlingsfeier

슈트라우스는 하이네의 연작시 『로만체』 중 두 번째인 3연 각 5행시 「봄의 향연」에 곡을 붙였다. 슈트라우스의 〈봄의 향연〉은 피아노의 폭풍이 몰아치듯 빠르고 짧은 서주와 함께 곡이 시작된다. 5행으로 된 첫째 연은 오페라의 아리아처럼 격정적이고 극적으로 노래하는데, 여기에서는 소녀들이 머리카락을 펄럭이며 야생의 무리처럼 떼를 지어 다니고, 가슴을 노출한 채 비탄에 잠겨 아도니스의 이름을 크게 부르면서 그를 찾아 헤매고 있다. 첫째 연 다음에 격정적인 피아노 간주가 잔잔하게 누그러지면서 둘째 연으로 넘어간다.

둘째 연의 1행에서 4행까지 "밤은 횃불 불빛에 가라앉고/ 그들은 숲 여기저기 뒤진다./ 숲은 불안스레 당황하며/ 울면서, 웃으면서, 홀쩍이며 내지르는 소리로 인해서 메아리가 친다"라고 노래한다. 더욱이 4행은 점점 고양되다가 "내지르는 소리"에서는 가장 힘차고 고양된 톤으로 노래하고, 다시 피아노의 간주가 이어진다. 그리고는 5행에서 "아도니스! 아도니스!" 하고 이름을 외치면서 소녀들이 횃불을 들고 숲 여기저기 찾아 헤매고 있음을 노래하고 있다. 이러한 아도니스를 향한 부름은 실제 숲에서 사람을 찾아 부르는 것 같은 생생한 느낌을 주고 있다. 이어 피아노의 간주가 이제 곧 파국이 닥쳤음을 알리듯 진정된 연주를 한다.

셋째 연에선 아름다운 젊은이 아도니스가 땅바닥에 창백하게 죽은 채 누워 있고, 그의 피가 모든 꽃을 붉게 물들였으며, 그의 죽은 모습에 소녀들의 비탄이 공중 가득 퍼지고, 그의 이름을 애절하게 그리고 격정적으로 외친다고 노래한다. 여기서 5행 "아도니스! 아도니스!"라고 외칠 때는 죽음 앞에 당황하고 충격을 받은 소녀들의 부름 소리를 그대로 음악적으로 묘사하고 있다. 이어 피아노의 간주가 짧게 들어간 후 다시 아도니스의 이름을 다섯 번이나 반복하는데, 그 반복 가운데서도 피아노의 간주가 들어가면서 아도니스를 찾아 나섰던 소녀들의 비탄과 한탄이 사실적으로 묘사되고 있다. 그리고 마지막으로 아도니스의 이름을 부른 뒤 피아노의 격정적인 후주로 곡이 끝난다. 이로써 슈트라우스의 이 가곡은 한편의 격정적인 오페라의 어느 아리아를 듣는 것 같은 인상을 자아내고 있다.

〈동방에서 온 성스러운 세 명의 왕들〉
Die Heil'gen Drei Könige aus Morgenland

슈트라우스는 "동방에서 온 성스러운 세 명의 왕들"로 시작되는, 하이네의 『귀향』37번째 3연 각 4행시에 곡을 붙였다. 슈트라우스의 〈동방에서 온 성스러운 세 명의 왕들〉은 이제 본격적으로 피아노 반주의 가곡에서 오케스트라 가곡으로 넘어가는 시기의 슈트라우스의 작품으로 볼 수 있다. 그래서 더욱이 서주 및 후주 자체가 하나의 오케스트라 곡의 프롤로그와 에필로그를 구성하듯, 노랫말의 반주가 아니라 독자적인 오케스트라 연주의 분위기를 내고 있다. 이 곡은 오케스트라의 신비롭고 부드러운 긴 서주로 시작된다.

첫째 연은 동방에서 온 세 명의 왕이 예수의 탄생지 베들레헴을 찾아가기 위해서 매 도시에서 만나는 사람에게 그 길을 묻고 있다. 이어 오케스트라의 간주가 들어가지만 서주처럼 길지 않고, 짧게 반주한다. 둘째 연에서는 아기 예수를 알현하러 가는 동방의 왕들이 각 도시에서 사람들에게 베들레헴으로 가는 길을 물었으나 그 답을 얻지 못하다가 마침내 별 하나를 따라간다. 더욱이 4행 "별은 사랑스럽고 밝게 비추었다"는 부드럽고 고양된 톤으로 노래하고 있다.

셋째 연에서는 왕들이 별을 따라가다가 마침내 요셉의 집에 당도했고, 그 집 안으로 들어가자 마구간에선 황소의 음매 소리와 신생아의 울음소리를 듣고 기쁘게 노래한다. 2행에서는 "거기에서 그들은 안으로 들어갔다"라고 노래한 다음 엄숙한 톤으로 오케스트라의 간주가 들어간다. 이 간주는 이제 왕들이 드디어 목적지인 예수의 탄생지에 당도해 그 안에 들어가는 기쁨을 엄숙하게 강조하고 있다. 그리고 3행 "작은 황소가 음매 소리를 내고 아기는 울음을" 터뜨렸다는 고양되고 절정에 이른 톤으로 노래한 다음 다시 오케스트라의 간주가 들어가고 있다. 드디어 4행에서는 "세 명의 왕들이 노래를" 부르며 예수 탄생을 축하하고, 다시 "노래했다"를 반복한 뒤 오케스트라의 후주가 곡을 마감한다. 앞서 언급한 것처럼 이 후주는 반주의 기능보다는 독자적으로 시의 뜻을 기악곡으로 해석해서 덧붙이고 있다는 인상을 준다.

〈그 이상은 아니다〉

Und dann nicht mehr

슈트라우스의 〈그 이상은 아니다〉는 뤼케르트의 9연 각 4행시에 곡을 붙인 것이다. 뤼케르트 시에서 각 연의 4행은 "그 이상은 아니다"가 후렴처럼 들어가 있다. 슈트라우스의 가곡에서는 피아노의 간주가 없으며, 서주와 후주만 있다. 첫째 연에서 서정적 자아는 그녀를 단 한 번 보았을 뿐인데, 그때 천상의 빛도 함께 목격한다. 둘째 연에서 아침 바람이 불 때 그녀가 가벼운 걸음걸이로 계곡을 지나가는 것을 보았고, 계곡엔 봄이 와 있었다. 셋째 연에서는 향연이 베풀어지는 홀에서 그녀가 베일을 벗는 것을 보았고, 그때 그 홀은 천국과 같았다. 넷째 연에서는 그녀는 작은 주점에 있기라도 한 듯 주위를 돌면서 기쁨을 권했고, 웃으면서 서정적 자아에게 한잔을 권했다. 그런데 다음 연에서는 지금까지와는 달리 슬픈 상황으로 바뀌고 있다. 다섯째 연에서는 서정적 자아가 장미를 보았다. 그 장미는 바로 그녀였고, 아침이슬을 머금고 피어 있었는데, 저녁에는 시들어 버린 모습이었다.

여섯째 연에서 봄은 정원사로 등장하는데, 그 봄은 장미 주위에서 울고 있다. 그 이유는 장미가 죽었기 때문이다. 일곱째 연에서는 그녀가 죽었기 때문에 그녀를 본 것은 쓰디쓴 즐거움이었고, 동시에 그것은 삶의 기쁨이자 죽음의 고통이었다고 노래한다. 여덟째 연에선 서정적 자아가 초원에서 장미, 즉 신부를 보았는데, 그녀는 어두운 곳에 갇혀 있었다. 그리고 여덟째 연의 마지막인 4행 "그 이상은 아니다"를 반복 노래하고는 아홉째 연으로 넘어간다. 아홉째 연에서는 서정적 자아가 한없이 눈물을 흘리면서 달빛이 비칠 때 그녀의 그 좁고 답답한 방으로 가려고 한다고 노래한다. 여덟째 연처럼 마지막 행 "그 이상은 아니다"는 반복 노래된다. 그리고 3행의 일부분인 "울다"에 가벼운 바이브레이션을 넣어 그 뜻을 강조하고 있다. 그리고는 첫째 연 전체를 반복 노래하고, 마지막 행 "그 이상은 아니다"를 다시 반복하고는 피아노의 후주가 곡을 끝내고 있다.

여기서 흥미로운 점이 있다. 원작인 뤼케르트의 시에서는 9연으로 끝나고 있는데, 이것은 서정적 자아도 그녀를 따라 죽음으로 간다는 의미를 갖는다. 반면에 슈트라우스의 가곡에서는 마지막에 첫째 연을 반복 노래함으로써 서정적 자아가 그녀를 단 한 번 보았던 그때 천상의 빛도 함께 보았다는 점을 특히 강조하고 있다. 천상의 빛, 즉 천국을 보았다는 뜻을 강조함으로써 죽음보다는 천국의 뜻이 강조되는 셈이다. 그래서 노래할 때도 "천상의 빛" 부분은 길게 바이브레이션을 넣으면서 황홀감을 주는 분위기로 노래한다. 그러고 나서 "그 이상은 아니다"가 반복되는데, 이로써 천상의 빛을 함께 보았을 뿐 그 밖의 것은 아무것도 못 보았다는 뜻이 되었고 죽음에 다가가는 뤼케르트의 시 내용과는 역설적인 모습을 띤다.

〈햇빛 속에서〉

Im Sonnenschein

슈트라우스는 뤼케르트의 8연 각 4행시 「여기 한 시간 더 머무르게 하라Noch eine Stunde laßt mich hier verweilen」에 곡을 붙였다. 뤼케르트의 이 시에는 각 연의 4행에 "햇빛 속에서"가 후렴처럼 들어가고 있는데, 이런 반복성은 뤼케르트의 시가 지닌 가장 전형적인 특징이다. 슈트라우스의 〈햇빛 속에서〉는 봄처럼 화려하고 밝은 느낌을 주고 있으며, 피아노의 서주 없이 곡이 시작된다.

첫째 연에서는 서정적 자아가 햇빛 속에 한 시간만 더 머무를 수 있게 해달라고, 그리고 꽃과 함께 삶의 기쁨과 비탄을 나눌 수 있게 해달라고 청한다. 둘째 연은 이제 봄이 되자 계절은 장미 잎사귀에 천국의 시를 썼고 서정적 자아는 햇빛을 받으며 그 시를 읽었다고 노래하고 있다. 셋째 연에서는 이제 여름은 무더위와 함께 왔고 그 여름의 더위에 장미는 시들어버린다고 노래한다. 넷째 연에서 가을은 삶을 가져가기 위해서 왔고 가을은 손에 장미를 들고 급히 떠난다고 노래한다. 이것은 장미의 죽음, 곧 장미로 상징되는 사람의 죽음을 의미하고 있으며, 피아노의 간주는 이 점을 부각하고 있다.

다섯째 연에서는 모든 삶의 모습과 경험이 서정적 자아의 근처에 있다가 햇빛을 받으며 서둘러 가버렸음을 노래하고 있다. 여섯째 연에서 보면 삶의 방랑자들은 사실 서정적 자아의 삶의 모습과 경험이다. 그러나 지금은 그것들이 모두 떠나버린 것이라고 노래하고는 피아노의 간주가 들어간다. 이 가곡의 피아노 간주는 다음에 이어지는 노랫말의 톤이 바뀌는 부분에서 교량 역할을 하고 있다. 일곱째 연에서 서정적 자아는 뒤를 돌아보면서 꽃이 핀 계곡들을 보고, 한때 오르기가 쉽지 않았던 산을 지금은 가볍게 햇빛 속에서 순례한다고 엄숙한 레시터티브로 길게 노래한다. 이어 여덟째 연으로 넘어가서 1행과 2행 "난 간다, 삶의 달콤한 고단함을/ 이제 쉬기 위해서"를 아주 느리게 노래한 후 잠시 피아노 반주가 이어진다. 이것은 서정적 자아의 죽음에 대한 동경을 나타내고 있는데, 노랫말 또한 이 부분을 늘임음으로 최대한 길게 레시터티브로 노래함으로써 강조하고 있다. 이어서 3행과 4행 "이 지상의 즐거움, 고뇌를 치유하기 위해/ 햇빛 속에서"를 노래하고는 피아노의 후주가 곡을 끝낸다. 여덟째 연에서는 서정적 자아가 삶의 피로에서 이제 쉬기 위해서, 그리고 이 세상의 즐거움과 비탄을 치유하기 위해서 햇빛 비칠 때 죽음을 향해 떠나는 모습을 노래하고 있다. 여기서 흥미로운 점은, 보통 죽음은 밤에 비유되는데 여기서는 낮에 삶의 고단함에서 벗어나 쉬러 가는 것에 비유되고 있다는 점이다.

지금까지 서정 가곡에서는 피아노 솔로 가곡을 작곡한 슈베르트에서부터 슈만, 클라라 슈만, 브람스, 볼프를 거쳐 말러와 슈트라우스의 가곡들까지 다루었다. 말러와 슈트라우스는 피아노 가곡뿐만 아니라 오케스트라 가곡을 작곡함으로써 리트의 지평을 넓혔다. 그 밖에 동시대인인 알반 베르크와 오트마르 쇠크 등이 오케스트라 가곡 작곡을 이어갔으나 아놀드 쇤베르크와 안톤 베버른 등은 피아노 가곡을 그대로 유지했다. 서정 가곡으로서의 리트는 1950년대 이후 쇠퇴기를 맞이했으나 세계 음악사에 큰 궤적을 남겼다. 리트는 오늘날도 꾸준히 노래 불림으로써 서사 오페라와 마찬가지로 서정 가곡에서도 예술의 항구성과 영원성이 여전히 유효함을 보여주고 있다.

닫는 글

『리트 이야기: 독일 가곡과 악극, 시와 음악과 삶이 빚어낸 혼연일체의 예술』을 마치면서 글 읽는 이가 직접 흥미로움을 경험할 수 있도록 몇 가지 설명을 덧붙이고자 한다. 오늘날 리트는 주로 좁은 의미(음악적 의미)에서 독일 가곡이라는 뜻으로 정착되어 있으나 이 책에서는 원래의 리트의 의미(문학적 의미 + 음악적 의미)로 거슬러 올라가서 그 내용을 다루고 있다. 이 책은 리트를 공통분모로 해서 크게 세 부분으로 구성되어 있다. 첫째 부분에서는 정치·사회적, 역사·문화적, 문학·예술적 배경을 중심으로 해서 리트가 어떻게 발달해 왔으며 전개되었는지를 다루었다. 둘째 부분에서는 바그너가 그의 서사 오페라(악극)을 통해서 어떻게 중세 영웅서사시 리트를 재구성하고 음악적 창조를 했는지를 보여주고 있다. 셋째 부분에서는 '시와 음악의 만남'이라는 리트의 고전적 관점에서 독일 서정 가곡을 다루고 있다. 이 세 가지로 나뉜 내용을 독자는 자신의 관심과 취향에 따라 순서를 달리해서 읽을 수도 있고 혹은 관심 있는 부분만 읽을 수도 있을 것이다.

만약 독자가 첫째 부분에 관심이 있다면, 여기선 리트가 무엇인지, 리트가 어떤 발전 과정을 거쳤는지, 또 리트에 영향을 끼친 역사적, 정신·문화사적 배경은 무엇이지를 흥미롭게 읽어볼 수 있을 것이다. 만약 개인적 관심과 흥미를 더 확대하고자 한다면 고대 그리스·로마(안티케) 문화와 역사, 중세 및 르네상스, 휴머니즘과 종교개혁, 바로크, 계몽주의, 고전주의, 낭만주의, 사실주의를 거쳐 20세기까지의 정신·문화사적 흐름과 경향, 이와 관련된 인물들로 넘어가면 될 것이다.

이런 지식을 손쉽게 습득하는 데는 유튜브를 활용하는 것이 유용하다. 특히 내셔널 지오그래픽이 제공하는 프로그램을 예로 들면, '고대 로마Ancient Rome', '유럽Europe', '종교개혁Reformation' 등을 보고자 할 경우 각 키워드에 알

맞은 프로그램을 통해서 5분 이내에 핵심적인 내용을 쉽게 이해할 수 있다. 그 밖에 구글 및 위키피디아(영어, 독일어)에서도 관련 자료 찾기를 통해 일차적 지식을 폭넓게 얻을 수 있다. 또한 이미 출간된 독일 및 유럽 역사, 정신·문화사와 관련된 책들이나 여러 홈페이지 자료로 넘어가서 읽기를 계속한다면, 종합적인 이해를 도모할 수 있을 뿐만 아니라 오늘날의 유럽과 독일을 이해하는 데 필요한 충분한 지식을 습득할 수 있을 것이다. 이렇게 독자의 관심과 흥미가 확대되어 간다면, 이 책의 첫 번째 부분은 리트를 고리로 해서 유럽에 대한 독자들의 관심을 크게 일깨우는 길라잡이가 되는 영광을 얻을 것이다.

독자가 둘째 부분을 먼저 읽고자 하거나 이것만 읽고자 할 때 거둘 수 있는 피드백은, 무엇보다도 바그너라는 인간적 약점이 많은 낭만적 인물과 그의 뛰어난 서사 오페라(악극)를 이해하게 된다는 점이다. 바그너는 서사 가곡 작곡을 거친 뒤 최종적으로는 서사 오페라에 안착했는데, 이 책에서 다룬 바그너의 서사 오페라 ≪니벨룽의 반지≫(≪라인의 황금≫, ≪발퀴레≫, ≪지크프리트≫, ≪신들의 황혼≫)와 ≪트리스탄과 이졸데≫를 흥미롭게 읽었다면 그의 또 다른 작품들로 관심을 확대해 나갈 수 있다. 예를 들어 ≪방랑하는 네덜란드인Der fliegende Holländer≫, ≪탄호이저Tannhäuser und der Sängerkrieg auf Wartburg≫, ≪로엔그린Lohengrin≫, ≪뉘른베르크의 마이스터징어Die Meistersinger von Nürnberg≫, ≪파르지팔Parsifal≫을 듣고 관련 자료들을 읽어본다면 감상의 깊이가 훨씬 다양해지고 풍부해짐을 경험할 수 있을 것이다. 이 10편의 서사 오페라는 오늘날 바이로이트 바그너 축제극의 고정 레퍼토리이며, 매년 여름 한 달 동안 작품들이 번갈아가면서 무대에 올려지고 있다. 예를 들어 2023년 7월 24일부터 8월 28일 사이에는 위 작품들 가운데 ≪뉘른베르크의 마이스터징어≫, ≪로엔그린≫을 제외한 여덟 편이 공연 레퍼토리에 들어 있다.

바그너의 서사 오페라들은 언제 어디서나 유튜브를 통해서 보고 들을 수 있다. 예를 들어 ≪뉘른베르크의 마이스터징어≫를 보고 싶으면 원어 제목이나 우리말 제목을 유튜브에서 검색해 보자. 2017년 바이로이트 공연(약 다섯 시간)을 포함해서 시청각 또는 청각으로 다양한 자료들을 감상할 수 있다. 다만 바그너의 악극들은 각 작품의 상연 시간이 보통 세 시간을 넘기 때문에 적절하게 시간을 안배하는 일이 중요할 것이다. 또 영어나 독일어 자막으로 악극의 텍스트가 나오는 경우를 잘 선택하면, 음악과 더불어 악극의 리브레토(대본)도 함께 볼 수 있다. 리브레토는 "드미트리 무라셰프의 오페라 사이트DM's opera site"(https://www.murashev.com/opera) 등에서 영어 번역과 함께 독일어 원문 텍스트를 볼 수 있으며, 여러 블로그에서도 우리말 작품 해설을 찾을 수 있을 것이다.

마지막으로 이 책의 세 번째 부분은 리트의 핵심이라 할 수 있는 서정 가곡, 특히 19세기 낭만주의 독일 가곡 중에서 슈베르트를 시작으로 슈만, 클라라 슈만, 브람스, 볼프, 말러와 리하르트 슈트라우스의 가곡들을 다루고 있다. 먼저 책을 읽기 전에 유튜브에서 곡을 찾아 직접 두세 번 들어보고, 그 느낌을 스스로 되새겨 보면 일차적 관심과 흥미가 생길 것이다. 이것은 저자가 맨 처음 서정 가곡을 경험할 때 취했던 방법인데, 결과적으로 가곡을 듣던 청자에서 가곡에 대한 글쓰기로 적극적으로 넘어가게 하는, 관심과 흥미를 일깨웠던 원동력이기도 했다. 격세지감이 드는 점이라면 저자가 가곡을 주로 듣던 시절에는 CD를 사서 들어야 했고 독일에서 직접 그것을 구해야 하는 일도 빈번했는데, 지금은 유튜브에서 슈베르트의 〈들장미Heidenröslein〉을 치면 여러 성악가가 부른 〈들장미〉 가곡을 들을 수 있다는 것이다. 그리고 우리에게 멜로디가 친숙한 하인리히 베르너Heinrich Werner의 〈들장미〉를 듣기를 원하는 경우는 '베르너의 〈들장미〉'라는 정보를 알고 있어야 더 쉽게 찾을 수 있다. 〈들장미〉라고만 검색했을 때는 '슈베르트의 〈들장미〉'가 대표적으로 나오기 때문이다.

가곡의 시 텍스트를 알고자 하는 경우에는 "리더넷 아카이브LiederNet Archive"(https://www.lieder.net)로 가면 작곡가별 또는 시인별로 모든 가곡의 텍스트를 찾을 수 있다. 「로렐라이」처럼 여러 작곡가가 곡을 붙인 경우, 그 가곡들을 각각 듣고 싶다면 이 사이트로 들어가서 하이네의 「로렐라이」를 찾으면 어떤 작곡가들이 곡을 붙였는지를 알 수 있다.

덧붙여서, 이 책에서 연가곡들을 읽을 때는 유튜브에서, 가령 ≪아름다운 물방앗간 아가씨≫를 들으면서 읽으면 책의 내용이 한층 마음에 와닿을 것이다. 독일 가곡을 더 많이 알고 싶은 경우에는 지식산업사에서 두 권으로 출간한 글쓴이의 책 『가곡으로 되살아난 서정시 I』(2014)과 『가곡으로 되살아난 서정시 II』(2015)도 도움이 될 것이다.

음악, 독일 문학, 유럽 문화, 인문학 어느 쪽에라도 관심이 있는 독자가 위에 언급한 정보들을 토대로 이 책의 어느 부분에서라도 관심과 흥미를 발견하고 또 나름대로 그 지식을 심화시켜 재미를 증폭시킬 수 있는 계기를 마련한다면 더할 나위 없이 좋을 것이다. 그러면 이 책이 길라잡이로서의 가치가 충분함을 보여줌과 동시에, 저자로서는 좋은 피드백을 얻을 수 있어 그 보람이 클 것이기 때문이다. 그러니까 저자가 던지고 독자가 받아 거기에 지식을 더 보태서 독자의 정신세계가 풍요로워진다면, 저자와 독자의 완벽한 협업이 이뤄지는 것이 된다. 더 나아가 그 협업이 공개의 장을 펼칠 수 있다면, 마치 시만도 아니고 음악만도 아닌, 시와 음악의 결합으로 음악사에서 리트라는 위대한 장르가 탄생한 것처럼 새로운 앎의 지평이 열릴 것이다.

2023년 2월

김희열

김희열

1983년에 교수직을 시작하여 2019년 퇴임했으며, 현재는 제주대학교 독일학과 명예교수다. 30년 이상 독일학과에 재직하던 중 수년에 걸쳐 독일 괴팅겐, 본, 뮌스터, 프라이부르크 및 오스트리아 빈 대학교에서 객원 연구교수 및 강의 교수 생활을 했다.

문학과 음악의 통섭을 다룬 연구 논문으로는 「독일 가곡과 슈만의 문학적 음악 세계」, 「로베르트 슈만 예술가곡에 나타난 아이헨도르프와 하이네의 서정시」, 「브람스의 연가곡에 나타난 〈티크의 아름다운 마겔로네〉」, 「바그너의 악극 ≪트리스탄과 이졸데≫: 삶의 상황과 예술작품과의 자전적 결합」, 「바그너의 ≪니벨룽의 반지≫: 영웅 신화의 현재화」 등이 있다. 주요 저서로는 국내에서 출간된 『가곡으로 되살아난 독일 서정시』(전 2권)가 있고, 독일에서 출간된 *Koreanische Geschichte*가 있다. 이문열, 최인훈, 이청준, 박완서 및 여러 여류작가, 현길언의 작품을 각각 2인 공동번역으로 독일어로 번역해 독일에서 출간한 바 있다.

리트 이야기

독일 가곡과 악극, 시와 음악과 삶이 빚어낸 혼연일체의 예술

ⓒ 김희열, 2023

지은이 **김희열** ｜ 펴낸이 **김종수** ｜ 펴낸곳 **한울엠플러스(주)**
편집책임 **신순남** ｜ 편집 **임혜정**

초판 1쇄 인쇄 **2023년 3월 3일** ｜ 초판 1쇄 발행 **2023년 3월 30일**

주소 **10881 경기도 파주시 광인사길 153 한울시소빌딩 3층**
전화 **031-955-0655** ｜ 팩스 **031-955-0656** ｜ 홈페이지 **www.hanulmplus.kr**
등록번호 **제406-2015-000143호**

Printed in Korea.
ISBN 978-89-460-8249-6 03670(양장)
       978-89-460-8250-2 03670(무선)

* 책값은 겉표지에 표시되어 있습니다.